일본어능력시험 완벽 대비

JLPT N3 단기합격

JLPT N3 단기 합격

지은이 일본어의숲
펴낸이 임상진
펴낸곳 (주)넥서스

초판 1쇄 인쇄 2025년 2월 25일
초판 1쇄 발행 2025년 3월 5일

출판신고 1992년 4월 3일 제311-2002-2호
주소 10880 경기도 파주시 지목로 5
전화 (02)330-5500 팩스 (02)330-5555
ISBN 979-11-6683-991-7 13730

출판사의 허락 없이 내용의 일부를
인용하거나 발췌하는 것을 금합니다.
저자와의 협의에 따라서 인지는 붙이지 않습니다.

가격은 뒤표지에 있습니다.
잘못 만들어진 책은 구입처에서 바꾸어 드립니다.

www.nexusbook.com

머리말

이 책을 쓰기까지 참 많은 일이 있었습니다.

바야흐로 2013년, 베트남에서 저희 일본어의숲은 일본어 학원을 메인으로 하여 수많은 학생들에게 사랑을 받았습니다. 당시 일본어 학원과 유튜브 채널을 병행하여 운영한 덕에 많은 인기를 누릴 수 있었고, 어느새 베트남에서 가장 인기 있는 학원이 되어 있었습니다.

등 따숩고 배부른 삶을 영위하며 행복만 남아 있을 줄 알았던 그때, 은행을 자주 다녀 온다던 동업자가 심심할 때마다 회사의 통장에서 돈을 빼 불법 인터넷 도박을 하고 있다는 사실을 알게 되었습니다. 그러나 이 정도로 무너질 일본어의숲이 아니었기에, 다행히도 사건을 잘 정리한 채로 사업을 진행하고 있었습니다.

하지만 이윽고 사장님의 무게를 견뎌 내지 못한 허리 디스크가 터져 버리고 말았고, 엎친 데 덮친 격으로 같이 학원을 운영하던 베트남인 동업자 부부에게 학원의 경영권을 빼앗겨 버리는 대참사가 일어나 버렸습니다. 일본어의숲 유튜브에서 예전 동영상을 보시면 과거에 빼앗긴 일본어 학원을 교장인 무라카미 유카 선생님께서 소개해 주시는 모습을 보실 수 있습니다.

하루아침에 모든 것을 잃어버리게 된 일본어의숲은 어두운 나락으로 떨어지고 있었습니다. 하지만 여기서 이렇게 무너진다면 팀원들은 모두 흩어질 것이고, 모두가 바라는 행복한 미래를 그리지 못하게 되었겠죠. 일본어의숲 팀은 각자의 위치에서 최선을 다하여 책을 만들 수밖에 없었습니다.

그렇게 저희는 일본 현지로 돌아와, 아무에게도 방해받지 않고 우리에게서 뺏을 수 없는 것을 다시 만들기 시작했습니다.

일본어의숲은 이러한 배경을 바탕으로 다시 한번 일어나 이 책을 집필하게 되었습니다. 믿었던 동료들에게 당한 여러 번의 배신과 소중한 것을 몇 번이고 잃어버린 일본어의숲은 드디어 뺏을 수도 뺏길 수도 없는 '지식'이라는 가치를 알게 되었습니다.

지금 이 책을 구매해 주신 여러분께 진심으로 감사의 말씀을 드립니다. 여러분을 지켜줄 수 있는 것은 오로지 지식뿐입니다.

저자 **일본어의숲**

JLPT N3 시험 개요

JLPT N3란?

JLPT는 Japanese-Language Proficiency Test의 약자로, 의미는 '일본어능력시험'입니다. '일본어능력시험'은 일본어를 모국어로 사용하지 않는 사람들의 일본어 능력을 측정하여 인정하는 시험입니다. N3의 N은 'Nihongo(일본어)'를 나타내고 3은 레벨을 나타냅니다. 레벨은 N5부터 N1까지 총 5단계가 있으며, N1이 가장 높은 레벨입니다.

레벨	과목	시간
N3	언어 지식(문자 · 어휘)	30분
	언어 지식(문법) · 독해	70분
	청해	40분
	합계	140분

필요한 능력

읽기 능력	듣기 능력
일상적인 화제에 대해 쓰인 신문 기사나 글의 내용을 전체적으로 이해하고, 다른 표현이나 중요한 부분을 이해하는 능력	일상 회화를 듣고 내용과 등장하는 사람들의 관계를 전체적으로 이해하는 능력

참고: 일본어능력시험 공식 웹사이트 「N1~N5: 인정의 기준」

JLPT N3의 득점 구분

레벨	득점 구분	득점 범위
N3	언어 지식(문자·어휘)	0~60점
	언어 지식(문법)·독해	0~60점
	청해	0~60점
	합계	0~180점

JLPT N3에 합격하기 위해 필요한 점수

※한 과목이라도 점수가 19점 미만이면 불합격입니다.

레벨	득점 구분	득점 범위
N3	언어 지식(문자·어휘)	19점 이상
	언어 지식(문법)·독해	19점 이상
	청해	19점 이상
	합계	95점 이상

JLPT N3에 합격하기 위해 필요한 점수의 예

레벨	득점 구분	득점 범위
N3	언어 지식(문자·어휘)	40 / 60 (19점 이상)
	언어 지식(문법)·독해	30 / 60 (19점 이상)
	청해	40 / 60 (19점 이상)
	합계	110 / 180 (95점 이상)

참고: 일본어능력시험 공식 웹사이트 「득점 구분·합격 불합격 판정·결과 통지」

이 책의 내용 및 활용 방법

1 이 책의 내용

제1장 언어 지식(문자·어휘)

'제1장 언어 지식(문자·어휘)'에서는 2,160개의 단어를 어휘 리스트로 정리하였습니다. 단어를 외운 뒤 JLPT N3에 나오는 다섯 종류의 문제를 381개의 연습 문제를 통해 풀어 볼 수 있습니다.

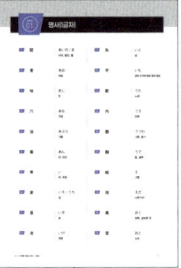 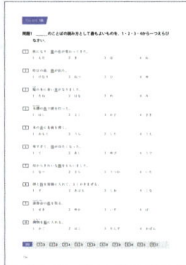 

제2장 언어 지식(문법)

'제2장 언어 지식(문법)'에서는 JLPT N3에 나오는 문법 110개의 의미와 접속 방법, 예문을 공부합니다. 여기에서는 의미가 비슷한 문법끼리 테마별로 정리되어 있습니다. 모두 13개 테마로 되어 있으며, 각 테마에서 학습한 문법을 확인해 보는 연습 문제가 수록되어 있습니다.

제3장 독해

'제3장 독해'에서는 먼저 독해 문제를 푸는 요령을 익힙니다. 그 다음에 직접 문제를 풀어 봅니다. 문제마다 해설이 수록되어 있습니다.

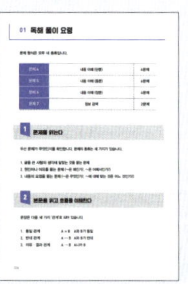   

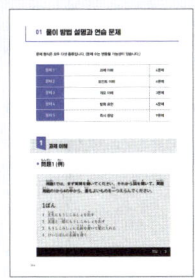  

제4장 청해

'제4장 청해'에서는 먼저 청해 문제를 푸는 요령을 익힙니다. 그 다음에 직접 문제를 풀어 봅니다. 문제마다 대화 스크립트가 수록되어 있으며, 청해 듣기 음원은 넥서스 홈페이지에서 다운 받거나 스마트폰으로 QR코드를 인식하여 바로 재생할 수 있습니다.

부록 모의 시험 2회분

마지막으로 실제 JLPT N3와 동일한 형식의 모의 시험을 풀어 실력을 점검해 보세요. 총 2회분이 수록되어 있습니다. 맨 마지막 페이지에는 정답을 마킹할 수 있는 답안지가 포함되어 있으므로 절취하여 활용해 보세요.

 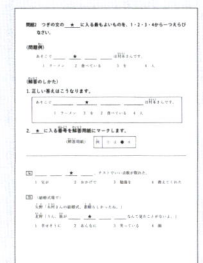 

2 활용 방법

① 시험까지 시간이 충분히 있다면?

책을 처음부터 **순서대로 학습**하세요. 특히 **단어와 문법을 이해하고 확실히 암기**하면서 모든 문제를 풀어 보세요.

② 시험까지 남은 시간이 별로 없다면?

먼저 **모의 시험 2회분**을 풀고 채점한 다음에 **점수가 낮은 파트부터 공부**하세요. 만약 독해와 청해를 연습할 시간이 없는 경우에는 **단어와 문법만이라도 이해하고 암기**하세요.

부가자료 활용 방법

1 앱 단어장

① 앱을 다운로드한 후 최초 접속 화면에서 중앙 하단의 '모리탕(モリタン)' 버튼을 누르면 단어장 화면으로 이동됩니다. N1부터 N3까지의 단어장이 있는데, 'N3 단어장(単語帳)' 버튼을 선택합니다.

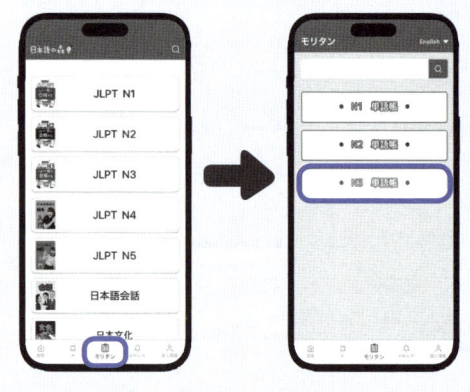

② N3 단어장은 1일차부터 22일차까지 준비되어 있습니다. '전부 보기(全部見る)' 버튼을 누르면 하루에 암기해야 할 단어가 나옵니다. 오른쪽 상단에서 한국어를 포함한 9개 언어 번역본을 선택할 수 있습니다. 번역을 한국어로 설정하여 외운 단어를 체크해 보세요.

③ 한자, 읽는 법, 뜻, 음성 듣기, 예문이 수록되어 있습니다. 읽는 법을 나타내거나 안 보이게 가릴 수 있습니다. 또한 예문을 보고 단어의 사용법도 확인해 보세요. 단어와 예문의 음성도 들을 수 있습니다. 체크 기능을 활용하면 외우지 못한 단어만 따로 복습할 수 있습니다.

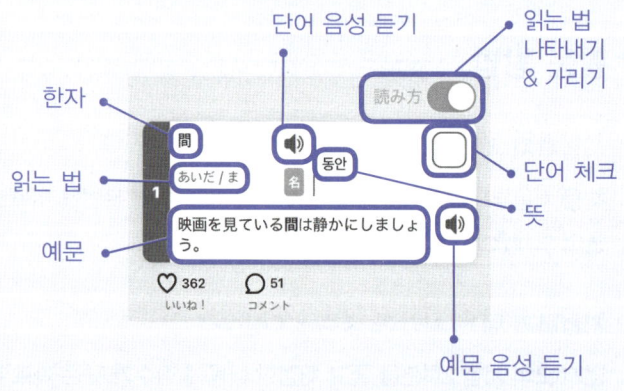

2 청해 MP3

① 넥서스 홈페이지에서 도서명으로 검색하시면 회원가입이나 로그인 없이 MP3 파일을 무료로 다운로드 할 수 있습니다.

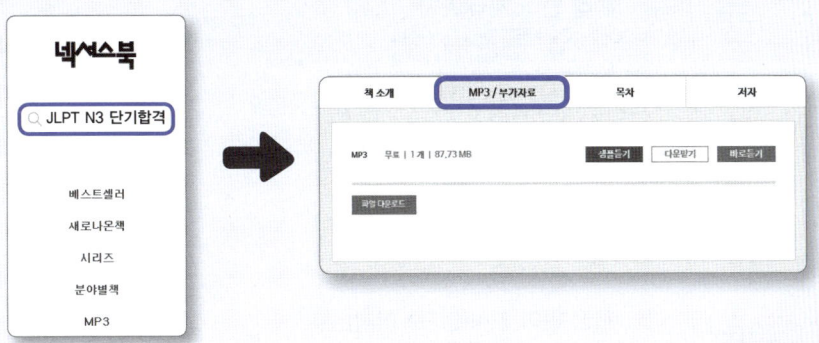

② 스마트폰으로 책 속의 QR코드를 인식하면 MP3를 바로 재생할 수 있습니다.

청해 음원 듣기

3 일본어의숲 유튜브 채널

일본어의숲 유튜브에 방문해 보세요. 무라카미 유카 선생님의 재미있고 다양한 일본어 학습 동영상 콘텐츠를 확인할 수 있습니다.

일본어의숲 유튜브 바로가기

단기 합격 학습 플랜

일자	단계	내용	페이지	체크
1일	STEP 1	제1장 언어 지식(문자·어휘) 어휘 리스트 DAY 01~02	21~30	☐
	STEP 2	제2장 언어 지식(문법) 풀이 방법 설명, 1. 이유·원인	212~222	☐
2일	STEP 1	제1장 언어 지식(문자·어휘) 어휘 리스트 DAY 03~04	31~40	☐
	STEP 2	제2장 언어 지식(문법) 2. 상황·변화	226~229	☐
3일	STEP 1	제1장 언어 지식(문자·어휘) 어휘 리스트 DAY 05~06	41~50	☐
	STEP 2	제2장 언어 지식(문법) 3. 입장·기준	233~237	☐
4일	STEP 1	제1장 언어 지식(문자·어휘) 어휘 리스트 DAY 07~08	51~60	☐
	STEP 2	제2장 언어 지식(문법) 4. 역접·부정	241~244	☐
5일	STEP 1	제1장 언어 지식(문자·어휘) 어휘 리스트 DAY 09~10	61~70	☐
	STEP 2	제2장 언어 지식(문법) 5. 정도·강조·비교	250~256	☐
6일	STEP 1	제1장 언어 지식(문자·어휘) 어휘 리스트 DAY 11~12	71~80	☐
	STEP 2	제2장 언어 지식(문법) 6. 상상·예상	260~262	☐
7일	STEP 1	제1장 언어 지식(문자·어휘) 어휘 리스트 DAY 13~14	81~90	☐
	STEP 2	제2장 언어 지식(문법) 7. 때·동안	266~272	☐
8일	STEP 1	제1장 언어 지식(문자·어휘) 어휘 리스트 DAY 15~16	91~100	☐
	STEP 2	제2장 언어 지식(문법) 8. 가정·조건	276~278	☐
9일	STEP 1	제1장 언어 지식(문자·어휘) 어휘 리스트 DAY 17~18	101~119	☐
	STEP 2	제2장 언어 지식(문법) 9. 목적·방법·동작	284~287	☐

일자	단계	내용	페이지	체크
10일	STEP 1	제1장 언어 지식(문자·어휘) 어휘 리스트 DAY 19~20	120~134	☐
	STEP 2	제2장 언어 지식(문법) 10. 규칙·조언	291~294	☐
11일	STEP 1	제1장 언어 지식(문자·어휘) 어휘 리스트 DAY 21~22	135~151	☐
	STEP 2	제2장 언어 지식(문법) 11. 병렬	298~301	☐
12일	STEP 1	제1장 언어 지식(문자·어휘) 어휘 리스트 DAY 01~04 복습	21~40	☐
	STEP 2	제2장 언어 지식(문법) 12. 그 외~13. 경어	305~310, 314~318	☐
13일	STEP 1	제1장 언어 지식(문자·어휘) 어휘 리스트 DAY 05~08 복습	41~60	☐
	STEP 2	제2장 언어 지식(문법) 연습 문제 1~2회	223~225, 230~232	☐
	STEP 3	제3장 독해 독해 풀이 요령	326~338	☐
14일	STEP 1	제1장 언어 지식(문자·어휘) 어휘 리스트 DAY 09~12 복습	61~80	☐
	STEP 2	제2장 언어 지식(문법) 연습 문제 3~4회	238~240, 245~249	☐
	STEP 3	제3장 독해 4. 내용 이해(단문) 연습 문제	339~346	☐
15일	STEP 1	제1장 언어 지식(문자·어휘) 어휘 리스트 DAY 13~16 복습	81~100	☐
	STEP 2	제2장 언어 지식(문법) 연습 문제 5~6회	257~259, 263~265	☐
	STEP 3	제3장 독해 5. 내용 이해(중문) 연습 문제	348~351	☐
16일	STEP 1	제1장 언어 지식(문자·어휘) 어휘 리스트 DAY 17~20 복습	101~134	☐
	STEP 2	제2장 언어 지식(문법) 연습 문제 7~8회	273~275, 279~283	☐
	STEP 3	제3장 독해 5. 내용 이해(중문) 연습 문제	352~355	☐

일자	단계	내용	페이지	체크
17일	STEP 1	제1장 언어 지식(문자·어휘) 어휘 리스트 DAY 21~22 복습	135~151	☐
	STEP 2	제2장 언어 지식(문법) 연습 문제 9~10회	288~290, 295~297	☐
	STEP 3	제3장 독해 6. 내용 이해(장문) 연습 문제	356~359	☐
18일	STEP 1	제1장 언어 지식(문자·어휘) 1. 한자 읽기 연습 문제 1~9회	154~162	☐
	STEP 2	제2장 언어 지식(문법) 연습 문제 11~13회	302~304, 311~313, 319~323	☐
	STEP 3	제3장 독해 6. 내용 이해(장문) 연습 문제 복습	356~359	☐
19일	STEP 1	제1장 언어 지식(문자·어휘) 2. 표기 연습 문제 1~7회	164~170	☐
	STEP 2	제3장 독해 7. 정보 검색 연습 문제	360~362	☐
20일	STEP 1	제1장 언어 지식(문자·어휘) 3. 문맥 구성 연습 문제 1~13회	172~184	☐
	STEP 2	제3장 독해 7. 정보 검색 연습 문제 복습	360~362	☐
21일	STEP 1	제1장 언어 지식(문자·어휘) 4. 유의 표현 연습 문제 1~5회	186~195	☐
	STEP 2	제4장 청해 1. 과제 이해 풀이 방법 설명과 연습 문제	366~380	☐
22일	STEP 1	제1장 언어 지식(문자·어휘) 5. 용법 연습 문제 1~6회	198~209	☐
	STEP 2	제4장 청해 2. 포인트 이해 풀이 방법 설명과 연습 문제	381~394	☐
23일	STEP 1	제4장 청해 3. 개요 이해 풀이 방법 설명과 연습 문제 4. 발화 표현 풀이 방법 설명과 연습 문제 5. 즉시 응답 풀이 방법 설명과 연습 문제	395~413	☐
24일	STEP 1	모의 시험 제1회	417~461	☐
25일	STEP 1	모의 시험 제2회	463~508	☐

목차

머리말 · 4
JLPT N3 시험 개요 · 6
이 책의 내용 및 활용 방법 · 8
부가자료 활용 방법 · 10
단기 합격 학습 플랜 · 12

제1장 언어 지식(문자·어휘)

01 어휘 리스트

DAY 01 명사(1글자) ... 21
DAY 02 명사(1글자)·명사(2글자) ... 26
DAY 03 명사(2글자) ... 31
DAY 04 명사(2글자) ... 36
DAY 05 명사(2글자) ... 41
DAY 06 명사(2글자) ... 46
DAY 07 명사(2글자) ... 51
DAY 08 명사(2글자)·명사(3글자) ... 56
DAY 09 명사(3글자)·명사(그 외) ... 61
DAY 10 명사(그 외)·동사(일반) ... 66
DAY 11 동사(일반) ... 71
DAY 12 동사(일반) ... 76
DAY 13 동사(일반)·동사(복합) ... 81
DAY 14 동사(복합)·い형용사·な형용사 ... 86
DAY 15 な형용사·부사(일반) ... 91
DAY 16 부사(일반)·부사(의성어·의태어) ... 96
DAY 17 부사(의성어·의태어)·가타카나 ... 101
DAY 18 가타카나 ... 110
DAY 19 가타카나·접속사·접두어·접미어 ... 120
DAY 20 접미어 ... 130
DAY 21 접미어·관용 표현·경어 표현 ... 135
DAY 22 경어 표현·세는 방법 ... 145

02 연습 문제
- **1** 한자 읽기 — 153
- **2** 표기 — 163
- **3** 문맥 구성 — 171
- **4** 유의 표현 — 185
- **5** 용법 — 197

제2장 언어 지식(문법)

01 풀이 방법 설명
- **1** 문장의 문법 1 (문법 형식 판단) — 212
- **2** 문장의 문법 2 (문장 만들기) — 213
- **3** 글의 문법 — 214

02 N3 문법 110
- **1** 이유 · 원인 — 218
- **2** 상황 · 변화 — 226
- **3** 입장 · 기준 — 233
- **4** 역접 · 부정 — 241
- **5** 정도 · 강조 · 비교 — 250
- **6** 상상 · 예상 — 260
- **7** 때 · 동안 — 266
- **8** 가정 · 조건 — 276
- **9** 목적 · 방법 · 동작 — 284
- **10** 규칙 · 조언 — 291
- **11** 병렬 — 298
- **12** 그 외 — 305
- **13** 경어 — 314

제3장 독해

01 독해 풀이 요령 326

02 연습 문제
    4 내용 이해 (단문) 339

    5 내용 이해 (중문) 348

    6 내용 이해 (장문) 356

    7 정보 검색 360

제4장 청해

01 풀이 방법 설명과 연습 문제
    1 과제 이해 366

    2 포인트 이해 381

    3 개요 이해 395

    4 발화 표현 401

    5 즉시 응답 408

부록 모의 시험
    제1회 416

    제2회 462

    N3 문법 110 색인 510

    모의 시험 답안지 513

별책 부록 정답 및 해석
    · 연습 문제 해석

    · 모의 시험 제1회, 제2회 정답 및 해석

제1장

언어 지식
(문자·어휘)

01 어휘 리스트

JLPT N3의 기본은 단어입니다. 단어를 확실하게 외운 다음에 '제2장 문법'으로 넘어갑시다. 여기에서는 2,160개의 단어를 공부하기 위해서, 품사별로 단어를 정리했습니다. 어휘 리스트로 단어를 외우고 나서 JLPT N3에 나오는 다섯 종류의 문제를 381개 문항으로 연습해 볼 수 있습니다.

1. 일본어 단어를 확인합니다.
2. 이어서 히라가나로 표기된 읽는 법을 확인합니다.
3. 마지막으로 단어의 한국어 뜻을 확인해 주세요.
4. 일본어 단어와 읽는 법, 한국어 뜻을 같이 보면서 단어를 외워 보세요.
5. 추가로 단어장 앱을 이용하여 예문을 읽고 단어의 사용법을 확실히 익혀 보세요.

DAY 01 명사 (1글자)

1	間	あいだ / ま	사이, 동안, 틈
2	青	あお	파랑
3	味	あじ	맛
4	穴	あな	구멍
5	油	あぶら	기름
6	案	あん	안; 안건
7	胃	い	위; 위장
8	家	いえ / うち	집
9	息	いき	숨
10	池	いけ	연못
11	糸	いと	실
12	芋	いも	감자·고구마·토란 등의 총칭
13	歌	うた	노래
14	内	うち	안쪽
15	器	うつわ	그릇, 용기
16	腕	うで	팔, 실력
17	絵	え	그림
18	枝	えだ	나뭇가지
19	奥	おく	안쪽, 깊숙한 곳
20	音	おと	소리

21	帯	おび / 띠, 허리띠
22	表	おもて / ひょう / 겉, 표
23	親	おや / 부모
24	貝	かい / 조개
25	顔	かお / 얼굴
26	傘	かさ / 우산
27	数	かず / 수; 숫자
28	肩	かた / 어깨
29	方	かた / ほう / 방향, 쪽, ~하는 편
30	形	かたち / 형태
31	角	かど / 모서리, 길모퉁이
32	壁	かべ / 벽
33	紙	かみ / 종이
34	髪	かみ / 머리카락
35	空	から / そら / 빈 것, 하늘
36	体	からだ / 몸
37	皮	かわ / 껍질, 가죽
38	缶	かん / 캔; 깡통
39	柄	がら / 몸집, 무늬
40	黄	き / 노랑
41	傷	きず / 상처
42	君	きみ / 너; 자네; 그대

43	曲	きょく 곡; 노래	54	差	さ 차; 차이
44	逆	ぎゃく 반대	55	坂	さか 언덕
45	草	くさ 풀	56	桜	さくら 벚꽃
46	薬	くすり 약	57	皿	さら 접시
47	靴	くつ 신발; 구두	58	猿	さる 원숭이
48	首	くび 목	59	塩	しお 소금
49	雲	くも 구름	60	島	しま 섬
50	煙	けむり 연기	61	城	しろ 성
51	県	けん ~현(행정 구역)	62	実	じつ/み 사실, 열매
52	腰	こし 허리	63	酢	す 식초
53	粉	こな 가루	64	隅	すみ 모퉁이, 구석

65	図	ず 도면; 지도, 그림		76	卵	たまご 달걀
66	席	せき 좌석, 자리		77	台	だい 대, 발판
67	咳	せき 기침		78	茶	ちゃ 차
68	線	せん 선		79	机	つくえ 책상
69	底	そこ 바닥; 밑바닥		80	妻	つま 아내
70	側	そば 옆, 곁		81	寺	てら 절
71	像	ぞう 조각, 그림		82	点	てん 점
72	他	た / ほか 다른 것, ~외		83	鳥	とり 새
73	畳	たたみ 다다미(일본식 돗자리)		84	毒	どく 독
74	棚	たな 선반		85	謎	なぞ 수수께끼, 불가사의
75	旅	たび 여행		86	鍋	なべ 냄비

87	波	なみ 파도, 파동
88	涙	なみだ 눈물
89	庭	にわ 정원; 뜰; 마당
90	熱	ねつ 열
91	葉	は 잎
92	歯	は 이; 치아; 이빨
93	箱	はこ 상자
94	橋	はし 다리
95	箸	はし 젓가락
96	畑	はたけ 밭
97	鼻	はな 코
98	針	はり 바늘; 침
99	倍	ばい 배
100	晩	ばん 밤

DAY 02 명사(1글자)·명사(2글자)

1	光	ひかり 빛	11	孫	まご 손자
2	羊	ひつじ 양	12	町	まち 마을; 동네
3	暇	ひま 한가함	13	街	まち 거리
4	服	ふく 옷	14	窓	まど 창문
5	袋	ふくろ 봉투	15	豆	まめ 콩
6	船	ふね 배	16	湖	みずうみ 호수
7	星	ほし 별	17	緑	みどり 녹색
8	骨	ほね 뼈	18	港	みなと 항구
9	棒	ぼう 봉	19	昔	むかし 옛날
10	僕	ぼく 나; 저(남자가 쓰는 말)	20	娘	むすめ 딸

21	胸	むね / 가슴		32	用	よう / 용
22	村	むら / 마을		33	横	よこ / 가로, 옆
23	面	めん / 면		34	量	りょう / 양
24	物	もの / 물건		35	列	れつ / 열
25	森	もり / 숲		36	合図	あいず(する) / 신호
26	約	やく / 약		37	相手	あいて / 상대
27	湯	ゆ / 온수; 따뜻한 물		38	青空	あおぞら / 푸른 하늘
28	床	ゆか / 마루		39	安心	あんしん(する) / 안심
29	雪	ゆき / 눈		40	案内	あんない(する) / 안내
30	指	ゆび / 손가락		41	以下	いか / 이하
31	夢	ゆめ / 꿈		42	以外	いがい / 이외

43	意見	いけん(する) / 의견
44	以降	いこう / 이후
45	維持	いじ(する) / 유지
46	意識	いしき(する) / 의식
47	医者	いしゃ / 의사
48	以上	いじょう / 이상
49	以前	いぜん / 이전
50	位置	いち(する) / 위치
51	一流	いちりゅう / 일류
52	一緒	いっしょ / 같이; 함께
53	一般	いっぱん / 일반
54	移動	いどう(する) / 이동
55	以内	いない / 이내
56	田舎	いなか / 시골
57	居間	いま / 거실
58	意味	いみ(する) / 의미
59	印刷	いんさつ(する) / 인쇄
60	印象	いんしょう / 인상
61	飲食	いんしょく(する) / 음식(먹고 마심)
62	飲料	いんりょう / 음료
63	受付	うけつけ(する) / 접수
64	右折	うせつ(する) / 우회전

65	運転	うんてん(する) 운전		76	応援	おうえん(する) 응원
66	運動	うんどう(する) 운동		77	横断	おうだん(する) 횡단
67	映画	えいが 영화		78	往復	おうふく(する) 왕복
68	影響	えいきょう(する) 영향		79	応募	おうぼ(する) 응모
69	営業	えいぎょう(する) 영업		80	応用	おうよう(する) 응용
70	栄養	えいよう 영양		81	大勢	おおぜい 많은 사람
71	笑顔	えがお 미소, 웃는 얼굴		82	大家	おおや 집주인
72	駅前	えきまえ 역 앞; 역전		83	親子	おやこ 부모 자식
73	延期	えんき(する) 연기		84	音楽	おんがく 음악
74	演奏	えんそう(する) 연주		85	温泉	おんせん 온천
75	遠慮	えんりょ(する) 사양		86	温度	おんど 온도

87	開園	かいえん(する) 개원, 개장
88	絵画	かいが 회화; 그림
89	海外	かいがい 해외
90	海岸	かいがん 해안
91	会議	かいぎ(する) 회의
92	会計	かいけい 회계, 계산
93	解決	かいけつ(する) 해결
94	改札	かいさつ 개찰구
95	開始	かいし(する) 개시
96	回収	かいしゅう(する) 회수
97	開場	かいじょう(する) 개장
98	回数	かいすう 횟수
99	快晴	かいせい 쾌청
100	解説	かいせつ(する) 해설

명사 (2글자)

1	階段	かいだん / 계단
2	開店	かいてん(する) / 개점
3	会話	かいわ(する) / 대화; 회화
4	価格	かかく / 가격
5	科学	かがく / 과학
6	家具	かぐ / 가구
7	確認	かくにん(する) / 확인
8	過去	かこ / 과거
9	加工	かこう(する) / 가공
10	火災	かさい / 화재
11	歌手	かしゅ / 가수
12	風邪	かぜ / 감기
13	下線	かせん / 밑줄
14	花壇	かだん / 화단
15	価値	かち / 가치
16	課長	かちょう / 과장
17	活動	かつどう(する) / 활동
18	仮定	かてい(する) / 가정
19	間隔	かんかく / 간격
20	感覚	かんかく / 감각

21	観客	かんきゃく	관객
22	環境	かんきょう	환경
23	関係	かんけい(する)	관계
24	歓迎	かんげい(する)	환영
25	感激	かんげき(する)	감격
26	観光	かんこう(する)	관광
27	観察	かんさつ(する)	관찰
28	漢字	かんじ	한자
29	感謝	かんしゃ(する)	감사
30	患者	かんじゃ	환자
31	感心	かんしん(する)	감탄
32	関心	かんしん	관심
33	完成	かんせい(する)	완성
34	感想	かんそう	감상
35	乾燥	かんそう(する)	건조
36	感動	かんどう(する)	감동
37	看板	かんばん	간판
38	外出	がいしゅつ(する)	외출
39	外食	がいしょく(する)	외식
40	楽器	がっき	악기
41	我慢	がまん(する)	인내; 참음
42	気温	きおん	기온

43	機械	きかい / 기계
44	機会	きかい / 기회
45	着方	きかた / 입는 방법
46	期間	きかん / 기간
47	機関	きかん / 기관
48	企業	きぎょう / 기업
49	期限	きげん / 기한
50	帰国	きこく(する) / 귀국
51	記事	きじ / 기사
52	季節	きせつ / 계절
53	基礎	きそ / 기초
54	規則	きそく / 규칙
55	期待	きたい(する) / 기대
56	帰宅	きたく(する) / 귀가
57	機長	きちょう / 기장
58	切手	きって / 우표
59	記念	きねん(する) / 기념
60	昨日	きのう / 어제
61	気分	きぶん / 기분
62	基本	きほん / 기본
63	希望	きぼう(する) / 희망
64	着物	きもの / 기모노(일본 전통 의상), 옷

65	休講	きゅうこう(する) / 휴강
66	休日	きゅうじつ / 휴일
67	給料	きゅうりょう / 월급; 급료
68	教育	きょういく(する) / 교육
69	教室	きょうしつ / 교실
70	競争	きょうそう(する) / 경쟁
71	兄弟	きょうだい / 형제
72	共通	きょうつう(する) / 공통
73	共同	きょうどう(する) / 공동
74	興味	きょうみ / 흥미
75	協力	きょうりょく(する) / 협력
76	去年	きょねん / 작년
77	距離	きょり / 거리
78	記録	きろく(する) / 기록
79	禁煙	きんえん(する) / 금연
80	禁止	きんし(する) / 금지
81	近所	きんじょ / 근처
82	緊張	きんちょう(する) / 긴장
83	技術	ぎじゅつ / 기술
84	牛乳	ぎゅうにゅう / 우유
85	銀行	ぎんこう / 은행
86	空気	くうき / 공기

87	空港	くうこう 공항		98	敬語	けいご 높임말, 경어
88	草木	くさき 초목		99	警察	けいさつ 경찰
89	草花	くさばな 화초		100	計算	けいさん(する) 계산
90	果物	くだもの 과일				
91	工夫	くふう(する) 고안; 궁리				
92	区別	くべつ(する) 구별				
93	苦労	くろう(する) 고생				
94	訓練	くんれん(する) 훈련				
95	具合	ぐあい 상태				
96	経営	けいえい(する) 경영				
97	計画	けいかく(する) 계획				

DAY 04 명사(2글자)

1	経済	けいざい	경제
2	携帯	けいたい(する)	휴대, 휴대전화의 준말
3	経由	けいゆ(する)	경유
4	今朝	けさ	오늘 아침
5	景色	けしき	경치
6	血圧	けつあつ	혈압
7	血液	けつえき	혈액
8	結果	けっか	결과
9	結婚	けっこん(する)	결혼
10	欠席	けっせき(する)	결석
11	欠点	けってん	결점, 단점
12	喧嘩	けんか(する)	싸움
13	見学	けんがく(する)	견학
14	研究	けんきゅう(する)	연구
15	検査	けんさ(する)	검사
16	建設	けんせつ(する)	건설
17	建築	けんちく(する)	건축
18	見物	けんぶつ(する)	구경
19	芸術	げいじゅつ	예술
20	下車	げしゃ(する)	하차

21	原因	げんいん 원인	32	効果	こうか 효과
22	玄関	げんかん 현관	33	交換	こうかん(する) 교환
23	現金	げんきん 현금	34	公共	こうきょう 공공
24	言語	げんご 언어	35	工業	こうぎょう 공업
25	原稿	げんこう 원고	36	広告	こうこく(する) 광고
26	現在	げんざい 현재	37	工事	こうじ(する) 공사
27	減少	げんしょう(する) 감소	38	工場	こうじょう 공장
28	原料	げんりょう 원료	39	紅茶	こうちゃ 홍차
29	公園	こうえん 공원	40	校庭	こうてい 교정; 학교 마당
30	講演	こうえん(する) 강연	41	行動	こうどう(する) 행동
31	高温	こうおん 고온	42	後輩	こうはい 후배

43	交番	こうばん 파출소		54	今度	こんど 이번
44	好物	こうぶつ 좋아하는 것		55	合格	ごうかく(する) 합격
45	後方	こうほう 후방; 뒤쪽		56	合計	ごうけい(する) 합계
46	交流	こうりゅう(する) 교류		57	最近	さいきん 최근, 요즘
47	国際	こくさい 국제		58	最後	さいご 최후; 마지막
48	小声	こごえ 작은 목소리		59	最終	さいしゅう 최종
49	故障	こしょう(する) 고장		60	最初	さいしょ 최초
50	個人	こじん 개인		61	最上	さいじょう 최상
51	小銭	こぜに 동전		62	財布	さいふ 지갑
52	小鳥	ことり 작은 새		63	坂道	さかみち 언덕길
53	混雑	こんざつ(する) 혼잡		64	作物	さくもつ 작물

65	左折	させつ(する) 좌회전	76	試験	しけん 시험
66	砂糖	さとう 설탕	77	資源	しげん 자원
67	参加	さんか(する) 참가	78	姿勢	しせい 자세
68	算数	さんすう 산수	79	湿気	しっけ 습기
69	散歩	さんぽ(する) 산책	80	失敗	しっぱい(する) 실패, 실수
70	材料	ざいりょう 재료	81	指定	してい(する) 지정
71	残業	ざんぎょう(する) 야근; 잔업	82	支店	してん 지점
72	試合	しあい(する) 시합	83	指導	しどう(する) 지도
73	四角	しかく 사각	84	始発	しはつ 첫차
74	仕方	しかた 방식, 수단	85	芝生	しばふ 잔디밭
75	支給	しきゅう(する) 지급	86	市民	しみん 시민

87	氏名	しめい / 성명
88	社会	しゃかい / 사회
89	写真	しゃしん / 사진
90	車道	しゃどう / 차도
91	斜面	しゃめん / 경사면
92	習慣	しゅうかん / 습관
93	集合	しゅうごう(する) / 집합
94	就職	しゅうしょく(する) / 취직
95	集中	しゅうちゅう(する) / 집중
96	終点	しゅうてん / 종점
97	収入	しゅうにゅう / 수입
98	修理	しゅうり(する) / 수리
99	終了	しゅうりょう(する) / 종료
100	祝日	しゅくじつ / 공휴일

DAY 05 명사(2글자)

1	縮小	しゅくしょう(する) 축소	11	種目	しゅもく 종목
2	宿題	しゅくだい 숙제	12	種類	しゅるい 종류
3	手術	しゅじゅつ(する) 수술	13	使用	しよう(する) 사용
4	手段	しゅだん 수단	14	紹介	しょうかい(する) 소개
5	主張	しゅちょう(する) 주장	15	正月	しょうがつ 정월; 설
6	出勤	しゅっきん(する) 출근	16	小説	しょうせつ 소설
7	出身	しゅっしん 출신	17	商売	しょうばい(する) 장사
8	出席	しゅっせき(する) 출석, 참석	18	消費	しょうひ(する) 소비
9	出張	しゅっちょう(する) 출장	19	商品	しょうひん 상품
10	趣味	しゅみ 취미	20	証明	しょうめい(する) 증명

21	将来	しょうらい / 장래, 미래
22	初級	しょきゅう / 초급
23	食堂	しょくどう / 식당
24	食欲	しょくよく / 식욕
25	食器	しょっき / 식기
26	書類	しょるい / 서류
27	資料	しりょう / 자료
28	進学	しんがく(する) / 진학
29	進行	しんこう(する) / 진행
30	信号	しんごう / 신호
31	申請	しんせい(する) / 신청
32	心臓	しんぞう / 심장
33	進歩	しんぽ(する) / 진보
34	親友	しんゆう / 친구
35	森林	しんりん / 삼림
36	時期	じき / 시기
37	時給	じきゅう / 시급
38	時差	じさ / 시차
39	持参	じさん(する) / 지참
40	辞書	じしょ / 사전
41	事情	じじょう / 사정
42	自信	じしん / 자신

43	時代	じだい 시대; 시절		54	授業	じゅぎょう(する) 수업
44	自宅	じたく 자택		55	受験	じゅけん(する) 수험; 입시
45	実家	じっか 본가; 친정		56	順番	じゅんばん 순서; 순번
46	実験	じっけん(する) 실험		57	準備	じゅんび(する) 준비
47	実行	じっこう(する) 실행		58	上級	じょうきゅう 상급
48	実物	じつぶつ 실물		59	上空	じょうくう 상공
49	実力	じつりょく 실력		60	乗車	じょうしゃ(する) 승차
50	自慢	じまん(する) 자랑		61	状態	じょうたい 상태
51	住所	じゅうしょ 주소		62	冗談	じょうだん 농담
52	渋滞	じゅうたい(する) 정체		63	情報	じょうほう 정보
53	柔道	じゅうどう 유도		64	女性	じょせい 여성

65	神社	じんじゃ / 신사		76	生活	せいかつ(する) / 생활
66	人生	じんせい / 인생		77	制限	せいげん(する) / 제한
67	人体	じんたい / 인체		78	成功	せいこう(する) / 성공
68	水泳	すいえい(する) / 수영		79	成績	せいせき / 성적
69	水筒	すいとう / 물통		80	清掃	せいそう(する) / 청소
70	数回	すうかい / 여러 번		81	生徒	せいと / 생도(중고등학생)
71	数学	すうがく / 수학		82	正答	せいとう(する) / 정답
72	数字	すうじ / 숫자		83	製品	せいひん / 제품
73	頭痛	ずつう / 두통		84	制服	せいふく / 교복, 제복
74	正解	せいかい(する) / 정답		85	生物	せいぶつ / 생물
75	性格	せいかく / 성격		86	性別	せいべつ / 성별

87	整理	せいり(する) 정리
88	世界	せかい 세계; 세상
89	石油	せきゆ 석유
90	接近	せっきん(する) 접근
91	説明	せつめい(する) 설명
92	背中	せなか 등
93	世話	せわ(する) 신세, 돌봄
94	洗剤	せんざい 세제
95	選手	せんしゅ 선수
96	先日	せんじつ 전날, 일전
97	洗濯	せんたく(する) 세탁; 빨래
98	宣伝	せんでん(する) 선전, 홍보
99	先輩	せんぱい 선배

DAY 06 명사(2글자)

1	専門	せんもん / 전문
2	線路	せんろ / 선로
3	税金	ぜいきん / 세금
4	全然	ぜんぜん / 전혀
5	全体	ぜんたい / 전체
6	倉庫	そうこ / 창고
7	掃除	そうじ(する) / 청소
8	送信	そうしん(する) / 송신
9	想像	そうぞう(する) / 상상
10	早退	そうたい(する) / 조퇴
11	相談	そうだん(する) / 상담
12	早朝	そうちょう / 이른 아침
13	想定	そうてい(する) / 상정
14	卒業	そつぎょう(する) / 졸업
15	祖父	そふ / 할아버지
16	祖母	そぼ / 할머니
17	尊敬	そんけい(する) / 존경
18	増加	ぞうか(する) / 증가
19	退院	たいいん(する) / 퇴원
20	退会	たいかい(する) / 탈퇴

21	大会	たいかい 대회		32	単語	たんご 단어
22	退屈	たいくつ(する) 지루함		33	担任	たんにん(する) 담임
23	滞在	たいざい(する) 체류; 체재		34	代金	だいきん 대금
24	体操	たいそう(する) 체조		35	台所	だいどころ 부엌
25	台風	たいふう 태풍		36	代表	だいひょう(する) 대표
26	太陽	たいよう 태양		37	男女	だんじょ 남녀
27	大量	たいりょう 대량		38	男性	だんせい 남성
28	体力	たいりょく 체력		39	団体	だんたい 단체
29	沢山	たくさん 많이, 잔뜩		40	暖房	だんぼう 난방
30	卓球	たっきゅう 탁구		41	地下	ちか 지하
31	建物	たてもの 건물		42	地球	ちきゅう 지구

43	遅刻	ちこく(する) 지각		54	中心	ちゅうしん 중심
44	知識	ちしき 지식		55	注文	ちゅうもん(する) 주문
45	地図	ちず 지도		56	調査	ちょうさ(する) 조사
46	父親	ちちおや 아버지; 부친		57	調子	ちょうし 상태
47	注意	ちゅうい(する) 주의		58	頂上	ちょうじょう 정상
48	中級	ちゅうきゅう 중급		59	朝食	ちょうしょく 아침밥; 조식
49	中古	ちゅうこ 중고		60	調節	ちょうせつ(する) 조절
50	中止	ちゅうし(する) 중지		61	長男	ちょうなん 장남
51	駐車	ちゅうしゃ(する) 주차		62	鳥類	ちょうるい 조류
52	昼食	ちゅうしょく 점심밥; 중식		63	貯金	ちょきん(する) 저금
53	中旬	ちゅうじゅん 중순		64	直接	ちょくせつ 직접

65	通学	つうがく(する) 통학	76	手紙	てがみ 편지
66	通勤	つうきん(する) 통근	77	手帳	てちょう 수첩
67	通行	つうこう(する) 통행	78	鉄道	てつどう 철도
68	通訳	つうやく(する) 통역	79	手袋	てぶくろ 장갑
69	通路	つうろ 통로	80	天気	てんき 날씨
70	月日	つきひ 월일	81	天井	てんじょう 천장
71	都合	つごう 형편; 사정	82	点数	てんすう 점수
72	定員	ていいん 정원	83	店長	てんちょう 점장
73	停車	ていしゃ(する) 정차	84	電球	でんきゅう 전구
74	定食	ていしょく 정식	85	伝言	でんごん(する) 전언(전하는 말)
75	停電	ていでん(する) 정전	86	電卓	でんたく 전자계산기

87	電池	でんち 건전지, 배터리
88	当日	とうじつ 당일
89	登場	とうじょう(する) 등장
90	到着	とうちゃく(する) 도착
91	都会	とかい 도시
92	特徴	とくちょう 특징
93	独立	どくりつ(する) 독립
94	時計	とけい 시계
95	土地	とち 토지
96	途中	とちゅう 도중
97	特急	とっきゅう 특급
98	徒歩	とほ 도보
99	同意	どうい(する) 동의
100	道具	どうぐ 도구

DAY 07 명사(2글자)

1	同時	どうじ	동시
2	同席	どうせき(する)	동석
3	動物	どうぶつ	동물
4	同様	どうよう	같음, 마찬가지
5	努力	どりょく(する)	노력
6	内緒	ないしょ	비밀
7	内容	ないよう	내용
8	仲間	なかま	동료
9	中身	なかみ	내용물
10	納得	なっとく(する)	납득
11	名札	なふだ	명찰
12	日常	にちじょう	일상
13	日記	にっき	일기
14	日光	にっこう	햇빛; 일광
15	日程	にってい	일정
16	荷物	にもつ	짐
17	入試	にゅうし	입시
18	入社	にゅうしゃ(する)	입사
19	入門	にゅうもん(する)	입문
20	入力	にゅうりょく(する)	입력

21	人気	にんき / 인기
22	人数	にんずう / 인원수
23	値段	ねだん / 가격
24	寝坊	ねぼう(する) / 늦잠
25	年齢	ねんれい / 연령
26	農業	のうぎょう / 농업
27	配達	はいたつ(する) / 배달
28	発音	はつおん(する) / 발음
29	発見	はっけん(する) / 발견
30	発生	はっせい(する) / 발생
31	発展	はってん(する) / 발전
32	発売	はつばい(する) / 발매
33	発表	はっぴょう(する) / 발표
34	花火	はなび / 불꽃놀이
35	花見	はなみ / 꽃구경
36	母親	ははおや / 어머니; 모친
37	反対	はんたい(する) / 반대
38	半年	はんとし / 반년
39	半分	はんぶん / 반
40	売店	ばいてん / 매점
41	番組	ばんぐみ / 프로그램; 방송
42	番号	ばんごう / 번호

43	比較	ひかく(する) 비교	54	夫婦	ふうふ 부부
44	秘書	ひしょ 비서	55	復習	ふくしゅう(する) 복습
45	左手	ひだりて 왼손	56	複数	ふくすう 복수
46	否定	ひてい(する) 부정	57	服装	ふくそう 복장
47	人々	ひとびと 사람들	58	腹痛	ふくつう 복통
48	避難	ひなん(する) 피난	59	不足	ふそく(する) 부족
49	秘密	ひみつ 비밀	60	双子	ふたご 쌍둥이
50	表紙	ひょうし 표지	61	普段	ふだん 평소
51	表面	ひょうめん 표면	62	普通	ふつう 보통
52	昼寝	ひるね(する) 낮잠	63	布団	ふとん 이불
53	病気	びょうき 병	64	古着	ふるぎ 헌옷

65	風呂	ふろ / 목욕		76	部屋	へや / 방
66	部長	ぶちょう / 부장		77	変化	へんか(する) / 변화
67	物価	ぶっか / 물가		78	返事	へんじ(する) / 대답, 답장
68	部品	ぶひん / 부품		79	勉強	べんきょう(する) / 공부
69	部分	ぶぶん / 부분		80	弁当	べんとう / 도시락
70	文化	ぶんか / 문화		81	方角	ほうがく / 방위; 방향
71	文章	ぶんしょう / 문장		82	方向	ほうこう / 방향
72	分類	ぶんるい(する) / 분류		83	報告	ほうこく(する) / 보고
73	閉園	へいえん(する) / 폐원		84	放送	ほうそう(する) / 방송
74	平均	へいきん(する) / 평균		85	方法	ほうほう / 방법
75	平日	へいじつ / 평일		86	訪問	ほうもん(する) / 방문

87	歩道	ほどう / 보도
88	本日	ほんじつ / 오늘; 금일
89	本棚	ほんだな / 책장
90	翻訳	ほんやく(する) / 번역
91	貿易	ぼうえき(する) / 무역
92	帽子	ぼうし / 모자
93	募集	ぼしゅう(する) / 모집
94	迷子	まいご / 미아
95	窓口	まどぐち / 창구
96	満員	まんいん / 만원
97	漫画	まんが / 만화
98	満足	まんぞく(する) / 만족
99	見方	みかた / 보는 법, 견해; 관점

DAY 08 — 명사 (2글자)·명사(3글자)

#	단어	읽기 / 뜻	#	단어	읽기 / 뜻
1	道順	みちじゅん / 가는 길	11	毛布	もうふ / 모포; 담요
2	見本	みほん / 견본	12	目的	もくてき / 목적
3	未来	みらい / 미래	13	目標	もくひょう / 목표
4	虫歯	むしば / 충치	14	文字	もじ / 문자; 글자
5	息子	むすこ / 아들	15	物語	ものがたり / 이야기
6	無理	むり(する) / 무리	16	文句	もんく / 불만
7	名刺	めいし / 명함	17	問題	もんだい / 문제
8	命令	めいれい(する) / 명령	18	野球	やきゅう / 야구
9	免許	めんきょ / 면허	19	役所	やくしょ / 관청
10	面接	めんせつ(する) / 면접	20	約束	やくそく(する) / 약속

#	漢字	読み / 意味
21	役割	やくわり / 역할
22	野菜	やさい / 채소; 야채
23	家賃	やちん / 집세
24	屋根	やね / 지붕
25	山道	やまみち / 산길
26	夕方	ゆうがた / 해 질 녘
27	優勝	ゆうしょう(する) / 우승
28	友情	ゆうじょう / 우정
29	友人	ゆうじん / 친구
30	郵送	ゆうそう(する) / 우송
31	郵便	ゆうびん / 우편
32	有料	ゆうりょう / 유료
33	輸出	ゆしゅつ(する) / 수출
34	輸入	ゆにゅう(する) / 수입
35	用意	ようい(する) / 준비; 마련
36	容器	ようき / 용기
37	用具	ようぐ / 도구
38	用紙	ようし / 용지
39	用事	ようじ / 볼일; 용무
40	洋式	ようしき / 양식; 서양식
41	洋食	ようしょく / 양식
42	様子	ようす / 모습

43	用品	ようひん 용품		54	流行	りゅうこう(する) 유행
44	洋服	ようふく 양복, 옷		55	利用	りよう(する) 이용
45	翌日	よくじつ 다음 날; 익일		56	両替	りょうがえ(する) 환전
46	予想	よそう(する) 예상		57	料金	りょうきん 요금
47	予定	よてい(する) 예정		58	両親	りょうしん 부모님
48	夜中	よなか 밤중		59	両方	りょうほう 양쪽
49	予報	よほう(する) 예보		60	料理	りょうり(する) 요리
50	予約	よやく(する) 예약		61	旅行	りょこう(する) 여행
51	来店	らいてん(する) 내점		62	例文	れいぶん 예문
52	理由	りゆう 이유		63	列車	れっしゃ 열차
53	留学	りゅうがく(する) 유학		64	練習	れんしゅう(する) 연습

65	連絡	れんらく(する) 연락		76	腕時計	うでどけい 손목시계
66	廊下	ろうか 복도		77	運転手	うんてんしゅ 운전기사
67	録音	ろくおん(する) 녹음		78	運動靴	うんどうぐつ 운동화
68	論文	ろんぶん 논문		79	応援歌	おうえんか 응원가
69	若者	わかもの 젊은이		80	顔写真	かおじゃしん 증명사진
70	和食	わしょく 일식		81	観光客	かんこうきゃく 관광객
71	割合	わりあい 비율		82	感謝祭	かんしゃさい 감사제
72	割引	わりびき(する) 할인		83	管理人	かんりにん 관리인
73	青信号	あおしんごう 초록불; 청신호		84	緊張感	きんちょうかん 긴장감
74	赤信号	あかしんごう 빨간불; 적신호		85	警察官	けいさつかん 경찰관
75	一部分	いちぶぶん 일부분		86	掲示板	けいじばん 게시판

87	血液型	けつえきがた / 혈액형		98	消費量	しょうひりょう / 소비량
88	結婚式	けっこんしき / 결혼식		99	新幹線	しんかんせん / 신칸센
89	高校生	こうこうせい / 고등학생		100	新入生	しんにゅうせい / 신입생
90	交差点	こうさてん / 교차로; 사거리				
91	五角形	ごかくけい / ごかっけい / 오각형				
92	再来週	さらいしゅう / 다음다음 주				
93	指導係	しどうがかり / 지도 담당				
94	市役所	しやくしょ / 시청				
95	週刊誌	しゅうかんし / 주간지				
96	奨学金	しょうがくきん / 장학금				
97	小学生	しょうがくせい / 초등학생				

DAY 09 명사(3글자)·명사(그 외)

1	自転車	じてんしゃ 자전거	11	天気図	てんきず 기상도
2	自動車	じどうしゃ 자동차	12	同級生	どうきゅうせい 동급생
3	事務所	じむしょ 사무소	13	人数分	にんずうぶん 사람 수 대로
4	受験生	じゅけんせい 수험생	14	歯医者	はいしゃ 치과 의사
5	祖父母	そふぼ 조부모	15	不動産	ふどうさん 부동산
6	短時間	たんじかん 단시간	16	文房具	ぶんぼうぐ 문방구
7	大学生	だいがくせい 대학생	17	免許証	めんきょしょう 면허증
8	中学生	ちゅうがくせい 중학생	18	郵便局	ゆうびんきょく 우체국
9	長時間	ちょうじかん 장시간	19	留学生	りゅうがくせい 유학생
10	調味料	ちょうみりょう 조미료	20	冷蔵庫	れいぞうこ 냉장고

21	赤ちゃん	あかちゃん	아기
22	空き家	あきや	빈집
23	辺り	あたり	주변
24	当たり前	あたりまえ	당연함
25	扱い	あつかい	취급
26	あみだな		그물 선반
27	あわ		거품
28	いくつ		몇 개
29	いちご		딸기
30	一方通行	いっぽうつうこう	일방통행
31	うがい(する)		가글, 입을 헹굼
32	うそ		거짓말
33	うわさ(する)		소문
34	えさ		먹이
35	絵の具	えのぐ	물감
36	絵はがき	えはがき	그림엽서
37	えり		옷깃
38	えんぴつ		연필
39	横断禁止	おうだんきんし	횡단 금지
40	横断歩道	おうだんほどう	횡단보도
41	お菓子	おかし	과자
42	おかゆ		죽

43	お代わり	おかわり(する) 한 그릇 추가, 리필		54	お土産	おみやげ 특산물, 기념품
44	奥さん	おくさん 부인		55	おむつ	기저귀
45	押入れ	おしいれ 벽장		56	思い出	おもいで 추억
46	おしまい	끝		57	おもちゃ	장난감
47	おしゃれ(する)	꾸밈, 멋쟁이		58	お礼	おれい 사례, 감사
48	お知らせ	おしらせ 알림; 공지		59	海外旅行	かいがいりょこう 해외여행
49	おつり	거스름돈		60	香り	かおり 향기
50	お手洗い	おてあらい 화장실		61	かかと	발뒤꿈치, 굽
51	お年玉	おとしだま 세뱃돈		62	かぎ	열쇠
52	お腹	おなか 배		63	各駅停車	かくえきていしゃ(する) 각 역 정차
53	お見舞い	おみまい 병문안		64	傘立て	かさたて 우산 꽂이

65	家庭教師	かていきょうし	가정 교사
66	金持ち	かねもち	부자
67	かばん		가방
68	代わり	かわり	대신
69	かんきせん		환기 팬
70	環境問題	かんきょうもんだい	환경 문제
71	缶コーヒー	かんこーひー	캔커피
72	がっかり(する)		실망
73	黄色信号	きいろしんごう	노란불; 노란 신호
74	木の実	きのみ / このみ	나무 열매
75	決まり	きまり	결정
76	くせ		버릇; 습관
77	車いす	くるまいす	휠체어
78	携帯電話	けいたいでんわ	휴대전화
79	けが		상처, 부상
80	消しゴム	けしごむ	지우개
81	けち		인색함, 구두쇠
82	原稿用紙	げんこうようし	원고지
83	交換留学	こうかんりゅうがく	교환 유학
84	高速道路	こうそくどうろ	고속도로
85	交通事故	こうつうじこ	교통사고
86	言葉遊び	ことばあそび	언어 유희

87	言葉づかい	ことばづかい 말투
88	子ども時代	こどもじだい 유년기; 어린 시절
89	この間	このあいだ 요전, 지난번
90	木の葉	このは 나뭇잎
91	この前	このまえ 저번, 요전
92	ごみ	쓰레기
93	ごみ箱	ごみばこ 쓰레기통
94	さしみ	회
95	さっき	아까
96	しみ	얼룩
97	締め切り / 締切り	しめきり 마감
98	春夏秋冬	しゅんかしゅうとう 춘하추동
99	消費期限	しょうひきげん 소비 기한
100	証明写真	しょうめいしゃしん 증명사진

DAY 10 명사(그 외)·동사(일반)

1	知り合い	しりあい 지인	11	そで	소매
2	新入社員	しんにゅうしゃいん 신입 사원	12	それぞれ	각각
3	自分自身	じぶんじしん 자기 자신	13	ぞうきん	걸레
4	炊飯器	すいはんき 밥솥	14	たんす	옷장
5	すし	초밥	15	段ボール / ダンボール	だんぼーる 종이 상자
6	全て	すべて 모두	16	近く	가까이; 근처
7	生活習慣	せいかつしゅうかん 생활 습관	17	続き	계속
8	生年月日	せいねんがっぴ 생년월일	18	つめ	손톱
9	専門学校	せんもんがっこう 전문학교	19	天気予報	てんきよほう 일기 예보
10	卒業論文	そつぎょうろんぶん 졸업 논문	20	電子レンジ	でんしれんじ 전자레인지

21	とうふ	두부		32	人間関係	にんげんかんけい 인간관계
22	通り	とおり 길; 도로		33	にんじん	당근
23	年寄り	としより 노인		34	のど	목; 목구멍
24	流れ	ながれ 흐름		35	のり	풀, 김
25	夏祭り	なつまつり 여름 축제		36	乗り降り	のりおり(する) 타고 내림
26	夏休み	なつやすみ 여름 방학		37	乗り換え	のりかえ 환승
27	斜め	ななめ 대각선, 비스듬함		38	はさみ	가위
28	生ごみ	なまごみ 음식물 쓰레기		39	はじめ	처음
29	悩み	なやみ 고민		40	バス停	ばすてい 버스 정류장
30	匂い	におい 냄새		41	外れ	はずれ 꽝
31	入学祝い	にゅうがくいわい 입학 축하		42	葉っぱ	はっぱ 잎; 잎사귀

43	話し声	はなしごえ	말소리
44	早起き	はやおき(する)	일찍 일어남
45	はんこ		도장
46	ばら		장미
47	引き出し	ひきだし	서랍
48	ひざ		무릎
49	久しぶり	ひさしぶり	오랜만
50	左利き	ひだりきき	왼손잡이
51	一人暮らし	ひとりぐらし	자취; 혼자 삶
52	昼ごろ	ひるごろ	점심 때
53	ファッション誌	ふぁっしょんし	패션지
54	振り込み / 振込み	ふりこみ	계좌 이체; 납입
55	ふるさと		고향
56	ほうちょう		식칼
57	ほほ		뺨
58	祭り	まつり	축제
59	周り	まわり	주변
60	真ん中	まんなか	한가운데
61	右利き	みぎきき	오른손잡이
62	みそ汁	みそしる	된장국
63	向こう	むこう	맞은편, 저쪽, 행선지
64	むだ		쓸데없음

65	目覚まし時計	めざましどけい 자명종		76	あきらめる	포기하다
66	申し込み / 申込み	もうしこみ 신청		77	飽きる	あきる 질리다
67	焼き魚	やきざかな 생선구이		78	空く	あく / すく 비다
68	焼きそば	やきそば 야키소바(일본 요리)		79	空ける	あける 비우다
69	山登り	やまのぼり 등산		80	あこがれる	동경하다
70	夕べ	ゆうべ 저녁, 해 질 녘		81	預ける	あずける 맡기다
71	夕焼け	ゆうやけ 저녁노을		82	与える	あたえる 주다; 수여하다
72	汚れ	よごれ 더러움, 때		83	温める	あたためる 데우다
73	留守番電話	るすばんでんわ 자동 응답기		84	当たる	あたる 맞다, 당첨되다
74	わが家	わがや 우리 집		85	扱う	あつかう 다루다; 취급하다
75	わけ	이유, 도리		86	集まる	あつまる 모이다

87	集める	あつめる 모으다		98	抱く	いだく / だく 안다
88	あふれる	넘치다; 넘쳐흐르다		99	痛む	いたむ 아프다
89	余る	あまる 남다		100	居る	いる 있다
90	編む	あむ 엮다, 짜다		101	要る	いる 필요하다
91	謝る	あやまる 사죄하다; 사과하다				
92	表す	あらわす 나타내다				
93	表れる	あらわれる 나타나다				
94	現れる	あらわれる 나타나다, 드러내다				
95	慌てる	あわてる 허둥대다				
96	怒る	おこる 화내다				
97	急ぐ	いそぐ 서두르다				

DAY 11 동사(일반)

1	植える	うえる / 심다
2	うかがう	찾아뵙다, 듣다, 묻다
3	浮く	うく / 뜨다
4	受ける	うける / 받다, 받아들이다
5	疑う	うたがう / 의심하다
6	打つ	うつ / 치다, 때리다
7	映る	うつる / 비치다
8	移る	うつる / 옮기다
9	写る	うつる / (사진에) 찍히다
10	埋める	うめる / 메우다
11	描く	えがく / かく / 그리다
12	選ぶ	えらぶ / 고르다; 선택하다
13	置く	おく / 두다, 놓다
14	送る	おくる / 보내다
15	贈る	おくる / 선물하다
16	遅れる	おくれる / 늦다
17	行う	おこなう / 행하다
18	抑える	おさえる / 억누르다
19	押す	おす / 누르다
20	落ちる	おちる / 떨어지다

21	落とす	おとす 떨어뜨리다		32	換える	かえる 교환하다
22	踊る	おどる 춤추다		33	変える	かえる 변화시키다
23	驚く	おどろく 놀라다		34	かがやく	빛나다
24	覚える	おぼえる 외우다		35	かかる	걸리다
25	おぼれる	(물에) 빠지다, 열중하다		36	関わる	かかわる 관련되다
26	折る	おる 꺾다		37	隠す	かくす 숨기다
27	折れる	おれる 꺾이다		38	かける	걸다
28	下ろす	おろす 내리다		39	駆ける	かける 전속력으로 뛰다
29	飼う	かう 키우다; 기르다		40	囲む	かこむ 둘러싸다
30	返す	かえす 돌려주다		41	重ねる	かさねる 겹치다
31	替える	かえる 교체하다		42	飾る	かざる 꾸미다; 장식하다

43	貸す	かす 빌려주다		54	変わる	かわる 변하다
44	稼ぐ	かせぐ (돈을) 벌다		55	頑張る	がんばる 힘내다, 열심히 하다
45	片付ける	かたづける 정리하다		56	聴く	きく 듣다
46	固まる	かたまる 굳다		57	気付く	きづく 눈치채다
47	勝つ	かつ 이기다		58	決める	きめる 정하다
48	被る	かぶる 뒤집어쓰다		59	嫌う	きらう 싫어하다
49	構う	かまう 상관하다		60	切る	きる 자르다, 끊다
50	通う	かよう (학교 등을) 다니다		61	着る	きる 입다
51	借りる	かりる 빌리다		62	くたびれる	지치다; 녹초가 되다
52	枯れる	かれる (초목이) 마르다		63	配る	くばる 나눠 주다; 배포하다
53	乾く	かわく 건조되다		64	組む	くむ 짜다, 끼다

65	曇る	くもる 흐려지다		76	込む	こむ 붐비다
66	比べる	くらべる 비교하다		77	転ぶ	ころぶ 구르다
67	加える	くわえる 더하다		78	壊れる	こわれる 고장나다
68	消す	けす 지우다		79	探す	さがす 찾다
69	越える	こえる (산을) 넘다		80	逆らう	さからう 거스르다, 거역하다
70	超える	こえる (기준을) 넘다; 넘어가다		81	咲く	さく (꽃이) 피다
71	凍る	こおる 얼다		82	叫ぶ	さけぶ 외치다
72	こぐ	젓다		83	指す	さす 가리키다
73	断る	ことわる 거절하다		84	誘う	さそう 권유하다
74	困る	こまる 곤란하다		85	冷める	さめる 식다
75	混む	こむ 혼잡하다; 붐비다		86	覚める	さめる 잠이 깨다; 눈이 뜨이다

87	騒ぐ	さわぐ 떠들다
88	触る	さわる 만지다
89	沈む	しずむ 가라앉다
90	従う	したがう 따르다
91	支払う	しはらう 지불하다
92	しぼる	쥐어짜다
93	しまう	끝마치다
94	示す	しめす 가리키다, 나타내다
95	締める	しめる 죄다; 매다, 닫다
96	しゃべる	말하다; 수다 떨다
97	調べる	しらべる 조사하다; 알아보다
98	信じる	しんじる 믿다
99	吸う	すう 빨다; 들이마시다
100	過ぎる	すぎる 지나가다

DAY 12 동사(일반)

1	過ごす	すごす / 보내다
2	進む	すすむ / 나아가다; 진행하다
3	勧める	すすめる / 추천하다
4	捨てる	すてる / 버리다
5	すべる	/ 미끄러지다
6	済む	すむ / 끝나다; 완료되다
7	注ぐ	そそぐ / (물을) 따르다
8	育つ	そだつ / 자라다
9	倒れる	たおれる / 쓰러지다
10	確かめる	たしかめる / 확인하다; 확실히 하다
11	足す	たす / 더하다
12	助ける	たすける / 도와주다
13	尋ねる	たずねる / 묻다
14	戦う	たたかう / 싸우다
15	叩く	たたく / 치다; 두드리다
16	たたむ	/ 개다
17	建つ	たつ / (건물이) 세워지다
18	経つ	たつ / (시간이) 지나다; 경과하다
19	建てる	たてる / (건물을) 세우다; 짓다
20	楽しむ	たのしむ / 즐기다

21	頼む	たのむ 부탁하다		32	付ける	つける 붙이다
22	溜まる	たまる 고이다, 쌓이다		33	伝える	つたえる 전하다
23	貯める	ためる 저축하다		34	続く	つづく 지속되다
24	頼る	たよる 의지하다		35	包む	つつむ 싸다, 포장하다
25	黙る	だまる 입 다물다		36	勤める	つとめる 근무하다
26	違う	ちがう 다르다		37	務める	つとめる 역할을 다하다
27	捕まえる	つかまえる 붙잡다		38	連れる	つれる 거느리다, 데려오다/가다
28	つかむ	꼭 쥐다		39	手伝う	てつだう 돕다
29	疲れる	つかれる 지치다		40	出かける	でかける 외출하다
30	付く	つく 붙다		41	通す	とおす 통과시키다
31	着く	つく 도착하다		42	通る	とおる 통과하다

43	解く	とく (문제를) 풀다		54	怒鳴る	どなる 고함치다
44	溶ける	とける 녹다		55	直す	なおす 고치다
45	届く	とどく 도착하다		56	治す	なおす 치료하다
46	届ける	とどける 보내다, 신고하다		57	直る	なおる 고쳐지다
47	飛ぶ	とぶ 날다		58	治る	なおる 낫다
48	泊まる	とまる 묵다; 숙박하다		59	泣く	なく 울다
49	止まる	とまる 멈추다		60	なぐさめる	위로하다
50	停める	とめる 세우다		61	なくす	없애다, 잃어버리다
51	止める	とめる / やめる 멈추게 하다, 그만두다		62	投げる	なげる 던지다
52	採る	とる 채집하다		63	悩む	なやむ 고민하다
53	撮る	とる (사진을) 찍다		64	習う	ならう 배우다

65	並ぶ	ならぶ 줄을 서다		76	濡れる	ぬれる 젖다
66	鳴る	なる 울리다; 울려 퍼지다		77	願う	ねがう 바라다; 원하다
67	慣れる	なれる 익숙해지다		78	眠る	ねむる 잠들다
68	似合う	にあう 어울리다		79	寝る	ねる 자다
69	握る	にぎる 쥐다		80	残す	のこす 남기다
70	逃げる	にげる 도망가다		81	残る	のこる 남다
71	似る	にる 닮다		82	載せる	のせる 싣다; 기재하다
72	煮る	にる 삶다; 조리다		83	伸ばす	のばす (길이를) 늘이다
73	脱ぐ	ぬぐ 벗다		84	延ばす	のばす (기간을) 늘리다
74	抜ける	ぬける 뽑히다		85	伸びる	のびる 늘어나다
75	塗る	ぬる 칠하다		86	生える	はえる 자라다

87	測る	はかる 재다
88	履く	はく (신발을) 신다, (하의를) 입다
89	掃く	はく 쓸다
90	吐く	はく 구토하다
91	励む	はげむ 힘쓰다, 열중하다
92	運ぶ	はこぶ 옮기다; 나르다
93	外す	はずす 벗다, 떼다
94	働く	はたらく 일하다
95	離す	はなす 떼어 내다, 거리를 두다
96	払う	はらう 지불하다
97	貼る	はる 붙이다
98	晴れる	はれる 맑아지다
99	冷える	ひえる 차가워지다
100	光る	ひかる 빛나다

DAY 13 동사(일반)·동사(복합)

1	引く	ひく 끌다	11	降る	ふる (눈·비가) 내리다
2	弾く	ひく (악기를) 켜다; 치다	12	振る	ふる 흔들다
3	冷やす	ひやす 식히다	13	ぶつける	부딪히다
4	拾う	ひろう 줍다	14	減らす	へらす 줄이다
5	広がる	ひろがる 넓어지다; 확장되다	15	減る	へる 줄다
6	増える	ふえる 늘다	16	ほえる	짖다
7	拭く	ふく 닦다	17	干す	ほす 말리다
8	防ぐ	ふせぐ 막다; 방지하다	18	ほめる	칭찬하다
9	太る	ふとる 살찌다	19	掘る	ほる 파다
10	踏む	ふむ 밟다	20	負ける	まける 지다

21	曲げる	まげる 구부리다		32	見つける	みつける 발견하다
22	交ざる	まざる 섞이다		33	見つめる	みつめる 응시하다
23	混ぜる	まぜる 섞다		34	向かう	むかう 향해 가다
24	間違う	まちがう 틀리다, 잘못되다		35	迎える	むかえる 맞이하다
25	間違える	まちがえる 틀리다, 잘못하다		36	向く	むく 향하다
26	まとめる	정리하다		37	結ぶ	むすぶ 맺다
27	学ぶ	まなぶ 배우다		38	申す	もうす 말하다; 말씀 드리다
28	守る	まもる 지키다		39	燃える	もえる (불에) 타다
29	迷う	まよう 헤매다		40	持つ	もつ 가지다, 들다
30	回す	まわす 돌리다		41	戻す	もどす 되돌리다
31	回る	まわる 돌다		42	戻る	もどる 돌아가다

43	燃やす	もやす 태우다		54	汚れる	よごれる 더러워지다
44	焼く	やく 굽다		55	寄る	よる 접근하다, 들르다
45	訳す	やくす 번역하다		56	喜ぶ	よろこぶ 기뻐하다
46	破る	やぶる 깨부수다		57	わく	 끓다
47	止む	やむ 멈추다		58	分ける	わける 나누다
48	辞める	やめる 그만두다		59	忘れる	わすれる 잊다; 까먹다
49	ゆでる	 삶다		60	渡す	わたす 건네다, 넘기다
50	許す	ゆるす 용서하다		61	渡る	わたる 건너다, 넘어가다
51	揺れる	ゆれる 흔들리다		62	笑う	わらう 웃다
52	酔う	よう 취하다		63	割る	わる 깨다, 나누다
53	汚す	よごす 더럽히다		64	割れる	われる 깨지다

65	歩き回る	あるきまわる / 돌아다니다
66	言い返す	いいかえす / 대꾸하다
67	言い出す	いいだす / 말을 꺼내다
68	言い直す	いいなおす / 다시 말하다
69	受け取る	うけとる / 받다; 수취하다
70	追い越す	おいこす / 추월하다
71	追いつく	おいつく / 따라붙다
72	落ち着く	おちつく / 안정되다, 침착하다
73	思い出す	おもいだす / (생각을) 떠올리다
74	買い替える	かいかえる / 새로 사다
75	書き直す	かきなおす / 고쳐 쓰다; 다시 쓰다
76	かき混ぜる	かきまぜる / 뒤섞다
77	かけ合う	かけあう / 흥정하다, 교섭하다
78	駆け出す	かけだす / 뛰어 나가다
79	かけ直す	かけなおす / 다시 걸다
80	貸し出す	かしだす / 대여하다
81	語り合う	かたりあう / 이야기를 주고받다
82	聞き取る	ききとる / 알아듣다, 청취하다
83	切り替える	きりかえる / 전환하다, 새로 바꾸다
84	組み立てる	くみたてる / 조립하다
85	繰り返す	くりかえす / 반복하다
86	締め切る	しめきる / 마감하다

87	知り合う	しりあう	알고 지내다
88	付き合う	つきあう	사귀다; 교제하다
89	作り直す	つくりなおす	다시 만들다
90	通りかかる	とおりかかる	우연히 지나가다
91	飛び出す	とびだす	튀어나오다
92	取り替える	とりかえる	교환하다
93	取り消す	とりけす	취소하다
94	取り込む	とりこむ	거두어들이다, 받아들이다
95	取り出す	とりだす	꺼내다
96	飲み終わる	のみおわる	다 마시다
97	走り出す	はしりだす	달려 나가다
98	話し合う	はなしあう	의논하다; 상의하다
99	話しかける	はなしかける	말을 걸다
100	引き受ける	ひきうける	떠맡다

DAY 14 동사(복합)·い형용사·な형용사

#	単語	よみ / 意味
1	引き出す	ひきだす / 꺼내다, 인출하다
2	引っ越す	ひっこす / 이사하다
3	引っ張る	ひっぱる / 당기다
4	振り込む	ふりこむ / 이체하다; 납입하다
5	降り出す	ふりだす / 내리기 시작하다
6	待ち合わせる	まちあわせる / (약속을 잡아) 만나기로 하다
7	向かい合う	むかいあう / 마주 보다
8	申し込む	もうしこむ / 신청하다
9	持ち歩く	もちあるく / 들고 다니다
10	持ち帰る	もちかえる / 가지고 돌아오다/가다
11	呼びかける	よびかける / 호소하다
12	明るい	あかるい / 밝다
13	浅い	あさい / 얕다
14	暖かい	あたたかい / (날씨·분위기가) 따뜻하다
15	温かい	あたたかい / (온도가) 따뜻하다
16	新しい	あたらしい / 새롭다
17	暑い	あつい / (날씨가) 덥다
18	熱い	あつい / (온도가) 뜨겁다
19	厚い	あつい / 두껍다
20	危ない	あぶない / 위험하다

21	甘い	あまい 달콤하다	32	美味しい	おいしい 맛있다
22	あやしい	수상하다, 괴상하다	33	おかしい	이상하다
23	忙しい	いそがしい 바쁘다	34	惜しい	おしい 아깝다
24	痛い	いたい 아프다	35	大人しい	おとなしい 어른스럽다, 얌전하다
25	愛しい	いとしい 사랑스럽다	36	面白い	おもしろい 재미있다
26	薄い	うすい 얇다, 옅다	37	硬い	かたい 딱딱하다, 굳다
27	美しい	うつくしい 아름답다	38	悲しい	かなしい 슬프다
28	うらやましい	부럽다	39	かゆい	가렵다
29	うるさい	시끄럽다	40	からい	매콤하다
30	嬉しい	うれしい 기쁘다	41	軽い	かるい 가볍다
31	偉い	えらい 훌륭하다, 대견하다	42	可愛い	かわいい 귀엽다

43	可愛らしい	かわいらしい / 귀엽다, 사랑스럽다
44	汚い	きたない / 더럽다; 지저분하다
45	きつい	심하다; 고되다, 꼭 끼다
46	きびしい	엄격하다
47	臭い	くさい / 구리다, 냄새나다
48	悔しい	くやしい / 분하다
49	暗い	くらい / 어둡다
50	苦しい	くるしい / 괴롭다, 힘들다
51	詳しい	くわしい / 자세하다
52	濃い	こい / 진하다
53	恋しい	こいしい / 사랑스럽다
54	細かい	こまかい / 세세하다, 까다롭다
55	寂しい	さびしい / 쓸쓸하다; 외롭다
56	寒い	さむい / 춥다
57	仕方ない	しかたない / 할 수 없다, 어쩔 수 없다
58	親しい	したしい / 친근하다
59	しょうがない	어쩔 수 없다
60	涼しい	すずしい / 시원하다; 선선하다
61	すっぱい	시큼하다
62	素晴らしい	すばらしい / 훌륭하다, 대단하다
63	狭い	せまい / 좁다
64	正しい	ただしい / 바르다; 옳다

65	だらしない	칠칠치 못하다		76	早い	はやい (시간이) 이르다
66	つまらない・ つまんない	지루하다, 시시하다		77	低い	ひくい 낮다
67	無い	ない 없다		78	ひどい	심하다
68	情けない	なさけない 한심하다, 매정하다		79	広い	ひろい 넓다
69	なつかしい	그립다		80	深い	ふかい 깊다
70	憎い	にくい 밉다		81	太い	ふとい 굵다
71	憎らしい	にくらしい 얄밉다		82	欲しい	ほしい 갖고 싶다, ~하고 싶다
72	ぬるい	미지근하다		83	細い	ほそい 가늘다
73	眠い	ねむい 졸리다		84	細長い	ほそながい 가늘고 길다
74	恥ずかしい	はずかしい 부끄럽다		85	貧しい	まずしい 가난하다
75	速い	はやい (속도가) 빠르다		86	まぶしい	눈부시다

87	丸い	まるい / 둥글다
88	難しい	むずかしい / 어렵다
89	珍しい	めずらしい / 드물다
90	申し訳ない	もうしわけない / 면목 없다, 죄송하다
91	もったいない	아깝다
92	易しい	やさしい / 쉽다
93	優しい	やさしい / 상냥하다; 다정하다
94	柔らかい	やわらかい / 부드럽다
95	ゆるい	느슨하다, 완만하다
96	若い	わかい / 젊다
97	安全な	あんぜんな / 안전한
98	意外な	いがいな / 의외인, 의외의
99	一般的な	いっぱんてきな / 일반적인

DAY 15 な형용사·부사 (일반)

1	嫌な	いやな / 싫은
2	確実な	かくじつな / 확실한
3	活動的な	かつどうてきな / 활동적인
4	可能な	かのうな / 가능한
5	かわいそうな	/ 불쌍한
6	簡単な	かんたんな / 간단한
7	危険な	きけんな / 위험한
8	基礎的な	きそてきな / 기초적인
9	基本的な	きほんてきな / 기본적인
10	急な	きゅうな / 급한, 갑작스러운
11	嫌いな	きらいな / 싫어하는
12	具体的な	ぐたいてきな / 구체적인
13	経済的な	けいざいてきな / 경제적인
14	健康な	けんこうな / 건강한
15	元気な	げんきな / 기운찬
16	効果的な	こうかてきな / 효과적인
17	高価な	こうかな / 값비싼
18	最高な	さいこうな / 최고인
19	最終的な	さいしゅうてきな / 최종적인
20	最低な	さいていな / 최저인, 최악인

21	盛んな	さかんな — 왕성한, 번창한
22	様々な	さまざまな — 다양한, 여러 가지의
23	残念な	ざんねんな — 유감스러운
24	幸せな	しあわせな — 행복한
25	静かな	しずかな — 조용한
26	自然な	しぜんな — 자연스러운
27	失礼な	しつれいな — 실례되는
28	主要な	しゅような — 주요한
29	正直な	しょうじきな — 솔직한
30	親切な	しんせつな — 친절한
31	新鮮な	しんせんな — 신선한
32	慎重な	しんちょうな — 신중한
33	実用的な	じつようてきな — 실용적인
34	自動的な	じどうてきな — 자동적인
35	地味な	じみな — 수수한
36	重大な	じゅうだいな — 중대한
37	自由な	じゆうな — 자유로운
38	十分な	じゅうぶんな — 충분한
39	重要な	じゅうような — 중요한
40	上品な	じょうひんな — 고상한, 고급스러운
41	丈夫な	じょうぶな — 건장한, 튼튼한
42	人工的な	じんこうてきな — 인공적인

43	数学的な	すうがくてきな 수학적인		54	確かな	たしかな 확실한
44	素敵な	すてきな 근사한		55	短気な	たんきな 성급한
45	清潔な	せいけつな 청결한		56	単純な	たんじゅんな 단순한
46	正常な	せいじょうな 정상인		57	大事な	だいじな 중요한, 소중한
47	積極的な	せっきょくてきな 적극적인		58	代表的な	だいひょうてきな 대표적인
48	専門的な	せんもんてきな 전문적인		59	丁寧な	ていねいな 공손한; 정중한, 주의 깊은
49	全体的な	ぜんたいてきな 전체적인		60	当然な	とうぜんな 당연한
50	相当な	そうとうな 상당한		61	得意な	とくいな 자신 있는, 특기인; 잘하는
51	退屈な	たいくつな 지루한		62	特別な	とくべつな 특별한
52	大切な	たいせつな 소중한		63	苦手な	にがてな 서투른
53	大変な	たいへんな 힘든, 큰일인		64	にぎやかな	활기찬

65	熱心な	ねっしんな / 열심인
66	派手な	はでな / 화려한
67	必要な	ひつような / 필요한
68	不安な	ふあんな / 불안한
69	複雑な	ふくざつな / 복잡한
70	不思議な	ふしぎな / 신기한, 이상한
71	不便な	ふべんな / 불편한
72	不要な	ふような / 필요 없는
73	平気な	へいきな / 멀쩡한, 아무렇지 않은
74	下手な	へたな / 못하는, 서투른
75	変な	へんな / 이상한
76	別な	べつな / 다른
77	便利な	べんりな / 편리한
78	身近な	みぢかな / 가까운, 친근한
79	無理な	むりな / 무리한
80	迷惑な	めいわくな / 민폐인
81	面倒な	めんどうな / 귀찮은
82	有名な	ゆうめいな / 유명한
83	楽な	らくな / 편한
84	立派な	りっぱな / 훌륭한
85	相変わらず	あいかわらず / 여전히
86	あまり	/ 그다지, 별로

#	일본어	읽기/뜻
87	いくらでも	얼마든지
88	一応	いちおう / 일단
89	一度に	いちどに / 한번에
90	いつでも	언제든지, 언제라도
91	いっぱい	가득
92	今にも	いまにも / 금방이라도, 이제 곧
93	主に	おもに / 주로
94	必ず	かならず / 반드시
95	必ずしも	かならずしも / 반드시 ~인 것은(부정형)
96	かなり	꽤
97	きちんと	제대로
98	きっと	분명, 꼭
99	偶然	ぐうぜん / 우연히
100	結局	けっきょく / 결국

DAY 16 부사(일반)·부사(의성어·의태어)

1	結構	けっこう / 꽤
2	決して	けっして / 결코
3	この間	このあいだ / 요전에, 지난번에
4	この前	このまえ / 저번에, 요전에
5	先に	さきに / 먼저
6	さっき	아까
7	早速	さっそく / 곧; 즉시; 바로
8	次第に	しだいに / 차츰; 점점
9	しばらく	잠시
10	正直	しょうじき / 솔직히
11	実は	じつは / 실은
12	実際に	じっさいに / 실제로
13	十分	じゅうぶん / 충분히
14	すぐに	금방
15	全て	すべて / 모두
16	ずいぶん	꽤나
17	ずっと	계속; 쭉
18	せっかく	모처럼
19	絶対	ぜったい / 절대
20	ぜひ	부디, 꼭

21	相当	そうとう / 상당히
22	そのまま	그대로
23	そんなに	그렇게
24	たいてい	대개
25	大変	たいへん / 매우
26	互いに	たがいに / 서로
27	確か	たしか / 확실히
28	多少	たしょう / 다소
29	ただ	그냥, 그저
30	たった	겨우
31	例えば	たとえば / 예를 들어
32	たまに	가끔씩, 이따금
33	だいたい	대략; 거의
34	だんだん	점점
35	ちっとも	조금도
36	ちょうど	딱
37	つい	문득; 그만
38	ついに	마침내
39	次々	つぎつぎ / 연달아
40	つまり	즉
41	当然	とうぜん / 당연히
42	とうとう	드디어; 마침내

43	時々	ときどき 가끔; 때때로
44	特に	とくに 특히
45	突然	とつぜん 갑자기; 돌연
46	どう	어떻게
47	どうか	어떻게든
48	どうして	어째서
49	どうしても	어떻게 해서라도
50	なかなか	제법
51	なぜか	어째선가
52	何か	なにか / なんか 뭔가
53	何も	なにも / なんも 아무것도

54	なるべく	되도록, 가능한 한
55	なるほど	과연
56	初めて	はじめて 처음으로
57	非常に	ひじょうに 대단히
58	別に	べつに 별로
59	別々に	べつべつに 따로
60	ほとんど	거의
61	まあまあ	여하튼; 자자, 그저 그런
62	まず	우선
63	また	또, 다시
64	全く	まったく 전혀

65	まるで	마치		76	よろしく	잘
66	もう	벌써, 이제		77	いらいら	짜증 나는
67	もし	만약		78	うっかり	무심코
68	もしかしたら	어쩌면		79	うろうろ	우왕좌왕
69	もちろん	물론		80	からから	바싹 마른
70	もっと	더욱		81	がらがら	목이 쉰
71	最も	もっとも 가장		82	きらきら	반짝반짝
72	やっと	드디어		83	ぐっすり	푹
73	やっぱり / やはり	역시		84	こんこん	똑똑
74	ようこそ	어서 오세요		85	しっかり	제대로
75	ようやく	겨우; 간신히		86	すっかり	완전히

87	すっと	쑥, 쭉, 개운한
88	そっくり	전부, 그대로, 똑 닮은
89	そっと	가만히
90	そろそろ	슬슬
91	だぶだぶ	헐렁헐렁, 출렁출렁
92	ちかちか	반짝반짝
93	とんとん	척척
94	どきどき	두근두근
95	どっと	왈칵, 털썩
96	どんどん	점점
97	はっきり	확실히, 제대로
98	ばらばら	뿔뿔이
99	びっくり	크게 놀란
100	ぴったり	딱 맞는
101	ふらふら	흔들흔들

DAY 17 부사(의성어·의태어)·가타카나

1	ぺこぺこ	배고픈
2	ぺらぺら	유창한, 술술
3	ゆっくり	천천히
4	アイスクリーム	아이스크림
5	アイディア・アイデア	아이디어
6	アクセス(する)	액세스; 접근성, 접속, 찾아오는 길
7	アクセル	액셀
8	アップ(する)	업로드
9	アドバイス(する)	어드바이스; 조언
10	アナウンサー	아나운서

11	アナウンス(する)	방송
12	アルバイト・バイト(する)	아르바이트
13	アルバム	앨범
14	アレルギー	알레르기
15	アンケート	앙케트
16	イベント	이벤트; 행사
17	イメージ(する)	이미지
18	イヤホン	이어폰
19	インク	잉크
20	インターネット	인터넷
21	インタビュー(する)	인터뷰

22	インフォメーション	정보
23	インフルエンザ	독감
24	ウイルス	바이러스
25	エアコン	에어컨
26	エネルギー	에너지
27	エプロン	앞치마
28	エレベーター	엘리베이터
29	エンジン	엔진
30	オープン(する)	오픈
31	オフィス	사무실
32	オリンピック	올림픽

33	オレンジ	오렌지
34	カーテン	커튼
35	カード	카드
36	カセットテープ	카세트테이프
37	カット(する)	커트
38	カップ	컵
39	カバー(する)	커버
40	カフェ	카페
41	カメラマン	카메라맨
42	カラオケ	노래방
43	カルチャー	컬처; 문화

44	カレー	카레
45	カロリー	칼로리
46	ガイドブック	가이드북
47	ガソリン	가솔린; 휘발유
48	ガラス	유리
49	キーボード	키보드
50	キャッシュカード	현금 입출금 카드
51	キャベツ	양배추
52	キャンセル(する)	캔슬; 취소
53	クイズ	퀴즈
54	クッキー	쿠키

55	クラシック	클래식
56	クラスメート	반 친구
57	クラブ	클럽, 동아리
58	クリーニング(する)	세탁
59	クリーム	크림
60	クレジットカード	신용 카드
61	グラウンド	운동장
62	グラス	유리잔
63	グラフ	그래프
64	グループ	그룹
65	ケース	케이스

66	コース	코스; 과정
67	コピー(する)	복사
68	コマーシャル	광고
69	コミュニケーション	커뮤니케이션; 의사소통
70	コンビニ	편의점
71	コンピューター	컴퓨터
72	ゴール(する)	골; 목표
73	ゴム	머리끈
74	ゴルフ	골프
75	サークル	서클, 동아리
76	サービス(する)	서비스

77	サイクリング(する)	사이클링; 자전거
78	サイズ	사이즈
79	サイト	사이트
80	サイン(する)	사인
81	サングラス	선글라스
82	サンプル	샘플
83	ショッピング(する)	쇼핑
84	ジャケット	재킷
85	ジャズ	재즈
86	ジャム	잼
87	スープ	수프

88	スイッチ	스위치
89	スキー	스키
90	スケジュール	스케줄; 일정
91	スタート(する)	스타트; 시작
92	ストーブ	스토브; 난로
93	ストーリー	스토리
94	ストップ(する)	스톱; 정지
95	ストレス	스트레스
96	スパゲッティ・スパゲティ	스파게티
97	スピーカー	스피커
98	スピーチ	스피치; 연설

DAY 18 가타카나

1. セール — 세일
2. セット(する) — 세팅
3. セミナー — 세미나
4. センター — 센터
5. ゼミ — 세미나
6. ソース — 소스
7. ソファー — 소파
8. タイトル — 타이틀; 제목
9. タオル — 타월; 수건
10. ダビング(する) — 더빙

11	チーズ	치즈
12	チェックアウト(する)	체크아웃
13	チェックイン(する)	체크인
14	チャレンジ(する)	챌린지; 도전
15	チャンス	찬스; 기회
16	チョコレート・チョコ	초콜릿
17	チラシ	전단지
18	テープ	테이프
19	テーマ	테마
20	Tシャツ	티셔츠
21	テキスト	텍스트

22	デート(する)	데이트
23	デザイン(する)	디자인
24	トマト	토마토
25	トレーニング(する)	트레이닝
26	ネクタイ	넥타이
27	ネックレス	목걸이
28	ノック(する)	노크
29	ハーフ	하프; 절반
30	ハーフマラソン	하프 마라톤
31	ハイキング	하이킹; 등산
32	ハイヒール	하이힐

33	ハンバーグ	햄버그
34	バイオリン	바이올린
35	バイク	오토바이
36	バスケット	바구니
37	バスケットボール	농구
38	バター	버터
39	バレエ	발레
40	パーセント	퍼센트
41	パーティー	파티
42	パスポート	여권
43	パンダ	판다

44	パンフレット	팸플릿
45	ヒーター	히터
46	ヒント	힌트
47	ビタミン	비타민
48	ビデオ	비디오
49	ピクニック	피크닉; 소풍
50	ピザ	피자
51	ピンク	핑크; 분홍색
52	ファストフード	패스트푸드
53	ファスナー	지퍼
54	ファックス(する)	팩스

55	ファッション	패션
56	ファン	팬
57	ブラシ	브러시
58	ブランコ	그네
59	プール	수영장
60	プラスチック	플라스틱
61	プリンター	프린터
62	プリント(する)	프린트
63	プレーヤー	연주자, 선수
64	プロ	프로
65	プログラム	프로그램

66	ヘルメット	헬멧
67	ベランダ	베란다
68	ペット	반려동물
69	ペットボトル	페트병
70	ペンキ	페인트
71	ホーム	플랫폼
72	ホームステイ	홈스테이
73	ホームページ	홈페이지
74	ホール	홀
75	ホチキス・ホッチキス	스테이플러
76	ボーリング	볼링

77	ポイント	포인트
78	ポケット	주머니
79	ポスター	포스터
80	マーク(する)	마크
81	マイク	마이크
82	マナー	매너
83	マフラー	머플러
84	マラソン	마라톤
85	マンション	맨션
86	ミックス(する)	믹스
87	ミルク	우유

88	メール(する)	메일, 문자 메시지
89	メールアドレス	메일 주소
90	メッセージ	메시지
91	メニュー	메뉴
92	メモ(する)	메모
93	メンバー	멤버
94	ヨーグルト	요구르트
95	ラーメン	라면
96	ライオン	사자
97	ラケット	라켓
98	ラジカセ	카세트 라디오

99 ランチ

런치; 점심 식사

DAY 19 가타카나·접속사·접두어·접미어

1	リサイクル(する)	재활용
2	リスト	리스트; 목록
3	リビング	거실
4	ルール	룰; 규칙
5	レインコート	비옷
6	レジ	계산대
7	レシピ	레시피
8	レッスン	레슨
9	レンズ	렌즈
10	ロケット	로켓

11	ロッカー		로커; 사물함
12	ロック(する)		잠금
13	ロビー		로비
14	ロボット		로봇
15	ワイン		와인
16	ワンピース		원피스
17	一方	いっぽう	~하는 한편, ~만 하다
18	けれど・けれども		그렇지만
19	すると		그랬더니, 그러자
20	そこで		그래서
21	そして		그리고

22	そのうえ	게다가
23	それから	그다음에
24	それで	그래서
25	それに	게다가
26	だが	하지만
27	だから	그러니까, 그래서
28	ついでに	~하는 김에
29	つまり	즉
30	ところが	그런데
31	なお	또한
32	また	또, 게다가

33	または	혹은
34	大雨	おおあめ 큰비; 폭우
35	大声	おおごえ 큰 목소리; 큰소리
36	大掃除	おおそうじ 대청소
37	大通り	おおどおり 넓은 길
38	大雪	おおゆき 대설; 폭설; 큰눈
39	各駅	かくえき 각 역
40	各学校	かくがっこう 각 학교
41	各季節	かくきせつ 각 계절
42	各地	かくち 각지
43	各日	かくじつ 하루하루

44	各国	かっこく / 각국
45	後期	こうき / 후기
46	後半	こうはん / 후반
47	今回	こんかい / 이번
48	今学期	こんがっき / 이번 학기
49	今後	こんご / 이후
50	新曲	しんきょく / 신곡
51	新商品	しんしょうひん / 신상품
52	新製品	しんせいひん / 신제품
53	前後	ぜんご / 앞뒤
54	前日	ぜんじつ / 전날

55	前半	ぜんはん	전반
56	全員	ぜんいん	전원
57	全国	ぜんこく	전국
58	全部	ぜんぶ	전부
59	不規則	ふきそく	불규칙
60	不用品	ふようひん	쓰지 않는 물건; 쓰지 못하는 물건
61	夕食	ゆうしょく	저녁밥; 석식
62	夕飯	ゆうはん	저녁밥
63	夕日	ゆうひ	석양
64	大学院	だいがくいん	대학원
65	美容院	びよういん	미용실

66	病院	びょういん / 병원
67	駅員	えきいん / 역무원
68	会員	かいいん / 회원
69	社員	しゃいん / 사원
70	店員	てんいん / 점원
71	部員	ぶいん / 부원
72	動物園	どうぶつえん / 동물원
73	保育園	ほいくえん / 어린이집; 보육원
74	営業課	えいぎょうか / 영업과
75	学生課	がくせいか / 학생과
76	秘書課	ひしょか / 비서과

77	画家	がか 화가
78	作家	さっか 작가
79	小説家	しょうせつか 소설가
80	専門家	せんもんか 전문가
81	運動会	うんどうかい 운동회
82	歓迎会	かんげいかい 환영회
83	観察会	かんさつかい 관찰 모임
84	講演会	こうえんかい 강연회
85	食事会	しょくじかい 식사 모임
86	説明会	せつめいかい 설명회
87	町内会	ちょうないかい 반상회

88	展覧会	てんらんかい 전람회
89	発表会	はっぴょうかい 발표회
90	勉強会	べんきょうかい 공부 모임
91	生き方	いきかた 생활 방식
92	入れ方	いれかた 넣는 법
93	選び方	えらびかた 고르는 법
94	教え方	おしえかた 가르치는 법
95	考え方	かんがえかた 생각하는 법
96	建て方	たてかた (건물을) 짓는 방법
97	使い方	つかいかた 사용법
98	撮り方	とりかた (사진을) 찍는 법

| 99 | ほめ方 | ほめかた / 칭찬법 |

DAY 20 접미어

1	やり方	やりかた / 하는 법		11	博物館	はくぶつかん / 박물관
2	中間	ちゅうかん / 중간		12	美術館	びじゅつかん / 미술관
3	夜間	やかん / 야간		13	旅館	りょかん / 여관
4	昼間	ひるま / 주간		14	経営学	けいえいがく / 경영학
5	映画館	えいがかん / 영화관		15	経済学	けいざいがく / 경제학
6	市民館	しみんかん / 시민관		16	社会学	しゃかいがく / 사회학
7	資料館	しりょうかん / 자료관		17	内側	うちがわ / 안쪽
8	水族館	すいぞくかん / 수족관		18	裏側	うらがわ / 뒤쪽
9	体育館	たいいくかん / 체육관		19	表側	おもてがわ / 앞쪽
10	図書館	としょかん / 도서관		20	北側	きたがわ / 북쪽

#	単語	読み方 / 意味
21	外側	そとがわ / 바깥쪽
22	西側	にしがわ / 서쪽
23	反対側	はんたいがわ / 반대쪽
24	東側	ひがしがわ / 동쪽
25	左側	ひだりがわ / 왼쪽
26	右側	みぎがわ / 오른쪽
27	南側	みなみがわ / 남쪽
28	自動販売機	じどうはんばいき / 자판기
29	洗濯機	せんたくき / 세탁기
30	掃除機	そうじき / 청소기
31	飛行機	ひこうき / 비행기
32	入り口	いりぐち / 입구
33	改札口	かいさつぐち / 개찰구
34	北口	きたぐち / 북쪽 출입구
35	正面口	しょうめんぐち / 정면 출입구
36	出口	でぐち / 출구
37	西口	にしぐち / 서쪽 출입구
38	東口	ひがしぐち / 동쪽 출입구
39	南口	みなみぐち / 남쪽 출입구
40	定期券	ていきけん / 정기권
41	割引券	わりびきけん / 할인권
42	開園後	かいえんご / 개원 후

43	閉店後	へいてんご / 폐점 후
44	英語	えいご / 영어
45	外国語	がいこくご / 외국어
46	中国語	ちゅうごくご / 중국어
47	晩ご飯	ばんごはん / 저녁밥
48	昼ご飯	ひるごはん / 점심밥
49	夕ご飯	ゆうごはん / 저녁밥
50	夜ご飯	よるごはん / 저녁밥
51	あて先	あてさき / 수신인
52	外出先	がいしゅつさき / 외출한 곳
53	連絡先	れんらくさき / 연락처
54	看護師	かんごし / 간호사
55	教師	きょうし / 교사
56	応接室	おうせつしつ / 응접실
57	会議室	かいぎしつ / 회의실
58	研究室	けんきゅうしつ / 연구실
59	コピー室	こぴーしつ / 복사실
60	コンピューター室	こんぴゅーたーしつ / 컴퓨터실
61	事務室	じむしつ / 사무실
62	科学者	かがくしゃ / 과학자
63	希望者	きぼうしゃ / 희망자
64	経験者	けいけんしゃ / 경험자

65	参加者	さんかしゃ 참가자		76	運動場	うんどうじょう 운동장
66	指導者	しどうしゃ 지도자		77	会場	かいじょう 회장
67	歩行者	ほこうしゃ 보행자		78	スキー場	すきーじょう 스키장
68	優勝者	ゆうしょうしゃ 우승자		79	駐車場	ちゅうしゃじょう 주차장
69	利用者	りようしゃ 이용자		80	聞き上手	ききじょうず 이야기를 잘 들어줌
70	旅行者	りょこうしゃ 여행자		81	話し上手	はなしじょうず 말을 잘함
71	教科書	きょうかしょ 교과서		82	料理上手	りょうりじょうず 요리를 잘함
72	証明書	しょうめいしょ 증명서		83	子ども達	こどもたち 아이들
73	申込書	もうしこみしょ 신청서		84	私達	わたしたち 우리들
74	集合時	しゅうごうじ 집합 시간		85	食事代	しょくじだい 식사비
75	日時	にちじ 일시		86	ホテル代	ほてるだい 호텔비

87	温泉地	おんせんち / 온천지	98	家具店	かぐてん / 가구점
88	観光地	かんこうち / 관광지	99	喫茶店	きっさてん / 찻집
89	中心地	ちゅうしんち / 중심지	100	専門店	せんもんてん / 전문점
90	世界中	せかいじゅう / 전 세계; 온 세계			
91	期間中	きかんちゅう / 기간 중			
92	建設中	けんせつちゅう / 건설 중			
93	工事中	こうじちゅう / 공사 중			
94	今週中	こんしゅうちゅう / 이번 주 중			
95	滞在中	たいざいちゅう / 체류 중			
96	留学中	りゅうがくちゅう / 유학 중			
97	一流店	いちりゅうてん / 고급 가게, 일급 점포			

 # 접미어·관용 표현·경어 표현

1	電気店	でんきてん 가전제품 매장
2	館内	かんない 관내
3	市内	しない 시내
4	車内	しゃない 차내
5	時間内	じかんない 시간 내
6	店内	てんない 점내, (특정 장소의) 내부
7	売り場	うりば 매장
8	ごみ置き場	ごみおきば 쓰레기 수거장
9	乗り場	のりば 승강장
10	暗証番号	あんしょうばんごう 비밀번호

11	電話番号	でんわばんごう	전화번호
12	予約番号	よやくばんごう	예약 번호
13	会費	かいひ	회비
14	交通費	こうつうひ	교통비
15	営業日	えいぎょうび	영업일
16	出発日	しゅっぱつび	출발일
17	誕生日	たんじょうび	생일
18	定休日	ていきゅうび	정기 휴일
19	到着日	とうちゃくび	도착일
20	医学部	いがくぶ	의학부
21	営業部	えいぎょうぶ	영업부

22	サッカー部	さっかーぶ 축구부
23	食べ放題	たべほうだい 뷔페
24	乗り放題	のりほうだい 자유이용권
25	週末	しゅうまつ 주말
26	年末	ねんまつ 연말
27	会社名	かいしゃめい 회사명
28	商品名	しょうひんめい 상품명
29	生き物	いきもの 생물
30	落とし物	おとしもの 분실물
31	買い物	かいもの 장보기; 쇼핑
32	品物	しなもの 물품

33	調べ物	しらべもの 조사할 것
34	洗濯物	せんたくもの 세탁물
35	食べ物	たべもの 먹을 것; 음식
36	飲み物	のみもの 마실 것; 음료
37	乗り物	のりもの 탈것
38	持ち物	もちもの 소지품
39	忘れ物	わすれもの 잊은 물건
40	ケーキ屋	けーきや 케이크 가게
41	写真屋	しゃしんや 사진관
42	服屋	ふくや 옷 가게
43	不動産屋	ふどうさんや 부동산

44	本屋	ほんや 서점
45	八百屋	やおや 채소 가게
46	教師用	きょうしよう 교사용
47	ご自宅用	ごじたくよう 자택용
48	使用料	しようりょう 사용료
49	送料	そうりょう 배송료
50	入園料	にゅうえんりょう 입장료
51	汗をかく	あせをかく 땀을 흘리다
52	汗を流す	あせをながす 땀을 씻어내다
53	息をのむ	いきをのむ 숨을 죽이다
54	一生懸命	いっしょうけんめい 매우 열심히 함

55	うそをつく	거짓말을 하다
56	生まれ変わる	うまれかわる 다시 태어나다
57	思い付く	おもいつく 생각이 떠오르다
58	風邪を引く	かぜをひく 감기에 걸리다
59	体を壊す	からだをこわす 건강을 해치다
60	気がする	きがする 느낌이 들다
61	気が付く	きがつく 알아차리다
62	気に入る	きにいる 마음에 들다
63	気にする	きにする 신경 쓰다
64	気になる	きになる 신경 쓰이다; 궁금하다
65	気の毒	きのどく 불쌍함

66	気を付ける	きをつける 조심하다
67	具合が悪い	ぐあいがわるい 몸 상태가 좋지 않다
68	調子が悪い	ちょうしがわるい 상태가 좋지 않다
69	手が空く	てがあく 손이 비다
70	手に入る	てにはいる 손에 들어오다
71	手間をかける	てまをかける 수고를 들이다
72	年を取る	としをとる 나이를 먹다
73	間に合う	まにあう 제시간에 맞추다
74	身に付ける	みにつける 몸에 익히다, 몸에 지니다
75	耳に入る	みみにはいる 귀에 들리다
76	目覚める	めざめる 잠을 깨다; 눈뜨다

77	目に入る	めにはいる 눈에 들어오다, 보이다
78	面倒くさい	めんどうくさい 몹시 성가시다
79	明日	あした / あす 내일
80	いらしてください。	오시기 바랍니다.
81	いらっしゃる	계시다, 오시다, 가시다
82	いらっしゃいませ。	어서 오세요.
83	伺う	うかがう 찾아뵙다, 듣다, 묻다
84	お預かりする	おあずかりする 보관해 드리다
85	おいでになる	오시다
86	お帰りですか。	おかえりですか。 (집에) 들어가세요?
87	お聞きする	おききする 말씀을 여쭙다

88	お決まりでしょうか。	おきまりでしょうか。 정하셨습니까?
89	お客様・お客さん	おきゃくさま・おきゃくさん 손님
90	お子様・お子さん	おこさま・おこさん 자녀분
91	お先に	おさきに 먼저
92	お幸せに	おしあわせに 행복하시기를
93	お世話になっております。	おせわになっております。 신세 지고 있습니다.
94	お疲れさまです。	おつかれさまです。 수고하십니다.
95	おっしゃる	말씀하시다
96	お伝えする	おつたえする 전해 드리다
97	お願いします。	おねがいします。 부탁합니다.
98	お待ちください	おまちください。 기다려 주세요.

| 99 | お待ちしております。 | おまちしております。
기다리고 있겠습니다.

DAY 22 경어 표현·세는 방법

1. お見せください。 / おみせください。
   보여 주세요.

2. お目にかかる / おめにかかる
   만나 뵙다

3. お持ちください。 / おもちください。
   지참해 주세요.

4. お渡しする / おわたしする
   전해 드리다

5. 構いません。 / かまいません。
   상관없습니다.

6. 結構です。 / けっこうです。
   괜찮습니다.

7. ご遠慮ください。 / ごえんりょください。
   삼가 주시기 바랍니다.

8. ご存じです。 / ごぞんじです。
   알고 계십니다.

9. ご無沙汰しております。 / ごぶさたしております。
   잘 지내셨습니까?

10. ご覧になる / ごらんになる
    보시다

11	差し上げる	さしあげる 드리다, 바치다
12	失礼します。	しつれいします。 실례하겠습니다.
13	失礼ですが、	しつれいですが、 실례합니다만,
14	少々	しょうしょう 잠시만
15	承知しました。	しょうちしました。 알겠습니다.
16	すみません。	죄송합니다.
17	(名前)と申します。	(なまえ)ともうします。 (이름)이라고 합니다.
18	どうぞ	아무쪼록, 부디
19	どちら様	どちらさま 누구; 어느 분
20	どなた様	どなたさま 어느 분
21	拝見する	はいけんする 보다

22	皆様	みなさま 여러분
23	召し上がる	めしあがる 드시다
24	申し訳ありません。/ 申し訳ございません。	もうしわけありません。/もうしわけございません。 면목 없습니다, 죄송합니다.
25	よろしいでしょうか。	괜찮으십니까?
26	私	わたし/わたくし 나; 저
27	～位	い ～위
28	～億	おく ～억
29	～回	かい ～회
30	～階	かい/がい ～층
31	～日間	かかん/にちかん ～일간
32	～か月	かげつ ～개월

33	～巻	かん ～권
34	～キロ	～킬로
35	～キログラム	～킬로그램
36	～グラム	～그램
37	軒	けん ～채
38	～個	こ ～개
39	～歳	さい ～세; ～살
40	～冊	さつ ～권
41	～皿	さら ～접시
42	～色	しょく ～색
43	～字	じ ～자

44	～時間	じかん ～시간
45	～台	だい ～대
46	～段	だん ～단
47	～つ	～개
48	～通	つう ～통
49	～点	てん ～점
50	～頭	とう ～두, ～마리
51	～度	ど ～도
52	～年目	ねんめ ～년째
53	～杯	はい / ばい / ぱい ～잔
54	～泊～日	～はく～か / ～ぱく～か ～박 ～일

55	~箱	はこ / ぱこ ~상자
56	~番	ばん ~번
57	~匹	ひき / びき / ぴき ~마리
58	~秒	びょう ~초
59	~分	ふん / ぷん (시간) ~분
60	~部	ぶ ~부
61	~分の~	ぶんの ~분의 ~
62	~本	ほん / ぼん / ぽん ~병, ~자루
63	~枚	まい ~장
64	~メートル	~미터
65	~名様	めいさま (인원수) ~분

66	～割	わり
		~할

02 연습 문제

문제 형식은 모두 다섯 종류입니다. (문제 수는 변동될 가능성이 있습니다.)

문제 1	한자 읽기	8문제
문제 2	표기	6문제
문제 3	문맥 구성	11문제
문제 4	유의 표현	5문제
문제 5	용법	5문제

1 한자 읽기

● 問題1（例）

問題1 ＿＿＿＿のことばの読み方として最もよいものを、1・2・3・4から
一つえらびなさい。

1　日本へ留学することを決めた。
　　1　りゅがく　　2　りゅうがく　　3　りゅかく　　4　りゅうかく

2　教室に人が集まる。
　　1　かたまる　　2　とまる　　3　あつまる　　4　たまる

정답 ｜ 1 2　　2 3

문제1에서는 한자를 올바르게 읽는 법을 고르는 문제가 8개 나옵니다. 선택지 중에는 헷갈리는 것들이 있을 수 있습니다. 음독과 훈독, 장음(ー), 촉음(っ), 탁음(˝), 반탁음(˚) 등에 주의하면서 읽는 법을 확인하세요.

● 틀리기 쉬운 예

- 留学→りゅうがく(O)、りゅがく(✕)
- 実家→じっか(O)、じつか(✕)
- 月日→つきひ(O)、げつにち(✕)
- 上級→じょうきゅう(O)、しょうきゅう(✕)
- 進歩→しんぽ(O)、しんほ(✕)

연습 문제 **1회**

問題1 _____のことばの読み方として最もよいものを、1・2・3・4から一つえらびなさい。

1 秋になり、葉の色が変わってきた。
　　1　えだ　　　　2　き　　　　　　3　は　　　　　　4　ね

2 昨日の夜、熱が出た。
　　1　けむり　　　2　ねつ　　　　　3　ひ　　　　　　4　ゆ

3 庭(にわ)の木に赤い実がなりました。
　　1　たね　　　　2　はな　　　　　3　め　　　　　　4　み

4 本棚(ほんだな)の角で頭を打った。
　　1　はし　　　　2　よこ　　　　　3　かど　　　　　4　さき

5 本の表に名前を書く。
　　1　おもて　　　2　うら　　　　　3　した　　　　　4　うえ

6 寒すぎて、指が冷たくなった。
　　1　て　　　　　2　あし　　　　　3　ゆび　　　　　4　うで

7 母からきれいな器をもらいました。
　　1　なべ　　　　2　さら　　　　　3　うつわ　　　　4　いた

8 卵と粉を容器に入れて、よくかきまぜる。
　　1　す　　　　　2　あぶら　　　　3　しお　　　　　4　こな

9 演奏会(えんそうかい)の席を取る。
　　1　せき　　　　2　ゆか　　　　　3　いす　　　　　4　ば

10 荷物(にもつ)を箱に入れる。
　　1　かご　　　　2　はこ　　　　　3　たんす　　　　4　かばん

정답　1　3　　2　2　　3　4　　4　3　　5　1　　6　3　　7　3　　8　4　　9　1　　10　2

연습 문제 2회

問題1 ＿＿＿のことばの読み方として最もよいものを、1・2・3・4から一つえらびなさい。

1. 小さい虫が列になって歩いている。
   1 れつ　　　2 たて　　　3 ななめ　　　4 せん

2. 缶をごみ箱に捨てる。
   1 ふくろ　　　2 かみ　　　3 ふく　　　4 かん

3. わたしの机に置いておいてください。
   1 だい　　　2 いす　　　3 つくえ　　　4 へや

4. 冬は寒くて、外に出ると鼻が赤くなってしまう。
   1 みみ　　　2 ほほ　　　3 はな　　　4 かお

5. 用紙にきれいな線を書く。
   1 まる　　　2 せん　　　3 え　　　4 じ

6. わたしは絵や音楽などの芸術が好きだ。
   1 げじゅつ　　　2 げしゅつ　　　3 げいじゅつ　　　4 げいしゅつ

7. わたしと野田さんの間には熱い友情がある。
   1 ゆうじょ　　　2 ゆうじょう　　　3 ゆじょ　　　4 ゆじょう

8. 自転車の修理をするには、様々な道具が必要です。
   1 どぐう　　　2 どぐ　　　3 どうぐう　　　4 どうぐ

9. 正しい方角を調べてから行こう。
   1 ほうがく　　　2 ほがく　　　3 ほうかく　　　4 ほかく

10. 祖母の家には楽器がたくさんあります。
    1 がつき　　　2 がっぎ　　　3 がっき　　　4 がつぎ

정답　1 1　2 4　3 3　4 3　5 2　6 3　7 2　8 4　9 1　10 3

연습 문제 3회

問題1 ＿＿＿のことばの読み方として最もよいものを、1・2・3・4から一つえらびなさい。

1 さっき電話で10人分の注文を受けました。
   1 ちゅうぶん   2 ちゅぶん   3 ちゅうもん   4 ちゅもん

2 日本(にほん)の箸を作っている人は、高い技術を持っている。
   1 きじゅつ   2 ぎじゅつ   3 きしゅつ   4 ぎしゅつ

3 高校時代は野球をしていました。
   1 やくう   2 やく   3 やきゅう   4 やきゅ

4 辞書を使って調べる。
   1 じしょ   2 じしょう   3 ししょ   4 ししょう

5 医者から病気(びょうき)についての説明を受ける。
   1 せつめ   2 せっめ   3 せつめい   4 せっめい

6 大学の合格発表が行われた。
   1 はっぴょ   2 はぴょ   3 はっぴょう   4 はぴょう

7 柔道(じゅうどう)の初級の試験に合格した。
   1 しょうきゅう   2 しょきゅう   3 しょうきゅ   4 しょきゅ

8 天気がいいので布団を干しましょう。
   1 ぶとん   2 ふとん   3 ぶだん   4 ふだん

9 通路が狭くて通れません。
   1 つうろ   2 つうろう   3 つろう   4 つろ

10 進学のことについて、先生に相談があります。
   1 そうたん   2 しょうたん   3 そうだん   4 しょうだん

정답 1 ③ 2 ② 3 ③ 4 ① 5 ④ 6 ③ 7 ② 8 ② 9 ① 10 ③

연습 문제 **4회**

問題1 ＿＿＿のことばの読み方として最もよいものを、1・2・3・4から一つえらびなさい。

1 来年は大阪(おおさか)の支店で働くことを希望します。
　1　きぼう　　　　2　きぼ　　　　　3　きいぼ　　　　　4　きいぼう

2 弟は来年の3月に大学を卒業する予定です。
　1　そつぎょ　　　2　そっぎょ　　　3　そっぎょう　　　4　そつぎょう

3 ずっと食べたかったカレーを食べられて満足した。
　1　まんそく　　　2　まんぞく　　　3　まんそぐ　　　　4　まんぞぐ

4 わたしはプロの歌手として、10年間活動しています。
　1　かっどう　　　2　かっど　　　　3　かつどう　　　　4　かつど

5 生徒を代表してあいさつをする。
　1　たいひょう　　2　だいひょう　　3　たいひょ　　　　4　だいひょ

6 先生はわたしの考えを否定した。
　1　ひてい　　　　2　ひて　　　　　3　ふてい　　　　　4　ふて

7 ガソリンをたくさん消費した。
　1　そひ　　　　　2　そうひ　　　　3　しょひ　　　　　4　しょうひ

8 想定していなかった問題が起きた。
　1　そうてい　　　2　しょうてい　　3　そうて　　　　　4　しょうて

9 歯医者の予約をする。
　1　ぞうやく　　　2　ぞやく　　　　3　よやく　　　　　4　ようやく

10 学校に携帯電話(けいたいでんわ)を持ってくることを禁止します。
　1　きんじ　　　　2　ぎんじ　　　　3　ぎんし　　　　　4　きんし

정답　1 1　2 4　3 2　4 3　5 2　6 1　7 4　8 1　9 3　10 4

연습 문제 **5회**

問題1 _____のことばの読み方として最もよいものを、1・2・3・4から一つえらびなさい。

① 今回の事件は、前回の事件と関係しているようだ。
　1　かんけ　　　　2　かんげ　　　　3　かけい　　　　4　かんけい

② 今年は赤のチームが優勝しました。
　1　ゆしょう　　　2　ゆうしょう　　3　ゆうしょ　　　4　ゆしょ

③ 昨日、足を手術しました。
　1　しゅうしゅつ　2　しゅうじゅつ　3　しゅしゅつ　　4　しゅじゅつ

④ 大事な日なのに、失敗してしまいました。
　1　しっはい　　　2　しぱい　　　　3　しっぱい　　　4　しはい

⑤ わたしは仕事でバスを運転しています。
　1　うてん　　　　2　うんてん　　　3　うんて　　　　4　うってん

⑥ 机を引いてください。
　1　ふいて　　　　2　たたいて　　　3　ひいて　　　　4　おいて

⑦ これは駐車場を表すマークです。
　1　しめす　　　　2　さす　　　　　3　かす　　　　　4　あらわす

⑧ 大きな段ボール箱を届ける。
　1　とどける　　　2　ぶつける　　　3　あずける　　　4　わける

⑨ 妹の赤い洋服を探す。
　1　なおす　　　　2　のこす　　　　3　ほす　　　　　4　さがす

⑩ 彼女は昨日から怒っている。
　1　こまって　　　2　おこって　　　3　だまって　　　4　まよって

정답　①4　②2　③4　④3　⑤2　⑥3　⑦4　⑧1　⑨4　⑩2

> 연습 문제 **6회**

問題1 _____のことばの読み方として最もよいものを、1・2・3・4から一つえらびなさい。

1 緑の糸と白い糸を<u>編んで</u>います。
   1 えらんで   2 むすんで   3 あんで   4 たのんで

2 強い風で木が<u>折れた</u>。
   1 たおれた   2 おれた   3 ゆれた   4 かれた

3 弟が妹の布団を<u>干した</u>。
   1 かくした   2 よごした   3 ほした   4 かえした

4 中島さんが<u>酔って</u>しまいました。
   1 よって   2 すべって   3 しゃべって   4 あまって

5 友達に借りていた服を<u>渡す</u>。
   1 かえす   2 ほす   3 わたす   4 よごす

6 隣の席に<u>移り</u>ましょう。
   1 すわり   2 うつり   3 くばり   4 もどり

7 テストの内容を<u>変える</u>。
   1 おぼえる   2 くわえる   3 つたえる   4 かえる

8 黒い子猫を<u>拾った</u>。
   1 さわった   2 ひろった   3 まもった   4 かった

9 携帯電話を<u>直す</u>。
   1 おとす   2 わたす   3 かす   4 なおす

10 松井さん、こっちを<u>向いて</u>ください。
   1 むいて   2 やいて   3 みがいて   4 はいて

정답   1 3   2 2   3 3   4 1   5 3   6 2   7 4   8 2   9 4   10 1

연습 문제 **7회**

問題1 ＿＿＿のことばの読み方として最もよいものを、1・2・3・4から一つえらびなさい。

1 水曜日は<u>面白い</u>テレビ番組があります。
　1　おもい　　　　2　おそろしい　　　3　おかしい　　　　4　おもしろい

2 <u>新幹線</u>はとても<u>速い</u>。
　1　たかい　　　　2　やすい　　　　　3　あぶない　　　　4　はやい

3 彼とは<u>親しい</u><u>友達</u>です。
　1　あやしい　　　2　したしい　　　　3　むずかしい　　　4　なつかしい

4 <u>寒い</u><u>季節</u>になりました。
　1　すずしい　　　2　さむい　　　　　3　あつい　　　　　4　あたたかい

5 大会に出ることはとても<u>難しい</u>。
　1　たのしい　　　2　きびしい　　　　3　むずかしい　　　4　はずかしい

6 わたしの兄はとても<u>優しい</u>。
　1　やさしい　　　2　かわいらしい　　3　いそがしい　　　4　おとなしい

7 自転車で転んで、足が<u>痛い</u>。
　1　つらい　　　　2　くさい　　　　　3　かゆい　　　　　4　いたい

8 昨日買った辞書はとても<u>厚い</u>。
　1　うすい　　　　2　あつい　　　　　3　ちいさい　　　　4　たかい

9 今運んでいる荷物は<u>軽い</u>。
　1　ふとい　　　　2　おもい　　　　　3　かるい　　　　　4　ほそい

10 明日から<u>新しい</u>生活が始まる。
　1　まずしい　　　2　さびしい　　　　3　あたらしい　　　4　くるしい

정답　1 4　2 4　3 2　4 2　5 3　6 1　7 4　8 2　9 3　10 3

연습 문제 8회

問題1 ＿＿＿のことばの読み方として最もよいものを、1・2・3・4から一つえらびなさい。

1. 寒いので、温かい飲み物を飲もう。
   1　こまかい　　2　あたたかい　　3　たかい　　4　やわらかい

2. 欲しい絵がなかったので、店を出た。
   1　めずらしい　　2　あやしい　　3　すばらしい　　4　ほしい

3. 正しい結果が出た。
   1　ただしい　　2　くわしい　　3　くやしい　　4　かなしい

4. この山は、あの山よりも低いです。
   1　きたない　　2　ひろい　　3　せまい　　4　ひくい

5. 妹が可愛くて仕方がない。
   1　かわいくて　　2　こいしくて　　3　うらやましくて　　4　うつくしくて

6. 彼女は勉強熱心な生徒です。
   1　ねつじん　　2　ねっじん　　3　ねっしん　　4　ねつしん

7. 大事なゆびわをなくしてしまった。
   1　だいし　　2　たいし　　3　たいじ　　4　だいじ

8. 家の近くにコンビニがなくて不便だ。
   1　ふべん　　2　ふへん　　3　ふうべん　　4　ふうへん

9. 昨日の試合は残念な結果になった。
   1　じゃんねん　　2　ざんねん　　3　さんねん　　4　じゃねん

10. 母から簡単な料理を教えてもらいました。
    1　かんたん　　2　かたん　　3　かんた　　4　かた

정답　1　2　　2　4　　3　1　　4　4　　5　1　　6　3　　7　4　　8　1　　9　2　　10　1

연습 문제 9회

問題1 _____のことばの読み方として最もよいものを、1・2・3・4から一つえらびなさい。

[1] 彼女に正直な気持ちを伝える。
　　1　しょうちょく　　2　しょちょく　　3　しょじき　　4　しょうじき

[2] 旅行に必要なものを買いに行きましょう。
　　1　ひつじょう　　2　ひつじょ　　3　ひつよう　　4　ひつよ

[3] 先輩(せんぱい)に失礼なことをしてしまった。
　　1　しつれい　　2　しっれい　　3　しつれ　　4　しっれ

[4] 苦手な食べ物はにんじんです。
　　1　くるて　　2　にがしゅ　　3　くるしゅ　　4　にがて

[5] 自由に文章を書いてみましょう。
　　1　じゆ　　2　じゆう　　3　しゆ　　4　しゆう

[6] 不要なものは買わない。
　　1　ふよ　　2　ふりょ　　3　ふよう　　4　ふりょう

[7] 安全な場所で遊(あそ)びましょう。
　　1　あぜん　　2　あんせい　　3　あんせん　　4　あんぜん

[8] 一人でするには大変な仕事でした。
　　1　たいべん　　2　たいへん　　3　だいへん　　4　だいべん

[9] 今日は休みだったので十分に寝ることができた。
　　1　じゅうふん　　2　じゅふん　　3　じゅうぶん　　4　じゅぶん

[10] 今回の会議は主要なメンバーで行う。
　　1　しゅよう　　2　しゅよ　　3　しゅうよう　　4　しゅうよ

정답 [1] 4　[2] 3　[3] 1　[4] 4　[5] 2　[6] 3　[7] 4　[8] 2　[9] 3　[10] 1

2 표기

● 問題2（例）

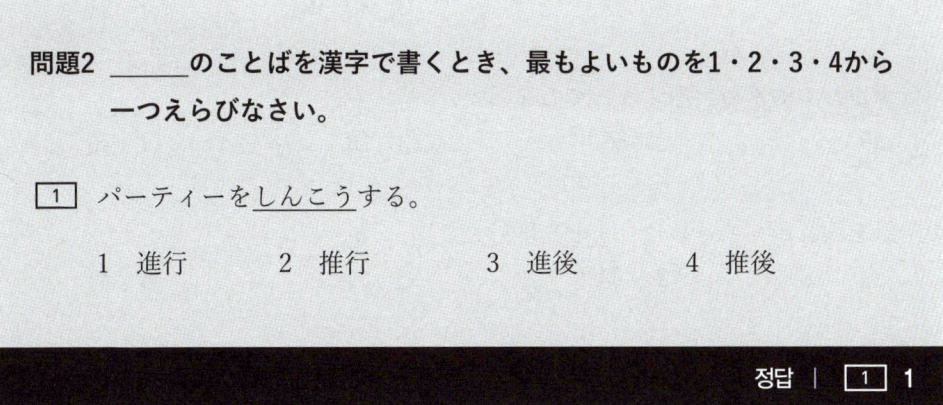

문제2에서는 올바르게 쓴 한자를 고르는 문제가 6개 나옵니다. 선택지 중에는 비슷한 모양의 한자나 읽는 법은 같지만 뜻이 다른 한자가 자주 나옵니다. 한자의 모양과 뜻을 정확히 알아 두세요.

연습 문제 1회

問題2 ＿＿＿のことばを漢字で書くとき、最もよいものを1・2・3・4から一つえらびなさい。

1. 海に小さいふねが、ぽつんと浮かんでいる。
   1 舩　　　2 般　　　3 船　　　4 航

2. はずかしくてかおが赤くなってしまった。
   1 頭　　　2 顔　　　3 額　　　4 願

3. 空気を入れかえるために、まどを開けた。
   1 窓　　　2 空　　　3 穴　　　4 究

4. 村上さんのよこには佐藤さんがすわっている。
   1 核　　　2 格　　　3 椅　　　4 横

5. たまごは、焼いても生で食べてもおいしい。
   1 叩　　　2 印　　　3 卵　　　4 即

6. 今回のイベントは、やく一万人が参加するそうだ。
   1 結　　　2 終　　　3 給　　　4 約

7. 兄は、海外のきょくをよくきいている。
   1 替　　　2 曲　　　3 冒　　　4 更

8. 今週は、仕事のりょうが多くて早く帰ることができない。
   1 重　　　2 量　　　3 里　　　4 野

9. 着物のおびを一人で結ぶことは、とても難しい。
   1 希　　　2 布　　　3 幕　　　4 帯

10. 長い時間走っているといきが苦しくなる。
    1 患　　　2 志　　　3 息　　　4 恵

정답 1 3　2 2　3 1　4 4　5 3　6 4　7 2　8 2　9 4　10 3

연습 문제 2회

問題2 ＿＿＿のことばを漢字で書くとき、最もよいものを1・2・3・4から一つえらびなさい。

1. 平日の朝は、どの電車も<u>まんいん</u>で席に座ることができない。
   1. 万院　　　　2. 満員　　　　3. 万員　　　　4. 満院

2. わたしの仕事は、世界の新しい出来事を<u>きじ</u>にすることだ。
   1. 記事　　　　2. 誌事　　　　3. 記地　　　　4. 誌地

3. レジの<u>きかい</u>がこわれてしまった。
   1. 橋械　　　　2. 概械　　　　3. 機械　　　　4. 極械

4. <u>かいだん</u>をのぼった先には、きれいな景色(けしき)が広がっていた。
   1. 階段　　　　2. 開団　　　　3. 階団　　　　4. 開段

5. 天気<u>よほう</u>では晴(は)れだったのに、雨が降(ふ)ってきた。
   1. 預報　　　　2. 予法　　　　3. 預法　　　　4. 予報

6. <u>ずつう</u>が続いているので、薬(くすり)を飲みました。
   1. 頭症　　　　2. 頭疲　　　　3. 頭痛　　　　4. 頭病

7. <u>ぼうえき</u>によって、海外のものを手に入れることができる。
   1. 貿是　　　　2. 賃是　　　　3. 貿易　　　　4. 賃易

8. 鈴木(すずき)さんは、みんなに優しくて<u>せいかく</u>がいい。
   1. 生各　　　　2. 性各　　　　3. 生格　　　　4. 性格

9. この鳥は、セキセイインコという<u>しゅるい</u>です。
   1. 税類　　　　2. 種類　　　　3. 積類　　　　4. 程類

10. <u>しょうせつ</u>を読んでいる時間が一番好きだ。
    1. 小設　　　　2. 少説　　　　3. 小説　　　　4. 少設

정답 1. 2　2. 1　3. 3　4. 1　5. 4　6. 3　7. 3　8. 4　9. 2　10. 3

연습 문제 **3회**

問題2 _____のことばを漢字で書くとき、最もよいものを1・2・3・4から一つ
えらびなさい。

1 毎月、水道の<u>しようりょう</u>が高くなってしまう。
　　1　使角料　　　2　仕用料　　　3　仕角料　　　4　使用料

2 木曜日は<u>ていきゅうび</u>です。
　　1　程休日　　　2　程体日　　　3　定休日　　　4　定体日

3 好きな人の<u>れんらくさき</u>を教えてもらった。
　　1　連級先　　　2　連絡先　　　3　練級先　　　4　練絡先

4 <u>あかしんごう</u>のときに渡(わた)ってはいけません。
　　1　赤倍考　　　2　赤倍号　　　3　赤信考　　　4　赤信号

5 彼女は、トラックの<u>うんてんしゅ</u>をしている。
　　1　運転手　　　2　遅軒手　　　3　運軒手　　　4　遅転手

6 会社から社員にお金を<u>しきゅう</u>している。
　　1　支給　　　　2　支維　　　　3　支績　　　　4　支絡

7 えいようを<u>いしき</u>して、野菜をたくさん食べている。
　　1　意職　　　　2　意織　　　　3　意識　　　　4　意幟

8 東京(とうきょう)から大阪(おおさか)まで車で<u>いどう</u>する。
　　1　科動　　　　2　移動　　　　3　積動　　　　4　税動

9 来月に行うイベントの<u>じゅんび</u>をする。
　　1　順日　　　　2　準日　　　　3　順備　　　　4　準備

10 道を<u>おうだん</u>するときは、車に気をつけましょう。
　　1　横段　　　　2　応段　　　　3　応断　　　　4　横断

정답 1 4　2 3　3 2　4 4　5 1　6 1　7 3　8 2　9 4　10 4

연습 문제 **4회**

問題2 ＿＿＿のことばを漢字で書くとき、最もよいものを1・2・3・4から一つえらびなさい。

1　アナウンサーが映画の内容をかいせつしている。
　　1　開設　　　　2　解説　　　　3　開説　　　　4　解設

2　食べ物の種類をぶんるいする。
　　1　分類　　　　2　分頭　　　　3　分顔　　　　4　分願

3　夜ご飯に使う材料をよういする。
　　1　容易　　　　2　容意　　　　3　用易　　　　4　用意

4　週末には、会社の制服をせんたくする。
　　1　治濯　　　　2　注濯　　　　3　流濯　　　　4　洗濯

5　友達(ともだち)と会う場所をしていする。
　　1　指宗　　　　2　使宗　　　　3　指定　　　　4　使定

6　犬は、うれしいとき、くるくるとまわります。
　　1　走り　　　　2　回り　　　　3　去り　　　　4　座り

7　日本では、二十歳(はたち)からはお酒(さけ)を飲むことがゆるされる。
　　1　計される　　2　設される　　3　許される　　4　記される

8　文章を全部けして、最初から書き直した。
　　1　汚して　　　2　滑して　　　3　清して　　　4　消して

9　あの赤ちゃんは今にもころびそうだ。
　　1　軽びそう　　2　輸びそう　　3　転びそう　　4　軸びそう

10　わたしは、彼に好きだという気持ちを手紙でつたえた。
　　1　位えた　　　2　任えた　　　3　仕えた　　　4　伝えた

정답　1 2　2 1　3 4　4 4　5 3　6 2　7 3　8 4　9 3　10 4

연습 문제 5회

問題2 ＿＿＿のことばを漢字で書くとき、最もよいものを1・2・3・4から一つえらびなさい。

1 大学の入学試験に<u>おちて</u>しまった。
   1 落ちて　　2 苦ちて　　3 薬ちて　　4 薄ちて

2 入院している祖母が早く元気になることを<u>ねがって</u>いる。
   1 頑って　　2 願って　　3 順って　　4 預って

3 わが家は、正月を<u>むかえる</u>準備で大いそがしだ。
   1 過える　　2 迷える　　3 通える　　4 迎える

4 自分の悪いところを、きちんと<u>なおして</u>いきたい。
   1 正して　　2 直して　　3 育して　　4 教して

5 本に出てきた、わからない漢字の意味を<u>しらべる</u>。
   1 調べる　　2 証べる　　3 訪べる　　4 話べる

6 今日は天気が<u>わるい</u>ので、家で過ごすことにしました。
   1 残い　　2 不い　　3 悪い　　4 悲い

7 失敗ばかりしている自分を<u>なさけなく</u>思う。
   1 情けなく　　2 慎けなく　　3 忙けなく　　4 悩けなく

8 今回のテストの問題はとても<u>やさしい</u>。
   1 単しい　　2 安しい　　3 容しい　　4 易しい

9 今日は、<u>あたたかくて</u>ちょうどいい気温だ。
   1 熱かくて　　2 暖かくて　　3 暑かくて　　4 燃かくて

10 海は、<u>ふかくて</u>地に足がつかないのでこわい。
   1 浅くて　　2 低くて　　3 深くて　　4 高くて

정답　1 1　2 2　3 4　4 2　5 1　6 3　7 1　8 4　9 2　10 3

연습 문제 6회

問題2 ＿＿＿のことばを漢字で書くとき、最もよいものを1・2・3・4から一つえらびなさい。

1. 孫(まご)の笑顔は、とても<u>いとしい</u>。
   1. 素しい　　　2. 愛しい　　　3. 恋しい　　　4. 好しい

2. わかしたばかりのお湯で入れたお茶は<u>あつい</u>。
   1. 焦い　　　2. 照い　　　3. 燃い　　　4. 熱い

3. 長い距離(きょり)を走ると、いきが<u>くるしく</u>なる。
   1. 切しく　　　2. 辛しく　　　3. 苦しく　　　4. 呼しく

4. 信号を見て渡(わた)らないと<u>あぶない</u>ですよ。
   1. 害ない　　　2. 険ない　　　3. 危ない　　　4. 疑ない

5. 彼からもらったゆびわを<u>なくして</u>しまった。
   1. 落くして　　　2. 去くして　　　3. 忘くして　　　4. 無くして

6. そろそろ、新しい車が<u>ほしい</u>。
   1. 欲しい　　　2. 欧しい　　　3. 歓しい　　　4. 欺しい

7. 彼女は、いつも<u>かわいらしい</u>洋服を着ている。
   1. 果愛らしい　　　2. 可愛らしい　　　3. 果恋らしい　　　4. 可恋らしい

8. 実家の畑(はたけ)で採(と)れるにんじんは、<u>ふとくて</u>あまい。
   1. 夫くて　　　2. 太くて　　　3. 大くて　　　4. 天くて

9. 冬になると、夕方の5時には太陽が落ちて<u>くらく</u>なる。
   1. 映く　　　2. 晩く　　　3. 暗く　　　4. 昭く

10. 日本は8月の初めが一番気温が高くて<u>あつい</u>。
    1. 暮い　　　2. 昇い　　　3. 景い　　　4. 暑い

정답 | 1 ② | 2 ④ | 3 ③ | 4 ③ | 5 ④ | 6 ① | 7 ② | 8 ② | 9 ③ | 10 ④

연습 문제 **7회**

問題2 ＿＿＿＿のことばを漢字で書くとき、最もよいものを1・2・3・4から一つえらびなさい。

1. ここのレストランの料理は、けっこうおいしかった。
   1　決構　　　　2　決講　　　　3　結講　　　　4　結構

2. みんなのことはけっして忘れません。
   1　必して　　　2　断して　　　3　決して　　　4　確して

3. 新しく発売した商品がつぎつぎに売れていく。
   1　次々　　　　2　欠々　　　　3　欽々　　　　4　欲々

4. 失ってはじめて気づくことがある。
   1　終めて　　　2　新めて　　　3　初めて　　　4　結めて

5. 問題の意味がまったくわからなかった。
   1　結く　　　　2　全く　　　　3　完く　　　　4　詳く

6. あの彼が泣くのだから、そうとううれしかったのだろう。
   1　相答　　　　2　想答　　　　3　相当　　　　4　想当

7. たとえば、ラーメンやすしを食べたい。
   1　伴えば　　　2　似えば　　　3　促えば　　　4　例えば

8. 彼女をかならず幸せにすると約束した。
   1　応ず　　　　2　恥ず　　　　3　必ず　　　　4　心ず

9. 油(あぶら)が多い料理は、いちどに食べることができない。
   1　一序に　　　2　一度に　　　3　一庫に　　　4　一康に

10. たしかここのスーパーは毎月29日にお肉が安くなるはずだ。
    1　破か　　　　2　研か　　　　3　確か　　　　4　硬か

정답　1　4　2　3　3　1　4　3　5　2　6　3　7　4　8　3　9　2　10　3

3 문맥 구성

問題3 (例)

問題3 (　　) に入れるのに最もよいものを、1・2・3・4から一つえらびなさい。

1　強い風で落ちた桜の花が川の上に (　　) いる。
　　1　被って　　2　倒れて　　3　溶けて　　4　浮いて

정답 | 1　4

문제3에서는 ( ) 안에 들어갈 알맞은 어휘를 고르는 문제가 11개 나옵니다. 4개의 선택지는 뜻이 비슷한 단어가 나오는 경우가 많습니다. 각 단어의 정확한 뜻을 익혀 두어야 문제를 풀 수 있습니다.

연습 문제 **1회**

問題3 （　　　）に入れるのに最もよいものを、1・2・3・4から一つえらびなさい。

1　夏休みの自由課題では、美術館へ行った（　　　）を書いて提出した。
　　1　相談　　　　　2　目標　　　　　3　解説　　　　　4　感想

2　最近帰りが遅い父は、なんだか疲れている（　　　）だ。
　　1　様子　　　　　2　体操　　　　　3　合図　　　　　4　調子

3　バナナには、さまざまな（　　　）があるため、毎日食べるといいそうだ。
　　1　技術　　　　　2　研究　　　　　3　栄養　　　　　4　資源

4　音楽が好きな父は、楽器についての（　　　）がある。
　　1　意識　　　　　2　知識　　　　　3　中身　　　　　4　内容

5　（　　　）ばかり言ってないで、少しは頑張ってみようよ。
　　1　言葉　　　　　2　文句　　　　　3　秘密　　　　　4　言語

6　今回の試合で負けたのは、集中力が切れた事が（　　　）です。
　　1　基本　　　　　2　原料　　　　　3　材料　　　　　4　原因

7　初めて海外へ行ったときから、いろんな国の文化に（　　　）を持つようになった。
　　1　役割　　　　　2　理由　　　　　3　興味　　　　　4　目的

8　今日は（　　　）が悪いので、また今度一緒にご飯を食べにいきましょう。
　　1　性格　　　　　2　姿勢　　　　　3　都合　　　　　4　印象

9　出張先でたくさんの人と（　　　）を交換しました。
　　1　名刺　　　　　2　看板　　　　　3　氏名　　　　　4　企業

정답　1　4　　2　1　　3　3　　4　2　　5　2　　6　4　　7　3　　8　3　　9　1

연습 문제 2회

問題3 (　　) に入れるのに最もよいものを、1・2・3・4から一つえらびなさい。

1. わたしの働いている服屋は、4月10日から17日の(　　)でセールを行う予定です。
   1 期限　　　2 期間　　　3 延期　　　4 同時

2. テストの点がよかったので(　　)が上がり、母に褒められた。
   1 進学　　　2 成功　　　3 成績　　　4 進歩

3. ダンスの(　　)を学びに、アメリカへ留学することにした。
   1 正解　　　2 基礎　　　3 中心　　　4 見本

4. 水と電気の使いすぎに注意し、(　　)に優しい生活をしましょう。
   1 大家　　　2 季節　　　3 環境　　　4 相手

5. 17時までに、明後日の講演会の(　　)を作らなければなりません。
   1 書類　　　2 辞書　　　3 印刷　　　4 記録

6. 祖父の子どもの(　　)は、アイスクリームが10円で買えたそうです。
   1 都会　　　2 世界　　　3 社会　　　4 時代

7. わたしは、英語を話すことよりも読むことの方が(　　)がある。
   1 自信　　　2 感覚　　　3 効果　　　4 特徴

8. 車に乗って、家から学校までの(　　)を確かめる。
   1 時差　　　2 間隔　　　3 成長　　　4 距離

9. わたしが住んでいるアパートの(　　)は毎月7万円だ。
   1 現金　　　2 家賃　　　3 給料　　　4 物価

정답　1 2　2 3　3 2　4 3　5 1　6 4　7 1　8 4　9 2

연습 문제 3회

問題3 （　　）に入れるのに最もよいものを、1・2・3・4から一つえらびなさい。

1. 今日の試合に勝って、優勝することを（　　）しています。
   1 用意　　2 期待　　3 予約　　4 解決

2. 将来は、英語を（　　）する仕事で世界中を回りたいです。
   1 共通　　2 意味　　3 通訳　　4 伝言

3. 彼は、テストでいい点をとったことをみんなに（　　）している。
   1 申請　　2 意見　　3 宣伝　　4 自慢

4. 最近太ってきたので、毎日（　　）するために新しい靴を買った。
   1 運動　　2 実験　　3 移動　　4 実行

5. 修学旅行で、有名なパン工場を（　　）する予定だ。
   1 教育　　2 見学　　3 発見　　4 就職

6. 田中さんの誕生日パーティーをこっそり（　　）する。
   1 世話　　2 経営　　3 関係　　4 計画

7. 今回の宿題は、家で植物の成長を（　　）して記録することだ。
   1 証明　　2 記念　　3 観察　　4 見物

8. 新入社員を（　　）する会が開かれ、たくさんお酒を飲んだ。
   1 維持　　2 安心　　3 感激　　4 歓迎

9. 海の水を（　　）したところ、昨年よりも汚れていました。
   1 工夫　　2 仮定　　3 調査　　4 指定

정답　1 2　2 3　3 4　4 1　5 2　6 4　7 3　8 4　9 3

연습 문제 4회

問題3 （　　）に入れるのに最もよいものを、1・2・3・4から一つえらびなさい。

1. いつか日本に行ったら、京都と大阪を（　　）したいと思っています。
   1 位置　　2 集中　　3 観光　　4 入門

2. 働く人が足りないので、アルバイトを（　　）することにした。
   1 募集　　2 交換　　3 持参　　4 回収

3. 昨日、娘の保育園を（　　）しました。
   1 通行　　2 訪問　　3 開園　　4 受験

4. 混雑を防ぐため、店に入れる人数を（　　）している。
   1 主張　　2 命令　　3 制限　　4 禁止

5. こんなに売れるなんて、（　　）していませんでした。
   1 予報　　2 注意　　3 約束　　4 予想

6. 道で迷っている人を、駅まで（　　）しました。
   1 指導　　2 案内　　3 受付　　4 紹介

7. 山田さんは今月で会社を辞めて、アメリカへ留学するという（　　）だ。
   1 通り　　2 扱い　　3 うわさ　　4 うそ

8. 昨日、友人と（　　）してしまい、気分が悪い。
   1 減少　　2 なっとく　　3 消費　　4 けんか

9. 工場で（　　）したお肉を、スーパーで売る。
   1 変化　　2 加工　　3 調節　　4 応用

정답 1 3　2 1　3 2　4 3　5 4　6 2　7 3　8 4　9 2

연습 문제 5회

問題3 （　　）に入れるのに最もよいものを、1・2・3・4から一つえらびなさい。

1　靴(くつ)ひもをしっかり（　　）から歩きましょう。
　1　つつんで　　　2　組(く)んで　　　3　結(むす)んで　　　4　たたんで

2　友人が急に大きな声を出したので、（　　）。
　1　あこがれた　　2　おどろいた　　3　くたびれた　　4　あきらめた

3　階段(かいだん)から落ちて、かけていたメガネが（　　）しまった。
　1　転(ころ)んで　　2　戻(もど)って　　3　曲(ま)がって　　4　降(ふ)って

4　海を歩いていたら、大きい貝を（　　）けがをしました。
　1　おさえて　　2　ふんで　　3　うって　　4　ほって

5　最近は、朝から夜まで予定が（　　）いて忙(いそが)しい。
　1　まとまって　　2　たまって　　3　残(のこ)って　　4　埋(う)まって

6　傘(かさ)を二本持っていたので、友達(ともだち)に大きい方を（　　）あげた。
　1　掛(か)けて　　2　持(も)って　　3　貸(か)して　　4　扱(あつか)って

7　先輩(せんぱい)から夜ご飯(はん)に誘(さそ)われたが、明日は早く起きなければいけないので（　　）。
　1　あやまった　　2　断(ことわ)った　　3　逆(さか)らった　　4　たしかめた

8　昨日の強い台風で、大きな木が（　　）しまった。
　1　倒(たお)れて　　2　降(ふ)って　　3　生(は)えて　　4　引(ひ)いて

9　銀行に行って、今月の家賃(やちん)と電気代を（　　）。
　1　頼(たの)む　　2　払(はら)う　　3　渡(わた)す　　4　伝(つた)える

정답　1　3　　2　2　　3　3　　4　2　　5　4　　6　3　　7　2　　8　1　　9　2

연습 문제 **6회**

問題3 （　　　）に入れるのに最もよいものを、1・2・3・4から一つえらびなさい。

1　バスケットボールの試合で負けてしまった友人を（　　　）。
　1　手伝う　　　2　たよる　　　3　治す　　　4　なぐさめる

2　川で（　　　）子犬を助けて、病院に連れて行きました。
　1　揺れていた　　2　あふれていた　　3　おぼれていた　　4　沈んでいた

3　そっと閉めないと、ドアが（　　　）しまいますよ。
　1　飽きて　　　2　疲れて　　　3　壊れて　　　4　溶けて

4　みんな疲れている様子だったので、社員全員に3日間の休日を（　　　）ました。
　1　与え　　　2　渡し　　　3　配り　　　4　置き

5　汚れている机を（　　　）きれいにした。
　1　しぼって　　　2　拭いて　　　3　たたいて　　　4　弾いて

6　近くにあった交番で駅までの道を（　　　）。
　1　開いた　　　2　勧めた　　　3　選んだ　　　4　尋ねた

7　学校の授業で、英語を（　　　）練習をする。
　1　聞き取る　　　2　受け取る　　　3　ふき取る　　　4　きり取る

8　カレンダーを見て、今夜の大事な予定を（　　　）。
　1　作り出した　　2　引き出した　　3　貸し出した　　4　思い出した

9　入学式で、生徒を代表してお祝いの言葉を言う役割を（　　　）ました。
　1　引っ張り　　　2　取り出し　　　3　引き受け　　　4　取り込み

정답　1　4　　2　3　　3　3　　4　1　　5　2　　6　4　　7　1　　8　4　　9　3

연습 문제 7회

問題3 (　　　) に入れるのに最もよいものを、1・2・3・4から一つえらびなさい。

1　週末は、新しく買ったロボットを(　　　)、息子と一緒に遊ぶ予定です。
　1　掛け直して　　2　組み立てて　　3　切り替えて　　4　見て回って

2　思ったよりも応募者が多かったので、明日で(　　　)ことにした。
　1　飲み切る　　2　言い切る　　3　走り切る　　4　締め切る

3　7月の旅行について、本やインターネットで調べながら(　　　)。
　1　向かい合う　　2　話し合う　　3　見つめ合う　　4　掛け合う

4　財布と携帯電話だけは、いつも(　　　)ようにしています。
　1　待ち続ける　　2　持ち替える　　3　待ち合わせる　　4　持ち歩く

5　山本さんなら、先週家族で東京に(　　　)ましたよ。
　1　引っ掛け　　2　引っ越し　　3　飛び越し　　4　駆け出し

6　学校の先生たちが、インフルエンザの予防を(　　　)。
　1　言いかける　　2　問いかける　　3　呼びかける　　4　思いかける

7　中国語を勉強するために、会話のクラスに(　　　)。
　1　読み込む　　2　呼び込む　　3　書き込む　　4　申し込む

8　この資料は、最初から(　　　)必要があります。
　1　作り直す　　2　繰り返す　　3　取り返す　　4　取り消す

9　学校に遅刻しそうだったので、雨の中傘を差さずに家を(　　　)た。
　1　追い越し　　2　掛け直し　　3　飛び出し　　4　走り出し

정답　1　2　　2　4　　3　2　　4　4　　5　2　　6　3　　7　4　　8　1　　9　3

연습 문제 **8회**

問題3 （　　　）に入れるのに最もよいものを、1・2・3・4から一つえらびなさい。

[1] 買い物に来たのに、財布を忘れて（　　　）家に帰った。
　　1　だらしなく　　　2　申し訳なく　　　3　仕方なく　　　4　にくらしく

[2] ふるさとが（　　　）、久しぶりに中学の友達に電話をかけた。
　　1　愛しくて　　　2　優しくて　　　3　美しくて　　　4　恋しくて

[3] 木村さんのピアノの演奏は、とても（　　　）です。
　　1　あやしかった　　2　すばらしかった　　3　うらやましかった　　4　おいしかった

[4] レストランに入ると、昔よく聞いていた曲が店内で流れていて（　　　）気持ちになった。
　　1　恥ずかしい　　　2　親しい　　　3　しょうがない　　　4　なつかしい

[5] 台風が近づいているせいで、雨も風も（　　　）なってきました。
　　1　かたく　　　2　忙しく　　　3　ひどく　　　4　苦しく

[6] この時間になると、部屋に太陽の光が当たって（　　　）。
　　1　まぶしい　　　2　もったいない　　　3　うるさい　　　4　ぬるい

[7] ここの川は（　　　）ので、小さい子どもも安心して遊べます。
　　1　薄い　　　2　貧しい　　　3　浅い　　　4　軽い

[8] 卒業したら、みんなに毎日会うことができなくなるので（　　　）。
　　1　あぶない　　　2　くやしい　　　3　なさけない　　　4　さびしい

[9] 今日はたくさん食べる予定なので、お腹の周りが（　　　）ズボンを履いてきました。
　　1　きびしい　　　2　やさしい　　　3　ゆるい　　　4　えらい

정답　[1] 3　[2] 4　[3] 2　[4] 4　[5] 3　[6] 1　[7] 3　[8] 4　[9] 3

연습 문제 **9회**

問題3 (　　) に入れるのに最もよいものを、1・2・3・4から一つえらびなさい。

1　後輩が作ってくれた資料に間違いがないか (　　) チェックする。
　1　濃く　　　　2　きつく　　　　3　難しく　　　　4　こまかく

2　このドラマはおもしろいと聞いていたけど、実際は (　　)。
　1　つまらなかった　2　おかしかった　3　めずらしかった　4　あかるかった

3　お菓子を食べ過ぎたせいで、顔が (　　) なった。
　1　広く　　　　2　丸く　　　　3　狭く　　　　4　厚く

4　いつも真面目な鈴木さんは、(　　) ことにお酒が大好きらしい。
　1　得意な　　　2　意外な　　　3　大変な　　　4　相当な

5　ここは遊園地や水族館がある、とても (　　) 町だ。
　1　にぎやかな　2　平気な　　　3　派手な　　　4　たいくつな

6　数学は好きだが、(　　) 計算が少し苦手だ。
　1　確実な　　　2　正常な　　　3　複雑な　　　4　危険な

7　コンビニは24時間開いていて、なんでも売っているので (　　)。
　1　熱心だ　　　2　便利だ　　　3　上品だ　　　4　新鮮だ

8　仕事の後に映画をみに行こうと思っていたが、残業のせいで (　　)。
　1　残念だった　2　迷惑だった　3　不安だった　4　無理だった

9　先生の (　　) 説明のおかげで、難しい問題も解けるようになりました。
　1　重大な　　　2　可能な　　　3　丁寧な　　　4　高価な

정답　1　4　　2　1　　3　2　　4　2　　5　1　　6　3　　7　2　　8　4　　9　3

연습 문제 **10회**

問題3 （　　）に入れるのに最もよいものを、1・2・3・4から一つえらびなさい。

1. この事件について、（　　）情報を知りたい。
   1. 盛んな　　2. 正直な　　3. 確かな　　4. 単純な

2. 野菜をたくさん食べることは、健康にもダイエットにも（　　）だ。
   1. 実用的　　2. 効果的　　3. 基本的　　4. 全体的

3. 恥ずかしがらず、もっと（　　）に意見を出し合いましょう。
   1. 基礎的　　2. 活動的　　3. 積極的　　4. 一般的

4. 日本のタクシーのドアは、自分で開けなくても（　　）に開きます。
   1. 最終的　　2. 人工的　　3. 具体的　　4. 自動的

5. わたしは大学で植物について研究したので、農業について（　　）な知識がある。
   1. 代表的　　2. 経済的　　3. 数学的　　4. 専門的

6. 明日、みんなに（　　）お知らせをする予定だ。
   1. 立派な　　2. 重要な　　3. 地味な　　4. 慎重な

7. 遠い場所に住んでいる恋人と、一年ぶりに（　　）会えた。
   1. なかなか　　2. いつでも　　3. ようやく　　4. はじめて

8. （　　）雨が降ったら、海ではなくプールに行きましょう。
   1. 今にも　　2. 確か　　3. もし　　4. 一度に

9. 二時までにこの仕事が終わるかはわかりませんが、（　　）早く終わらせます。
   1. なるべく　　2. 主に　　3. 次第に　　4. だいたい

정답　1③　2②　3③　4④　5④　6②　7③　8③　9①

연습 문제 **11회**

問題3 （　　）に入れるのに最もよいものを、1・2・3・4から一つえらびなさい。

1　だめだとわかっていても、（　　）お菓子を食べ過ぎてしまいます。
　　1　まず　　　　　2　きちんと　　　　3　つい　　　　　4　だんだん

2　たくさん勉強したが、（　　）試験に合格するとは限らない。
　　1　例えば　　　　2　必ずしも　　　　3　多少　　　　　4　いくらでも

3　支払う金額を（　　）出すことができた。
　　1　そのまま　　　2　まっすぐ　　　　3　ただ　　　　　4　ちょうど

4　割れたコップは、危ないので（　　）触らないでください。
　　1　先に　　　　　2　突然　　　　　　3　絶対　　　　　4　最も

5　多分その作り方で合っていますが、（　　）確認しましょう。
　　1　次々　　　　　2　結構　　　　　　3　相当　　　　　4　一応

6　たくさん見たけど、（　　）最初に行ったお店の服が欲しいな。
　　1　やっと　　　　2　もちろん　　　　3　やっぱり　　　4　ずいぶん

7　卒業してから一度も会っていなかった佐藤さんと（　　）駅で会った。
　　1　かなり　　　　2　偶然　　　　　　3　せっかく　　　4　結局

8　普段はお酒を飲まないが、（　　）飲むとおいしく感じる。
　　1　すぐに　　　　2　あまり　　　　　3　もっと　　　　4　たまに

9　大学生になってから、（　　）実家に帰っていない。
　　1　まるで　　　　2　時々　　　　　　3　しばらく　　　4　たいてい

정답　1　3　　2　2　　3　4　　4　3　　5　4　　6　3　　7　2　　8　4　　9　3

연습 문제 12회

問題3 （　　）に入れるのに最もよいものを、1・2・3・4から一つえらびなさい。

1 本当(ほんとう)はどう思っているのか、（　　）言ってください。
   1 そっくり　　　2 はっきり　　　3 てっきり　　　4 きっかり

2 今日は時間がないから、また今度（　　）話しましょう。
   1 ぐっすり　　　2 さっと　　　3 そっと　　　4 ゆっくり

3 まだ本を読みたいけど、明日も早いし（　　）寝よう。
   1 ころころ　　　2 ごろごろ　　　3 そろそろ　　　4 のろのろ

4 坂井(さかい)さんはアメリカに留学していたので、英語が（　　）話せます。
   1 こんこん　　　2 うろうろ　　　3 ぺらぺら　　　4 べらべら

5 （　　）して、大事な資料(しりょう)を家に忘れてきてしまった。
   1 すっかり　　　2 びっくり　　　3 きっちり　　　4 うっかり

6 この皿(さら)は大切なものだから、落とさないように（　　）持っていてね。
   1 すっと　　　2 ぴったり　　　3 しっかり　　　4 そっと

7 暑い中一時間も山を歩いたので、のどが（　　）だ。
   1 がらがら　　　2 ざらざら　　　3 さらさら　　　4 からから

8 朝から何も食べていないので、お腹(なか)が（　　）だ。
   1 どきどき　　　2 ぺろぺろ　　　3 いらいら　　　4 ぺこぺこ

9 家に着いたとたん、仕事の疲(つか)れが（　　）出てきた。
   1 どっと　　　2 ぎっしり　　　3 さっぱり　　　4 じっと

정답 1 2　2 4　3 3　4 3　5 4　6 3　7 4　8 4　9 1

연습 문제 **13회**

問題3 (　　　) に入れるのに最もよいものを、1・2・3・4から一つえらびなさい。

1 来月行われる、マラソン大会の (　　) を考える。
　1　エネルギー　　　2　ケース　　　3　コース　　　4　サンプル

2 山下さんは、性格が明るく (　　) を取ることが得意です。
　1　アイデア　　　　　　2　コミュニケーション
　3　マナー　　　　　　　4　メッセージ

3 興味のある会社のホームページに (　　) する。
　1　インタビュー　2　アクセス　　3　ファックス　　4　チェックイン

4 りんごを買いに行ったら、店員さんが (　　) で一つ多く入れてくれた。
　1　サービス　　　2　センター　　3　ベランダ　　4　ヒント

5 今まで一度もやったことがなかったサッカーに (　　) する。
　1　トレーニング　2　アップ　　3　チャレンジ　　4　ダビング

6 会社でビジネスの (　　) を教える。
　1　マナー　　　　2　サイズ　　　3　レシピ　　　4　メニュー

7 急に用事ができてしまい、仕方なく明日の予定を (　　) した。
　1　アナウンス　　2　リサイクル　　3　キャンセル　　4　ストップ

8 資料を読んだら、最後に (　　) をお願いします。
　1　リスト　　　　2　サイン　　　3　デザイン　　　4　テキスト

9 二か月前に買ったペンの (　　) がもうなくなってしまいました。
　1　ソース　　　　2　エンジン　　3　インク　　　4　ペンキ

정답　1 3　2 2　3 2　4 1　5 3　6 1　7 3　8 2　9 3

4 유의 표현

● 問題4（例）

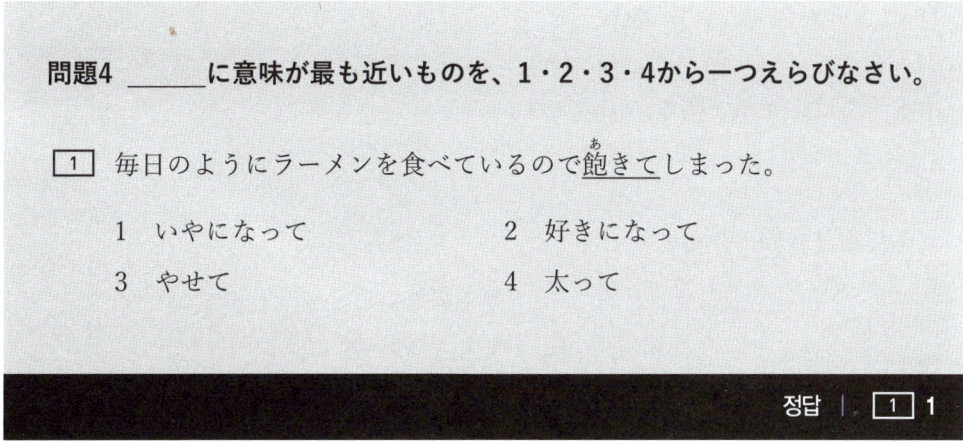

문제4에서는 밑줄 친 부분의 표현과 뜻이 가장 가까운 표현을 고르는 문제가 5개 나옵니다. 즉, 일본어로 표현 및 어휘의 뜻을 설명하는 문제입니다.

연습 문제 1회

問題4 _____に意味が最も近いものを、1・2・3・4から一つえらびなさい。

1 他の<u>ほうほう</u>を考えましょう。
   1 じょうたい 2 意味 3 やり方 4 原因

2 中本さんは、元気で明るい<u>印象</u>です。
   1 イメージ 2 性格 3 メンバー 4 人

3 この仕事は<u>共同</u>で作業しましょう。
   1 一人で 2 一緒に 3 後で 4 先に

4 村上さんは<u>ふだん</u>、スカートをはいている。
   1 けっきょく 2 ときどき 3 いつも 4 初めて

5 商品が<u>わりびきになっている</u>。
   1 売れて無くなっている 2 あまっている
   3 高くなっている 4 安くなっている

6 <u>かんかく</u>をあけてください。
   1 よてい 2 あいだ 3 みち 4 せき

7 どの学校にも、<u>きそく</u>がある。
   1 グラウンド 2 制服 3 ルール 4 試験

8 父は、声に<u>特徴がある</u>。
1 自信を持っている　　　　　2 不満を持っている
3 他とは違うところがある　　4 他と同じところがある

9 <u>具合</u>があまりよくない。
1 成績　　　2 天気　　　3 結果　　　4 調子

10 <u>生活習慣</u>を見直しましょう。
1 たまに行っていること　　　2 毎日行っていること
3 たまにできること　　　　　4 毎日できること

정답 1 3 2 1 3 2 4 3 5 4 6 2 7 3 8 3 9 4 10 2

연습 문제 2회

問題4 ＿＿＿に意味が最も近いものを、1・2・3・4から一つえらびなさい。

1　イベントを延期することにした。
　　1　早く行う　　　2　先にのばす　　　3　新しく考える　　　4　全てやめる

2　新しいパソコンが故障した。
　　1　こわれた　　　2　出た　　　3　売れた　　　4　とどいた

3　兄に、自転車を修理してもらう。
　　1　買って　　　2　なおして　　　3　降りて　　　4　かして

4　ビルをけんせつするそうだ。
　　1　貸す　　　2　こわす　　　3　たてる　　　4　借りる

5　結果をほうこくする。
　　1　知らせる　　　2　確かめる　　　3　残す　　　4　出す

6　アンケートをかいしゅうする。
　　1　作る　　　2　書く　　　3　配る　　　4　集める

7　サービスをりようする。
　　1　中止する　　　2　始める　　　3　用意する　　　4　使う

[8] 会議をしんこうする。
　　1　見学する　　　2　準備する　　　3　すすめる　　　4　おわらせる

[9] 50メートルの橋を往復する。
　　1　最後まで渡る　2　行って戻る　　3　走る　　　　　4　歩く

[10] かんそうさせた食べ物には、栄養がある。
　　1　やいた　　　　2　にた　　　　　3　かわかした　　4　あたためた

정답　[1] 2　[2] 1　[3] 2　[4] 3　[5] 1　[6] 4　[7] 4　[8] 3　[9] 2　[10] 3

問題4 _____に意味が最も近いものを、1・2・3・4から一つえらびなさい。

1 先生が急にだまった。
   1 怒りはじめた   2 大きな声を出した
   3 泣き出した   4 何も言わなくなった

2 いつまでたっても友達が待ち合わせの場所に来ないので、くたびれてしまった。
   1 怒って   2 帰って   3 困って   4 疲れて

3 おもちゃを片付けてください。
   1 広げてください   2 整理してください
   3 買ってください   4 準備してください

4 用事を済ませてから、そちらに向かいます。
   1 入れて   2 断って   3 思い出して   4 終わらせて

5 この仕事は、簡単な作業なのですぐに慣れると思います。
   1 楽しくなる   2 辛くなる   3 上手になる   4 下手になる

6 小さい弟をかまう。
   1 注意する   2 笑わせる   3 世話する   4 泣かせる

7 3時間も時間が経った。
   1 過ぎた   2 残った   3 あった   4 なかった

[8] このアプリは、英語を訳すことができる。
1　調べる　　　　　　　　　　　2　覚える
3　他の国の言葉に変える　　　　　4　他の国の言葉で勉強する

[9] 新しいメンバーを加える。
1　足す　　　　2　決める　　　　3　変える　　　　4　集める

[10] どなるのはよくないことだ。
1　迷惑をかける　　　　　　　　　2　大きな声でおこる
3　失礼なことを言う　　　　　　　4　うそをつく

정답　[1] 4　[2] 4　[3] 2　[4] 4　[5] 3　[6] 3　[7] 1　[8] 3　[9] 1　[10] 2

연습 문제 4회

問題4 _____ に意味が最も近いものを、1・2・3・4から一つえらびなさい。

1 毎日だらしない生活をしている。
   1 楽しい   2 きちんとしていない
   3 楽しくない   4 きちんとした

2 彼女は、上品でおとなしい人です。
   1 静かな   2 優しい   3 きれいな   4 明るい

3 息子は、虫について詳しい。
   1 あまり知らない   2 よく話している
   3 よく知っている   4 あまり話さない

4 長い距離を走ることはきつい。
   1 楽しい   2 つらい   3 危ない   4 えらい

5 母から、めずらしい品物をもらった。
   1 いらない   2 どこにでもある
   3 欲しかった   4 あまり見たことのない

6 日本人でも、多少漢字を間違えることはある。
   1 たくさん   2 少し   3 多くの   4 全ての

7 昨日のけんかのことは、ちっとも気にしてないよ。
   1 全然   2 正直   3 しばらく   4 相変わらず

[8] このマンガは、なかなかおもしろい。
1 特に　　　　2 相当　　　　3 絶対　　　　4 たまに

[9] この本は、ほとんど読み終わっている。
1 初めて　　　2 十分　　　　3 たいてい　　4 きちんと

[10] 大きかったきず口がだんだん治ってきた。
1 急に　　　　2 少しずつ　　3 さっそく　　4 かなり

정답　[1] 2　[2] 1　[3] 3　[4] 2、[5] 4　[6] 2　[7] 1　[8] 2　[9] 3　[10] 2

연습 문제 5회

問題4 ＿＿＿に意味が最も近いものを、1・2・3・4から一つえらびなさい。

① かぜ薬を飲んで、ぐっすり眠る。
1 浅く　　　2 深く　　　3 早く　　　4 遅く

② 閉店前の店内は、がらがらだ。
1 空いている　2 空いていない　3 汚れている　4 汚れていない

③ 弟はお母さんと顔がそっくりだ。
1 似ていない　2 ちょっと違う　3 似ている　4 全く同じだ

④ 意見がばらばらだ。
1 一緒だ　　2 正しい　　3 間違っている　4 べつべつだ

⑤ そっとドアを閉めた。
1 強く　　　2 確かに　　3 静かに　　4 早速

⑥ いろいろなくだものをミックスする。
1 こおらせる　2 にる　　　3 まぜる　　4 いためる

⑦ 社長室のドアをノックしました。
1 開けました　2 閉めました　3 こわしました　4 たたきました

8 かみの毛をカットした。
1 かわかした　　2 洗った　　　3 切った　　　4 のばした

9 リビングでゆっくりと過ごす。
1 ねる部屋　　2 ふろ　　　3 にわ　　　4 居間

10 お店がオープンするのはいつですか。
1 閉まる　　2 開く　　　3 できる　　　4 なくなる

정답 1 2　2 1　3 3　4 4　5 3　6 3　7 4　8 3　9 4　10 2

JLPT N3

5 용법

問題5 (例)

> 問題5 つぎのことばの使い方として最もよいものを、1・2・3・4から一つ
> えらびなさい。
>
> ① 配達
> 1 出張に行っていた父が、夜遅くに配達した。
> 2 50個の荷物を、駅前の店に配達する。
> 3 昨日、店に有名な歌手が配達した。
> 4 この飛行機は、あと30分ほどで東京に配達する。
>
> 정답 | ① 2 (1 帰宅 3 来店 4 到着)

문제5에서는 제시된 단어가 올바르게 사용된 문장을 고르는 문제가 5개 나옵니다. 4개의 선택지는 모두 문제에서 제시한 어휘(예제에서는 '배달'이라는 어휘)를 사용한 문장으로 되어 있습니다.

연습 문제 **1회**

問題5 つぎのことばの使い方として最もよいものを、1・2・3・4から一つえらびなさい。

1 手段
1 お腹が痛くなったときは、暖かい手段をするといいです。
2 自分で会社をつくるための手段はいくつかあります。
3 新しい時計を買った手段は、電池を入れても動かなくなってしまったためです。
4 働くときの手段がくわしく書いてあるので、これは大切に保管してください。

2 習慣
1 わたしの学校は、地震や火事が起きたときに避難できるように習慣がある。
2 今日は運動会の習慣がある予定だったが、雨のため中止になった。
3 学校に遅刻ばかりしている弟に、早く起きる習慣をつけるように注意した。
4 来月犬を飼うので、わたしの家では犬を毎日二回散歩に連れて行くという習慣を作った。

3 状態
1 昨日から子どものお腹の状態が悪く、とても心配だ。
2 高校生になってから、息子は派手な状態を選ぶようになった。
3 彼女は状態が豊かで、一緒にいるとわたしまで明るい気持ちになる。
4 20代のときに出演した映画での状態が評価され、彼女は有名になった。

4 割合
1 家族が多いので、何でも人数分に割合したが、子どものときはそれがいやだった。
2 この洋服とバッグ、セールで30パーセント割合で買ったんです。
3 車や家などの高価なものを買うときは、何回かに割合してお金を支払う。
4 反対する人の割合が多く、新しいビルの建設を中止することになった。

5 欠点
1 家を出た後で欠点に気づき、あわてて家まで取りに戻った。
2 仕事で欠点があって、すっかり帰るのが遅くなってしまった。
3 この携帯電話の欠点は、電池がなくなるのが早いことだ。
4 ガラスのコップを床に落として、底の部分が欠点してしまった。

6 同様
1 18歳以下の方が申し込むためには、ご両親の同様が必要なんです。
2 結婚してからは、家を建て直して、妻の両親と同様しています。
3 わたしが駅のホームに到着したのとほぼ同様に、電車が出発した。
4 妹とわたしは、同様に育てられたのに性格が全然違う。

7 目標
1 両親に新しい家をプレゼントするという目標のために貯金している。
2 明日は、友達と一緒に図書館で勉強する目標をしています。
3 わたしが仕事をする目標は、お金のためと、色々な経験をするためです。
4 同じような傘がたくさんあるので、自分の傘に目標をつけておいた。

8 資源
1 わたしの国では、お米を資源にして作られた料理がたくさんあります。
2 紙は資源として何度でも利用することができます。
3 もし時間があったら、明日のお弁当の資源を買いに行ってくれない?
4 最初のうちは他の人がかいた作品を資源にして、絵の練習をした。

9 感覚
1 彼に初めて会ったとき、とてもいい感覚だった。
2 学校では感覚を守って行動しなければならない。
3 ネックレスを作るときは、手先の感覚がとても重要だ。
4 体の感覚が悪いので、今日は早めに帰ります。

정답

1 2 (1 かっこう 3 理由 4 条件)
2 3 (1 訓練 2 練習 4 決まり・ルール)
3 1 (2 服装・かっこう 3 表情 4 演技)
4 4 (1 分けた 2 割引 3 分割・分けて)
5 3 (1 忘れ物 2 問題・ミス 4 欠けて)
6 4 (1 同意 2 一緒に住んで・同居 3 同時)
7 1 (2 約束 3 目的 4 マーク)
8 2 (1 原料 3 材料 4 見本)
9 3 (1 印象 2 規則 4 具合)

연습 문제 **2회**

問題5 つぎのことばの使い方として最もよいものを、1・2・3・4から一つえらびなさい。

1 検査
1 かばんの中に財布が入っているかどうか検査してから家を出た。
2 宿題は毎日、先生にわたして検査してもらう。
3 飛行機に乗る客が危ないものを持っていないか、荷物を検査する。
4 間違えたところは、辞書を使って検査してください。

2 流行
1 サッカーはボールがあれば遊べるので、子どもにも大人にも流行のスポーツだ。
2 クラスメートの川村さんは、頭がいいことで流行だ。
3 この犬は、町の住人みんなに流行している。
4 これは、10代の子たちのあいだで流行しているゲームだ。

3 訓練
1 習ったことを忘れないように、授業のあとは必ず訓練している。
2 早起きしてカフェに行き、帰ったら読書をするのが毎日の訓練だ。
3 子どものとき、自分を守るための訓練として柔道を習った。
4 この番組では、英語を使って日本語文法の使い方の訓練をしている。

4 宣伝
1 わが社の新しいサービスが始まることを、動画で宣伝する。
2 社長からの宣伝は、夏休みとして3週間ずつ休んでいいという話だった。
3 事故があって電車の発車時間が遅れていることを、駅員が宣伝している。
4 遠くに住んでいる友人には手紙を書いて、結婚したことを宣伝した。

5 申請
1 市役所に行ったら、まずは申請に行き、番号が書かれた紙をもらう。
2 ビザの申請をするために、外国人向けのハンコを作りました。
3 友人の結婚式の申請がはがきで届いた。
4 個人で会社を作るために、一年分の行動の申請書を書いた。

6　交換
1　就職先の会社はとなりの県にあるので、家を交換しなければならない。
2　初めて生まれる子どものために、洋服や生活用品を交換する。
3　冬になってたくさんの雪が降る前に、タイヤを交換する。
4　吉岡先生がお休みされるので、3月まではわたしがこのクラスを交換します。

7　影響
1　広い部屋で大きい声を出すと、声がよく影響する。
2　疲れているようすの家族に休んでほしくて、旅行に行こうと影響した。
3　彼のピアノの影響が素晴らしいので、感動して泣いてしまった。
4　大好きな歌手の影響を受けて、高校生のときに初めてギターを買った。

8　縮小
1　明るかった空が縮小して、ぽつぽつと雨が降ってきた。
2　来年からは会社を縮小して、数名の社員だけで働くことに決めた。
3　体重を落として、体がだいぶ縮小したので、新しい服を買う必要がある。
4　お金がない人が増え、車や自分の家を買う人は縮小している。

9　入力
1　日本で買ったパソコンで、中国語を入力できるようにセットした。
2　目に悪いから、電気を入力して勉強したほうがいいよ。
3　たくさん果物を食べて、ビタミンを入力するようにしている。
4　携帯電話の電池が全部なくなってから、入力した方がいいですよ。

정답

1　3（1 確認　2 確認　4 調べて）
2　4（1 人気　2 有名　3 愛されて）
3　3（1 復習　2 習慣　4 解説）
4　1（2 発表　3 放送・アナウンス　4 報告）
5　2（1 受付　3 案内　4 計画）

6　3（1 引っ越さ　2 用意・準備　4 担任）
7　4（1 響く　2 提案　3 演奏）
8　2（1 暗くなって　3 やせた・細くなった
　　　4 減っている）
9　1（2 つけて　3 とる・摂取する　4 充電）

연습 문제 **3회**

問題5　つぎのことばの使い方として最もよいものを、1・2・3・4から一つえらびなさい。

1. あきらめる
   1. もし雨が降った場合は、来週に<u>あきらめます</u>。
   2. ほかの会社での就職が決まったので、一か月後にここを<u>あきらめます</u>。
   3. 具合が悪いので、早めに<u>あきらめて</u>もいいでしょうか。
   4. 何時間探しても見つからないし、もう<u>あきらめましょう</u>。

2. 頼る
   1. 旅行で留守にする間、飼っている犬を友人に<u>頼って</u>もらう。
   2. 彼は仕事があまりできないので、いつも人に<u>頼っている</u>。
   3. 高いところに登って降りられなくなったときは兄が<u>頼って</u>くれた。
   4. 重い荷物を持って階段を上っていると、近くにいた人が<u>頼って</u>くれた。

3. 困る
   1. 初めて訪問する土地では、地図を見ても道に<u>困って</u>しまう。
   2. 30分くらい遅れても問題ありませんから、<u>困らないで</u>来てください。
   3. 大量の鳥に追いかけられるという映画をみて、<u>困って</u>泣いてしまった。
   4. 何回作り直してもイメージしたものと違う形になってしまい、<u>困っている</u>。

4. 逆らう
   1. 祖父母には最後まで<u>逆らわれていた</u>が、お金を貯めて留学した。
   2. 友達の意見を<u>逆らった</u>ことで、言い合いになった。
   3. 彼は社長の決定に<u>逆らった</u>ことで、会社を辞めさせられた。
   4. 彼の話は大体うそだから、<u>逆らった</u>方がいいですよ。

5. 振る
   1. 卵を容器に入れて箸でよく<u>振った</u>あと、牛乳と水を加えてください。
   2. 生まれたばかりの息子を、祖父母に<u>振って</u>もらった。
   3. あそこで大きく手を<u>振っている</u>のが、わたしの兄です。
   4. お客さまには、頭を深く<u>振って</u>あいさつをしてください。

6 預ける
1 図書館では二週間で10冊までの本を預けることができる。
2 恋人の誕生日に、彼女が好きな花とアクセサリーを預けた。
3 以前からやってみたかったゲームを、友人に預けてもらった。
4 ゆっくりと観光したいので、荷物をホテルに預けた。

7 たまる
1 勉強していると、いきなり部屋に猫がたまってきた。
2 実家の押入れには、着ることができなくなった服がたまっている。
3 暑い季節になると、この海には毎年たくさんのお客さんがたまる。
4 子どもたちが横断歩道を渡ろうとしているのに、あの車は赤信号になってもたまらなかった。

8 向かう
1 二歳の娘は、線路の上を電車が向かうのを見るのが好きらしい。
2 急に強い風が吹いてきて、被っていた帽子が向かっていってしまった。
3 横断歩道を向かうときは、周りの車の動きによく注意してください。
4 青信号になるのを待っていたら、大きい車がこちらに向かってきて驚いた。

9 沈む
1 小学生のときは、長さ25mのプールを最後まで沈むことができなかった。
2 急いで料理をしていたら、卵が床に沈んで割れてしまった。
3 この坂道を沈んだあと右に曲がると、町の図書館があります。
4 海岸で、太陽が海に沈んでいくところを見ていたい。

정답
1 4 (1 延期します 2 辞めます 3 帰宅して)
2 2 (1 預かって 3 助けて 4 手伝って)
3 4 (1 迷って 2 焦らないで 3 こわくて)
4 3 (1 反対されて 2 否定した 4 聞かない)
5 3 (1 混ぜた 2 抱いて 4 下げて)
6 4 (1 借りる 2 贈った 3 貸して)
7 2 (1 入って 3 集まる 4 止まらなかった)
8 4 (1 走る 2 飛んで 3 渡る)
9 4 (1 泳ぐ 2 落ちて 3 下った)

연습 문제 **4회**

問題5 つぎのことばの使い方として最もよいものを、1・2・3・4から一つえらびなさい。

1 待ち合わせる
1 駅前で待ち合わせることになっていたが、一時間待っても彼は来なかった。
2 16時に荷物を配達してもらえるようお願いしたので、家で待ち合わせる。
3 急いで出発の準備をするので、もう少し待ち合わせてもらえますか。
4 約束の時間から一時間も待ち合わせているのに、友達は現れない。

2 受け取る
1 祖母から、お米や果物などたくさんの荷物が受け取られてきた。
2 10年も逃げていたが、とうとう警察に受け取った。
3 仕事のメールは受け取ったらすぐに返事している。
4 机が重いので、友達にとなりの教室まで一緒に受け取ってもらう。

3 繰り返す
1 忘れ物をしてしまって、家と駅のあいだを自転車で繰り返した。
2 まだよく理解していないので、もう一度説明を繰り返していただけませんか？
3 携帯電話のない時代は、のんびりと手紙を繰り返すのが楽しかった。
4 雪が降ると、家族と雪遊びした日のことを繰り返します。

4 取り込む
1 小さい段ボール箱に猫が取り込んで、昼寝をしている。
2 洗ってきれいになった洋服をタンスに取り込む母の手伝いをする。
3 スーパーで買った品物を自分のかばんに取り込んで、持って帰る。
4 雨が降りだす前に、洗濯物を取り込まないといけない。

5 落ち着く
1 友達が落ち着いた顔をしていたので、心配になり声をかけた。
2 落ち着いて読書や仕事をしたいときは、静かなカフェに行く。
3 わたしが住んでいる部屋は10階だけど、エレベーターで落ち着いていけばすぐ1階に着きます。
4 駅の階段にネックレスが落ち着いたので、窓口に届けた。

6 知り合う
1 悲しいときは、わたしのことをよく知り合ってくれている友人と話をする。
2 仕事帰り、電車に乗っていると、偶然高校の同級生と知り合った。
3 わたしたちは大学で知り合い、数年付き合った後で結婚しました。
4 夏休みは友達の家に集まって、苦手な科目の宿題の答えを知り合った。

7 引き出す
1 雨の日は、無理に犬を外に引き出す必要はないですよ。
2 自動販売機でジュースを買ったら、おつりを忘れないで引き出してね。
3 会社の冷蔵庫に入れた食べ物は、週末には忘れずに引き出してください。
4 お給料を引き出すから、今日は銀行に寄ってから帰るね。

8 追い越す
1 いつも通っている美容院の前を車で追い越した。
2 運転していたら、急に子どもが道路に追い越してきた。
3 前を歩いていた犬がこっちに向かって急に追い越した。
4 急いでいたので、前を走っている車を追い越した。

9 取り消す
1 海外留学をするために、会社を取り消した。
2 電気がつかなくなったら、電球を取り消す必要がある。
3 安全運転は、交通事故を取り消すことができる。
4 時間に間に合わないので、レストランの予約を取り消した。

정답

1 1（2 待つ 3 待って 4 待って）
2 3（1 送られて 2 つかまった 4 持って）
3 2（1 往復した 3 やり取りする 4 思い出す）
4 4（1 入り込んで 2 しまう 3 入れて）
5 2（1 落ち込んだ 3 降りて 4 落ちていた）
6 3（1 理解して 2 会った 4 教え合った）
7 4（1 連れ出す 2 取って 3 持ち帰って）
8 4（1 通りかかった 2 飛び出して 3 駆け出した）
9 4（1 辞めた 2 取り替える 3 防ぐ）

연습 문제 5회

問題5 つぎのことばの使い方として最もよいものを、1・2・3・4から一つえらびなさい。

1 確実
1 友達と話していたことが、10年後全て確実になった。
2 もう二度と確実の失敗と同じことをやらないように、ルールが作られる。
3 約束の一時間前には、確実に目的の場所に着くようにしてください。
4 相手が確実に何を考えているのか、ちゃんと聞いてください。

2 可能
1 わたしはどうしても家事が可能なので、そうじは機械に任せている。
2 休日に出勤することも可能ですが、給料はいつもより多くしてください。
3 あなたはとても可能な女性だから、新しい仕事も成功しますよ。
4 わたしは時間がなくて可能ですから、他の方に頼んでみてください。

3 正常
1 毎日、機械が正常に動いているかを確認してから仕事を始めます。
2 山の上に登って、正常な空気の中でご飯を食べるのは最高だ。
3 彼女はとても正常な性格なので、会社のみんなから好かれている。
4 この角を曲がって正常に進むと、郵便局があります。

4 身近
1 勉強しないで遊んでばかりいたら、試験の日が身近になってしまった。
2 建物と建物の間が身近すぎて、間を通ることができない。
3 彼とわたしは、小学校で出会って友達になってから、ずっと身近だ。
4 子どものときからずっと犬を飼っているので、犬は身近な存在です。

5 急
1 急に出張するように言われ、あわててスーツケースや衣類を準備をした。
2 会社からの連絡には、忙しくても気づいたら急に返事する。
3 お腹が痛くて苦しむわたしを見て、家族は急で薬を買ってきてくれた。
4 約束の時間に遅刻しないよう、急に家を出た。

6 上品
1 外国語を話すことができる彼女は、上品な会社に就職することが決まった。
2 海外に留学していた彼の英語の成績は、上品です。
3 このレストランのケーキは、上品な味がする。
4 こんなに遠くだと、目が悪い妹は映画を上品にみることができない。

7 迷惑
1 散らかった自分の部屋を一人で掃除するのはとても迷惑だった。
2 隣の部屋の人が毎晩騒いでいて、とても迷惑だ。
3 引っ越しをすると、色々な申請書が必要になるので迷惑だ。
4 今日は海に行く予定だが、太陽が雲で隠れていて天気が迷惑だ。

8 不安
1 最後の試合なのに、一点の差で負けてしまって不安だった。
2 みんなの前で失敗したことが不安だったので、逃げ出してしまった。
3 冷蔵庫に入っている彼女のプリンを食べたら、不安だろうなあ。
4 娘が迷子になったときは、発見されるまで不安でしょうがなかった。

9 単純
1 新しく買った靴は、とても単純で歩きやすい。
2 みんながわからなかった問題を、彼は単純に解いてしまった。
3 この仕事は単純に見えるが、実は複雑で難しい。
4 家の前にある坂道は、自転車よりも歩いて登った方が単純だ。

정답

1 3 (1 現実　2 過去　4 実際)
2 2 (1 苦手　3 有能　4 できません)
3 1 (2 新鮮　3 正直　4 まっすぐ)
4 4 (1 近づいて　2 近すぎて　3 仲良し)
5 1 (2 すぐに　3 急いで　4 早めに)
6 3 (1 一流　2 いい　4 よく)
7 2 (1 大変　3 面倒　4 心配)
8 4 (1 悔しかった　2 恥ずかしくて　3 怒る)
9 3 (1 軽くて　2 簡単　4 楽)

연습 문제 6회

問題5　つぎのことばの使い方として最もよいものを、1・2・3・4から一つえらびなさい。

① せっかく
1. あんなに勉強したのに、テスト当日はせっかく問題を解けなかった。
2. かぜをひいてしまって、せっかく呼んでもらったパーティーに参加できなかった。
3. 彼女が来るのを待ってみたけど、せっかく我慢できなくなって帰ることにした。
4. 努力しても、せっかくいい結果が得られるわけではありません。

② 結局
1. このケーキは高価だったけど、結局おいしくなかった。
2. 友達が困っているようすだったら結局助けますよ。
3. 一年間、ずっと彼が大好きだったけど、結局恋人にはなれなかった。
4. 山田さんの話をしていたら、結局彼が教室に入ってきた。

③ 早速
1. 北海道に来られるなら、早速わたしの家にも寄ってください。
2. インターネットで友達になった佐藤さんとは、早速会ったことがない。
3. 村上さんにいただいたかわいいお花、早速わたしの部屋に飾りました。
4. 早速いいので、時間があるときに電話してください。

④ 今にも
1. 大雨のせいで、川の水が今にもあふれそうで危険だ。
2. 約束の時間になっても友人が来ないので、今にもパーティーを始めることにした。
3. このパソコンは先週買ったのに、今にも壊れてしまった。
4. 赤い口紅を今にも使ったが、意外と似合っていてとても気に入った。

⑤ きちんと
1. 静かな山に登って、一人できちんと過ごす時間が好きだ。
2. 仕事をするための部屋は、いつもきちんと片付けています。
3. 帰りが遅くなった日は、シャワーも浴びないできちんと寝てしまう。
4. 彼女はきちんとした人だから、いつも授業に遅刻をしてくる。

6 当然
1 この山の一番上に着くために何日もかけて、当然歩いた。
2 夏休みは日本を旅行して、当然楽しむことができた。
3 駅に行ったら10年ぶりに当然友人に会った。
4 悪いことをしたのなら、当然相手に謝るべきだ。

7 きっと
1 彼は、きっと約束を守ってくれるだろう。
2 中本さんは、3人分の料理を一人できっと食べてしまった。
3 走ってきた車にぶつかったのに、きっと痛くなかった。
4 久しぶりに食べる母の料理は、きっとおいしく感じられた。

8 とうとう
1 日本全国を周る旅行をするので、とうとう家にはいません。
2 お腹が空いたから、とうとう夜ご飯を作ろう。
3 弟の身長が伸び続けて、とうとうわたしよりも高くなった。
4 家族と離れて一人で住んでいるが、とうとう両親から食べ物や服のプレゼントが届く。

9 ずっと
1 ずっと応援していたバスケットボール選手に会うことができた。
2 このレストランに行くには、ずっと予約をとらないといけない。
3 ずっと駅で会った友達と、そのまま夜ご飯を食べに行った。
4 みんなが手伝ってくれたおかげで、ずっと仕事が終わった。

정답	
1 2 (1 ちっとも 3 とうとう 4 必ずしも)	6 4 (1 大分 2 十分 3 偶然)
2 3 (1 ちっとも 2 当然 4 ちょうど)	7 1 (2 ほとんど 3 少しも 4 特に)
3 3 (1 ぜひ 2 まだ 4 いつでも)	8 3 (1 しばらく 2 そろそろ 4 ときどき)
4 1 (2 先に 3 すぐに 4 初めて)	9 1 (2 まず 3 さっき 4 すぐに)
5 2 (1 のんびり 3 すぐに・早めに 4 だらしない)	

제2장

언어 지식 (문법)

01 풀이 방법 설명

문제 형식은 모두 세 종류입니다. (문제 수는 변동될 가능성이 있습니다.)

문제 1	문장의 문법 1 (문법 형식 판단)	13문제
문제 2	문장의 문법 2 (문장 만들기)	5문제
문제 3	글의 문법	5문제

1 문장의 문법 1 (문법 형식 판단)

● 問題1 (例)

問題1 つぎの文の（　　）に入れるのに最もよいものを、1・2・3・4から一つえらびなさい。

1 春に咲く花は、他の花（　　）枯れるのが早い。

　1　ほど　　　2　に比べて　　　3　まで　　　4　どころか

정답 | 1 2

문제1에서는 (　　) 안에 들어갈 알맞은 문법을 고르는 문제가 13개 나옵니다.

2 문장의 문법 2 (문장 만들기)

● 問題2 (例)

問題2 つぎの文の ★ に入る最もよいものを、1・2・3・4から一つえらびなさい。

1 あそこで＿＿＿ ＿＿＿ ★ ＿＿＿は村本さんです。

　　1　ラーメン　　2　食べている　　3　を　　4　人

문제를 푸는 방법

1. 올바른 선택지의 순서는 이렇습니다.

   あそこで＿＿＿ ＿＿＿ ★ ＿＿＿は村本さんです。

   1　ラーメン　　3　を　　2　食べている　　4　人

2. ★ 에 들어갈 선택지 번호를 답안지에 마킹합니다.

   | **1** | ① | ● | ③ | ④ |

   정답 │ 1 2

문제2에서는 선택지를 순서에 맞게 배열하여 바른 문장을 만든 후 ★에 해당하는 알맞은 답을 선택지에서 고르는 문제가 5개 나옵니다. 문법의 의미를 이해하는 것도 물론 중요하지만, 문법이 어떤 품사와 접속하는지를 이해하는 것도 중요합니다.

3 글의 문법

● 問題3(例)

問題3 つぎの文章を読んで、文章全体の内容を考えて、 1 から 2 の中に入る最もよいものを、1・2・3・4から一つえらびなさい。

下の文章は、留学生が書いた作文です。

日本のサービス

サム・カーター

　先日、日本に来て初めてコンビニに行きました。夜中に行きましたが、意外とお客さんがいるなと思いました。
　しかし、もっと驚いたのは食べ物の種類が多かったことです。服や歯ブラシなどの生活に必要なもの 1 売っていました。私の国ではコンビニに売っている商品が少ないので、そんなに利用したことがありませんでした。
　私は、コンビニを利用する人が多いのは、24時間開いているという理由 2 、生活に必要なものが何でも売っているからだと思いました。

1　1　だらけ　　　　　　　2　まで
　　3　に比べて　　　　　　4　どころか

2　1　のかわりに　　　　　2　によって
　　3　にあたって　　　　　4　だけでなく

정답 | 1 2　2 4

문제3에서는 글 속의 ☐☐☐☐☐에 알맞은 문법과 단어를 고르는 문제가 5개 나옵니다. 전체 문장은 500~650자인데 그 중에서 다섯 군데가 ☐☐☐☐☐로 되어 있습니다.

02 N3 문법 110

'제2장 문법'에서는 JLPT N3에서 나오는 문법 110개의 의미·접속·예문을 공부합니다. 여기에서는 비슷한 문법들이 정리되어 있습니다. 모두 13개의 테마로 되어 있으며 각 테마마다 그 테마에서 학습한 문법의 연습 문제가 있습니다.

● **품사와 활용형의 기호**

기호	품사와 활용형	예
N	명사	学校・にんじん・シャツ
イA	い형용사	かわいい・美しい・暑い
ナA	な형용사	元気・有名
Vる	동사 사전형	食べる・来る・飲む
Vます	동사 ます형	食べます・来ます・飲みます
Vない	동사 ない형	食べない・来ない・飲まない
Vて	동사 て형	食べて・来て・飲んで
Vた	동사 た형	食べた・来た・飲んだ
Vよう	동사 의지형	食べよう・来よう・飲もう
Vば	동사 조건형	食べれば・来れば・飲めば
Vれる	동사 가능형	食べられる・来られる・飲める
Vている	동사「～ている」형	食べている・来ている・飲んでいる

● **보통형과 정중형**

활용형	품사	예
보통형	동사	食(た)べる・食(た)べない・食(た)べた・食(た)べなかった
	い형용사	暑(あつ)い・暑(あつ)くない・暑(あつ)かった・暑(あつ)くなかった
	な형용사	元気(げんき)だ・元気(げんき) ｛では / で / じゃ｝ ない・元気(げんき)だった 元気(げんき) ｛では / で / じゃ｝ なかった
	명사	雪(ゆき)だ・雪(ゆき) ｛では / で / じゃ｝ ない・雪(ゆき)だった 雪(ゆき) ｛では / で / じゃ｝ なかった
정중형	동사	食(た)べます・食(た)べません・食(た)べました・食(た)べませんでした
	い형용사	暑(あつ)いです・暑(あつ)くないです・暑(あつ)かったです・暑(あつ)くなかったです
	な형용사	元気(げんき)です・元気(げんき) ｛では / じゃ｝ ありません・元気(げんき)でした 元気(げんき) ｛では / じゃ｝ ありませんでした
	명사	雪(ゆき)です・雪(ゆき) ｛では / じゃ｝ ありません・雪(ゆき)でした 雪(ゆき) ｛では / じゃ｝ ありませんでした

● **접속을 나타내는 방법의 예**

표시	예
V て ＋ ください	来(き)て ＋ ください → 来(き)てください
V ます ＋ たい	食(た)べます ＋ たい → 食(た)べたい
V ない ＋ ずにはいられない	見(み)ない ＋ ずにはいられない → 見(み)ずにはいられない
보통형 （ナ A だ / N だ）＋ みたい	元気(げんき)だ ＋ みたい → 元気(げんき)みたい 小学生(しょうがくせい)だ ＋ みたい → 小学生(しょうがくせい)みたい
보통형 （ナ A だ → な）＋ ほど	残念(ざんねん)だ → な ＋ ほど → 残念(ざんねん)なほど

★ 표시는 특별한 사용법을 가리킵니다.

1 이유·원인

01 ～せい

의미 ～탓 (～이 원인으로 나쁜 결과가 되었을 때)

접속 보통형(ナAだ → な / Nだ → の) + せい(で / か / だ)

> おまえのせいで 너 때문에 / 電車が遅れたせいだ 전철이 연착된 탓이다 /
> 部屋が暑いせいか 방이 더운 탓인가

1. テストの結果が悪かったのは、しっかり勉強しなかったせいだ。
   시험 결과가 나빴던 것은 제대로 공부하지 않았기 때문이다.

2. 道にあった石のせいで、転んでけがをしてしまった。
   길에 있던 돌 때문에 넘어져서 다치고 말았다.

3. 雨が降り続いたせいで、夏祭りが中止になった。
   비가 계속 내린 탓에 여름 축제가 중지되었다.

02 ～おかげ

의미 ～덕분 (～이 원인으로 좋은 결과가 되었을 때)

접속 보통형(ナAだ → な・である / Nだ → の・である) + おかげ(で / か / だ)

> 友達のおかげだ 친구 덕분이다 / 母のおかげか 부모님 덕분인가 /
> 応援してくれたおかげで 응원해 준 덕분에 / ★おかげさまで 덕분에

1. 先生が日本語を教えてくれたおかげで、試験に合格することができた。
   선생님께서 일본어를 가르쳐 주신 덕분에 시험에 합격할 수 있었다.

2. こうしてプロの選手になれたのも、指導してくれた父のおかげだ。
   이렇게 프로 선수가 될 수 있었던 것도 지도해 준 아버지 덕분이다.

3. みんなの応援のおかげで、苦しくても最後まで走ることができた。
   모두의 응원 덕분에 힘들어도 마지막까지 달릴 수가 있었다.

03 〜もの

의미 〜때문에, 〜이므로

접속 보통형(ナAだ → な / Nだ → な)＋ものだから / もので
보통형＋もの / もん

> よくわからなかったもので 잘 몰랐기 때문에 /
> 苦手なものだから 잘 못하기 때문에 / 頑張ったもん 열심히 했으니까

1. 宿題を忘れてしまったものだから、先生に怒られてしまった。

   숙제를 깜빡했기 때문에 선생님께 혼나고 말았다.

2. 松下「ちょっと食べ過ぎじゃない？」
   泉　「だって、お腹空いてるんだもん。」

   마쓰시타 "좀 과식하는 거 아니야?"
   이즈미　"하지만 배가 고프니까."

3. 久しぶりの買い物だったもので、つい買い過ぎてしまいました。

   오랜만에 쇼핑을 했더니 그만 너무 많이 사고 말았습니다.

04 〜ため

의미 〜때문에 (공지 등 많은 사람에게 전달할 때)

접속 보통형(ナAだ → な・である / Nだ → の・である)＋ため(に / だ)

> 病気のため 아프기 때문에 / 雨のためだ 비 때문이다 /
> 忙しいために 바쁘기 때문에

1. 急に店を休みにしたのは、冷蔵庫の調子が悪いためだ。

   갑자기 가게를 휴업한 것은 냉장고 상태가 나빠서다.

2. 相手の気持ちを考えずに言ってしまったために、ひどくきずつけてしまった。

   상대방의 기분을 생각하지 않고 말해 버렸기 때문에 심하게 상처를 주고 말았다.

3. 体調が悪いため、今日は仕事を休みました。

   컨디션이 나빠서 오늘은 일을 쉬었습니다.

05 ～のだから

의미　～이니까 (상대방도 알고 있는 것일 때)

접속　보통형(ナAだ → な / Nだ → な)+のだから / のですから /
　　　　んだから / んですから

> 子どもじゃないんだから 어린애가 아니니까 /
> 疲れているのですから 피곤하니까요 / 歩くのだから 걸으니까

1 山本さんは車の免許を持っているんだから、たまには運転すればいいのに。

야마모토 씨는 자동차 면허가 있으니까 가끔은 운전하면 좋을 텐데.

2 最近ちゃんと眠れていないのですから、今日は早く寝てください。

요즘 잠을 잘 자지 못 했으니까 오늘은 일찍 주무세요.

3 せっかくのパーティーなんですから、楽しんでいってくださいね。

모처럼의 파티니까 즐기고 가세요.

06 ～をきっかけに

의미　～을 계기로, ～때부터 …을 시작했다

접속　Vた+ことをきっかけに / ことがきっかけで /
　　　　のをきっかけに / のがきっかけで
　　　　N+をきっかけに / がきっかけで

> 趣味をきっかけに 취미를 계기로 / 留学したことがきっかけで 유학한 것이
> 계기가 되어 / 友達ができたのがきっかけで 친구가 생긴 것이 계기가 되어

1 仕事を辞めたのがきっかけで、世界中をまわる旅をしようと思うようになった。

일을 그만둔 것이 계기가 되어 전 세계를 도는 여행을 하려고 생각하게 되었다.

2 子どものころみに行った映画がきっかけで、音楽を学ぶようになった。

어렸을 적에 보러 간 영화가 계기가 되어 음악을 배우게 되었다.

3 パソコンを買ったのをきっかけに、書類の作り方を覚えた。

컴퓨터를 구입한 것을 계기로 서류 작성법을 익혔다.

07 ～わけだ

의미
① 그러니까 ~인 거구나 (상대방의 이야기를 듣고 납득했을 때)
② ~이라는 거구나 (상대방의 이야기를 듣고 내용을 정리해서 말할 때)

접속 보통형(ナAだ → な / Nだ → な)+わけだ

> きれいなわけだ 깨끗한 거구나 / 人気があるわけだ 인기가 있는 것이다 /
> 忙しいわけだ 바쁜 거구나

1 君の話をまとめると、つまり明日から一週間休みたいというわけだ。
네 이야기를 정리하면, 그러니까 내일부터 일주일간 쉬고 싶다는 거구나.

2 佐藤さん、3年間海外で仕事をしていたんだってね。英語が上手なわけだ。
사토 씨 3년간 해외에서 일했었대. 그래서 영어를 잘하는 거구나.

3 彼女は美容師だそうだ。だからかみの毛の色が素敵なわけだ。
그녀는 미용사래. 그래서 머리 색깔이 멋졌던 거구나.

08 ～以来

의미 ~이래, ~때부터 계속 똑같다

접속 Vて / N+以来

> 卒業して以来 졸업한 이래로 / 引っ越して以来 이사한 이후로 /
> 出会って以来 만난 후로 줄곧 / ★あれ以来 그때 이후로

1 彼女とは高校で出会って以来、ずっと一番の親友だ。
그녀와는 고등학교에서 만난 이래 계속 제일 친한 친구다.

2 彼とは、あれ以来連絡を取っていない。
그와는 그 때 이후로 연락을 하지 않았다.

3 初めて海外に行って以来、文化の違いに興味を持つようになった。
처음 해외에 간 이후로 문화 차이에 흥미를 갖게 되었다.

09 ～によって①

의미　～에 의해, ～이 이유로

접속　N+によって/により

> 地震(じしん)によって 지진으로 인해 / 交通事故(こうつうじこ)によって 교통사고로 인해 / 値上(ねあ)げにより 인상으로 인해

1 病気の流行によって、生活や仕事の仕方が大きく変わった。

질병의 유행으로 인해 생활과 일하는 방식이 크게 바뀌었다.

2 この本と出会ったことによって、本を読む楽しさがわかった。

이 책을 만나고서 책을 읽는 즐거움을 알게 되었다.

3 大雪により、いくつかの道が通れなくなっている。

큰눈으로 인해 몇몇 도로가 막혀 있다.

연습 문제 1회

問題1 つぎの文の（　　）に入れるのに最もよいものを、1・2・3・4から一つえらびなさい。

1　音楽の先生との出会い（　　）、ピアノを習いはじめました。
　　1　であるため　　　2　のせいで　　　3　をきっかけに　　　4　以来

2　こうして大学に合格できたのも、毎日応援してくれた両親の（　　）。
　　1　おかげだ　　　2　ためだ　　　3　せいだ　　　4　わけだ

3　（部活で）
　　泉「加藤くんが強く（　　）、けがして試合に出られなくなったじゃないか。」
　　加藤「わざとじゃなかったんだ。ごめんね。」
　　1　押したのだから　　　　　　　2　押したせいで
　　3　押したんだから　　　　　　　4　押したおかげで

4　（会社で）
　　先輩「最近、部長は体の具合が悪いんだって。大丈夫かな。」
　　後輩「それで最近会社を休んでいる（　　）。心配です。」
　　1　ものですね　　　2　ためですね　　　3　わけですね　　　4　んですから

5　斉藤「まだ残ってるのにもう食べないの？」
　　渡辺「自分で作った弁当なんだけど、あまりにもからくて（　　）。」
　　1　食べられないせいだ　　　　　2　食べられないんだから
　　3　食べられないんだもの　　　　4　食べられないわけだ

6　明日は早く起きないと（　　）、早く寝なさい。
　　1　いけないせいで　　　　　　　2　いけないんだから
　　3　いけないおかげで　　　　　　4　いけないために

7　オリンピックの試合を（　　）彼女のファンになり、応援するようになりました。
　　1　みたせいで　　　2　みたのだから　　　3　みたまま　　　4　みて以来

8 ゆか先生に出会ったこと（　　　）、日本語の勉強が楽しくなった。
   1　によって　　　　2　に対して　　　　3　のせいで　　　　4　のとおりに

9 今週は、台風が来る予報が出た（　　　）イベントを延期いたします。
   1　ことをきっかけで　　　　　　　2　おかげで
   3　のに　　　　　　　　　　　　　4　ため

10 健康のために運動を（　　　）、体を動かすことが好きになった。
   1　始めたからには　　　　　　　　2　始めたせいで
   3　始めたのがきっかけで　　　　　4　始めすぎて

정답　1 3　2 1　3 2　4 3　5 3　6 2　7 4　8 1　9 4　10 3

問題2 つぎの文の ___★___ に入る最もよいものを、1・2・3・4から一つえらびなさい。

[11]　（デパートで）
村上「学生は昨日から春休みなんだって。」
中本「_____ _____ ★ _____ 。どの店も混んでるなと思ったの。」
1　多い　　　　　　　　　　　2　若い人が
3　だから　　　　　　　　　　4　わけだ

[12]　泉　「トンさんはどうして日本語を勉強しようと思ったんですか。」
トン「日本に _____ ★ _____ _____ ようになりました。」
1　勉強する　　　　　　　　　2　日本語を
3　旅行したこと　　　　　　　4　がきっかけで

[13]　_____ _____ ★ _____ ことができました。
1　おかげさまで　　　　　　　2　結果を出す
3　目標以上の　　　　　　　　4　今年は会社の

[14]　昨日は、_____ _____ _____ ★ くしゃみが止まらない。
1　寒かった　　　　　　　　　2　ひいてしまい
3　かぜを　　　　　　　　　　4　せいか

[15]　（道で）
加藤「あの、そこに入ってはいけませんよ。」
松井「そうなんですか。_____ _____ _____ ★ わからなくて。ありがとうございます。」
1　最近　　　　　　　　　　　2　引っ越して
3　ものですから　　　　　　　4　来た

정답　[11] 1(3214)　[12] 4(3421)　[13] 3(1432)　[14] 2(1432)　[15] 3(1243)

2 상황·변화

10 〜まま　　　　　　　　　　　　　　　▼ 상황

의미　〜한 채, 〜한 대로, 변함 없이

접속　Vた/Vない/イA/ナAな＋まま
　　　　N＋のまま

> 壊(こわ)れたまま 고장난 채 / 昨日(きのう)のまま 어제와 같이 /
> 自然(しぜん)なまま 자연스럽게 / ★そのまま 그대로

1 私のふるさとの景色(けしき)は、子(こ)どものころの**まま**変(か)わっていない。
정리 내 고향 모습은 어렸을 적 그대로 바뀌지 않았다.

2 エアコンをつけた**まま**、家(いえ)を出(で)てしまった。
에어컨을 켠 채로 집을 나서고 말았다.

3 片付(かたづ)けはせず、その**まま**にしておいてください。
정리하지 말고 그대로 놔 주세요.

11 〜つつ

의미　〜하면서

접속　Vます＋つつ

> 思(おも)いつつ 생각하면서 / 理解(りかい)しつつ 이해하면서 / 我慢(がまん)しつつ 참으면서

1 彼女(かのじょ)が僕(ぼく)のことを好(す)きではないと知(し)り**つつ**も、あきらめることができない。
그녀가 나를 좋아하지 않는다는 걸 알면서도 포기할 수가 없다.

2 洗濯(せんたく)しなければと思(おも)い**つつ**も、疲(つか)れたせいか帰(かえ)ってすぐに寝(ね)てしまった。
빨래를 해야겠다고 생각하면서도 피곤한 탓인지 집에 와서 바로 잠이 들었다.

3 料理(りょうり)をし**つつ**、子(こ)どもの面倒(めんどう)を見(み)るのはとても大変(たいへん)だ。
요리를 하면서 아이를 돌보는 것은 매우 힘들다.

12 ～とともに

의미 ～과 함께, ～과 동시에

접속 Vる/N/Nである＋とともに

> 変化するとともに 변화함에 따라 / 時代とともに 시대와 함께 /
> 社長であるとともに 사장님이면서 동시에

1. 彼女は私に日本語を教えてくれる先生であるとともに、私の友人でもある。

   그녀는 나에게 일본어를 가르쳐 주는 선생님이자 나의 친구이기도 하다.

2. 気温が上がるとともに、体調が悪くなる人が増えてきた。

   기온이 오르면서 몸 상태가 나빠지는 사람이 늘었다.

3. 高校卒業とともに、引っ越しをして東京で仕事を始めた。

   고등학교 졸업과 동시에 이사를 하고 도쿄에서 일을 시작했다.

13 ～つつある　　　　　　　　　　　　　　　　　　　　▼ 변화

의미 점점 ～해지다 (조금씩 변화하고 있는 모습을 나타낼 때)

접속 Vます＋つつある

> 減少しつつある 감소되고 있다 / 広まりつつある 퍼지고 있다 /
> 消えつつある 사라지고 있다

1. アニメや漫画の人気によって、日本語学習者は増加しつつある。

   애니메이션이나 만화의 인기에 따라 일본어 학습자는 증가하고 있다.

2. 時代の変化に合わせて、人々の働き方は変わりつつある。

   시대의 변화에 따라 사람들의 일하는 방식도 변하고 있다.

3. 彼の病気は治りつつあるが、まだ病院へ通わなければならないらしい。

   그의 병은 나아지고 있지만 아직 병원에 다녀야 하는 것 같다.

14 ～ば～ほど

의미 ～하면 ～할수록, ～이라면 더욱…

접속 Vば＋Vる＋ほど
イAい＋ければ＋イA＋ほど
ナA/N＋であれば＋ナA/N＋であるほど
ナA/N＋であればあるほど

> 話せば話すほど 말하면 말할수록 / 早ければ早いほど 이르면 이를수록 /
> 有名であればあるほど 유명하면 유명할수록

1 マンゴーやバナナは甘ければ甘いほどいい。
망고나 바나나는 달면 달수록 좋다.

2 大変であれば大変であるほど、やり終えたときの喜びは大きい。
힘들면 힘들수록 일을 끝냈을 때의 기쁨은 크다.

3 料理は作れば作るほど上手になるものだ。
요리는 만들면 만들수록 능숙해지는 법이다.

15 ～にしたがって

의미 ～에 따라서, ～하면 점점 …도 바뀐다

접속 Vる/N＋にしたがって

> 寒くなるにしたがって 추워짐에 따라 / 変化にしたがって 변화에 따라 /
> 時間が過ぎるにしたがって 시간이 지남에 따라

1 年を取るにしたがって、小さなことが気にならなくなる。
나이가 듦에 따라 작은 것에 신경 쓰지 않게 된다.

2 昼間は暑いが、日が落ちるにしたがって涼しくなる。
낮에는 덥지만 해가 지면서 시원해진다.

3 春が近づくにしたがって、桜の花が咲き始める。
봄이 가까워지면서 벚꽃이 피기 시작한다.

16 〜ばかり①

의미 점점 〜해진다 (나빠지거나 좋아지지 않을 때)

접속 Vる＋ばかり(で/だ)

> ひどくなるばかり 더 심해지기만 함 /
> 減(へ)るばかりで 점점 줄기만 하고 / 下(さ)がるばかりだ 계속 떨어진다

1 給料(きゅうりょう)は上(あ)がらないのに、物価(ぶっか)は高(たか)くなる**ばかり**だ。

월급은 오르지 않는데 물가는 오르기만 한다.

2 かぜをひいてしまい、体調(たいちょう)が悪(わる)くなる**ばかり**だ。

감기에 걸려 컨디션이 계속 나빠진다.

3 毎日(まいにち)の残業(ざんぎょう)で疲(つか)れがたまる**ばかり**だ。

매일 야근으로 피로가 자꾸 쌓인다.

연습 문제 2회

問題1 つぎの文の（　　）に入れるのに最もよいものを、1・2・3・4から一つえらびなさい。

1. 学校が（　　）子どもたちが外で遊び始める。
   1. 終わりつつ
   2. 終わるばかりで
   3. 終わったまま
   4. 終わるとともに

2. 教科書を（　　）、授業の動画をみて日本語を勉強する。
   1. 開くにしたがって
   2. 開きつつ
   3. 開けば
   4. 開くばかりで

3. 夏が終わり、公園に生えている木の葉が赤く（　　）。
   1. なりつつある
   2. なるばかりだ
   3. なったおかげだ
   4. なったせいだ

4. 仕事が増える（　　）、なかなか帰ることができません。
   1. にしたがって　　2. ばかりで　　3. とともに　　4. ほど

5. 自分の発表する番が（　　）、緊張して汗が止まらない。
   1. 近づきつつ
   2. 近づくかわりに
   3. 近づいたまま
   4. 近づくにしたがって

6. 村上「泉さん、朝からずっと咳してるけど大丈夫？」
   泉「実は、昨日の夜窓を（　　）寝ちゃって、かぜをひいてしまったみたい。」
   1. 開けるばかりで
   2. 開ければ
   3. 開けるとともに
   4. 開けたまま

7. （料理教室で）
   生徒「先生、いい肉を使っても、私が料理するといつもかたくなっちゃうんです。」
   先生「もしかしたら、焼きすぎているのかもしれません。お肉は（　　）焼くほどかたくなってしまうんですよ。」
   1. 焼くまま　　2. 焼いて　　3. 焼けば　　4. 焼きつつ

8 娘が結婚すると聞いたときは、（　　　）離れてしまう寂しさを感じました。
1　喜ぶにしたがって　　　　　　　2　喜んでばかりで
3　喜びとともに　　　　　　　　　4　喜びであればあるほど

9 花屋で（　　　）、アクセサリー屋でも働いている。
1　働きつつ　　　　　　　　　　　2　働くばかりで
3　働くほど　　　　　　　　　　　4　働くにしたがって

10 健康にやせるためには、運動を（　　　）しっかりご飯を食べることが大切です。
1　すれば　　　　　　　　　　　　2　しつつ
3　するにしたがって　　　　　　　4　したまま

정답　1 4　2 2　3 1　4 2　5 4　6 4　7 3　8 3　9 1　10 2

問題2 つぎの文の ＿＿★＿＿ に入る最もよいものを、1・2・3・4から一つえらびなさい。

11　大人になった今、学生の ＿＿＿ ＿＿＿ ＿＿＿ ★ つつある。
　　1　ときに　　　　2　英単語を
　　3　覚えた　　　　4　忘れ

12　かぜをひいたので薬を飲んで ★ ＿＿＿ ＿＿＿ ＿＿＿ だ。
　　1　休んでいたが　2　悪くなる
　　3　体の調子は　　4　ばかり

13　（病院で）
　　患者「年を取る ＿＿＿ ＿＿＿ ★ ＿＿＿ いるんです。」
　　医者「そうですか。無理な運動はよくないですが、毎日外を歩いて体を動かすことを
　　　　おすすめしますよ。」
　　1　困って　　　　2　足腰が
　　3　弱くなって　　4　にしたがって

14　町でうわさになるほどきれいだった友人は、＿＿＿ ★ ＿＿＿ ＿＿＿ だ。
　　1　美人な　　　　2　今も
　　3　10年たった　　4　まま

15　家は、新しければ ＿＿＿ ＿＿＿ ★ ＿＿＿ です。
　　1　いい　　　　　2　新しい
　　3　ほど　　　　　4　きれいで

정답　11 4(1324)　12 1(1324)　13 3(4231)　14 2(3214)　15 4(2341)

3 입장·기준

17 ～として   ▼ 입장

의미 ～으로서, ～의 입장에서

접속 N+として

N1+としての+N2

> 医者として 의사로서 / 学生として 학생으로서 /
> 親としての責任 부모로서의 책임

1 入学式では、新入生の代表としてみんなの前で話をした。

입학식에서는 신입생 대표로서 모두의 앞에서 이야기를 했다.

2 もう少し、大人としての行動を考え直しましょう。

조금 더 어른으로서의 행동을 다시 생각해 봅시다.

3 コンビニの店長として、仕事は全部できるようになるべきだ。

편의점 점장으로서 일은 전부 할 수 있도록 해야 한다.

18 ～にとって

의미 ～에 있어서, ～의 입장에서 생각하여

접속 N＋にとって

N1＋にとっての＋N2

> 私(わたし)にとって 나에게 있어서 / 外国人(がいこくじん)にとって 외국인에게 있어서 /
> 植物(しょくぶつ)にとっての栄養(えいよう) 식물을 위한 영양

1 どんな人(ひと)にとっても生活(せいかつ)しやすい国(くに)にすることを目標(もくひょう)にしている。

누구에게나 살기 좋은 나라를 만드는 것을 목표로 하고 있다.

2 私(わたし)にとっての幸(しあわ)せとは、家族(かぞく)と一緒(いっしょ)に過(す)ごすことだ。

나에게 행복은 가족과 함께 지내는 것이다.

3 中村(なかむら)さんにとって一番(いちばん)の楽(たの)しみは、孫(まご)と一緒(いっしょ)にご飯(はん)を食(た)べることだそうです。

나카무라 씨에게 가장 큰 즐거움은 손자와 함께 밥을 먹는 것이라고 합니다.

19 ～に基(もと)づいて　　▼ 기준

의미 ～에 기초해, ～을 기초로 해서

접속 N＋に基(もと)づいて

N1＋に基(もと)づく /に基(もと)いた＋N2

> 計画(けいかく)に基(もと)づいて 계획에 기초해서 / 考(かんが)えに基(もと)づく行動(こうどう) 생각에 근거한 행동 /
> 経験(けいけん)に基(もと)づいたアドバイス 경험에 기반한 충고

1 年(とし)の始(はじ)めに決(き)めた目標(もくひょう)に基(もと)づいて、計画(けいかく)を立(た)てる。

연초에 정한 목표에 따라 계획을 세운다.

2 この商品(しょうひん)は、多(おお)くの人(ひと)の意見(いけん)に基(もと)づいて作(つく)られている。

이 상품은 많은 사람의 의견을 바탕으로 만들어지고 있다.

3 この映画(えいが)は、実際(じっさい)にあった出来事(できごと)に基(もと)づいて作(つく)られました。

이 영화는 실제 있었던 일을 바탕으로 만들어졌습니다.

20 ～を中心に

의미 ～을 중심으로

접속 N+を中心に(して)
N+を中心として

> インターネットを中心にして 인터넷을 중심으로 하여 /
> 大学生を中心に 대학생을 중심으로 / 首都を中心として 수도를 중심으로 해서

1. 若者を中心にして、古いカメラで写真を撮ることが流行っている。
   젊은이들을 중심으로 오래된 카메라로 사진을 찍는 것이 유행하고 있다.

2. この地域の人々は、中学生を中心として町のごみ拾いを行っている。
   이 지역 사람들은 중학생을 중심으로 동네 쓰레기 줍기를 하고 있다.

3. 今夜は、西日本を中心に大雨になると予報されている。
   오늘 밤에는 서일본을 중심으로 큰비가 내릴 것으로 예보되어 있다.

21 ～とおり

의미 ～대로, ～과 마찬가지로

접속 Vる/Vた＋とおり(に)
N+のとおり(に)/どおり(に)

> 思ったとおり 생각한 대로 / 言うとおりに 말하는 대로 / 予定どおり 예정대로

1. 本に書いてあるとおりにやったのに、うまくいかない。
   책에 써 있는 대로 했는데 잘 안 된다.

2. 計画どおり進まないことはよくあることなので、心配しなくてもいいですよ。
   계획대로 진행되지 않는 경우는 종종 있으니 걱정하지 않아도 돼요.

3. 母が教えてくれたとおりに作ってみたが、なかなかおいしく作ることができない。
   어머니가 가르쳐 준 대로 만들어 봤지만 좀처럼 맛있게 만들 수가 없다.

22 ～という

의미 ～이라는, ～이라는 이름의 (모르는 것을 설명하거나 가르쳐 줄 때)

접속 N1＋という / っていう / って＋N2

> 立川(たちかわ)という街(まち) 다치카와라는 거리 / 佐藤(さとう)さんっていう人(ひと) 사토라는 사람 /
> 日本語(にほんご)の森(もり)って会社(かいしゃ) 일본어의 숲이라는 회사

1 客「ひたちっていう駅に行きたいんですが、どの電車に乗ればいいですか？」
　　駅員「ひたちですか？3番線の電車に乗ってください。」

　손님 "히타치라는 역에 가고 싶은데요, 어느 전철을 타면 됩니까?"
　역무원 "히타치요? 3번 승강장의 전철을 타세요."

2 私は、トイプードルという種類の犬を飼っています。

　저는 토이푸들이라는 종류의 개를 키우고 있습니다.

3 となりに引っ越してきた加藤さんって人、知ってる？

　옆집에 이사 온 가토 씨라는 사람, 알아?

23 ～に対(たい)して①

의미 ～에게, ～을 상대방으로

접속 N＋に対して
　　　N1＋に対する＋N2

> 祖母(そぼ)に対(たい)して 할머니에게 / 過去(かこ)に対(たい)して 과거에 대해 /
> ニュースに対(たい)する意見(いけん) 뉴스에 대한 의견

1 友達からの相談に対して、なんと答えようか考えている。

　친구의 상담에 뭐라고 대답할지 생각하고 있다.

2 中学生になった弟は、母に対してひどい事ばかり言っている。

　중학생이 된 남동생은 어머니에게 심한 말만 한다.

3 あなたの仕事に対する考え方を教えてください。

　당신의 직업에 대해 당신의 생각을 알려 주세요.

24 ～について

의미 ～에 대하여 (～에 대한 것을 말하거나 생각한다고 말할 때)

접속 N＋について

> 家族について 가족에 대하여 / 将来について 장래에 대해 /
> 仕事について 일에 대해

1 父とおじさんたちが、野球の試合について話し合っている。

아버지와 삼촌들이 야구 경기에 대해 이야기를 나누고 있다.

2 彼は、日本の文化についてよく知っている人だ。

그는 일본 문화에 대해 잘 알고 있는 사람이다.

3 ふるさとに帰ると、両親から一人暮らしの生活についてたくさん質問された。

고향에 돌아가니 부모님으로부터 혼자 사는 생활에 대해 많은 질문을 받았다.

25 ～に関して

의미 ～에 관하여

접속 N＋に関して
N1＋に関する／に関しての＋N2

> 研究に関して 연구에 관하여 / 会議に関する資料 회의에 관한 자료 /
> 料理に関しての本 요리에 관한 책

1 アフリカに行った目的は、文化に関する研究をするためだった。

아프리카에 간 목적은 문화에 관한 연구를 하기 위해서였다.

2 その場にいた人から、事件に関しての話を聞き出した。

그 자리에 있던 사람으로부터 사건에 관한 이야기를 들었다.

3 植物に関して、父はかなり詳しい。

식물에 관해서는 아버지가 꽤 잘 알고 있다.

연습 문제 **3회**

問題1 つぎの文の（　　）に入れるのに最もよいものを、1・2・3・4から一つえらびなさい。

1　このドラマは、本当にあった話（　　）作られています。
　　1　にとって　　2　に対して　　3　について　　4　に基づいて

2　日本では最近、若者（　　）30年前のファッションが流行している。
　　1　に対して　　2　に基づいて　　3　に関して　　4　を中心に

3　医者（　　）、病気で困っている人をそのままにしておくことはできない。
　　1　について　　2　として　　3　のとおり　　4　を中心に

4　わからないときは、説明書（　　）組み立ててください。
　　1　のとおりに　　2　を中心として　　3　に関して　　4　について

5　高橋「前田さん、トイプードル（　　）種類の犬、知ってる？」
　　前田「うん、小さくてかわいいよね。」
　　1　に関する　　2　に基づいた　　3　という　　4　としての

6　新入社員の彼は、先輩（　　）敬語を使うことができない。
　　1　という　　2　に関して　　3　に対して　　4　として

7　今週末行われるバスケットボール大会（　　）詳しいことは、明日お伝えします。
　　1　に関する　　2　に対して　　3　に基づいて　　4　にとって

8　（学校で）
先生「伊藤さん（　　　）、家族とは何ですか。」
伊藤「私の全てです。どんなときも、私のことを応援してくれるからです。」
1　を中心に　　　　2　について　　　3　のとおり　　　4　にとって

9　（会社で）
新入社員「今日は初めて会議に出席するので緊張しています。」
　先輩　「そうだよね。会議（　　　）わからないことがあったらなんでも聞いてね。」
1　に基づいて　　　2　について　　　3　を中心として　　4　のとおりに

10　（博物館で）
松井「江戸時代の町は、本当にこんな感じだったのかな？」
小澤「うん。ここの博物館は、江戸時代の写真（　　　）作られているんだって。」
1　に対して　　　　　　　　　　　2　を中心として
3　に基づいて　　　　　　　　　　4　に関して

정답　1　4　2　4　3　2　4　1　5　3　6　3　7　1　8　4　9　2　10　3

問題2 つぎの文の ___★___ に入る最もよいものを、1・2・3・4から一つえらびなさい。

11 （インタビューで）
アナウンサー「鈴木さんが経営しているこちらの森レストランは、宮崎以外にもお店があるんですよね。」
鈴木　「はい。九州_____ __★__ _____ _____店を出しています。」
1　や　　　　　　　　　　　　2　を中心として
3　大阪にも　　　　　　　　　4　東京

12　私たちは、プロ__★__ _____ _____ _____働いている。
1　高く　　　　　　　　　　　2　としての
3　意識を　　　　　　　　　　4　持って

13　行うことが難しい_____ _____ _____ __★__ こととなりました。
1　予定通り　　　　　　　　　2　と言われていた
3　行われる　　　　　　　　　4　東京オリンピックは

14　私が日本語を上手に話せるようになったのは、_____ _____ __★__ _____なんだ。
1　学校に　　　　　　　　　　2　日本語の森
3　通っていたから　　　　　　4　っていう

15　授業で環境問題について学んでから、_____ _____ _____ __★__ 。
1　大きく変わった　　　　　　2　意識が
3　に対する　　　　　　　　　4　環境

정답　11 4(2413)　12 2(2314)　13 3(2413)　14 1(2413)　15 1(4321)

4 역접·부정

26 ～わけではない　　　　　　　　　　　　　　　　　　　　▼ 역접

의미　꼭 ~이라고는 할 수 없다

접속　보통형(ナAだ→な/Nだ→な)＋わけではない/わけじゃない

> 行きたくないわけではない 가기 싫은 것은 아니다 / 困っているわけではない 곤란한 것은 아니다 / 嫌いなわけじゃない 싫은 것은 아니다

① すしは嫌いな**わけではない**んですが、好きでもないです。
초밥은 싫어하는 것은 아니지만 좋아하지도 않습니다.

② 彼はいつも明るいけど、悩みがない**わけじゃない**と思うよ。
그는 항상 밝지만, 고민이 없는 것은 아니라고 생각해.

③ 行けない**わけではない**んですが、到着がぎりぎりになると思います。
갈 수 없는 것은 아니지만 도착이 빠듯할 것 같습니다.

27 ～ながら

의미　~이지만

접속　Vます/ナA/イA/N＋ながら(も)
　　　　ナA/N＋でありながら(も)

> 貧しいながら 가난하지만 / 初心者でありながら 초보자지만 / 決意しながらも 마음을 굳혔지만 / ★しかしながら 그렇긴 하지만

① 残念**ながら**、田中商店は来月末でお店を閉めることにしました。
아쉽지만, 다나카 상점은 다음 달 말에 가게 문을 닫기로 했습니다.

② 赤ちゃんは、小さな体であり**ながら**も一生懸命生きている。
아기는 작은 몸이지만 열심히 살아간다.

③ 恥ずかしくないと言い**ながら**、彼の顔は真っ赤になっていた。
부끄럽지 않다고 말하지만, 그의 얼굴은 새빨개져 있었다.

28 〜かわりに①

의미 〜대신에, 〜은 좋은 점과 나쁜 점이 있다

접속 보통형(ナAだ→な・である)+かわりに

楽をしたかわりに 편한 대신에 / 苦いかわりに 쓴 대신에 / 大変なかわりに 힘든 대신 / ★そのかわりに 그 대신에

※ N은 사용할 수 없다.

① この薬は、効果があるかわりにとても苦いです。

이 약은 효과가 있는 대신 매우 씁니다.

② 明日は仕事を休んでもいいですよ。そのかわりに、来週の土曜日は出勤してください。

내일은 일을 쉬어도 좋아요. 그 대신 다음 주 토요일에는 출근하세요.

③ 明日はいつもより早く出勤するかわりに、早く帰れることになった。

내일은 평소보다 일찍 출근하는 대신에 일찍 퇴근할 수 있게 되었다.

29 〜反面

의미 〜한 반면, 〜한 점이 있지만, 반대로…

접속 보통형(ナAだ→な・である/Nだ→の・である)+反面

難しい反面 어려운 반면 / お金がある反面 돈이 있는 반면 / 得意な反面 잘하는 반면

① 日本では、都会に住む若者が増えている反面、地方に住む若者は減っている。

일본에서는 도시에 사는 젊은이가 늘고 있는 반면, 지방에 사는 젊은이는 줄고 있다.

② 今の仕事は忙しくて大変である反面、人のためになるいい仕事だと思う。

지금 하는 일은 바쁘고 힘든 반면, 남을 위하는 좋은 일이라고 생각한다.

③ この家は広い反面、掃除するのが大変だ。

이 집은 넓은 반면에 청소하기가 힘들다.

30 〜ようがない

▼ 부정

의미 〜할 방법이 없다

접속 Vます＋ようがない

> 説明しようがない 설명할 길이 없다 / 怒りようがない 화를 낼 수가 없다 /
> あきらめようがない 포기할 수 없다

1. 携帯電話を水でぬらしてしまったら、もう直しようがない。
   휴대전화를 물에 적셔 버리면 고칠 방법이 없다.

2. こんなに点数を入れられてしまっては、相手に勝ちようがない。
   이렇게 점수를 매겨 버려서는 상대를 이길 수 없다.

3. 何度教えても仕事を覚えないので、もう教えようがない。
   몇 번을 가르쳐도 일을 외우지 못하니 더 이상 가르칠 방법이 없다.

31 〜がたい

의미 〜하기 어렵다

접속 Vます＋がたい

> 理解しがたい 이해하기 어렵다 / 捨てがたい 버리기 힘들다 /
> 忘れがたい 잊기 어렵다

1. あの優しい先生が大きな声で怒るなんて、信じがたい話だ。
   그 다정한 선생님이 큰 소리로 화를 내다니 믿기 어려운 이야기다.

2. 受け入れがたい悲しいニュースが流れていた。
   받아들일 수 없는 슬픈 소식이 들려왔다.

3. 私にとって、うそをつかれることは許しがたいことである。
   나에게 거짓말을 하는 것은 용서할 수 없는 일이다.

32 〜ずに

의미 〜하지 않고

접속 Vない＋ず(に)

> 寝ずに 자지 않고 / おどろかずに 놀라지 않고 / 無理せず 무리하지 않고
>
> ※ しない 하지 않다 → せず(に) 하지 않고

1. 財布を持た**ずに**家を出てしまったので、急いで家に戻った。
   지갑을 안 들고 집을 나섰기 때문에 서둘러 집으로 돌아왔다.

2. 体調が悪いのであれば、今日は無理**せず**帰ってください。
   몸이 안 좋으면 오늘은 무리하지 말고 집에 가세요.

3. 旅行の前日に何も準備を**せずに**寝てしまい、集合時間に遅刻した。
   여행 전날에 아무것도 준비하지 않고 잠이 들어 집합 시간에 지각했다.

33 〜はずがない / 〜わけがない

의미 〜일 리가 없다, 절대로 〜하지 않다 (확실하지는 않지만 그렇게 믿고 있을 때)

접속 보통형(ナAだ→な・である/Nだ→の・である)＋はずがない/わけがない

> 寝坊するはずがない 늦잠을 잘 리가 없다 / 田中さんのはずがない 다나카 씨
> 일 리가 없다 / 嫌なわけがない 싫어할 리가 없다

1. いつも正直な彼女が、うそをつく**わけがない**。
   언제나 솔직한 그녀가 거짓말을 할 리가 없다.

2. 遊んでばかりいる弟が、東京大学に受かる**はずがない**。
   놀기만 하는 동생이 도쿄대에 붙을 리가 없다.

3. あんなにたくさん勉強したんだ。試験に落ちる**わけがない**。
   그렇게 많이 공부를 했는데 시험에 떨어질 리가 없다.

연습 문제 **4회**

問題1 つぎの文の（　　）に入れるのに最もよいものを、1・2・3・4から一つえらびなさい。

[1] 初めて作る料理はレシピがなければ（　　）。
1　作らずにはいられない　　　　2　作りようがない
3　作るわけじゃない　　　　　　4　作りたくてしかたがない

[2] 全ての野菜が嫌いな（　　）ですが、苦手なものが多いのであまり食べません。
1　わけではない　　2　もの　　3　はずがない　　4　まま

[3] 彼女は、自分で作った料理がまずいと（　　）全部食べました。
1　言うかわりに　　　　　　　　2　言いながらも
3　言う反面　　　　　　　　　　4　言ってばかりで

[4] 息子「キャベツには、なんでこんなに虫がついているの？」
　　父　「それはおいしいからだよ。薬を使わないで育った野菜は、おいしい（　　）虫がたくさんついているんだ。」
1　はずがない　　2　わけじゃない　　3　かわりに　　4　おかげで

[5] （テレビで）
アナウンサー「最近は、携帯電話を見ていないと落ち着かない人が増えているようですね。」
専門家　「はい。携帯電話は（　　）、それに頼って生活する人が増えてしまい社会問題になっています。」
1　便利なはずがなく　　　　　　2　便利な反面
3　便利なわけではないが　　　　4　便利なわけがなく

[6] このくまの人形は、小さいころ祖母が買ってくれた大切なものなので（　　）。
1　捨てようがない　　　　　　　2　捨てるほかない
3　捨てがたい　　　　　　　　　4　捨てるわけじゃない

7 かみの毛を（　　）寝てしまい、かぜをひいてしまった。
1　乾かす反面　　　　　　　　　2　乾かすかわりに
3　乾かさずに　　　　　　　　　4　乾かしながらも

8 明るくて優しい性格の彼が、人のお金を（　　）。
1　取るわけじゃない　　　　　　2　取りきれない
3　取るわけがない　　　　　　　4　取りがたい

9 （学校で）
山根「弟が、足をけがしてサッカークラブを辞めることになったんだ。」
田中「ええ、あんなに上手だったのに。残念だとしか（　　）ね。」
1　言うわけじゃない　　　　　　2　言いきれない
3　言いがたい　　　　　　　　　4　言いようがない

10 学生時代に、酔って道で寝てしまったという（　　）思い出がある。
1　忘れるかわりに　　　　　　　2　忘れる反面
3　忘れるわけじゃない　　　　　4　忘れがたい

정답　1 2　2 1　3 2　4 3　5 2　6 3　7 3　8 3　9 4　10 4

問題2 つぎの文の ＿★＿ に入る最もよいものを、1・2・3・4から一つえらびなさい。

11 3年間付き合った ＿＿＿ ＿＿＿ ★ ＿＿＿ ありません。
　　1　彼女とは　　　　　　　　　2　別れた
　　3　わけでは　　　　　　　　　4　別れたくて

12 これは ＿＿＿ ＿＿＿ ★ ＿＿＿ が想像できます。
　　1　でありながらも　　　　　　2　お祭りのにぎやかな
　　3　様子　　　　　　　　　　　4　白と黒の色がない写真

13 （果物屋で）
　　客　「あの、りんごを一つください。」
　　店員「ありがとうございます。今日とれたりんごがどれも小さくてね。でも、＿★＿ ＿＿＿ ＿＿＿ ＿＿＿ ですよ。」
　　1　小さい　　　　　　　　　　2　おいしい
　　3　あまくて　　　　　　　　　4　かわりに

14 4月から始まる高校生活が ＿＿＿ ＿＿＿ ＿＿＿ ★ だ。
　　1　友達ができるか　　　　　　2　楽しみ
　　3　である反面　　　　　　　　4　不安

15 毎晩、歯を ＿＿＿ ★ ＿＿＿ ＿＿＿ なってしまった。
　　1　みがかずに　　　　　　　　2　奥の歯が
　　3　寝ていたら　　　　　　　　4　虫歯に

정답　11 2(1423)　12 2(4123)　13 1(1432)　14 4(2314)　15 3(1324)

問題3 つぎの文章を読んで、文章全体の内容を考えて、16 から 20 の中に入る最もよいものを、1・2・3・4から一つえらびなさい。

下の文章は、留学生が書いた作文です。

日本語のあいさつの言葉

グェン・ティ・ホン・バン

　私は、日本に来ておどろいたことがあります。それは、あいさつです。朝学校へ行き、私が「先生こんにちは」と言うと、先生は「グェンさん、おはようございます」とあいさつを返しました。周りを見ると、みんな先生には「おはようございます」、友達には「おはよう」とあいさつしていることに気が付きました。16 、ベトナムでは日本のようなあいさつの決まりがあまりないので、そのときの私はあいさつの仕方がわからず、いつも友達に「間違っているよ。」と言葉を 17 。

　そんなある日、授業で日本のあいさつについて学びました。「おはよう」というあいさつは「早い時間からお疲れ様です。」という言葉から 18 、「こんにちは」「こんばんは」に関しては「今日は、いい天気ですね。」「今晩は、気分はいかがですか」と後ろに続く言葉を短くしてできたものでした。

　私はこの授業をきっかけに、あいさつに対する考えが大きく変わりました。日本語のあいさつは、ただのあいさつではなく、相手を思う気持ちの言葉が変化して今の言葉になったことを知ったからです。もしかしたら、日本人も本当のあいさつの意味を知らずに 19 。意味を知ってあいさつをすると気持ちがいいですし、不思議とあいさつをするだけで相手と親しくなれたような気分にもなります。20 ような経験から、日本語のおもしろさに気づかされ、学ぶ言葉ひとつひとつに関心を持つようになりました。

16
1　ですが　　　2　つまり　　　3　そのうえ　　　4　そこで

17
1　直されていました　　　　2　直してみました
3　直させてもらいました　　4　直させてくれました

18
1　できたら　　　2　できてから　　　3　できるように　　　4　できていて

19
1　使っていません　　　　　　2　使ってみたいと思いません
3　使っているかもしれません　4　使えません

20
1　あの　　　2　この　　　3　それらの　　　4　あれらの

정답　16　**1**　17　**1**　18　**4**　19　**3**　20　**2**

5 정도·강조·비교

34 ～くらい ▼ 정도

의미 ～정도로, ～과 같은 정도다 (예를 들어 자신의 감정을 이야기할 때)

접속 보통형(ナAだ → な)+くらい / ぐらい

> 痛いくらい 아플 정도로 / オーバーなくらい 오버일 정도로 /
> こわいぐらい 무서울 정도로

1. 出発する前に、痛いくらいしっかりと抱き合った。
   출발하기 전에 아플 정도로 꼭 껴안았다.

2. おもしろいテレビをみて、涙が出るぐらい笑った。
   재미있는 텔레비전을 보고 눈물이 날 정도로 웃었다.

3. 彼女は部屋にいるだけで、みんなが笑顔になるくらい明るい人だ。
   그녀는 방에 있는 것만으로 모두가 웃을 정도로 밝은 사람이다.

35 ～ほど

의미 ～만큼, ～과 같은 정도다 (「～くらい」보다 딱딱한 표현)

접속 보통형(ナAだ → な)+ほど

> 死ぬほど 죽을 만큼 / 涙が出るほど 눈물이 날 만큼 /
> 残念なほど 유감스러울 만큼

1. 父は、一人では持ちきれないほどたくさんのお土産を持って帰ってきた。
   아버지는 혼자서는 다 들 수 없을 만큼 많은 선물을 가지고 돌아왔다.

2. 会場には、びっくりするほど人が集まった。
   회장에는 깜짝 놀랄 정도로 사람들이 모였다.

3. 昨日の夜は、電話で友達と死ぬほど笑った。
   어젯밤에는 전화로 친구와 죽을 만큼 웃었다.

36 ～だらけ

의미 ～투성이, ～이 많이 있다 (나쁜 것이나 더러운 것이 많이 붙어 있을 때)

접속 N+だらけ

失敗(しっぱい)だらけ 실수투성이 / 血(ち)だらけ 피투성이 / ごみだらけ 쓰레기투성이

1 仕事(しごと)からの帰(かえ)り道(みち)、きずだらけの猫(ねこ)を拾(ひろ)った。
일을 마치고 돌아오는 길에 상처투성이인 고양이를 주웠다.

2 ほこりだらけの箱(はこ)から、なつかしい写真(しゃしん)がたくさん出(で)てきた。
먼지투성이 상자에서 추억의 사진이 잔뜩 나왔다.

3 庭(にわ)に植(う)えていた植物(しょくぶつ)の葉(は)っぱが、虫(むし)に食(た)べられて穴(あな)だらけになっていた。
정원에 심었던 식물의 잎이 벌레가 먹어 구멍투성이가 되어 있었다.

37 ～やすい

의미 ～하기 쉽다, 간단히 ～할 수 있다

접속 Vます+やすい

食(た)べやすい 먹기 쉽다 / 使(つか)いやすい 사용하기 쉽다 / 洗(あら)いやすい 씻기 쉽다

1 私(わたし)の高校(こうこう)は、駅(えき)の目(め)の前(まえ)にあるので通(かよ)いやすい。
내가 다니는 고등학교는 역 바로 앞에 있어서 다니기 좋다.

2 村上先生(むらかみせんせい)の授業(じゅぎょう)はわかりやすくて、楽(たの)しく勉強(べんきょう)することができる。
무라카미 선생님의 수업은 알기 쉽고 즐겁게 공부할 수 있다.

3 彼女(かのじょ)が書(か)く文字(もじ)は大(おお)きくてきれいなので、とても読(よ)みやすい。
그녀가 쓰는 글씨는 크고 깨끗해서 아주 읽기 쉽다.

38 ～はず

▼ 강조

의미 ～일 것이다, 분명 ～이다

접속 보통형(ナAだ → な・である / Nだ → の・である)+はず(だ)

> おもしろいはずだ 재미있을 것이다 /
> あげたはず 줬을 것 / 大変であるはずだ 힘들 것이다

1. 友達みんなで行く旅行なんて、絶対に楽しい**はず**だ。

   친구들과 다 같이 가는 여행은 분명 재미있을 것이다.

2. しっかり勉強をしたので、今回の試験では満点を取れた**はず**。

   열심히 공부했으니 이번 시험에서는 만점을 받았을 것.

3. 確か、文房具はこの棚に置いてあった**はず**だ。

   분명 문구는 이 선반에 놓여 있었을 것이다.

39 ～ずにはいられない

의미 ～하지 않을 수 없다, 아무래도 ～하고 만다

접속 Vない＋ずにはいられない

> 驚かずにはいられない 놀라지 않을 수 없다 / 見ずにはいられない 보지 않을 수 없다 / 気にせずにはいられない 신경 쓰지 않을 수 없다
> ※ しない 하지 않다 → せずにはいられない 하지 않고는 있을 수 없다

1. 好きな作家の本が発売されると、買わ**ずにはいられない**。

   좋아하는 작가의 책이 나오면 사지 않을 수 없다.

2. 頑張っている人を見ると、応援せ**ずにはいられない**。

   열심히 하는 사람을 보면 응원하지 않을 수 없다.

3. 暑くなってくると、夏の歌を聴か**ずにはいられない**。

   날씨가 더워지면 여름 노래를 듣지 않을 수 없다.

40 ～くらい～はない

의미 ～만큼 ～은 없다, ～이 가장 ～이다

접속 N1＋くらい/ぐらい＋N2＋はない

> 彼女くらい熱心な先生はいない 그녀만큼 열성적인 선생님은 없다 /
> 今日ぐらいつまらない日はない 오늘만큼 지루한 날은 없다 /
> 彼ぐらい頭がいい人はいない 그만큼 머리가 좋은 사람은 없다

1 私は、日本語の勉強くらい楽しいことはないと思っています。

저는 일본어 공부만큼 즐거운 일은 없다고 생각합니다.

2 村上さんぐらいきれいな女性はどこを探してもいないだろう。

무라카미 씨처럼 예쁜 여자는 어느 곳을 찾아도 없을 것이다.

3 あの店くらいおいしいカレー屋さんは他にありません。

그 가게만큼 맛있는 카레 가게는 없습니다.

41 ～まで

의미 ～까지, ～도 (많이 있거나 충분하다는 것을 강조해서 말할 때)

접속 N＋まで

> 鳥まで飼っている 새까지 기르고 있다 /
> 日本語まで話せる 일본어까지 말할 수 있다 / 漢字まである 한자까지 있다

1 料理が上手な彼女は、ケーキまで作ることができる。

요리를 잘하는 그녀는 케이크까지 만들 수 있다.

2 日本語能力試験では、見て解く問題だけでなく聞いて解く問題まである。

일본어능력시험에서는 보고 푸는 문제뿐만 아니라 듣고 푸는 문제까지 있다.

3 このレストランは料理がとてもおいしい。そのうえ、値段まで安い。

이 레스토랑은 음식이 아주 맛있다. 게다가 가격도 싸다.

42 ～ほど～はない

의미 ～만큼 ～은 없다, ～이 가장 ～이다

접속 N1＋ほど＋N2＋はない

> あなたほど親切な人はいない 당신만큼 친절한 사람은 없다 /
> 母の料理ほどおいしいものはない 엄마 요리만큼 맛있는 것은 없다 /
> これほど苦い薬はない 이것만큼 쓴 약은 없다

1 彼女ほど絵が上手な人は、他にいません。

그녀만큼 그림을 잘 그리는 사람은 없습니다.

2 日本では、富士山ほど高くて有名な山はない。

일본에서는 후지산만큼 높고 유명한 산은 없다.

3 彼ほど優しくて頼りになる人はいません。

그만큼 착하고 의지할 수 있는 사람은 없습니다.

43 ～てしかたがない

의미 ～해서 견딜 수 없다, 너무 ～하다 (기분을 나타내는 말과 같이 사용하는 표현)

접속 Vたい / イAい＋くてしかたがない / くてしょうがない
ナA＋でしかたがない / でしょうがない

> 遊びたくてしかたがない 놀고 싶어 죽겠다 /
> 残念でしかたがない 안타까워서 견딜 수가 없다 /
> 楽しくてしょうがない 너무 재미있다

1 外国に住んでいると、ときどき家族に会いたくてしょうがなくなる。

외국에 살다 보면 이따금 가족이 너무 보고 싶어진다.

2 あんなにかっこいい彼と付き合えるなんて、友達がうらやましくてしかたがない。

그렇게 멋진 그와 사귈 수 있다니, 친구가 부러워서 어쩔 줄 모르겠다.

3 いらいらしているときは、ビールが飲みたくてしかたがなくなる。

짜증이 날 때면 너무나 맥주가 마시고 싶어진다.

44 ～に違いない

의미　～임에 틀림없다, 틀림없이 ～이다, 분명 ～이다

접속　보통형(ナAだ / Nだ)+に違いない
　　　　ナA / N+であるに違いない

> おいしいに違いない 틀림없이 맛있을 것이다 / 大丈夫に違いない 분명 괜찮을 것이다 / 犯人であるに違いない 범인임에 틀림없다 /
> ★そうに違いない 틀림없다

1　昨日買ったお菓子がもうないのは、妻が食べたからに違いない。
어제 산 과자가 이제 없는 것은 아내가 먹었기 때문임에 틀림없다.

2　何度もお願い事をしてしまっては、相手に迷惑であるに違いない。
몇 번이나 부탁을 하면 상대에게 민폐가 될 게 틀림없다.

3　この服は彼女に似合うに違いない。
이 옷은 틀림없이 그녀에게 어울릴 것이다.

45 ～に対して②　　　　　　　　　　　　　　　　　　▼ 비교

의미　～에 반해, ～과 비교해 생각하면

접속　보통형(ナAだ → な・である / Nだ → な・である)+のに対して
　　　　N+に対して

> 優しい父に対して 다정한 아버지에 반해 / 働いているのに対して 일하고 있는 것에 반해 / 真面目であるのに対して 성실한 데 반하여

1　私の国の言葉は発音が難しいのに対して、日本語は文法が難しい。
우리나라 말은 발음이 어려운 데 반해 일본어는 문법이 어렵다.

2　日本は夜の10時であるのに対して、アメリカは朝の8時だそうだ。
일본은 밤 10시인데 반해 미국은 아침 8시라고 한다.

3　とても優しい父に対して、母はかなり厳しい人だ。
아주 다정한 아버지에 비해 어머니는 상당히 엄격한 사람이다.

46 ～どころか

의미 ～은커녕, ～은 물론, ～보다 더욱 (비교해서 강조할 때)

접속 보통형(ナAだ → な / Nだ)+どころか

> ほめられるどころか 칭찬받기는커녕 / 有名などころか 유명한 정도가 아니라 /
> 困るどころか 난처하기는커녕

1. 昔の携帯電話は、写真を撮るどころかメッセージを送ることもできなかった。
   옛날 휴대전화는 사진을 찍기는커녕 문자를 보낼 수도 없었다.

2. 私と彼が付き合っているということは、クラスの友達どころか先生も親もみんな知っている。
   나와 그가 사귀고 있다는 것은 반 친구들은 물론 선생님도 부모님도 모두 알고 있다.

3. この子犬は、病気が原因で最初は歩くどころか立つこともできなかった。
   이 강아지는 병 때문에 처음에는 걷기는커녕 일어서지도 못했다.

47 ～に比べて

의미 ～에 비해, ～보다

접속 N+に/と+比べて/比べると

> 昨年と比べて 작년과 비교해 / 妹に比べると 여동생에 비해 /
> 日本語に比べて 일본어에 비해

1. 私の子どものころに比べて、ここ数年、雪が降ることが少なくなった。
   내가 어렸을 적에 비해 최근 몇 년간 눈이 적게 내렸다.

2. 日本の料理は韓国の料理に比べて、そんなに辛くない。
   일본 음식은 한국 음식에 비해 그렇게 맵지 않다.

3. 兄は昔に比べて、料理がとてもうまくなったと思う。
   형은 옛날에 비해 요리가 많이 늘게 된 것 같다.

연습 문제 **5회**

問題1 つぎの文の（　　）に入れるのに最もよいものを、1・2・3・4から一つえらびなさい。

[1] 彼女は花が好きなので、花をプレゼントしたら（　　）。
1 喜ぶばかりです　　　　　　　　2 喜びつつあります
3 喜ぶはずです　　　　　　　　　4 喜びきります

[2] 北海道の秋は東京よりも気温が低く、（　　）寒かったです。
1 ふるえるとおり　　　　　　　　2 ふるえるくらい
3 ふるえるにしたがって　　　　　4 ふるえるまま

[3] （学校で）
木村「今日の夜9時からのテレビ番組に、となりのクラスの加藤さんが出るんだって。」
大野「知らなかった！それは（　　）ね！」
1 みるくらいだ　　　　　　　　　2 みずにはいられない
3 みるに違いない　　　　　　　　4 みるはずだ

[4] （レストランで）
母「ご飯のあと、ケーキも食べる？」
息子「ううん。（　　）食べたら、歩けなくなっちゃうよ。」
1 それまで　　2 あれほど　　3 どんなに　　4 これくらい

[5] （デートで）
女「最近自分に自信がなくて。」
男「何言ってるの、君（　　）美しい人はいないのに。」
1 によって　　2 まで　　3 以来　　4 ほど

[6] 昨日読んだ本がおもしろかったので、続きが早く（　　）。
1 読みたくてしかたがない　　　　2 読まずにはいられない
3 読むわけだ　　　　　　　　　　4 読むためだ

[7] 京都の夏はとても（　　　）、冬はとても寒いことで有名です。
1　暑いのを中心に　　　　　　2　暑いのに関して
3　暑いのに対して　　　　　　4　暑いのに基づいて

[8]　（ギター教室で）
生徒「先生はどうしてピアノじゃなくてギターをやろうと思ったんですか？」
先生「ピアノ（　　　）ギターは持ち運びが簡単だからです。」
1　にしたがって　　2　に比べて　　3　にとって　　4　について

[9]　かびんを割ったことをお母さんに知られたら、（　　　）。
1　怒られるはずがない　　　　　2　怒られようがない
3　怒られてしかたない　　　　　4　怒られるに違いない

[10]　あそこに立っている女性は、アメリカで有名な歌手（　　　）。
1　くらいだ　　2　だらけだ　　3　に違いない　　4　ほどだ

정답　[1] 3　[2] 2　[3] 2　[4] 1　[5] 4　[6] 1　[7] 3　[8] 2　[9] 4　[10] 3

問題2 つぎの文の ___★___ に入る最もよいものを、1・2・3・4から一つえらびなさい。

11 彼と ___ _★_ ___ ___ 。
1 あふれるほどの　　2 もらった
3 幸せを　　4 出会って

12 久しぶりに友達と ___ _★_ ___ ___ しまった。
1 くらい　　2 サッカーをしたら
3 疲れて　　4 歩けない

13 久しぶりに妹の家に行ったら、___ ___ _★_ ___ になっていた。
1 中が　　2 冷蔵庫の
3 お酒　　4 だらけ

14 妹は、___ ___ _★_ ___ 。
1 できてしまう　　2 曲を作ることも
3 どころか　　4 歌を歌える

15 姉がケーキを ___ ___ _★_ ___ 。
1 切って　　2 食べやすい
3 くれた　　4 大きさに

정답　11 1(4132)　12 4(2413)　13 3(2134)　14 2(4321)　15 1(2413)

6 상상·예상

48 〜がる

의미 〜하고 싶어하다, 〜하게 여기다, 〜이라고 느끼는 것 같다 (다른 사람의 모습을 말할 때)

접속 イAい / ナA + がる

不思議がる 이상하게 여기다 / 寒がる 추워하다 / 嫌がる 싫어하다

1 彼は私のことをこわがっているのか、目を合わせようともしない。

그는 나를 무서워하는지 눈도 마주치려고도 하지 않는다.

2 鈴木さんが会社を辞めると聞いて、みんな残念がっていたよ。

스즈키 씨가 회사를 그만둔다는 소식을 듣고 다들 안타까워했어.

3 娘の誕生日は、前から欲しがっていた人形をプレゼントしてあげよう。

딸의 생일에는 예전부터 갖고 싶어 했던 인형을 선물해 줘야지.

49 〜ようとする

의미 〜하려고 하다, 〜을 시작하기 직전이다

접속 Vよう + とする

入ろうとする 들어가려고 하다 / 休もうとする 쉬려고 하다 / 世話しようとする 보살피려고 하다

1 4歳の息子は、ペットにえさをあげようとしている。

4살짜리 아들은 반려동물에게 먹이를 주려고 한다.

2 仕事が終わって早く帰ろうとしたが、部長に声をかけられてしまった。

일이 끝나서 일찍 가려고 했는데 부장님이 말을 걸어왔다.

3 学校から家に帰って、そのまま寝ようとした妹を起こした。

학교에서 집으로 돌아와 그대로 자려고 하는 여동생을 깨웠다.

50 ～そう①

의미 ～으로 보이다, ～이라고 느끼다

접속 イAい / ナAな＋そう

> 大変そう 힘들어 보이다 / 楽しそう 즐거워 보이다 / 幸せそう 행복해 보이다
> ※ いい 좋다 → よさそう 좋아 보이다　ない 없다 → なさそう 없어 보이다

1 彼は仕事が楽しいらしく、他のことにはあまり興味がなさそうに見える。

그는 일이 재미있는지 다른 일에는 별로 흥미가 없어 보인다.

2 村上さんは、難しい問題を簡単そうに解く。

무라카미 씨는 어려운 문제를 간단한 듯이 풀어낸다.

3 彼女は誕生日に花をもらって、うれしそうな顔をしていた。

그녀는 생일 선물로 꽃을 받고 기쁜 듯한 표정을 짓고 있었다.

51 ～そう②

의미 이제 곧 ～해 버리다

접속 Vます＋そう

> 転びそう 넘어질 것 같다 / ぶつかりそう 부딪칠 것 같다 / 寝そう 잠들 것 같다

1 携帯電話を見ながら歩いていたせいで、階段から落ちそうになった。

휴대전화를 보며 걷는 바람에 계단에서 떨어질 뻔했다.

2 運転中に眠くなって、事故を起こしそうになったことがある。

운전 중에 졸음이 와서 사고를 일으킬 뻔한 적이 있다.

3 電車に乗っていた女性は、今にも泣きそうな顔をしていた。

전철에 타고 있던 여성은 금방이라도 울음을 터뜨릴 것 같은 얼굴을 하고 있었다.

52 〜だろう

의미 아마 〜일 것이다

접속 보통형(ナAだ / Nだ)+だろう / でしょう

> いい結果になるでしょう 좋은 결과가 있을 겁니다 /
> 便利だろう 편리할 것이다 / 忘れ物だろう 분실물일 것이다

1. 薬を飲んでゆっくり休めば、すぐに熱は下がる**だろう**。
   약을 먹고 푹 쉬면 열은 금방 내려갈 것이다.

2. 道路がぬれているのは、夜中に雨が降ったから**でしょう**。
   도로가 젖어 있는 것은 한밤중에 비가 왔기 때문일 것입니다.

3. 明日は雪が降るので、今日の夜はとても寒い**だろう**。
   내일은 눈이 올 것이므로 오늘 밤은 매우 추울 것이다.

53 〜みたい

의미 ① 〜으로 보인다
② 〜이라고 생각한다

접속 보통형(ナAだ / Nだ)+みたい

> 子どもみたい 어린애 같다 / 忙しいみたい 바쁜 것 같다 /
> 大丈夫みたい 괜찮은 것 같다
> ※「まるで〜みたい(마치 〜같다)」형식으로 사용한다.

1. 彼女の歌声はとてもきれいで、まるでプロの歌手**みたい**だ。
   그녀의 목소리는 너무 아름다워서 마치 프로 가수 같다.

2. 男性が道に迷っている**みたい**だったので、声をかけて案内してあげた。
   남자가 길을 잃은 것 같아서 말을 걸어 안내해 주었다.

3. 体が熱く感じる。どうやらかぜをひいてしまった**みたい**だ。
   몸이 뜨겁게 느껴진다. 아무래도 감기에 걸려 버린 것 같다.

연습 문제 6회

問題1　つぎの文の（　　　）に入れるのに最もよいものを、1・2・3・4から一つえらびなさい。

1　週末は、妻が前から（　　　）ハンバーグを食べに行く予定です。
　　1　食べたがっていた　　　　　　　2　食べようとする
　　3　食べそうな　　　　　　　　　　4　食べるだろう

2　今日は大雨だったが、明日は天気がよく（　　　）。
　　1　なろうとする　　　　　　　　　2　なるだろう
　　3　なるおかげだ　　　　　　　　　4　なるわけだ

3　（会社で）
　　佐々木「疲れている（　　　）ですね。最近仕事が忙しいんですか。」
　　古川　「そうなんです。毎日残業しているので、あまり寝られていません。」
　　1　おかげ　　　2　はず　　　3　みたい　　　4　くらい

4　友達によると、先週から始まった新しいドラマはとても（　　　）。
　　1　おもしろいくらいだ　　　　　　2　おもしろいだろう
　　3　おもしろいそうだ　　　　　　　4　おもしろくてしかたがない

5　（　　　）息子を両手で抱いて温める。
　　1　寒いどころか　　　　　　　　　2　寒いみたいな
　　3　寒がっている　　　　　　　　　4　寒いのに対して

6　電車に（　　　）、財布を忘れたことに気がつきました。
　　1　乗りそうになったら　　　　　　2　乗ろうとしたら
　　3　乗るのをきっかけに　　　　　　4　乗りたがっていたら

7　この気温だと、今日の夜は雪が（　　　）。
　　1　降ろうとする　　　　　　　　　2　降りたがる
　　3　降るだろう　　　　　　　　　　4　降っているみたい

8　台風による強い風で、お店の看板が（　　　）。
　　1　倒れそうだ　　　2　倒れる通りだ　　　3　倒れるべきだ　　　4　倒れたせいだ

9　彼女は写真（　　　）絵をかくのが得意なので、とても人気がある。
　　1　そうな　　　　　2　ながらも　　　　　3　みたいな　　　　　4　まで

10　（教室で）
　　中本「村上さんの誕生日プレゼント、何をあげようかな。」
　　佐藤「そういえば、最近流行しているイヤホンを（　　　）。」
　　1　欲しがっていよう　　　　　　　　2　欲しがっていたからね
　　3　欲しがってね　　　　　　　　　　4　欲しがっていたよ

정답　1 1　2 2　3 4　4 3　5 3　6 2　7 3　8 1　9 3　10 4

問題2 つぎの文の ___★___ に入る最もよいものを、1・2・3・4から一つえらびなさい。

11 引っ越してきた家の庭に桜の木があり、春になると _____ ___★___ _____ _____。
  1 楽しみに   2 咲くだろうと
  3 している   4 きれいに

12 日曜日に公園へ行くと、_____ _____ ___★___ _____。
  1 楽しそうに   2 近所の
  3 子どもたちが   4 遊んでいる

13 生徒「最近流行している _____ ___★___ _____ _____ 、うまくできません。」
    先生「私が最初から丁寧に教えてあげる。早速やってみよう。」
  1 のですが   2 踊ろうとした
  3 頑張って   4 ダンスを

14 彼女の手は _____ ___★___ _____ _____ みたいだ。
  1 子どもの手   2 まるで
  3 小さくて   4 とても

15 一年かけて _____ ___★___ _____ _____ です。
  1 あと   2 かいている絵が
  3 3日で   4 完成しそう

정답 11 2(4213)   12 1(2314)   13 3(4321)   14 3(4321)   15 1(2134)

7 때·동안

54 ~にあたって   ▼때

의미 ~할 때, ~에 즈음하여

접속 Vる/N+にあたって/にあたり

> 参加するにあたって 참가할 때 / 結婚にあたり 결혼할 때 /
> 作業開始にあたって 작업을 개시할 때

1 大学を卒業して就職するにあたり、東京へ引っ越すことになった。

대학을 졸업하고 취직하면서 도쿄로 이사하게 되었다.

2 新しい作品の完成にあたって、お祝いのパーティーが開かれた。

새 작품 완성에 즈음하여 축하하는 파티가 열렸다.

3 大学受験にあたって、様々な種類の本を買った。

대학 입시를 앞두고 다양한 종류의 책을 샀다.

55 ～際

의미 ～할 때

접속 Vる / Vた+際(に / は / には)
N+の際(に / は / には)

間違えた際は 틀렸을 때는 / 緊急の際には 긴급 시에는 /
お帰りの際に 가시는 길에 / ★その際 그때
※「お+Vます+の際」라는 식으로도 말한다.

1 買い物をする際は、商品にきずや汚れがないか十分に確認することが大切です。

쇼핑을 할 때는 상품에 흠집이나 더러움이 없는지 충분히 확인하는 것이 중요합니다.

2 中村「すみません…どなた様でしょうか。」
本橋「先月、森高校のイベントがありましたよね。その際にお会いした、本橋です。」

나카무라 "저기요…누구시죠?"
모토하시 "지난달에 모리 고등학교에서 행사가 있었잖아요. 그때 만나 뵀던 모토하시입니다."

3 階段を降りる際は、足元にお気をつけください。

계단을 내려갈 때는 발밑을 조심하세요.

56 ～ところに

의미 마침 ~할 때

접속 Vる / Vた / Vている ＋ ところに / ところへ

> 話しているところに 말하고 있을 때 / 完成したところに 완성한 참에 /
> メールを打っているところへ 메일을 쓰고 있는데 / ★いいところに 좋을 때

1. ケーキが焼けた**ところへ**、ちょうど子どもたちが学校から帰ってきた。
   케이크가 다 구워졌을 때 마침 아이들이 학교에서 돌아왔다.

2. ちょうど**いいところに**来たね。君にお土産を渡そうと思っていたんだ。
   마침 잘 왔어. 너한테 선물을 주려고 했는데.

3. 電話をしようと思っていた**ところに**、彼から電話がかかってきた。
   전화를 하려던 참에 그에게서 전화가 걸려 왔다.

57 ～に先立って

의미 ~하기 전에

접속 Vる / N ＋ に先立って / に先立ち
N1 ＋ に先立つ ＋ N2

> 開演に先立って 공연을 시작하기 전에 / 訪問するに先立ち 방문하기 전에 /
> 授業開始に先立つ説明 수업 시작 전에 하는 설명

1. 試験開始**に先立って**、皆さんにいくつか注意点をお伝えします。
   시험을 시작하기 전에 여러분께 몇 가지 주의 사항을 알려 드리겠습니다.

2. オリンピックを行う**に先立って**、会場や選手の宿泊先を用意する。
   올림픽을 치르기에 앞서 경기장과 선수 숙소를 마련한다.

3. コンサート**に先立ち**、お客さまの案内を始めた。
   콘서트에 앞서 손님 안내를 시작했다.

58 ～ばかり②

의미　막 ～한 참이다, 방금 전에 ～했다

접속　Vた＋ばかり

> 起きたばかり　방금 일어남 / 出かけたばかり　막 외출함 /
> 直したばかり　방금 고침

1 買ったばかりの車にきずがついてしまって、とても悲しい。

산 지 얼마 안 된 차에 흠집이 나 버려서 너무 슬프다.

2 今までずっと家族と暮らしていたので、一人暮らしを始めたばかりのころは大変だった。

지금까지 계속 가족과 살았기 때문에 막 혼자 살기 시작했을 때는 힘들었다.

3 まだ外に出て歩き始めたばかりなのに、息子は「帰りたい」と言って泣き出した。

이제 막 밖으로 나와 걷기 시작했는데 아들이 '집에 가고 싶다'며 울음을 터뜨렸다.

59 ～たところ

의미 막 ～한 참이다, 방금 ～이 끝났다

접속 Vた＋ところ

> 帰(かえ)ったところ 이제 막 돌아감 / 話(はなし)を聞(き)いたところ 이제 막 들음 /
> 乗(の)ったところ 이제 막 탐

1 客(きゃく)「アイスクリームはありますか？」
店員(てんいん)「すみません、ついさっき売(う)り切(き)れたところなんです。」

손님 "아이스크림 있나요?"
점원 "죄송합니다. 방금 전에 다 팔렸어요."

2 中本(なかもと)さんなら、さっき家(いえ)に帰(かえ)ったところですよ。

나카모토 씨라면 조금 전에 막 집에 갔어요.

3 妻(つま)「もしもし、仕事(しごと)終(お)わった？」
夫(おっと)「今(いま)ちょうど終(お)わったところだよ。」

부인 "여보세요, 일 끝났어?"
남편 "지금 막 끝난 참이야."

60 ～たびに

의미 ～할 때마다 항상

접속 Vる＋たびに
N＋のたびに

> 来(く)るたびに 올 때마다 / 帰国(きこく)のたびに 귀국할 때마다 / 会(あ)うたびに 만날 때마다

1 山本(やまもと)さんは会(あ)うたびにかみの毛(け)の色(いろ)が変(か)わっている。

야마모토 씨는 만날 때마다 머리 색깔이 바뀐다.

2 冬(ふゆ)が来(く)るたびに、カナダで過(す)ごした一年間(いちねんかん)を思(おも)い出(だ)す。

겨울이 올 때마다 캐나다에서 보낸 1년이 생각난다.

3 となりに住(す)んでいる男(おとこ)の子(こ)は、見(み)るたびに背(せ)が高(たか)くなっていく。

옆집에 사는 남자아이는 볼 때마다 키가 커진다.

61 ～おきに

의미 ～마다, 정해진 숫자/시간에 ～한다

접속 수+おきに

二週間おきに 2주마다 / 10分おきに 10분마다 / 50個おきに 50개마다

1 5分おきに目覚まし時計が鳴るように、セットしてから寝る。
5분마다 자명종이 울리도록 설정한 다음에 잔다.

2 一日おきにトレーニングをする習慣がある。
하루에 한 번씩 훈련을 하는 습관이 있다.

3 ここのデパートは、50メートルおきにごみ箱が置いてある。
여기 백화점은 50미터 간격으로 쓰레기통이 놓여 있다.

62 ～ごとに

의미 ～마다, ～일 때는 항상

접속 Vる/N/수+ごとに

チームごとに 팀마다 / 半年ごとに 반년마다 / 3つ買うごとに 3개 살 때마다

1 3か月ごとに、定期券を買うことにしている。
3개월마다 정기권을 사려고 하고 있다.

2 クラスごとに曲を決めて、歌を発表することになっている。
반별로 곡을 정해서 노래를 발표하기로 되어 있다.

3 このカードは、買うごとに10円で1ポイントたまるのでとてもお得だ。
이 카드는 구입할 때마다 10엔에 1포인트 쌓이므로 매우 이득이다.

63 ～間 ▼ 동안

의미 ～동안, ～하는 사이에

접속 Vる / Vている / Vない ＋ 間(に)
N＋の間(に)

> 夜の間 밤 동안에 / 話している間に 이야기하고 있는 사이에 /
> 見ない間に 보지 않는 동안에

1. 赤ちゃんはたった一年の間に、たくさんのことができるようになる。
   아기는 단 1년 사이에 많은 것을 할 수 있게 된다.

2. 会社の人と電話で話している間、息子は大きな声で泣き続けていた。
   회사 사람과 통화하는 동안에 아들은 큰소리로 계속 울고 있었다.

3. 私たちが寝ている間に、ずっと働いている人たちもいる。
   우리가 자는 동안에 계속 일하는 사람들도 있다.

64 ～うちに

의미 ～동안에

접속 보통형(ナAだ → な / Nだ → の)＋ うちに

> あたたかいうちに 따뜻할 동안에, 따뜻할 때 / 学生のうちに 학생일 동안에 /
> 降らないうちに 내리지 않는 동안에
> ※ Vたは 사용하지 않는다.

1. 妻が帰ってこないうちに、家の掃除をして夜ご飯も作っておこう。
   아내가 돌아오기 전에 집 청소를 하고 저녁밥도 지어 놓아야지.

2. 学生のうちに、たくさんのことを経験してみたい。
   학생일 때 많은 것을 경험해 보고 싶다.

3. 新鮮なうちに魚を食べよう。
   신선할 때 생선을 먹자.

연습 문제 **7회**

問題1 つぎの文の（　　）に入れるのに最もよいものを、1・2・3・4から一つえらびなさい。

1　（電話で）
新入社員「部長、確認したいことがあるのですが、お時間よろしいでしょうか。」
部長　「わかった。駅に（　　）だから、後でまたかけるね。」
1　着いた際　　　　　　　　　2　着いたばかり
3　着く間　　　　　　　　　　4　着いたはず

2　（電話で）
妻「あなた、無事に日本に到着したの？」
夫「うん。今ちょうど、空港に（　　）。」
1　到着したそうだよ　　　　　2　到着したみたいだよ
3　到着したはずだよ　　　　　4　到着したところだよ

3　父は、出張に行く（　　）家族にお土産を買ってきてくれた。
1　おきに　　　　　　　　　　2　ところに
3　たびに　　　　　　　　　　4　とともに

4　留学する（　　）必要なものを、デパートへ買いに行った。
1　にあたり　　2　うちに　　3　に対して　　4　くらいに

5　（　　）、いつでもスタッフにお声がけください。すぐにご案内いたします。
1　お困りの際は　　　　　　　2　お困りだったところ
3　お困りの間に　　　　　　　4　お困りのうちに

6　（　　）、友達から相談の電話がかかってきた。
1　寝ようとしたばかりで　　　2　寝ようとしたうちに
3　寝ようとしたところに　　　4　寝ようとしたみたいで

7　大切な会議（　　）、様々な資料を準備しなければなりません。
1　をきっかけに　　2　を中心に　　3　に先立って　　4　とともに

8　（うちで）
妻「昨日友達にケーキをもらったんだけど、まだ食べていないの。」
夫「消費期限が過ぎない（　　　）、食べてしまわないとね。」
1　ごとに　　　　2　うちに　　　　3　おきに　　　　4　たびに

9　夏休みの（　　　）、いろんな国へ旅行する予定です。
1　反面に　　　　2　ところに　　　3　とおりに　　　4　間に

10　私の住んでいる地域は、一時間（　　　）しかバスが来ない。
1　のたびに　　　2　おきに　　　　3　以来　　　　　4　のうちに

정답　1 2　2 4　3 3　4 1　5 1　6 3　7 3　8 2　9 4　10 2

問題2 つぎの文の ★ に入る最もよいものを、1・2・3・4から一つえらびなさい。

[11] 大雨 ＿＿＿ ＿＿＿ ★ ＿＿＿ に水が入ってしまい、靴下までぬれた。
1　ごとに　　　　　　　　　　　2　歩く
3　のせいで　　　　　　　　　　4　靴

[12] （映画館で）
後輩「映画の開始時間に間に合わなくてごめんなさい。電車が遅れていたんです。」
先輩「ううん。まだ ＿＿＿ ＿＿＿ ★ ＿＿＿ 、大丈夫だよ。」
1　映画は　　　　　　　　　　　2　ばかり
3　始まった　　　　　　　　　　4　だから

[13] 今日は仕事がなかなか終わらず、＿＿＿ ★ ＿＿＿ ＿＿＿ です。
1　ところ　　　　　　　　　　　2　たった
3　会社を出た　　　　　　　　　4　今

[14] 彼は料理が苦手だったが、＿＿＿ ★ ＿＿＿ ＿＿＿ いる。
1　なって　　　　　　　　　　　2　作る
3　うまく　　　　　　　　　　　4　たびに

[15] ＿＿＿ ★ ＿＿＿ ＿＿＿ 友人から手紙や応援の言葉をもらった。
1　する　　　　　　　　　　　　2　手術
3　たくさんの　　　　　　　　　4　にあたって

정답 [11] 1(3214)　[12] 2(1324)　[13] 4(2431)　[14] 4(2431)　[15] 1(2143)

8 가정·조건

65 たとえ〜ても

의미 설령 〜이라도, 만약 〜이라도 바뀌지 않는다

접속 たとえ+Vて / イAくて+も
たとえ+Vない / イAくない+くても
たとえ+ナA / N+でも / じゃなくても

> たとえ反対されても 아무리 반대해도 / たとえお金が無くても 비록 돈이 없어도 /
> たとえ有名じゃなくても 비록 유명하지 않아도

1 たとえ難しくても、もっと勉強して東京大学に行くつもりだ。
비록 어렵더라도 더 공부해서 도쿄대에 갈 생각이다.

2 たとえお金持ちじゃなくても、あなたのことが大好きです。
비록 (내가) 부자는 아니지만 (난) 당신을 사랑합니다.

3 たとえみんなに反対されても、私は絶対に日本へ行く。
설령 모두가 반대해도 나는 반드시 일본에 간다.

66 〜ことにする

의미 〜하기로 하다, 〜하기로 결정하다

접속 Vる/Vない+ことにする

> 行かないことにする 가지 않기로 하다 / 会うことにする 만나기로 하다 /
> 持っていくことにする 가지고 가기로 하다

1 今日の昼ご飯は、コンビニで買うことにする。
오늘 점심은 편의점에서 사기로 했다.

2 熱がある気がするので、病院に行ってみることにします。
열이 있는 것 같아서 병원에 가 보려고 합니다.

3 息子がかぜをひいたので、学校を休ませることにした。
아들이 감기에 걸려서 학교를 쉬게 했다.

67 ～次第

의미 ～하자마자, ～하는 즉시, ～하면 바로

접속 Vます＋次第

> 連絡が入り次第 연락이 오는 대로 / わかり次第 알게 되는 대로 /
> 確認が取れ次第 확인되는 대로

1. 印刷が終わり次第、すぐに部長にご報告します。
   인쇄가 끝나는 대로 바로 부장님께 보고하겠습니다.

2. 迎えに行きますので、空港に着き次第、お電話ください。
   마중 갈 테니 공항에 도착하는 대로 전화 주세요.

3. まだ仕事の予定がわからないから、わかり次第連絡するね。
   아직 업무 일정을 모르니까 알게 되는 대로 연락할게.

68 ～としたら

의미 ～이라고 하면, ～이라고 생각하면

접속 보통형＋としたら / とすると / とすれば

> 美人だとしたら 미인이라면 / うそをついているとすると 거짓말을 한다면 /
> 真実だとすれば 진실이라면

1. 彼の言っていることが本当だとすれば、私は将来お金持ちになるだろう。
   그의 말이 사실이라면 나는 장차 부자가 될 것이다.

2. 北海道は広いので、観光地を全て回るとしたら一週間あっても足りないくらいですよ。
   훗카이도는 넓어서 관광지를 모두 돌아다닌다면 일주일이 있어도 부족할 정도예요.

3. 来週姉が帰ってくるとしたら、迎えに行くために仕事を休まなければいけません。
   다음 주에 누나가 돌아온다면 마중 가기 위해서 일을 쉬어야 합니다.

69 ～てからでないと

의미 ～하고 나서가 아니면, ～이 끝난 다음이 아니면

접속 Vて＋からでないと / からじゃないと / からでなければ

> 食事をしてからでないと 식사하고 난 다음이 아니면 /
> 会ってからじゃないと 만난 후가 아니면 /
> 寝てからでなければ 자고 난 다음이 아니면

1. 詳しい話を聞いてからでないと、答えられません。
   자세한 이야기를 듣고 나서가 아니면 대답할 수 없습니다.

2. 書類を見てからでなければ、サインすることはできません。
   서류를 보기 전에는 서명할 수 없습니다.

3. 学校が終わってからでないと、会いに行けません。
   학교가 끝난 다음이 아니면 만나러 갈 수 없습니다.

70 ～によって②

의미 ～에 따라, 각각

접속 N＋によって

> 人によって 사람에 따라 / 国によって 나라에 따라 / 時代によって 시대에 따라

1. コーヒーは作られた場所によって味やかおりが違うそうだ。
   커피는 만들어진 곳에 따라 맛과 향이 다르다고 한다.

2. 国によって言葉やルールが違うので、訪問する前に必ず勉強しなければならない。
   나라에 따라 말과 규칙이 다르므로 방문하기 전에 반드시 공부해야 한다.

3. 好きなものや嫌いなものは、人によって違う。
   좋아하는 것과 싫어하는 것은 사람에 따라 다르다.

연습 문제 8회

問題1 つぎの文の（　　）に入れるのに最もよいものを、1・2・3・4から一つえらびなさい。

[1] （　　）いつかはなれても、私たちはずっと友達です。
　1　ぜひ　　　　2　まず　　　　3　たとえ　　　　4　まだ

[2] 会議がいつ終わるかわからないので、（　　）また連絡します。
　1　終わり次第　　　　　　　　2　終わるとしたら
　3　終わってからでないと　　　4　終わるたびに

[3] （電話で）
川島「都会から自然の多い場所へ引っ越して、どうですか？」
米田「とてもいいですが、近くに電車もバスも通ってないので車を（　　）。」
　1　買いたいに違いないです　　2　買うということです
　3　買いたがっています　　　　4　買うことにしました

[4] 私の行きたい大学は作文の試験に（　　）入学できないので、一生懸命勉強している。
　1　合格するとしたら　　　　　2　合格し次第
　3　合格してからでないと　　　4　合格によって

[5] （カフェで）
中川「もし百万円が（　　）、世界中を旅したいな。」
広田「私は、家族とおいしいご飯を食べたり、欲しいものを買ったりしたいな。」
　1　あるにあたって　　　　2　あるうちに
　3　ある際に　　　　　　　4　あるとしたら

[6] 同じ日本でも、地域（　　）話している言葉が違う。
　1　に対して　　2　おきに　　3　のうちに　　4　によって

7 （学校で）
生徒「明日の試験、うまくいくか不安です。」
先生「たとえ（　　　）、今までの努力を信じるしかないよ。」
1　自信がないとしたら　　　　　2　自信がなくても
3　自信がないに先立って　　　　4　自信がないにしたがって

8 来月は結婚記念日なので、仕事の休みが（　　　）すぐに旅行の予約をするつもりです。
1　取れる間　　　　　　　　　　2　取れ次第
3　取れるごとに　　　　　　　　4　取れてからでないと

9 今年の年末は仕事が忙しすぎるので、ふるさとには帰らない（　　　）。
1　ためです　　　　　　　　　　2　ということです
3　わけです　　　　　　　　　　4　ことにしました

10 今日が誕生日の加藤さんが（　　　）、パーティーは始められない。
1　来てからでないと　　　　　　2　来次第
3　来た際に　　　　　　　　　　4　来るとともに

정답　1　3　2　1　3　4　4　3　5　4　6　4　7　2　8　2　9　4　10　1

問題2　つぎの文の　★　に入る最もよいものを、1・2・3・4から一つえらびなさい。

11　____ ____ ★ ____ 家に住みたいかを考える。
1　どんな　　　　　　　　　　2　としたら
3　結婚して　　　　　　　　　4　家族と住む

12　バラの花は種類____ ★ ____ ____ のがいいですね。
1　楽しめる　　　　　　　　　2　によって
3　形や　　　　　　　　　　　4　香りを

13　____ ★ ____ ____ 、健康のために夜中は食べないことにしている。
1　としても　　　　　　　　　2　たとえ
3　お腹が　　　　　　　　　　4　ぺこぺこだ

14　（飲食店で）
客「すみません、4人入れますか。」
店員「申し訳ありません。____ ____ ★ ____ ご案内いたします。」
1　空き　　　　　　　　　　　2　席が空いていないので
3　ただいま　　　　　　　　　4　次第

15　仕事で疲れたので、____ ★ ____ ____ 。
1　料理はせずに　　　　　　　2　ご飯を食べる
3　ことにした　　　　　　　　4　レストランで

정답　11 2(3421)　12 3(2341)　13 3(2341)　14 1(3214)　15 4(1423)

問題3 つぎの文章を読んで、文章全体の内容を考えて、16 から 20 の中に入る最もよいものを、1・2・3・4から一つえらびなさい。

下の文章は、留学生が書いた作文です。

ゆかた

ヴァネッサ・ブラウン

　私は日本に来てから、一度も着物やゆかた 16 の日本らしい服を着たことがありませんでした。きれいなので、いつかは着てみたいと思っていたのですが、色の種類が多すぎて、自分で選ぶことができませんでした。

　今年、私の住んでいる町で、夏祭りが開かれることになりました。17 私は日本人の友達をさそって一緒に行くことにしました。当日友達の家まで迎えに行くと、その友達が突然「これ、ヴァネッサさんにあげる。ぜひ着てみて！」と、うすい緑色に大きな黄色の花がかかれたゆかたをプレゼントしてくれました。

　そのゆかたは色がきれいで、とてもはなやかに見えました。友達は「ゆかたも洋服と同じで、人によって似合う色が違うんだよ。ヴァネッサさんはこの色が絶対似合うと思ったの。」と、うれしそうに 18 。私は感動して、何度もお礼を言いました。

　初めて着るゆかたは、腰をひもでしめるので少し苦しかったり、足を大きく動かせないので歩きにくかったりすることがわかりました。でも、夏祭りで会った学校の友達にも「よく似合っているね！」とほめられてうれしかったし、ゆかたで行った今年の夏祭りは今まで行った 19 お祭りよりも特別に感じました。今年の夏休みは、旅行をしたり海に行ったりもしましたが、夏祭りでの経験がこの夏一番の 20 。

16
1 など　　　　2 まで　　　　3 だけ　　　　4 とか

17
1 それから　　2 すると　　　3 ついでに　　4 そこで

18
1 話したところです　　　　2 話してくれました
3 話しそうです　　　　　　4 話してもらいました

19
1 この　　　　2 どの　　　　3 あの　　　　4 その

20
1 思い出になりつつあります　　　2 思い出になりはじめました
3 思い出になっています　　　　　4 思い出になろうとしました

정답　16 1　17 4　18 2　19 2　20 3

9 목적·방법·동작

71 ～ように① ▼ 목적

의미 ～하도록, ～하기 위해 궁리하다

접속 Vる/Vない/Vれる＋ように

> 作(つく)れるように 만들 수 있도록 / 遅刻(ちこく)しないように 지각하지 않도록 /
> 合格(ごうかく)するように 합격하도록

1. 待(ま)ち合(あ)わせの時間(じかん)に遅(おく)れないように、いつも早(はや)めに家(いえ)を出(で)る。

   약속 시간에 늦지 않도록 항상 일찍 집을 나선다.

2. お父(とう)さんが仕事(しごと)に集中(しゅうちゅう)できるように、家族(かぞく)で協力(きょうりょく)しようね。

   아빠가 일에 집중할 수 있도록 가족끼리 도와주자.

3. 息子(むすこ)が学校(がっこう)に間(ま)に合(あ)うように、毎朝(まいあさ)起(お)こしている。

   아들이 학교에 늦지 않도록 매일 아침 깨우고 있다.

72 ～には

의미 ～에는, ～하려면, ～하기 위해서는

접속 Vる＋には

> のぼるには 오르기 위해서는 / 予約(よやく)するには 예약하기 위해서는 /
> 無(な)くすには 없애려면

1. 免許証(めんきょしょう)の申請(しんせい)をするには、顔写真(かおじゃしん)が必要(ひつよう)です。

   면허증을 신청하려면 증명사진이 필요합니다.

2. 会社(かいしゃ)へ行(い)くには、この長(なが)い坂道(さかみち)をのぼらなければなりません。

   회사에 가려면 이 긴 언덕길을 올라가야 합니다.

3. この商品(しょうひん)を買(か)うには、インターネットで予約(よやく)をしなければなりません。

   이 상품을 구입하려면 인터넷으로 예약을 해야 합니다.

73 ～しかない

의미 ～할 수밖에 없다, ～이외에 방법이 없다

접속 Vる＋しかない

> やるしかない 할 수밖에 없다 / がまんするしかない 참을 수밖에 없다 /
> 行くしかない 갈 수밖에 없다

① こうなったら、あきらめて他の方法を探す**しかない**。

이렇게 되면 포기하고 다른 방법을 찾을 수밖에 없다.

② 部下「お客さんに質問されたとき、すぐに答えられなくて困ってしまったんです。」

③ 上司「最初は誰でもそうだよ。少しずつ学んでいく**しかない**よ。」

부하 "손님이 질문을 했을 때, 바로 대답하지 못해서 곤란했습니다."
상사 "처음에는 누구나 그렇지. 조금씩 배워 나갈 수밖에 없어."

何回地図を見ても道がわからないので、誰かに聞く**しかない**。

몇 번이나 지도를 봐도 길을 모르니 누군가에게 물어볼 수밖에 없다.

74 ～ほかない

의미 ～할 수밖에 없다, ～이외에 방법이 없다 (「～しかない」보다 딱딱한 표현)

접속 Vる＋ほかない

> 注意するほかない 주의할 수밖에 없다 / 考えるほかない 생각할 수밖에 없다 /
> 寝るほかない 잘 수밖에 없다

① スーパーまで来たのに財布を忘れてしまったので、何も買わず家に帰る**ほかなかった**。

슈퍼마켓까지 왔는데 지갑을 깜박해서 아무것도 사지 않고 집으로 돌아갈 수밖에 없었다.

② けがで試合に出られなくて悔しいが、今はがまんする**ほかない**。

부상으로 경기에 나가지 못해 아쉽지만, 지금은 참을 수밖에 없다.

③ 何度言ってもゲームをやめないなら、禁止する**ほかない**。

몇 번을 말해도 게임을 멈추지 않는다면 금지할 수밖에 없다.

75 〜によって③

의미 〜을 이용해, 〜하는 방법으로

접속 N+によって

> インターネットによって 인터넷으로 / 法律によって 법률에 의해 / 話し合いによって 서로 의논함으로써

1. わからない言葉は、辞書を使うことによって調べることができる。
   모르는 단어는 사전을 이용하여 조사할 수 있다.

2. 試験の合格発表は、メールによって連絡がくるそうだ。
   시험 합격 발표는 메일로 연락이 온다고 한다.

3. 次の部長は、会議によって決定いたします。
   다음 부장님은 회의를 통해 결정하겠습니다.

76 〜なおす　　　　　　　　　　　　　　　　▼ 동작

의미 다시 〜하다, 한 번 더 〜하다

접속 Vます+なおす

> 撮りなおす 다시 찍다 / やりなおす 다시 하다 / 準備しなおす 다시 준비하다

1. パソコンの故障で、昨日の仕事を全部やりなおすことになった。
   컴퓨터가 고장 나서 어제 하던 일을 전부 다시 하게 되었다.

2. パスポートを無くしてしまったので、作りなおすことにした。
   여권을 잃어버렸기 때문에 다시 만들기로 했다.

3. 納得がいくまで、何度も書きなおそう。
   납득이 갈 때까지 몇 번이고 다시 쓰자.

77 ～始める

의미 ～하기 시작하다, ～하는 것을 시작하다

접속 Vます＋始める

> 走り始める 달리기 시작하다 / 食べ始める 먹기 시작하다 /
> 行動し始める 행동하기 시작하다

1 泉さんが歌い始めると同時に、みんなおどりだした。

이즈미 씨가 노래를 부르기 시작하는 동시에 모두 춤을 추기 시작했다.

2 今日は晴れると聞いていたのに、急に雨が降り始めた。

오늘은 맑다고 들었는데 갑자기 비가 내리기 시작했다.

3 彼は飛行機に乗ってすぐに寝始めた。

그는 비행기를 타자마자 곧 잠을 자기 시작했다.

연습 문제 **9회**

問題1 つぎの文の（　　）に入れるのに最もよいものを、1・2・3・4から一つえらびなさい。

1　加藤「この時計、気に入って何年も使っていたんだけど、壊れちゃったんだ。」
　　泉　「修理のためにお店に持って行ったの？」
　　加藤「うん。でも古い物だから修理が難しいって。もう（　　　）かな。」
　　1　捨てるしかない　　　　　　　　2　捨てはじめる
　　3　捨てやすい　　　　　　　　　　4　捨てなおす

2　このレストランは、子どもが遊べる（　　）おもちゃが置いてある。
　　1　しかない　　2　ほかない　　3　には　　4　ように

3　新しい商品の名前は、話し合い（　　）決まりました。
　　1　に対して　　2　によって　　3　にあたって　　4　に比べて

4　大きな台風が近づいているので、明日は会社を（　　　）だろう。
　　1　休みなおす　　　　　　　　　　2　休みようがない
　　3　休むほかない　　　　　　　　　4　休みはじめる

5　東京から九州に行く（　　　）、飛行機を使うのが一番早いです。
　　1　おきに　　2　ように　　3　ところ　　4　には

6　きちんとした食事をすること（　　　）、かぜをひきにくくなります。
　　1　どころか　　2　によって　　3　には　　4　くらい

7　洗濯しても洋服の汚れが落ちていなかったので（　　　）。
　　1　洗いつつある　　2　洗いなおす　　3　洗いそう　　4　洗いやすい

8 30年前からこの国に（　　）、今ではもう人生の半分を過ごしました。
　　1　住みはじめ　　　2　住むように　　　3　住むには　　　4　住むたびに

9 困っている様子だったから、声をかける（　　）と思ったんです。
　　1　には　　　　　　2　ように　　　　　3　しかない　　　4　ということだ

10 外国へ旅行に行く（　　）、パスポートが必要です。
　　1　ように　　　　　2　ところに　　　　3　には　　　　　4　うちに

정답　1　1　2　4　3　2　4　3　5　4　6　2　7　2　8　1　9　3　10　3

問題2 つぎの文の ___★___ に入る最もよいものを、1・2・3・4から一つえらびなさい。

11 先生にレポートの字がきたない ____ ____ ★ ____ 。
1 なおした　　　　　　　　　2 と言われたので
3 最初から　　　　　　　　　4 書き

12 ガラスのコップは割れやすい ____ ★ ____ ____ してください。
1 ように　　　　　　　　　　2 ので
3 注意して　　　　　　　　　4 運ぶ

13 （会社で）
新入社員　「商品の数を間違えて、100個多く注文してしまいました。申し訳ありません。」
部長　「それは大変だ。しかたがないから ____ ____ ★ ____ ね。」
1 値段を　　　　　　　　　　2 ほかない
3 売る　　　　　　　　　　　4 下げて

14 あなたが赤ちゃんのころは、一度 ★ ____ ____ ____ 子だったのよ。
1 泣きやまない　　　　　　　2 なかなか
3 はじめると　　　　　　　　4 泣き

15 今日は早く帰りたかったが、先輩から食事会に ____ ★ ____ ____ 。
1 行く　　　　　　　　　　　2 しかない
3 ので　　　　　　　　　　　4 誘われた

정답　11 4(2341)　12 3(2341)　13 3(1432)　14 4(4321)　15 3(4312)

10 규칙·조언

78 ～ことになっている　　　　▼ 규칙

의미　～하기로 되어 있다, ～하는 것이 정해져 있다 (약속·규칙·제도 등)

접속　Vる/Vない＋ことになっている/こととなっている
　　　　N＋ということになっている

> ゲームをすることになっている 게임을 하기로 되어 있다 /
> 残業しないこととなっている 야근을 하지 않도록 되어 있다 /
> 3時に待ち合わせということになっている 3시에 만나기로 되어 있다

1 週末は、友達の家に泊まりに行く<u>ことになっている</u>。

　주말에는 친구 집에 묵으러 가기로 되어 있다.

2 日本では、19歳以下はお酒を飲めない<u>こととなっている</u>。

　일본에서는 19세 이하는 술을 마실 수 없게 되어 있다.

3 来年はタイで仕事をする<u>ことになっている</u>。

　내년에는 태국에서 일을 하기로 되어 있다.

79 〜なくちゃ

의미 〜해야 돼, 〜하지 않고는 (말할 때 자주 사용하는 표현)

접속 Vない / イAくない + なくちゃ / なきゃ

ナA / N + でなくちゃ / でなきゃ / じゃなくちゃ / じゃなきゃ

> 楽しくなきゃ 즐거워야지 / ていねいじゃなきゃ 예의 바르게 행동해야지 /
> 勉強しなくちゃ 공부해야지

1 今日勉強した単語は、忘れないうちに使わ**なくちゃ**！

오늘 배운 단어는 잊어버리기 전에 사용해야지!

2 長生きするためには、心も体も健康じゃ**なくちゃ**。

오래 살기 위해서는 몸도 마음도 건강해야지.

3 寝坊した！急いで準備し**なきゃ**！

늦잠 잤다! 서둘러 준비해야지!

なくては → なくちゃ	食べなくては	→	食べなくちゃ
	楽しくなくては	→	楽しくなくちゃ
	健康じゃなくては	→	健康じゃなくちゃ
なければ → なきゃ	食べなければ	→	食べなきゃ
	楽しくなければ	→	楽しくなきゃ
	健康じゃなければ	→	健康じゃなきゃ

80 ～ことはない

▼ 조언

의미 ～할 필요는 없다

접속 Vる＋ことはない

> 走ることはない 달릴 필요는 없다 / 心配することはない 걱정할 것은 없다 /
> 悩むことはない 고민할 것 없다

① にんじんが嫌いなら、無理して食べることはないですよ。
당근을 싫어한다면 무리해서 먹을 필요는 없어요.

② 何回でもチャンスはあるから、失敗してもあきらめることはない。
몇 번이고 기회가 있으니까 실패해도 포기할 필요는 없다.

③ 出発時刻までまだ時間があるんだから、そんなに急ぐことはないよ。
출발 시각까지 아직 시간이 있으니까 그렇게 서두를 필요는 없어.

81 ～べき

의미 ～해야 한다, ～하는 편이 좋다

접속 Vる＋べき

> 読むべき 읽어야 함 / 注意するべき 주의해야 함 / 働くべき 일해야 함
> ※ する 하다 → すべき・するべき 해야 함

① 食べ物があることは当たり前ではないから、大切にすべきだ。
음식이 있다는 것은 당연한 것이 아니기 때문에 소중히 여겨야 한다.

② 夜遅い時間に、女の子が一人で歩くべきではないよ。
밤늦은 시간에 여자 혼자 다니면 안 돼.

③ やりたいことは、何でもやってみるべきだ。
하고 싶은 일은 무엇이든 해 봐야 한다.

82 ～ように②

의미 ～하도록

접속 Vる/Vない＋ように

> 早く来るように 일찍 오도록 /
> 遅れないように 늦지 않도록 / 忘れないように 잊지 않도록

1 明日はピクニックに行くので、お弁当を持ってくる**ように**。
　내일은 소풍을 가니까 도시락을 가지고 오도록.

2 ここは病院なので、大きな声を出さない**ように**。
　여기는 병원이니까 큰소리를 내지 않도록.

3 運動して汗をかいたら、必ず水を飲む**ように**。
　운동을 하고 땀을 흘리면 반드시 물을 마시도록.

83 ～こと

의미 ～할 것, ～하시오 (『～ように②』보다 딱딱한 표현)

접속 Vる/Vない＋こと

> 静かにすること 조용히 할 것 / 勉強すること 공부할 것 /
> 走らないこと 달리지 말 것

1 社長の部屋に入るときは、必ずドアをノックする**こと**。
　사장님 방에 들어갈 때는 반드시 문을 두드릴 것.

2 学校の中では、走らない**こと**。危ないですよ。
　학교 안에서는 뛰지 말 것. 위험해요.

3 家へ帰ったら手洗い・うがいをする**こと**。
　집에 돌아가면 손 씻고 입을 헹굴 것.

연습 문제 10회

問題1 つぎの文の（　　）に入れるのに最もよいものを、1・2・3・4から一つえらびなさい。

[1] 私の家では、毎年お正月に家族みんなで（　　）。
1 集まりきる　　　　　　　　2 集まってしかたがない
3 集まることになっている　　4 集まるほかない

[2] （学校で）
先生「明日はピクニックに行くので、お弁当を忘れ（　　）。」
学生「はい！」
1 ないように　　2 なさそうに　　3 ないみたいに　　4 ないとおりに

[3] 泉「ベトナムに引っ越すのは楽しみだけど、緊張するなあ。」
ミン「心配（　　）よ。ベトナムに友達がいるんでしょう？みんな優しいから、助けてくれるよ。」
1 するべきだ　　　　　　　2 することはない
3 しなきゃいけない　　　　4 することだ

[4] （学校で）
生徒「先生、英語の成績がよくならないんです。何かアドバイスもらえませんか。」
先生「そうですね。まずは毎日5分でいいので勉強をして、英語に（　　）です。」
1 慣れるばかり　　　　2 慣れることはない
3 慣れやすい　　　　　4 慣れるべき

[5] 来週は試験があります。体調の管理には十分（　　）。
1 気をつけたばかりだ　　　2 気をつけるせいだ
3 気をつけること　　　　　4 気をつけたところだ

[6] 佐藤「あのアイドルの新しい曲聴いた？とってもいいよ。」
鈴木「え、もう発売されたの？早く（　　）！」
1 聴くばかりだ　　　　2 聴くわけだ
3 聴かなきゃ　　　　　4 聴くみたいだ

[7] 明日は昼ご飯を食べたあと、みんなで山に（　　　）。
1　登ることになっています　　　　2　登ったままだ
3　登りつつある　　　　　　　　　4　登るものだ

[8] 明日までに、会議の資料を作って印刷しておく（　　　）。
1　みたいに　　2　ように　　3　とともに　　4　とおりに

[9] 体調が悪くなるまで、やりたくない仕事を（　　　）ですよ。
1　しやすい　　2　することはない　　3　しているため　　4　するばかり

[10] やりたいことよりも、しなければならないことを先に（　　　）。
1　やりますように　　　　　　　　2　やりなおす
3　やるべきだ　　　　　　　　　　4　やるおかげだ

정답　[1] 3　[2] 1　[3] 2　[4] 4　[5] 3　[6] 3　[7] 1　[8] 2　[9] 2　[10] 3

問題2 つぎの文の ___★___ に入る最もよいものを、1・2・3・4から一つえらびなさい。

11　坂本「そういえば、春休みはどこに旅行するか決まったの？」
　　岩井「うん。四国の4つの ＿＿＿ ＿＿＿ ＿★＿ ＿＿＿ よ。」
　　1　友達と　　　　　　　　　　2　ことになっている
　　3　県を　　　　　　　　　　　4　周る

12　会場の中では、＿＿＿ ＿＿＿ ＿★＿ ＿＿＿。
　　1　食べたりしない　　　　　　2　絶対に
　　3　飲んだり　　　　　　　　　4　ように

13　彼女はこの仕事に ＿＿＿ ＿＿＿ ＿＿＿ ＿★＿ ですよ。
　　1　何も　　　　　　　　　　　2　慣れているので
　　3　心配する　　　　　　　　　4　ことはない

14　弟はいつも学校に遅刻しそうなので、＿＿＿ ＿★＿ ＿＿＿ ＿＿＿ だと思う。
　　1　あと　　　　　　　　　　　2　5分は
　　3　起きるべき　　　　　　　　4　早く

15　横断歩道は、車が来ていないかを ＿＿＿ ＿＿＿ ＿＿＿ ＿★＿。
　　1　こと　　　　　　　　　　　2　しっかり
　　3　確認してから　　　　　　　4　渡る

정답　11 4(3142)　12 1(2314)　13 4(2134)　14 2(1243)　15 1(2341)

11 병렬

84 ～なんか ①

의미 ～이라든가

접속 N+なんか/なんて

> お菓子作りなんか 과자 만들기라든가 /
> 掃除なんか 청소라든가 / 読書なんて 독서라든가

1 森田「週末、どこに行こうか。」
　 小川「そうだね。あたたかくなってきたから、海**なんて**どう？」

모리타 "주말에 어디 갈까?"
오가와 "그래. 날씨가 따뜻해졌으니까 바다는 어때?"

2 休日は、散歩**なんか**してゆっくり過ごしています。

휴일에는 산책 등을 하며 느긋하게 보내고 있습니다.

3 松井「最近、新しい趣味を探しているんだよね。」
　 加藤「そうなんだ。読書**なんて**どう？」

마쓰이 "요즘 새로운 취미를 찾고 있는데 말야."
가토 　"그렇구나. 독서 같은 거 어때?"

85 ～ばかりでなく

의미 ～뿐만 아니라

접속 보통형(ナAだ → な / Nだ)+ばかりで(は)なく

> 遊ぶばかりでなく 놀기만 하는 것이 아니라 /
> 大変なばかりではなく 힘들 뿐만 아니라 /
> 寒いばかりでなく 춥기만 한 게 아니라

1 彼女は仕事が丁寧なばかりではなく親切なので、みんなに愛されている。
그녀는 일이 꼼꼼할 뿐만 아니라 친절해서 모두에게 사랑받고 있다.

2 このお店の商品はデザインがかわいいばかりではなく値段も安い。
이 가게의 상품은 디자인이 귀여울 뿐만 아니라 가격도 싸다.

3 好きなことを仕事にするのは、楽しいことばかりでなくつらいこともたくさんある。
좋아하는 것을 일로 삼는 것은 즐거운 일일뿐만 아니라 괴로운 일도 많이 있다.

86 ～とか～とか

의미 ～이나 ～이나 (예를 들 때)

접속 Vる1/N1+とか+Vる2/N2+とか

> 新幹線とか飛行機とか 신칸센이나 비행기나 /
> 洗濯するとか掃除するとか 빨래하거나 청소하거나 /
> 猫とか犬とか 고양이나 개나

1 将来は、沖縄とか北海道とか、海の近いところで暮らしたい。
장래에는 오키나와나 홋카이도 같은 바다가 가까운 곳에서 살고 싶다.

2 カタカナとか漢字とか、日本語は覚えることが多すぎるよ。
가타카나나 한자라든지 일본어는 외울 게 너무 많아.

3 服とか靴とか、欲しいものがたくさんある。
옷이며 신발이며 갖고 싶은 것이 많이 있다.

87 ～はもとより

의미　～은 물론

접속　N+はもとより

> 両親はもとより 부모님은 물론 / 子どもはもとより 아이는 물론 /
> 育児はもとより 육아는 물론이고

1. 運転免許を持っていない妻は、車はもとよりバイクや自転車にも乗ったことがないらしい。
   운전면허가 없는 아내는 자동차는 물론이고 오토바이나 자전거도 타 본 적이 없는 것 같다.

2. 彼は英語はもとより、中国語もスペイン語も話せる。
   그는 영어는 물론이고 중국어도 스페인어도 할 수 있다.

3. このレストランは、料理の味はもとよりサービスもいいので気に入っている。
   이 레스토랑은 음식 맛은 물론 서비스도 좋아서 마음에 든다.

88 ～だけでなく

의미　～뿐만 아니라, ～외에도 있다

접속　보통형(ナAだ→な/Nだ)+だけで(は)なく/だけじゃなく

> 早いだけでなく 빠를 뿐만 아니라 / 親切なだけじゃなく 친절할 뿐만 아니라 /
> 壊しただけではなく 망가뜨렸을 뿐만 아니라

1. 子どもは笑った顔だけではなく、泣いている顔もかわいい。
   아이는 웃는 얼굴뿐만 아니라 울고 있는 얼굴도 귀엽다.

2. この町には美しい山があるだけじゃなく、おいしい食べ物もたくさんある。
   이 마을에는 아름다운 산이 있을 뿐만 아니라 맛있는 음식도 많이 있다.

3. この店は安いだけではなく、料理もおいしいので人気だ。
   이 가게는 저렴할 뿐만 아니라 요리도 맛있어서 인기가 있다.

89 ～かわりに②

의미
① ～을 사용하지 않고 다른 것을 사용한다
② 내가 ～하고 다른 사람에게 다른 것을 하게 한다

접속
Vる＋かわりに
N＋のかわりに

> 貸すかわりに 빌려주는 대신 / ハンコのかわりに 도장 대신에 /
> 父のかわりに 아버지를 대신하여 / ★そのかわり(に) 그 대신(에)

1 さとうのかわりに、はちみつを使ってもおいしいですよ。
설탕 대신 꿀을 사용해도 맛있어요.

2 私が荷物を持つかわりに、あなたが傘をさしてください。
내가 짐을 드는 대신 당신이 우산을 씌워 주세요.

3 手伝ってあげるよ。そのかわり、今度僕の仕事も助けてね。
도와줄게. 그 대신 다음에 내 일도 좀 도와줘.

연습 문제 **11회**

問題1 つぎの文の（　）に入れるのに最もよいものを、1・2・3・4から一つえらびなさい。

1　急に雨が降りだしたので、かさ（　　　）かばんを頭にのせて家まで帰った。
　1　ばかりでなく　　2　ごとに　　3　のかわりに　　4　によって

2　夏休み、クラスのみんなで遊びに行くなら、遊園地（　　　）どうかな？
　1　はもとより　　2　ばかりでなく　　3　なんて　　4　だけでなく

3　食べ物を捨てるのはもったいない（　　　）、環境にも悪い影響がある。
　1　なんかでなく　　2　からでなく　　3　とかでなく　　4　ばかりでなく

4　このケーキ屋は、いちごとかりんご（　　　）、くだものを使った商品が有名だ。
　1　だけでなく　　2　なんか　　3　とか　　4　によって

5　花屋で働くためには、花の種類（　　　）花の包み方も覚える必要がある。
　1　なんて
　2　のかわりに
　3　にあたって
　4　はもとより

6　（靴屋で）
　客「山に登るための靴を買いたいんですが、歩きやすい靴はありますか？」
　店員「こちらはいかがですか？歩きやすい（　　　）、雨が降っても靴の中に水が入らないんですよ。」
　1　かわりに
　2　だけじゃなく
　3　ぐらい
　4　うちに

7　タイの料理は、からい料理（　　　）すっぱい料理もある。
　1　にあたって
　2　ごとに
　3　ばかりでなく
　4　に関して

8 田中「山本さんは、一人暮らしだよね。週末は何をして過ごすことが多いの？」
山本「うーん、よく山登り（　　　）。」
1　なんかしますね
2　ばかりではありません
3　のかわりにしますね
4　だけではありません

9 妹「お母さんの誕生日プレゼント、何がいいかな。」
兄「運動が好きだから、運動靴とかスポーツ用の服（　　　）どうかな。」
1　とか
2　だけでなく
3　はもとより
4　のかわりに

10 私が日本語の勉強を助けるので、（　　　）英語の勉強を手伝ってくれませんか。
1　そのあとなんか
2　それだけじゃなく
3　それはもとより
4　そのかわりに

정답　1　3　2　3　3　4　4　3　5　4　6　2　7　3　8　1　9　1　10　4

問題2 つぎの文の ___★___ に入る最もよいものを、1・2・3・4から一つえらびなさい。

11　仕事で忙しい両親_____ _★_ _____ _____。
　1　の面倒を見る　　　　　　　　2　のかわりに
　3　弟たち　　　　　　　　　　　4　私が小さい

12　妹「私、どんな服が似合うと思う？」
　　姉「この_____ _____ _★_ _____と思うよ！」
　1　ワンピース　　　　　　　　　2　なんか
　3　似合う　　　　　　　　　　　4　オレンジ色の

13　この町は、歴史のある_____ _★_ _____ _____ことでも有名です。
　1　ばかりでなく　　　　　　　　2　建物
　3　新鮮な　　　　　　　　　　　4　魚がとれる

14　_____ _____ _____ _★_ とか、何でもいいから家の仕事を手伝ってほしい。
　1　作るとか　　　　　　　　　　2　ご飯を
　3　そうじを　　　　　　　　　　4　する

15　この八百屋では_____ _____ _★_ _____売っている。
　1　歯ブラシ　　　　　　　　　　2　生活用品も
　3　野菜はもとより　　　　　　　4　などの

정답　11　4(2431)　12　2(4123)　13　1(2134)　14　4(2134)　15　4(3142)

12 그 외

90 ～そう③

의미 ～이라고 한다 (본인한테 직접 들은 것을 그대로 다른 사람에게 말할 때)

접속 보통형+そう

> 知っているそう 알고 있다고 한다 / 休むそう 쉰다고 한다 /
> 元気だそう 건강하다고 한다

1. かぜをひいたときは、お腹に優しいものを食べるのがいい<u>そう</u>です。
   감기에 걸렸을 때는 속에 좋은 음식을 먹는 것이 좋다고 합니다.

2. 彼は、動物の絵をかくことが趣味だ<u>そう</u>。
   그는 동물 그림을 그리는 것이 취미라고 한다.

3. 佐藤さんは、辛い食べ物が苦手だ<u>そう</u>です。
   사토 씨는 매운 음식을 잘 못 먹는다고 합니다.

91 ～ということだ

의미 ～이라고 한다

접속 보통형+ということだ / とのことだ

> 元気だということだ 건강하다고 한다 / 学生だということだ 학생이라고 한다 /
> 電話してほしいとのことだ 전화해 달라고 한다

1. 近所に住んでいるかなちゃんは、来年から海外で働く<u>ということだ</u>。
   이웃에 살고 있는 가나는 내년부터 해외에서 일한다고 한다.

2. 田中さんは、アフリカから世界をまわる旅をスタートする<u>とのことだ</u>。
   다나카 씨는 아프리카부터 세계를 도는 여행을 시작한다고 한다.

3. 天気予報によると、明日は気温が35度まで上がる<u>ということだ</u>。
   일기 예보에 따르면 내일은 기온이 35도까지 올라간다고 한다.

92 ～きる

의미 다 ～하다, 마지막까지 ～하다

접속 Vます+きる/きれない

> 飲みきる 다 마시다 / 食べきれない 다 먹을 수 없다 /
> あきらめきれない 포기할 수 없다

1 近所の人にたくさんの果物をもらったが、なかなか食べきれない。
이웃에게 많은 과일을 받았지만, 좀처럼 다 먹지 못한다.

2 まだ冷蔵庫にあるマヨネーズを使いきっていないのに、彼は新しいものを開けてしまった。
아직 냉장고에 있는 마요네즈를 다 쓰지도 않았는데 그는 새것을 열어 버렸다.

3 彼はみんなの前で「今年は絶対に合格する」と言いきった。
그는 모두가 보는 앞에서 "올해는 꼭 합격하겠다"고 단언했다.

93 ～られる

의미 자연스레 ～하다

접속 Vない+(ら)れる

> 感じられる 느껴지다 / 思い出される 기억나다 / おどろかされる 깜짝 놀라다
> ※する 하다 → される 되다

1 彼の成長の早さにはおどろかされた。
그의 빠른 성장에 놀랐다.

2 この場所に来ると、学生時代の楽しかったことが思い出される。
이 장소에 오면 학창 시절의 즐거웠던 기억이 떠오른다.

3 息子の顔を見ると、反省した様子が感じられる。
아들의 얼굴을 보면 반성하는 기색이 느껴진다.

94 ～だけ

의미　～한 만큼, ～할 수 있는 데까지

접속　Vれる+だけ

> 書けるだけ 쓸 수 있는 만큼 / 食べられるだけ 먹을 수 있는 만큼 /
> できるだけ 가능한 한 / ★あるだけ 있는 만큼 / ★好きなだけ 좋아하는 만큼

1 休日の朝は、寝られるだけ寝ている。目が覚めるのは11時くらいだ。

휴일 아침에는 잠잘 수 있는 만큼 잔다. 일어나는 것은 11시 정도다.

2 母「スーパーに行くけど、なにか買ってほしいものある？」
息子「プリンが売っていたら、あるだけ買ってきてくれる？」

엄마 "슈퍼에 갈 건데 뭐 사다 줄까?"
아들 "푸딩 팔면 있는 만큼 사다 줄래요?"

3 うまくできるかわからないけど、やれるだけやってみよう。

잘할 수 있을지는 모르겠지만, 할 수 있는 만큼 해 보자.

95 ～ことがある

의미 ① 때때로 ～하다　　② 옛날에 ～한 경험이 있다

접속 ①Vる/Vない＋ことがある　　②Vた＋ことがある

> けんかをすることがある 싸움을 할 때가 있다 / 映画をみたことがある 영화를 본 적이 있다 / 思い出すことがある 생각날 때가 있다

1 伊藤「吉田さん、中国語を勉強しているの？」
　　吉田「はい。仕事で中国に行く<u>ことがある</u>ので、話せるように勉強しているんです。」

　이토　"요시다, 중국어를 공부하고 있는 거야?
　요시다 "네. 일 때문에 중국에 갈 일이 있어서 말할 수 있게 공부하고 있어요."

2 「食べなさい！」と言っているのに、息子は朝食を食べない<u>ことがある</u>。

　"밥 먹어라!"라고 하는데도 아들은 아침을 먹지 않을 때가 있다.

3 学生時代に、花屋と飲食店のアルバイトをした<u>ことがある</u>。

　학창 시절에 꽃집과 음식점 아르바이트를 한 적이 있다.

96 つい～てしまう

의미 그만 ～하고 만다, ～할 생각은 아닌데 ～한다

접속 つい＋Vて＋しまう
　　　つい＋Vで＋ちゃう

> つい買ってしまう 그만 사고 말다 / つい泣いちゃう 그만 울어 버리다 / つい考えてしまう 나도 모르게 생각하다

1 興味のある内容の本を見つけると、お金がなくても<u>つい買ってしまう</u>。

　흥미 있는 내용의 책을 발견하면 돈이 없어도 무심코 사고 만다.

2 早く起きなければいけないのに、<u>つい二度寝してしまった</u>。

　일찍 일어나야 하는데 그만 다시 잠들고 말았다.

3 ダイエットをしようと思っていたのに、<u>つい</u>アイスクリームを食<u>べちゃった</u>。

　다이어트를 하려고 했는데 그만 아이스크림을 먹고 말았다.

97 ～てほしい

의미 ～해 주기를 바라다, ～해 주세요

접속 Vて＋ほしい

> じゃましないでほしい 방해하지 않았으면 좋겠다 /
> 助(たす)けてほしい 도와주면 좋겠다 / やめてほしい 그만두면 좋겠다

1. 仕事(しごと)でしばらく留守(るす)にするので、うちのペットの世話(せわ)をしてほしい。
   일 때문에 잠시 집을 비우기 때문에 우리 집 반려동물을 돌봐주면 좋겠다.

2. 自分(じぶん)のことばかり話(はな)すのではなく、こちらの話(はなし)も聞(き)いてほしい。
   자기 이야기만 하지 말고 이쪽 이야기도 들어 주면 좋겠다.

3. 高(たか)い授業料(じゅぎょうりょう)を払(はら)っているんだから、もっといい授業(じゅぎょう)をしてほしい。
   비싼 수업료를 내고 있으니까 더 좋은 수업을 해 주면 좋겠다.

98 ～なんか②

의미 ～등, ～따위, ～은 (대단하지 않다는 느낌을 표현할 때)

접속 N＋なんか / なんて

> 私(わたし)なんて 나 따위 / おまえなんか 너 따위 /
> 田中(たなか)さんなんて 다나카 씨 같은 건

1. うちの犬(いぬ)なんて、人(ひと)の食(た)べているものを何(なん)でも欲(ほ)しがるのよ。
   우리 개는 사람이 먹는 것은 무엇이든지 먹고 싶어 해.

2. 私(わたし)の息子(むすこ)なんて、学校(がっこう)から帰(かえ)ってきたら勉強(べんきょう)もせずに遊(あそ)んでばかりいるのよ。
   우리 아들은 학교에서 집에 오면 공부도 안 하고 놀기만 해.

3. 私(わたし)なんか、キムさんに比(くら)べたら何(なん)もできないただの新入社員(しんにゅうしゃいん)です。
   저는 김 씨에 비하면 아무것도 못 하는 신입 사원일 뿐이에요.

99 なんて〜だろう

의미 정말 〜이다!

접속 なんて+보통형(ナAだ / Nだ)+だろう / でしょう

> なんてかわいい子でしょう 정말 귀여운 아이예요 /
> なんて美しいでしょう 정말 아름다워요 / なんて便利だろう 얼마나 편리한가

1. 初めてこの町に来たとき、「なんて楽しい場所だろう！」と感動した。
   처음 이 마을에 왔을 때, "이 얼마나 즐거운 장소인가!"하고 감동했다.

2. この美しいドレスを着て、好きな人とパーティーに行けたら、なんてすてきでしょう。
   이 아름다운 드레스를 입고 좋아하는 사람과 파티에 갈 수 있다면 얼마나 멋질까요?

3. かぜをひいた私の世話を一日中してくれるなんて、なんて優しい人でしょう！
   감기에 걸린 나를 하루 종일 돌봐 주다니 얼마나 다정한 사람인가요!

100 〜ように③

의미 〜하기를, 〜이라고 바라다

접속 Vます+ように

> 合格しますように 합격하기를 / 晴れますように 맑기를 /
> 失敗しませんように 실패하지 않기를

1. 明日は晴れて、運動会ができますように。
   내일은 날씨가 개어서 운동회를 할 수 있기를.

2. 今年こそは海外旅行に行けますように。
   올해는 꼭 해외여행을 갈 수 있기를.

3. 明日の演奏会、絶対成功しますように。
   내일 하는 연주회가 꼭 성공하기를.

연습 문제 12회

問題1 つぎの文の（　　）に入れるのに最もよいものを、1・2・3・4から一つえらびなさい。

1. 勉強に集中するためにまんがを閉じたが、ついまた開いて（　　）。
   1. 読んでしまう　　　　2. 読んでほしい
   3. 読むことになっている　　　　4. 読むほかない

2. 彼女のコミュニケーション力には、いつも（　　）。
   1. おどろいたままだ　　　　2. おどろくことはない
   3. おどろこうとする　　　　4. おどろかされる

3. 来年の留学までに、お金をためられる（　　）ためようと思っています。
   1. とおり　　2. かわりに　　3. たびに　　4. だけ

4. 私は時々、どうしてもカレーライスが食べたくなる（　　）。
   1. べきだ　　　　2. ことになっている
   3. ことがある　　　　4. しかない

5. （電話で）
   妻「今夜は友達と飲みに行ってくるね。」
   夫「わかった。迎えに行くから、飲み会が終わったら（　　）。」
   1. 連絡してほしいな　　　　2. 連絡しなきゃ
   3. 連絡することにしたよ　　　　4. 連絡せずにはいられないね

6. （観光バスで）
   運転手「左をご覧ください。今日は天気がいいので、富士山がきれいに見えます。」
   客　「わあ、なんてきれいな（　　）！」
   1. 景色ということだ　　　　2. 景色なんだろう
   3. 景色だそうだ　　　　4. 景色みたいだ

7. ダンス教室には長く通っているけど、僕（　　）まだまだ踊りが上手とは言えません。
   1. のかわりに　　2. なんて　　3. によって　　4. に比べて

8　（病院で）

医者「薬は毎日飲んでいますか。」
患者「それが毎朝忙しいせいで、つい（　　　）。」
1　飲み忘れるしかないんです　　2　飲み忘れることはないんです
3　飲み忘れてしまうんです　　　4　飲み忘れやすいんです

9　この曲を聴くと、昔付き合っていた彼女のことが（　　　）。
1　思い出されるだけだ　　　　　2　思い出されることになっている
3　思い出してほしい　　　　　　4　思い出される

10　今日の結婚パーティーのために、友達を（　　　）集めました。
1　集めるかわりに　　　　　　　2　集めるのはもとより
3　集められるだけ　　　　　　　4　集めるとおりに

정답　1　1　2　4　3　4　4　3　5　1　6　2　7　2　8　3　9　4　10　3

問題2 つぎの文の ___★___ に入る最もよいものを、1・2・3・4から一つえらびなさい。

11 川島さんの家に比べたら、____ ____ __★__ ____ です。
1 家　　　　　　　　　　　　2 私の
3 なんて　　　　　　　　　　4 小さい

12 「今年も健康で____ ____ __★__ ____。」と願う。
1 一年を　　　　　　　　　　2 ように
3 幸せな　　　　　　　　　　4 過ごせます

13 先輩「佐藤さんって、何時に来るの？」
　　後輩「飛行機が遅れていて、____ ____ ____ __★__ です。」
1 間に合わない　　　　　　　2 そう
3 時間には　　　　　　　　　4 パーティーの

14 兄によると、高校生活は中学のとき ____ ____ __★__ ____。
1 楽しい　　　　　　　　　　2 ということだ
3 もっと　　　　　　　　　　4 より

15 大雪のなか ____ __★__ ____ ____ しまった。
1 40分も　　　　　　　　　　2 体がすっかり
3 バスを待って　　　　　　　4 冷えきって

정답　11 3(2134)　12 4(3142)　13 2(4312)　14 1(4312)　15 3(1324)

13 경어

101 お/ご〜する

의미 ～하다 (자신의 행동을 상대방에게 공손하게 말할 때)

접속 お/ご+Vます/N+する/いたします

> お返事する 대답하다 / ご案内いたします 안내해 드리겠습니다 /
> お呼びいたします 불러 드리겠습니다

① 午後、こちらからお電話いたします。何時ごろがご都合よろしいでしょうか。
오후에 제가 전화 드리겠습니다. 몇 시쯤이 괜찮으세요?

② 試験の結果は、はがきでお送りします。
시험 결과는 엽서로 보내 드리겠습니다.

③ 二階のお部屋へご案内いたします。
2층 방으로 안내해 드리겠습니다.

102 お/ご〜になる

의미 ～하시다 (다른 사람의 행동이나 상황에 대해 공손하게 말할 때)

접속 お/ご+Vます/N+になる

> ご出席になる 출석하시다 / お座りになる 앉으시다 /
> お思いになる 생각하시다

① 村上さんは用事があるとのことで、さっきお帰りになりました。
무라카미 씨는 볼일이 있어서 조금 전에 돌아오셨습니다.

② 社長は商品を売り出す前に、まずは自分でお試しになる。
사장님은 상품을 판매하기 전에 먼저 직접 시험해 보신다.

③ 佐藤先生は、3時ごろ病院にお見えになりました。
사토 선생님은 3시쯤 병원에 오셨습니다.

103 お/ご〜くださる

의미 〜해 주시다

접속 お/ご+Vます/N+くださる

> お守りくださる 지켜 주시다 / ご了承くださる 양해해 주시다 /
> ご指導くださる 지도해 주시다

1. おばさんがお送りくださったみかん、昨日受け取りました。
   고모가 보내 주신 귤, 어제 받았어요.

2. 私に仕事のやり方を全てお教えくださったのは、中本部長です。
   나에게 일하는 방법을 전부 가르쳐 주신 것은 나카모토 부장님입니다.

3. 私の気持ちをご理解くださり、本当にありがとうございます。
   제 마음을 이해해 주셔서 정말 감사합니다.

104 お/ご〜いただく

의미 〜해 주시다

접속 お/ご+Vます/N+いただく

> ご対応いただく 대응해 주시다 / ご連絡いただく 연락해 주시다 /
> お取りいただく 잡아 주시다

1. この度はご協力いただき、心より感謝しております。
   이번에 협조해 주셔서 진심으로 감사드립니다.

2. 本日は、ご来店いただきありがとうございました。またお待ちしております。
   오늘 방문해 주셔서 감사합니다. 또 기다리고 있겠습니다.

3. 有名な画家に、花の絵をおかきいただきました。
   유명한 화가가 꽃 그림을 그려 주셨습니다.

105 お/ご〜申し上げる

의미 〜을 말씀 드리다

접속 お/ご＋N＋申し上げる

> お祝い申し上げる 축하드리다 / お願い申し上げる 부탁드리다 /
> ごあいさつ申し上げる 인사드리다

① ご結婚されたんですね。お祝い申し上げます。
결혼하셨군요. 축하드립니다.

② 今後とも、よろしくお願い申し上げます。
앞으로도 잘 부탁드립니다.

③ 皆様に、新年のごあいさつ申し上げます。
여러분, 새해 인사 올립니다.

106 〜ございます

의미 〜입니다, 〜이 있습니다

접속 ナA/N＋でございます
N＋がございます

> 可能でございます 가능합니다 / 予定がございます 일정이 있습니다 /
> メニューでございます 메뉴입니다

① 学生課の島村でございます。学校生活で困ったときは、いつでも声をかけてください。
학생과의 시마무라입니다. 학교 생활에 어려움이 있을 때는 언제든지 말씀해 주세요.

② 課長、この資料の内容について確認したいことがございます。ただ今お時間よろしいでしょうか。
과장님, 이 자료의 내용에 대해 확인하고 싶은 것이 있습니다. 지금 시간 괜찮으신가요?

③ せっかくのお誘いですが、週末は予定がございます。申し訳ありません。
모처럼 초대해 주셨는데 주말에는 일정이 있습니다. 죄송합니다.

107 ～ております

의미 ～하고 있습니다

접속 Vて＋おります

> 申しております 말씀드립니다 / 外出しております 외출 중입니다 /
> 感謝しております 감사드립니다

1 父はただいま外出しております。
아버지는 지금 외출하셨습니다.

2 当店は、年中休まず営業しております。
저희 가게는 연중무휴로 영업하고 있습니다.

3 先生方のおかげで、大学に合格できました。本当に感謝しております。
선생님들 덕분에 대학에 합격할 수 있었어요. 정말 감사합니다.

108 ～と申します

의미 ～이라고 합니다 (이름을 말할 때)

접속 이름＋と申します

1 K大学の山田先生のところで研究をしています。田中と申します。
K대학의 야마다 선생님이 계신 곳에서 연구하고 있습니다. 다나카라고 합니다.

2 建築部の村上と申します。よろしくお願いいたします。
건축부 무라카미라고 합니다. 잘 부탁드립니다.

3 この度、こちらのお店で働くことになりました、坂井と申します。
이번에 이 가게에서 일하게 된 사카이라고 합니다.

109 お目にかかります

의미 만납니다, 뵙니다

1 来月、お目にかかれることを楽しみにしています。
다음 달에 뵙기를 기대하고 있겠습니다.

2 お目にかかることができて、大変うれしく思っております。
만나 뵙게 되어 매우 기쁘게 생각합니다.

3 昨日は、お目にかかることができず残念でした。
어제는 뵙지 못해서 아쉬웠어요.

110 伺います

의미 찾아뵙겠습니다, 듣겠습니다, 여쭙겠습니다

예
3時に伺います　3시에 찾아뵙겠습니다
= 3時に行きます　3시에 가겠습니다 /
お話を伺います　말씀을 듣겠습니다, 여쭙겠습니다
= お話を聞きます　말씀을 듣겠습니다, 여쭙겠습니다

1 社員旅行の日にちについて、皆様のご意見を伺いたいです。
직원 여행 날짜에 대해 여러분의 의견을 듣고 싶습니다.

2 それでは、来週月曜日の朝9時に伺いますね。
그럼 다음 주 월요일 아침 9시에 찾아뵙겠습니다.

3 動物園の園長に、詳しくお話を伺ってみます。
동물원 원장님께 자세히 말씀을 여쭈어 보겠습니다.

연습 문제 **13회**

問題1 つぎの文の（　　）に入れるのに最もよいものを、1・2・3・4から一つえらびなさい。

[1] （会社で）
部長「山本さん、明日の打ち合わせの資料ちょっと見せてくれる？」
山本「はい、すぐ（　　）。」
1　お渡しいただきます　　　　2　お渡しになります
3　お渡し申し上げます　　　　4　お渡しします

[2] 社長は、月末に行われる会議にご出席（　　）予定です。
1　になる　　2　申し上げる　　3　いたす　　4　差し上げる

[3] 本日は、私の誕生日パーティーに（　　）ありがとうございました。
1　ご参加して　　　　　　　　2　ご参加くださり
3　ご参加いたし　　　　　　　4　ご参加申し上げ

[4] 本日は、私たちの結婚式に来てくださり心から感謝（　　）。
1　いただきます　　　　　　　2　差し上げます
3　になります　　　　　　　　4　申し上げます

[5] （映画館で）
客　「この映画をみたいんですけど、席は空いていますか。」
受付員「一番前でしたら空いている（　　）。」
1　席がございます　　　　　　2　席になります
3　席でしょう　　　　　　　　4　席にいたします

[6] （電話で）
客　「明日の18時に5人で予約したいんですけど。」
店員「はい、ありがとうございます。それでは、明日18時に（　　）。」
1　お待ちいただきます　　　　2　お待ちになります
3　お待ちしております　　　　4　お待ちでございます

7 アンケートにお答え（　　　）、ありがとうございました。
　1　いたしまして　　2　申し上げ　　　3　いただき　　　4　しており

8 結婚式で（　　　）ことを楽しみにしています。
　1　お目にかかれない　　　　　　　2　お目にかかれる
　3　お目にかかろうとする　　　　　4　お目にかかりたい

9 講演会のあと、みなさんに感想を（　　　）ので準備しておいてください。
　1　ご覧になります　　　　　　　　2　申します
　3　失礼します　　　　　　　　　　4　伺います

10 初めまして、日本語の森営業部の田中と（　　　）。
　1　申します　　2　伺います　　3　申し上げます　　4　差し上げます

정답　1 4　2 1　3 2　4 4　5 1　6 3　7 3　8 2　9 4　10 1

問題2 つぎの文の ＿★＿ に入る最もよいものを、1・2・3・4から一つえらびなさい。

11　社長のスケジュールですが、今年の ＿＿＿ ＿＿＿ ＿＿＿ ★ いたします。
　　1　ご連絡　　　　　　　　　　　2　年末は
　　3　特に忙しいので　　　　　　　4　決まりましたら

12　（学校で）
　　先生「松井さん、スピーチ大会優勝おめでとう。」
　　松井「ありがとうございます。 ★ ＿＿＿ ＿＿＿ ＿＿＿ ことができました。」
　　1　おかげで　　　　　　　　　　2　優勝する
　　3　先生が　　　　　　　　　　　4　ご指導くださった

13　先生、3年間 ＿＿＿ ★ ＿＿＿ ＿＿＿ 、本当にありがとうございました。
　　1　お教え　　　　　　　　　　　2　ことを
　　3　いろいろな　　　　　　　　　4　くださり

14　新入社員のころから ★ ＿＿＿ ＿＿＿ ＿＿＿ 。
　　1　お礼　　　　　　　　　　　　2　申し上げます
　　3　お世話になった　　　　　　　4　村上先輩に

15　今日から ＿＿＿ ＿＿＿ ＿＿＿ ★ 。よろしくお願いします。
　　1　斉藤　　　　　　　　　　　　2　こちらで
　　3　働かせていただく　　　　　　4　と申します

정답　11 1(2341)　12 3(3412)　13 2(3214)　14 3(3412)　15 4(2314)

問題3 つぎの文章を読んで、文章全体の内容を考えて、16 から 20 の中に入る最もよいものを、1・2・3・4から一つえらびなさい。

下の文章は、留学生が書いた作文です。

日本のドア

マリア・フセイン

　私が日本に来て初めて住んだ家は、小さな一人暮らし用の家でした。駅から少し遠かったのですが、家賃が安く、まだ新しい建物だということで、不動産会社の人からその家を 16 。

　その家には、不思議なドアがありました。木や鉄ではなく、紙のようなものでできていて、押しても引いても開かなかったので、管理人さんに電話しました。 17 管理人さんは、「そのドアは『ふすま』といって、横に動かして開けたり閉じたりするものです。」と教えてくれました。私はこのような形のドアを初めて見たので、とてもおどろきました。

　ある日友達と京都へ遊びに行ったとき、泊まったホテルにまた不思議なドアがありました。それは、少し当たったらやぶれそうなくらいのうすい紙と、細い木でできたドアでした。不思議に思って見ていると、友達が「 18 『障子』と言って、うすい紙を細い木にはり付けて作るんだよ。」と教えてくれました。 19 、木を同じ大きさに切ったり、やぶれないように丁寧に紙をはる作業は、簡単な仕事ではないということも教えてくれました。

　夜になって外からホテルを見ると、障子がある部屋の明かりが優しく見えました。木や鉄のドアにはない、紙のあたたかさがとても気に入りました。その夜はとても気持ちよく寝ることができました。

　最初は驚きましたが、今では横に動かす日本のドアが大好きになりました。いつか自分で家を建てるときは、ふすまや障子がある 20 と思いました。

16
1 紹介されました　　　　　　　　2 紹介してあげました
3 紹介していました　　　　　　　4 紹介させてくれました

17
1 一方　　　　2 しかし　　　　3 すると　　　　4 そこ

18
1 これは　　　　2 あれから　　　　3 どれは　　　　4 それから

19
1 だが　　　　2 また　　　　3 または　　　　4 つまり

20
1 家にしてみせたらいい　　　　　　2 家にさせてもらおう
3 家にさせたい　　　　　　　　　　4 家にしてみたい

정답 16 1　17 3　18 1　19 2　20 4

제3장

독해

01 독해 풀이 요령

문제 형식은 모두 네 종류입니다.

문제 4	내용 이해 (단문)	4문제
문제 5	내용 이해 (중문)	6문제
문제 6	내용 이해 (장문)	4문제
문제 7	정보 검색	2문제

1 문제를 읽는다

우선 문제가 무엇인지를 확인합니다. 문제의 종류는 세 가지가 있습니다.

1. 글을 쓴 사람의 생각에 알맞은 것을 묻는 문제
2. 원인이나 이유를 묻는 문제 (~은 왜인가?, ~은 어째서인가?)
3. 내용의 요점을 묻는 문제 (~은 무엇인가?, ~에 대해 맞는 것은 어느 것인가?)

2 본문을 읽고 흐름을 이해한다

문장은 다음 세 가지 '관계'로 되어 있습니다.

1. 동일 관계   A = B   A와 B가 동일
2. 반대 관계   A ↔ B   A와 B가 반대
3. 이유 · 결과 관계   A → B   A니까 B

1 동일 관계 A = B

> **예** 私(わたし)が勉強(べんきょう)している言語(げんご)(A)は日本語(にほんご)(B)です。

私(わたし)が勉強(べんきょう)している言語(げんご)(A) ＝ 日本語(にほんご)(B)

이 문장에서 '내가 공부하고 있는 언어'와 '일본어'는 동일한 관계입니다.

2 반대 관계 A ↔ B

> **예** 日本語(にほんご)を勉強(べんきょう)していました。(A)
> でも今(いま)は、日本語(にほんご)を勉強(べんきょう)していません。(B)

日本語(にほんご)を勉強(べんきょう)していました。(A) ↔ 日本語(にほんご)を勉強(べんきょう)していません。(B)

이 문장에서 '일본어를 공부했습니다.'와 '일본어를 공부하고 있지 않습니다.'는 반대 관계입니다.

3 이유·결과 관계 A → B

> **예** 私(わたし)は日本語(にほんご)を毎日勉強(まいにちべんきょう)しています。(A)
> だから、日本語(にほんご)が得意(とくい)です。(B)

私(わたし)は日本語(にほんご)を毎日勉強(まいにちべんきょう)しています。(A) [이유]
↓
日本語(にほんご)が得意(とくい)です。(B) [결과]

이 문장에서 '나는 일본어를 매일 공부하고 있습니다.'와 '일본어를 잘합니다.'는 이유·결과 관계입니다.

내용이 동일 관계, 반대 관계, 이유·결과 관계 중 어느 것인지 생각하면서 문장과 문장, 단락과 단락의 관계를 이해하는 것이 가장 중요합니다.

그럼, 실제 독해 문제와 같은 형식을 살펴보겠습니다. 이 세 가지 관계는 '단어', '문장', '단락'에서도 사용할 수 있습니다.

동일 관계

● **단어를 찾는다 A = B**

> スマホ(A)の登場により、人々の生活はとても便利になりました。この便利な四角い箱(B)のおかげで、遠くに住んでいる友人と話すことや、新しい情報を調べることは、とても簡単になりました。

● **문장을 찾는다 A = B**

> スマホの登場により生活が便利になっただけでなく、私たちはもうスマホがないと生活ができない(A)ようになりました。仕事の連絡、言語の勉強、歯医者の予約、生活の全てをスマホに頼っています(B)。

● **단락을 찾는다 A = B**

> スマホの登場により、人々の生活はとても便利になりました。どこにいても友達と連絡をとることができるし、わからないことはいつでも調べることができるようになりました。(A)
> この便利な四角い箱のおかげで、遠くに住んでいる友人と話すことや、新しい情報を調べることは、決して難しいことではなくなったのです。(B)

※ A와 B가 동일 관계가 되는 이유

1) 어디에 있든 친구들과 연락할 수 있다. = 먼 곳에 살고 있는 친구와 대화하는 것
2) 모르는 것은 언제든지 알아볼 수 있다.
   = 새로운 정보를 찾는 것은 결코 어렵지 않게 되었다.

반대 관계

● 단어를 찾는다 A↔B

　スマホ(A)の登場により、人々の生活はとても便利になりました。その一方で、いつでもメールを送ることができるため、手紙(B)はどんどん必要なくなってきています。

● 문장을 찾는다 A ↔ B

　スマホの登場により生活が便利になっただけでなく、私たちはもうスマホがないと生活ができないようになりました(A)。しかし、家族そろって楽しく食事をする時間には、スマホは全く必要のないものです(B)。

● 단락을 찾는다 A ↔ B

　スマホの登場により、人々の生活はとても便利になりました。どこにいても友達と連絡をとることができるし、わからないことはいつでも調べることができるようになりました。(A)
　しかし、今までよく使われていたものが私たちの生活からなくなりました。街中から電話ボックスが消え、紙の辞書を使って勉強する学生もほとんどいなくなってしまったのです。(B)

이유·결과 관계

● 단어를 찾는다 A → B

※ 단어만으로는 '이유·결과 관계'의 문제를 만들 수 없습니다.

● 문장을 찾는다 A → B

> 2010年ごろから、スマホが世界中に広まり、それと同時に多くのアプリが作られました(A)。**そのため**友達と連絡を取り合うこと、おもしろい映画をみること、コンビニでお金を払うこと、いろんなことがスマホ一つでできるようになりました(B)。

● 단락을 찾는다 A → B

> 1990年ごろからインターネットがどんどん世界に広まりました。同時に、パソコンやスマホなどの新しい機械も数多く作られてきました。(A)
> **それによって、**会社に行かずに家で仕事をするという新しい働き方が生まれました。インターネット上にある資料を使って、ビデオ電話で会議をするという働き方が、当たり前になってきています。(B)

3 잘못된 선택지 3개를 찾는다

문제에 대한 올바른 선택지를 찾는 것이 아니라 잘못된 선택지 3개를 본문의 내용과 비교하면서 찾는 것이 중요합니다. 잘못된 선택지에는 이러한 것이 있습니다.

1 본문에서 말하지 않은 것

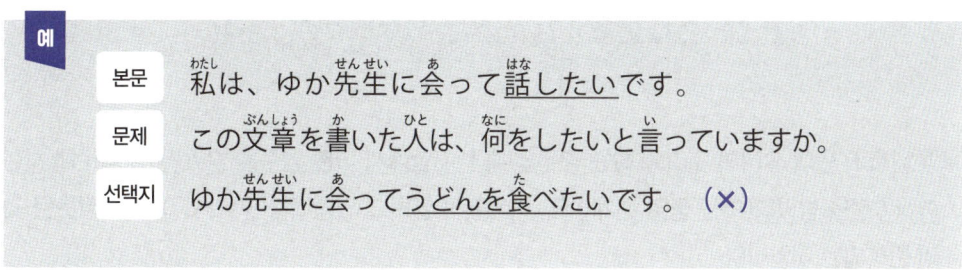

※ 본문에서 우동을 먹고 싶다고는 하지 않았습니다.

2 본문에서 말한 것이 보기에서 빠져 있다

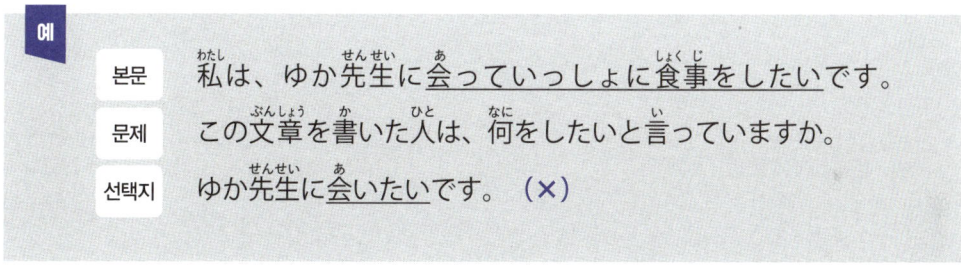

※ 본문에서는 같이 식사를 하고 싶다는 것이 중요한 내용입니다.

3　잘못된 것이 반복되는 것

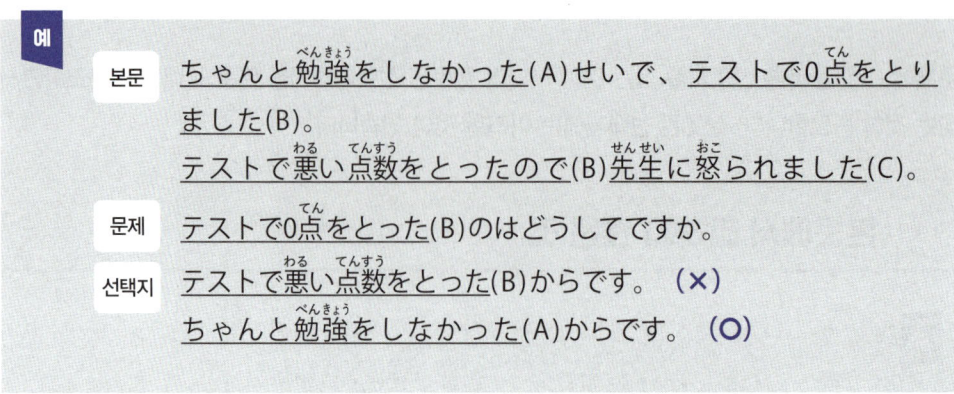

예	
본문	ちゃんと勉強をしなかった(A)せいで、テストで0点をとりました(B)。 テストで悪い点数をとったので(B)先生に怒られました(C)。
문제	テストで0点をとった(B)のはどうしてですか。
선택지	テストで悪い点数をとった(B)からです。　(✗) ちゃんと勉強をしなかった(A)からです。　(〇)

※ 'A니까 B'인데 'B니까 B'라고 하는 경우입니다. 시험에서 나쁜 점수를 받았기(B) 때문에 시험에서 0점을 받았다(B)는 동일 관계인데, 이유처럼 말하고 있습니다. 따라서 이것은 잘못된 것이 반복되는 것입니다.

4 풀이 방법의 예

예1

人は一度にたくさんの感覚を使うことで、色々なことを早く覚えることができると言われています。目だけでなく、口や耳などの感覚も同時に使うと、早く覚えることができるのです。例えば、読むだけでなく、声に出しながら書くなど複数の感覚を一緒に使うと、覚えやすくなるようです。

この文章を書いた人は、どのように言っているか。
1 心の中で読むと早く覚えることができる。
2 声に出しながら、きれいにノートにまとめるといい。
3 一度に多くの感覚を使うことで早く覚えられる。
4 何回も読むとしっかり覚えることができる。

예1 풀이 방법

① 문제를 읽는다

이 문제에서 무엇을 묻는지 머릿속으로 파악합니다.
예1에서는 '이 글을 쓴 사람은 어떻게 말하고 있는가?'를 묻고 있습니다.

② 본문을 읽고 흐름을 이해한다

> 人は一度にたくさんの感覚を使うことで、色々なことを早く覚えることが
> 　　한 번에 많은 감각을 사용함으로써 여러 가지 일을 빨리 기억할 수 있다
> できると言われています。目だけでなく、口や耳などの感覚も同時に使う
> 　　　　　　　　　　　한 번에 많은 감각을 사용함으로써 여러 가지 일을 빨리 기억할 수 있다 : 같은 관계
> と、早く覚えることができるのです。例えば、読むだけでなく、声に出しな
> 　　　　　　　　　　　　　　　　　　　　　한 번에 많은 감각을 사용함으로써 여러 가지 일을
> がら書くなど複数の感覚を一緒に使うと、覚えやすくなるようです。
> 빨리 기억할 수 있다 : 같은 관계

본문을 정리하면 '한 번에 많은 감각을 사용함으로써 빨리 기억할 수 있다'입니다.

③ 잘못된 선택지 3개를 찾는다

この文章を書いた人は、どのように言っているか。

1　心の中で読むと早く覚えることができる。　(✗)
　　'마음속으로 읽는다'고는 하지 않았다.

2　声に出しながら、きれいにノートにまとめるといい。　(✗)
　　　　　　　　　　'깨끗이 노트에 정리한다'고는 하지 않았다.

3　一度に多くの感覚を使うことで早く覚えられる。　(○)

4　何回も読むとしっかり覚えることができる。　(✗)
　　'몇 번이든 읽는다'고는 하지 않았다.

예2

1990年ごろからインターネットがどんどん世界に広まりました。同時に、パソコンやスマホなどの新しい機械も数多く作られてきました。
それによって、会社に行かずに家で仕事をするという新しい働き方が生まれました。インターネット上にある資料を使って、ビデオ電話で会議をするという働き方が、当たり前になってきています。

この文章の内容と合っているものはどれか。
1 新しい働き方が生まれたことによって、インターネットが世界に広まった。
2 インターネットや新しい機械が世界に広まったことによって、人々の生活は便利になった。
3 インターネットや新しい機械が世界に広まったことによって、新しい働き方が生まれた。
4 ビデオ会議の流行により、家で仕事をするという新しい働き方が生まれた。

예2 풀이 방법

① 문제를 읽는다

이 문제에서 무엇을 묻는지 머릿속으로 파악합니다.
예2에서는 '이 글의 내용과 맞는 것은 어느 것인가?'를 묻고 있습니다.

② 본문을 읽고 흐름을 이해한다

> 1990年ごろからインターネットがどんどん世界に広まりました。同時に、【이유】
> パソコンやスマホなどの新しい機械も数多く作られてきました。【이유】
> それによって、会社に行かずに家で仕事をするという新しい働き方が生まれました。【결과】インターネット上にある資料を使って、ビデオ電話で会議をするという働き方が、当たり前になってきています。
> 【새로운 업무 방식이 생겨났습니다 : 같은 관계】

본문을 정리하면 '인터넷이 점점 세계적으로 확대된 것'과 '새로운 기계도 많이 만들어짐'에 따라 '새로운 업무 방식이 생겨났습니다'고 했습니다.

③ 잘못된 선택지 3개를 찾는다

この文章の内容と合っているものはどれか。

1 新しい働き方が生まれたことによって、インターネットが世界に広まった。 (✗)
  이유와 결과가 서로 바뀌었다.

2 インターネットや新しい機械が世界に広まったことによって、人々の生活は便利になった。 (✗)
  '생활은 편리해졌다'고는 하지 않았다.

3 インターネットや新しい機械が世界に広まったことによって、新しい働き方が生まれた。 (○)

4 ビデオ会議の流行により、家で仕事をするという新しい働き方が生まれた。 (✗)
  이유로서 '화상 회의의 유행'이라고는 하지 않았다.

예3

私は大学から一人暮らしを始めました。勉強やアルバイトもうまくいって、友達も増えて、楽しい学生生活を送っていましたが、料理は苦手だったので、毎日カップラーメンを食べていました。すると、栄養不足のせいでクラブ活動中に倒れてしまい、しばらく入院することになりました。元気に生活するためには健康が一番大切だということを学び、それからは自分で料理を作るようになり、同時に栄養を考えるようになりました。毎日自分でメニューを考えるようになると、もっと栄養の勉強をしたいと思うようになりました。今は大学をやめて料理の専門学校に通っています。将来はレストランを開いて、人々の健康の役に立ちたいです。

この文章を書いた人が栄養を考えるようになったのはなぜか。
1 自分でメニューを考えるようになったから。
2 もっと栄養の勉強をしたいと思うようになったから。
3 健康が一番大切だということがわかったから。
4 将来レストランを開きたいから。

예3 풀이 방법

① 문제를 읽는다

이 문제에서 무엇을 묻는지 머릿속으로 파악합니다.

예3에서는 '이 글을 쓴 사람이 영양을 생각하게 된 것은 왜인가?'를 묻고 있습니다.

② 본문을 읽고 흐름을 이해한다

> 私は大学から一人暮らしを始めました。勉強やアルバイトもうまくいって、友達も増えて、楽しい学生生活を送っていましたが、料理は苦手だったので、毎日カップラーメンを食べていました。すると、栄養不足のせいでクラブ活動中に倒れてしまい、しばらく入院することになりました。元気に生活するためには健康が一番大切だということを学び、それからは自分で料理を作るようになり、同時に栄養を考えるようになりました。毎日自分でメニューを考えるようになると、もっと栄養の勉強をしたいと思うようになりました。
>
> 今は大学をやめて料理の専門学校に通っています。将来はレストランを開いて、人々の健康の役に立ちたいです。

본문을 정리하면 '영양 부족으로 인해 쓰러져서 건강의 중요함을 알게 되었고, 영양을 생각하면서 직접 요리를 하게 되었다. 그래서 영양에 대해 더 공부하고 싶다고 생각하게 되었다'입니다.

③ 잘못된 선택지 3개를 찾는다

この文章を書いた人が栄養を考えるようになったのはなぜか。

1 自分でメニューを考えるようになったから。（✗）
   잘못된 것이 반복되고 있다.

2 もっと栄養の勉強をしたいと思うようになったから。（✗）
   '영양을 생각하게 되었다'의 이유는 아니다.

3 健康が一番大切だということがわかったから。（○）

4 将来レストランを開きたいから。（✗）
   '영양을 생각하게 되었다'의 이유는 아니다.

02 연습 문제

4 내용 이해 (단문)

문제4에서는 단문(200자 정도)의 지문을 읽게 됩니다. 그리고 공지 사항이나 메일 내용, 또는 글을 쓴 사람의 생각에 대한 문제가 나옵니다. 내용 이해(단문)는 총 4개의 지문에 문제가 각 1개씩 나옵니다.

問題4　つぎの（1）から（4）の文章を読んで、質問に答えなさい。答えは、1・2・3・4から最もよいものを一つえらびなさい。

（1）
　私は英語がどうしても苦手だ。いくら勉強しても単語の意味や発音を覚えることができず、先週も単語のテストで悪い点数を取ってしまった。その一方、友達の田中さんは習ったばかりの単語もすぐ覚えてしまうくらい、英語が得意だ。「どうやっているの。」と質問したら、「覚えたい単語の例文を、実際に会話しているような感じで読んでみるといいよ。文字を見るだけだとすぐに忘れちゃうよね。」と答えてくれた。彼の考え方はとてもおもしろいと思った。

[1]　「私」は田中さんの何がおもしろいと言っていますか。
　1　英語の単語の覚え方
　2　単語の意味の調べ方
　3　英語で会話する方法
　4　単語テストの受け方

해설

1 「私」は田中さんの何がおもしろいと言っていますか。

1 英語の単語の覚え方
2 単語の意味の調べ方
　　'조사 방법'에 대해서는 말하지 않았다.
3 英語で会話する方法
　　'회화하는 방법'에 대해서는 말하지 않았다.
4 単語テストの受け方
　　'단어 시험 치르는 방법'에 대해서는 말하지 않았다.

정답　1 1

(2)

　3か月前から、食事する回数を一日一回にしている。「一日3回食べないと、体の具合が悪くなる」と子どものころから言われてきたが、それは人によって違うと思う。

　以前は「一日3回しっかりご飯を食べるべき」だと考えていた。しかし、一日中座って仕事をしていて、あまりお腹が空かないときがあったため、お腹が空いたときだけ食べるようにしてみたのだ。すると、自然に体重が減って、体が軽くなった。

　一回の食事で、一日に必要な栄養をとることが必要だし、無理をしたら本当に体の具合が悪くなるので注意が必要だ。でも、今は自分の運動量に合った食事ができているので、これからもこの生活を続けたい。

1　食事について、「私」はどのように考えているか。
　1　一日3回ご飯を食べるべきだと言われたが、面倒だったら、食べなくてもいい。
　2　一日3回食べたいが、食事よりも、仕事の方が大切だ。
　3　一回の食事で栄養をとるのは難しいし、健康に悪いので、一日3回食べた方がいい。
　4　食事の内容に注意する必要はあるが、一日3回ご飯を食べる必要はない。

해설

1　食事について、「私」はどのように考えているか。

　1　一日3回ご飯を食べるべきだと言われたが、面倒だったら、食べなくてもいい。
　　　　　　　　　　　　　　　　　　　　　　'귀찮으면 먹지 않아도 된다'고는 하지 않았다.

　2　一日3回食べたいが、食事よりも、仕事の方が大切だ。
　　　　　　　　　　　　　　　'일이 더 중요하다'고는 하지 않았다.

　3　一回の食事で栄養をとるのは難しいし、健康に悪いので、一日3回食べた方がいい。
　　　　　　　　　　　　　　　　　　　　'건강에 안 좋으니까 하루에 3번 먹는 것이 좋다'고는 하지 않았다.

　4　食事の内容に注意する必要はあるが、一日3回ご飯を食べる必要はない。

정답　1　4

(3)

これは会社の先輩からジョンへさんに届いたメールである。

ジョンへさん

　来月の新入社員歓迎会の準備を、ジョンへさんにお願いします。
　資料と参加者のリストを送りますので、確認して、みなさんへの案内の手紙を作ってください。案内には、会場の場所、時間、会費について書いてください。
　また、会場もまだ予約できていません。場所は昨年と同じホテルでいいので、午前中に予約をしておいてください。
　案内状の作成の手伝いが必要な場合は、今日の夜までに連絡をお願いします。

　もし、わからないことがあれば何でも聞いてください。

山本

1　ジョンへさんがこのメールで頼まれていることはどれか。
1　新入社員歓迎会の案内状に、会場の場所のほかに参加者の名前も書く。
2　新入社員歓迎会の会場を予約したあとで、参加者に送る案内状を作る。
3　新入社員歓迎会の会場を予約したら、夜までに山本さんに連絡する。
4　新入社員歓迎会の資料と参加者を山本さんに連絡して聞く。

해설

1 ジョンへさんがこのメールで頼まれていることはどれか。

1　新入社員歓迎会の案内状に、会場の場所のほかに参加者の名前も書く。
　　　　　　　　　　　　　　　　　　　　　안내장에 쓰는 것은 '환영회 장소', '시간', '회비'이다.

2　**新入社員歓迎会の会場を予約したあとで、参加者に送る案内状を作る。**

3　新入社員歓迎会の会場を予約したら、夜までに山本さんに連絡する。
　　　　　　　　　　　　　　　도움이 필요한 경우에만 야마모토 씨에게 연락한다.

4　新入新入歓迎会の資料と参加者を山本さんに連絡して聞く。
　　　　　　　　　　　　　'야마모토 씨에게 연락해서 묻는다'가 아니라 메일 내용에 들어 있었다.

정답　1 2

(4)

これは図書館にはってあるお知らせである。

利用者のみなさんへ

森図書館では、月に3回『映画会』を行っています。
週末は、映画会のあと『おはなし会』もあります。お菓子を食べながら映画について話しましょう。日程は以下の通りです。

11月13日（土）13：30～16：30（森図書館一階　子どもの部屋）
11月21日（日）15：30～17：30（森図書館三階　子どもの部屋）
11月29日（月）10：30～12：30（森図書館三階　会議室）

また、森図書館二階のまんがの部屋では交流会を行っていますので、間違えないようお気を付けください。

1 おはなし会に参加するにはどこに行けばよいですか。
　1　一階子どもの部屋か三階子どもの部屋
　2　三階会議室
　3　一階子どもの部屋か三階会議室
　4　二階のまんがの部屋

해설

1 おはなし会に参加するにはどこに行けばよいですか。

1 一階子どもの部屋か三階子どもの部屋
2 三階会議室
　'3층 회의실'에서 '영화회'를 하는 날은 월요일이므로, '대화 모임'은 하지 않는다.

3 一階子どもの部屋か三階会議室
　'3층 회의실'에서 '영화회'를 하는 날은 월요일이므로, '대화 모임'은 하지 않는다.

4 二階のまんがの部屋
　'2층 만화방'은 교류회를 하는 장소이다.

정답　1　1

JLPT N3

5 내용 이해 (중문)

문제5에서는 중문(400자 정도)의 지문을 읽게 됩니다. 그리고 글을 쓴 사람의 생각, 원인이나 이유에 대한 문제가 나옵니다. 내용 이해(중문)는 총 2개의 지문에 문제가 각 3개씩 나옵니다.

問題5　つぎの（1）と（2）の文章を読んで、質問に答えなさい。答えは、1・2・3・4から最もよいものを一つえらびなさい。

（1）

　私は電車の旅が好きです。観光地で写真を撮ったり、買い物をしたりするのも好きですが、それだけではなく、電車に乗りながら景色を見たり、目的地に着いたら何をするか考えるのが好きなんです。

　今日も北駅に向かうために電車に乗りました。しかし、電車が動き出してしばらく経ってから私は<u>大変なことに気づきました</u>。電車は私の行きたい方向と反対に向かって走っていたのです。驚いて、もう一度よく調べると、北駅に行く電車と南駅に行く電車が同じ時間に出発していました。今から戻っても、北駅へ行く電車が来るのは3時間後でした。

　いつも細かい確認を忘れてしまい、目的地に着くまでに時間がかかってしまうのです。道を間違えるたびに<u>そんな自分の性格を直したい</u>と思っています。

　しかし、目的地とは違う場所でも新しい発見があります。なので何度道を間違えても、旅が嫌いになることはないと思います。

1　①大変なことに気づきましたとあるが、どのようなことか。
　　1　二本の電車が、同じ時間に出発しなかったこと
　　2　乗った電車が、目的地とは反対に進んでいたこと
　　3　乗った電車の出発が、3時間遅れていたこと
　　4　乗っている電車が、しばらく動かなかったこと

2　②そんな自分の性格を直したいとあるが、それはなぜか。
　　1　目的地に到着するまで、旅を楽しむことが出来ないから。
　　2　目的地に到着する前に、疲れて楽しめないから。
　　3　細かい確認を忘れてしまい、目的地になかなか到着できないから。
　　4　細かい確認をしすぎて、目的地に予定より早く到着してしまうから。

3　旅をすることについて「私」はどう思っているか。
　　1　旅を好きになれるように、新しい発見をしながら旅をするだろう。
　　2　また道を間違えると思うが、これからも楽しく旅をするだろう。
　　3　今度から道を間違えないように、もっと調べてから旅をするだろう。
　　4　今よりも旅が楽しくなるように、時間に注意して旅をするだろう。

해설

[1] ①大変なことに気づきましたとあるが、どのようなことか。

1　二本の電車が、同じ時間に出発しなかったこと
2　乗った電車が、目的地とは反対に進んでいたこと
3　乗った電車の出発が、3時間遅れていたこと
4　乗っている電車が、しばらく動かなかったこと

※ "전철은 제가 가고 싶은 방향과 반대 방향으로 달리고 있었던 것이었습니다."가 이유이므로 2번이 정답이다.

[2] ②そんな自分の性格を直したいとあるが、それはなぜか。

1　目的地に到着するまで、旅を楽しむことが出来ないから。
2　目的地に到着する前に、疲れて楽しめないから。
3　細かい確認を忘れてしまい、目的地になかなか到着できないから。
4　細かい確認をしすぎて、目的地に予定より早く到着してしまうから。

※ "항상 세세한 확인을 잊어버려 목적지에 도착하기까지 시간이 걸려 버립니다."가 이유이므로 3번이 정답이다.

3 旅をすることについて「私」はどう思っているか。

1 旅を好きになれるように、新しい発見をしながら旅をするだろう。
'여행을 좋아하게 될 수 있도록'이라고는 하지 않았다.

2 また道を間違えると思うが、これからも楽しく旅をするだろう。

3 今度から道を間違えないように、もっと調べてから旅をするだろう。
'다음부터는 길을 잘못 들지 않도록'이라고는 하지 않았다.

4 今よりも旅が楽しくなるように、時間に注意して旅をするだろう。
언급하지 않은 내용이다.

정답   1 2   2 3   3 2

(2)

　祖母と一緒に買い物に出かけたときのことだ。お店に入ると、猫の形をした物がたくさんかざってあった。それを見た祖母は「いいお店だね。」と言った。そして、「猫の形のものを置くと、商品が売れるようになるんだよ。」と教えてくれた。

　昔から、猫は家の野菜やお米を食べる虫などを捕まえてくれるいい動物だと言われてきた。それで、猫を飼っていない家でも入り口などに猫の形のものをかざるようになったらしい。特にお店を経営している人は、商売が成功するようにと願って、猫をかざるという。八百屋を経営する祖母も、家のたんすの上に猫を置いていて、「うちの八百屋がうまくいくように。」と願っているそうだ。

　祖母の話を聞いてから、猫を見るたび、私も猫から守られているように感じる。しかし、本当にそのような効果があるかはわからない。猫がなんでも助けてくれるわけではないし、自分で努力することも必要だと思う。

① 祖母がいいお店だねと言ったとあるが、どうしてか。
1 店員さんが猫を飼っていたから。
2 猫の形の商品が売っていたから。
3 商品がたくさん売れたから。
4 猫の形をしたものがかざってあったから。

② 祖母が猫の置物をたんすの上に置くのはなぜか。
1 野菜やお米をたくさん食べたいから。
2 猫にたくさんの虫を捕まえてほしいから。
3 商売がうまくいってほしいから。
4 必ず店の経営が成功するから。

③ 「私」は猫をかざることについて、どう思っているか。
1 効果はないが、心を落ち着かせるためにかざりたい。
2 猫も努力しているので、自分もがんばろうという気持ちになる。
3 効果があるかわからないが、守られているような気持ちになる。
4 だいたいは猫が守ってくれるようになるので、安心している。

해설

1 祖母が<u>いいお店</u>だねと言ったとあるが、どうしてか。

1 店員さんが猫を飼っていたから。
2 猫の形の商品が売っていたから。
3 商品がたくさん売れたから。
4 猫の形をしたものがかざってあったから。

※ "가게에 들어가니 고양이 모양의 물건이 많이 장식되어 있었다."가 이유이므로 4번이 정답이다.

2 祖母が猫の置物をたんすの上に置くのはなぜか。

1 野菜やお米をたくさん食べたいから。
2 猫にたくさんの虫を捕まえてほしいから。
3 商売がうまくいってほしいから。
4 必ず店の経営が成功するから。

※ "채소 가게를 운영하는 할머니도 집 옷장 위에 고양이를 두고 '우리 채소 가게가 잘되길.' 하고 바라고 있다."고 했으므로 3번이 정답이다.

3 「私」は猫をかざることについて、どう思っているか。

1 効果はないが、心を落ち着かせるためにかざりたい。
   '효과는 없다'고는 하지 않았다.

2 猫も努力しているので、自分もがんばろうという気持ちになる。
   언급하지 않은 내용이다.

3 効果があるかわからないが、守られているような気持ちになる。

4 だいたいは猫が守ってくれるようになるので、安心している。
   '대부분은 고양이가 지켜 주게 된다'고는 하지 않았다.

정답　1 4　2 3　3 3

6 내용 이해 (장문)

문제6에서는 장문(700자 정도)의 지문을 읽게 됩니다. 그리고 글을 쓴 사람의 생각, 원인이나 이유에 대한 문제가 나옵니다. 내용 이해(장문)는 지문이 1개이고 문제가 4개 나옵니다.

問題6　つぎの文章を読んで、質問に答えなさい。答えは、1・2・3・4から最もよいものを一つえらびなさい。

　2020年から、全国の小学校でパソコンの使い方の基本を教えることになった。そして私も、来年の春から、4年生にパソコンの授業をすることになった。

　パソコンについて勉強することは、インターネット社会を生きるために必要な「情報を調べる力」を身につけられるという。また、迷ったり悩んだりしたとき、正しい情報を探したり、正しい方を選んだりすることができるようになるだろう。

　「ゲームが得意だから」という理由で先生に選ばれたが、実は、私が好きなのは携帯電話のゲームだ。パソコンはあまり使わないし、どのように教えればいいのかわからないのでとても不安だ。早速、教え方について調べることにした。

　まず、子どもにパソコンの使い方を教えるときに大切なことは「パソコンを好きになってもらうこと」だそうだ。もうパソコンの授業を始めている学校が、実際に使っている有名なサイトが二つある。

　一つ目は、パソコンを使って絵をかき、その絵を自由に動かすことができるというものだ。使い方は簡単だが、なかなか自由に動かすことができずに苦労した。二つ目は、ゲームやクイズをしながら、パソコンの使い方を勉強するというものだ。クイズは数学の内容のものが多く、大人の私でも難しいレベルのものもあった。どちらにしても、授業の前に、先生が使い方をよく理解する必要がありそうだ。

　パソコンの扱いに慣れることももちろん必要だが、私も生徒側になって学ぶ経験が必要だと考えた。授業が始まる前に、私もパソコン教室に通って、教えてもらう経験をしなければならないと思う。

1 この文章では、子どもにパソコンの使い方を教えることにはどんな効果があると言っているか。
　1　子どもたちが、ゲームをもっと楽しむことができる。
　2　インターネット社会を調べることができる。
　3　将来、迷ったり悩んだりしなくなる。
　4　インターネット社会で必要な力を身につけられる。

2 とても不安だとあるが、何が不安なのか。
　1　携帯やパソコンのゲームの教え方がわからないから。
　2　携帯やパソコンのゲームがよくわからないから。
　3　ゲームが得意だと、パソコンの使い方を教えることは難しいから。
　4　ゲームは得意だが、パソコンは得意ではないから。

3 サイトについて、合っているものはどれか。
　1　絵をかくサイトは、クイズを解くだけなので簡単だ。
　2　絵をかくサイトは、絵を動かすのが難しい。
　3　ゲームで勉強するサイトは、数学の授業で使える。
　4　ゲームで勉強するサイトは、使い方が簡単だ。

4 パソコンの授業をする前に、「私」はどうしなければならないと考えているか。
　1　生徒と一緒にパソコン教室に通う必要がある。
　2　パソコンを好きになって使い方に慣れる必要がある。
　3　生徒の気持ちがわかるように、教えてもらうという経験をする必要がある。
　4　パソコン教室に通って、教え方を勉強する必要がある。

해설

1 この文章では、子どもにパソコンの使い方を教えることにはどんな効果があると言っているか。

1 子どもたちが、ゲームをもっと楽しむことができる。
　　'게임을 더 즐길 수 있다'고는 하지 않았다.

2 インターネット社会を調べることができる。
　　언급하지 않은 내용이다.

3 将来、迷ったり悩んだりしなくなる。
　　'헷갈리거나 고민하지 않게 된다'고는 하지 않았다.

4 インターネット社会で必要な力を身につけられる。

2 とても不安だとあるが、何が不安なのか。

1 携帯やパソコンのゲームの教え方がわからないから。
2 携帯やパソコンのゲームがよくわからないから。
3 ゲームが得意だと、パソコンの使い方を教えることは難しいから。
4 ゲームは得意だが、パソコンは得意ではないから。

※ "컴퓨터는 잘 사용하지 않고 어떻게 가르쳐야 할지 모르겠다."고 했으므로 4번이 정답이다.

358

3 サイトについて、合っているものはどれか。
1 絵をかくサイトは、クイズを解くだけなので簡単だ。
   '퀴즈를 푼다'고는 하지 않았다.
2 絵をかくサイトは、絵を動かすのが難しい。
3 ゲームで勉強するサイトは、数学の授業で使える。
   '수학 수업에서 사용할 수 있다'고는 하지 않았다.
4 ゲームで勉強するサイトは、使い方が簡単だ。
   '사용법이 간단하다'고는 하지 않았다.

4 パソコンの授業をする前に、「私」はどうしなければならないと考えているか。
1 生徒と一緒にパソコン教室に通う必要がある。
   '학생과 함께'라고는 하지 않았다.
2 パソコンを好きになって使い方に慣れる必要がある。
   '컴퓨터를 좋아하게 되어'라고는 하지 않았다.
3 生徒の気持ちがわかるように、教えてもらうという経験をする必要がある。
4 パソコン教室に通って、教え方を勉強する必要がある。
   '가르치는 방법을 공부할 필요가 있다'고는 하지 않았다.

정답 1 4   2 4   3 2   4 3

7 정보 검색

문제7에서는 공지 사항, 팸플릿, 전단지, 포스터 등(600자 정도)의 지문을 읽게 됩니다. 그리고 그 내용에 대한 문제가 나옵니다. 정보 검색은 지문이 1개이고 문제가 2개 나옵니다.

問題7　右のページは、鉄道公園のポスターである。これを読んで、下の質問に答えなさい。答えは、1・2・3・4から最もよいものを一つえらびなさい。

1　アリさんは8月4日に娘を連れて、モーリー君に乗りたいと思っている。アリさんがしなければならないことはどれか。

1　19：30に娘と一緒にモーリー君乗り場へ行く。
2　入園料と乗り物料金をチケット売り場で一緒に支払う。
3　先に入園料を払って、モーリー君乗り場でチケットを買う。
4　モーリー君に乗ると食事ができないので、先にレストランで食事をする。

2　今日は土曜日である。ユスラさんは13時に鉄道公園に来た。できるだけたくさんのイベントに参加したいと思っているが、鉄道公園が昼間に開いているイベントで、今から参加できるものはどれか。

1　Aだけ
2　BとD
3　AとCとD
4　AとD

鉄道公園 夏休みだけの特別イベントのお知らせ

ミニ列車・モーリー君に乗ろう！

◇ 日時：7月21日、7月28日、8月4日、8月11日、8月18日
17：30～21：30（最終入園は20：00まで）
※この日程以外は、いつも通り、17時以降は入園できません。

◇ モーリー君出発時間　①17：45～　②19：30～
乗車の時間は出発の10分前までです。遅れないように、モーリー君乗り場に集合してください。

◇ 参加のしかた：昼間と同じ入園料がかかります。
モーリー君に乗るにはチケットが必要です。入園のときに、正面入り口のチケット売り場で入園料と乗り物料金を合わせた料金を支払ってください。

◇ レストラン：営業しています。モーリー君の車内でも、モーリー弁当、焼きそば、オレンジジュース、コーヒー、アイスクリームなどの販売があります。

ほかにも鉄道をもっと好きになってもらうためのイベントを、毎週開いています。

A　鉄道公園案内
専門スタッフの話を聞きながら、バスに乗って園内を一周します(約30分)。 昔の鉄道のことや、電車の歴史について知りましょう。 毎日 3回　①10：30～　②13：00～　③15：30～
B　駅のお仕事をやってみよう
本物の制服を着て、駅員の仕事をやってみましょう。 毎週 土曜　14：30～16：00　（予約が必要。一回10人まで。）
C　電車見学
園内にある全ての電車の車内を見学することができます。 普段は見られない、エンジンの中も公開！ 毎週 日曜　13：30～15：30
D　交通ルール教室
電車にも交通ルールがあります。園内にある電車の運転席に乗って、一緒に勉強しましょう。 毎週 月曜、木曜　14：00～15：00 毎週 土曜　　　　13：30～14：30

参加料金：　無料
集合場所：　A、C、D：正面入り口　　B：鉄道公園駅入り口
申し込み：　Bのみ当日12時までに予約が必要です。正面入り口のチケット売り場で予約を受け付けています。

해설

1 アリさんは8月4日に娘を連れて、モーリー君に乗りたいと思っている。アリさんがしなければならないことはどれか。

1　19：30に娘と一緒にモーリー君乗り場へ行く。
　　10분 전 집합이므로 '19:30'이 아니라 '19:20'이다.

2　**入園料と乗り物料金をチケット売り場で一緒に支払う。**

3　先に入園料を払って、モーリー君乗り場でチケットを買う。
　　'먼저'가 아니라 탑승 요금과 함께 지불한다.

4　モーリー君に乗ると食事ができないので、先にレストランで食事をする。
　　'식사를 할 수 없다'고는 하지 않았다.

2 今日は土曜日である。ユスラさんは13時に鉄道公園に来た。できるだけたくさんのイベントに参加したいと思っているが、鉄道公園が昼間に開いているイベントで、今から参加できるものはどれか。

1　Aだけ
　　D도 참가할 수 있다.

2　BとD
　　B는 예약이 필요하다.

3　AとCとD
　　C는 일요일에 한다.

4　AとD

정답　①2　②4

JLPT N3

제4장

청해

청해 음원 듣기

01 풀이 방법 설명과 연습 문제

문제 형식은 모두 다섯 종류입니다. (문제 수는 변동될 가능성이 있습니다.)

문제 1	과제 이해	6문제
문제 2	포인트 이해	6문제
문제 3	개요 이해	3문제
문제 4	발화 표현	4문제
문제 5	즉시 응답	9문제

1 과제 이해

● 問題1 (例)

問題1では、まず質問を聞いてください。それから話を聞いて、問題用紙の1から4の中から、最もよいものを一つえらんでください。

1ばん

1 先生にもうしこみしょを出す
2 友達と一緒にもうしこみしょを出す
3 もうしこみしょに名前を書いて箱に入れる
4 けいじばんに名前を書く

정답 | 3

1 어떤 것에 대한 설명·문제가 나온다

대화하고 있는 사람들의 관계와 무엇을 하고 있는지를 이야기한 후에 문제가 나옵니다. 대부분의 문제는 '~은 이 다음에 무엇을 합니까?' 등과 같이 해야 할 일을 묻습니다.

> **음성**
> 学校で先生が話しています。学生は英会話の先生と昼食を食べたいとき、どのように申し込みますか。

2 본문·문제가 나온다

본문은 남자와 여자의 대화입니다. <u>문제를 해결하기 위해 누가 무엇을 하는지</u> 주의 깊게 들어 보세요. 본문이 끝난 다음에 한 번 더 문제를 들려 줍니다.

> **음성**
> 男 : ええと、英会話の先生と昼食を食べたい人は、必ず朝の10時までに申込書を出してください。
> 女 : どこに出したらいいですか。
> 男 : 職員室の入り口の前に箱がありますので、そこに入れてください。それから、申込書には必ず名前を書いてくださいね。友達と一緒に参加したい場合は、一人一枚書いて出すようにしてください。
> 女 : はい。
> 男 : あと、先生たちのスケジュールは、食堂の前の掲示板に貼ってあります。毎週金曜日に貼り替えるので、そこで確認してくださいね。
> 女 : 毎日申し込んでもいいんですか？
> 男 : もちろんいいですよ。
>
> 学生は英会話の先生と昼食を食べたいとき、どのように申し込みますか。

3 선택지에서 답을 고른다

선택지에서 답을 고르는 시간은 약 12초입니다. 선택지는 문제지에 제시되어 있습니다.

もんだい
問題1

問題1では、まず質問を聞いてください。それから話を聞いて、問題用紙の1から4の中から、最もよいものを一つえらんでください。

1ばん

1　しょくざいを買う
2　皿をあらう
3　テーブルをふく
4　たなに皿をもどす

① ② ③ ④

음성

レストランで店長と女の店員が店の片付けをしようとしています。女の店員はこのあとまず何をしますか。

男：もうすぐ夕方の6時になるね。そろそろ片付けを始めようか。

女：はい。

男：私は食材を買ってくるから、テーブルを拭いておいてもらえる？台所に白い布があるから、水で濡らしてから拭いてね。

女：わかりました。それと、使ったお皿はどうしますか。

男：お皿はしっかり洗って、立てておこうか。お皿は乾くのに時間がかかるから、テーブルを拭くのはその後にしてね。

女：わかりました。乾いたお皿は棚に戻せばいいんですよね。

男：うん、そうして。30分くらいで戻ってくるから、よろしくね。

女の店員はこのあとまず何をしますか。

1 しょくざいを買う
2 皿をあらう
3 テーブルをふく
4 たなに皿をもどす

정답 2

2ばん

1　かかりの人にチケットを見せる
2　にもつの　けんさをする
3　みんなで集まる
4　おてあらいに行く

음성

空港で先生が生徒に話しています。生徒はこのあとまず何をしなければなりませんか。

男：みなさん、これから飛行機に乗ります。今からチケットを配りますので、係の人に見せてから、荷物の検査をしてもらってください。チケットは絶対に無くさないでくださいね。それからもう一度集合します。その後、お手洗いに行く時間があるので、必ず済ませてください。飛行機ではなかなかお手洗いに行くことができないので。

生徒はこのあとまず何をしなければなりませんか。

1 かかりの人にチケットを見せる
2 にもつの けんさをする
3 みんなで集まる
4 おてあらいに行く

정답 1

3ばん

1　ケーキ屋に行く
2　車でむかえに行く
3　スーパーで買い物をする
4　かざりをする

① ② ③ ④

음성

自宅で妻と夫が息子の誕生日会について話しています。夫はこのあとまず何をしますか。

女：今日、サトルの誕生日会があるでしょう？それで、お願いがあるんだけど。
男：うん、何だい。
女：誕生日ケーキを買いに行ってくれない？駅前にあるケーキ屋のチョコレートケーキを買うって決めてるんだけど、料理も作らないといけなくて買いに行く時間がないのよ。
男：うん、いいよ。
女：ケーキを買ったら、おじいちゃんとおばあちゃんを家まで車で迎えに行ってくれる？うちまで歩いてくるのは大変だから。あ、あとおじいちゃんとおばあちゃんを車に乗せたら、近くのスーパーでお菓子と飲み物を買ってきて。
男：わかった。ほかに何か手伝えることはある？
女：んー、誕生日会のために部屋を飾りたいと思ってるんだけど、時間見つけて私がやるわ。

夫はこのあとまず何をしますか。

1　ケーキ屋に行く
2　車でむかえに行く
3　スーパーで買い物をする
4　かざりをする

정답　1

4ばん

1　古いれっしゃの写真
2　一番気に入っている食べ物をとった写真
3　かんこうちで売られている写真
4　自分が一番好きな写真

① ② ③ ④

음성

授業で、先生が話しています。学生は来週どんな写真を発表しますか。

男：皆さんは今まで、どのような場所へ旅行に行ったことがありますか。そこでは、有名な観光地または食べ物の写真を撮ってきたと思います。そこで、みんなが旅行で撮ってきた写真の中で一番気に入っている写真が何かを知りたいです。来週の授業までに一枚選んで、その写真はいつごろ撮ったのか、どこで撮ったのか、どうして気に入っているのかを発表してもらいたいと思います。例えば、旅行で利用した列車の写真でもいいですよ。

学生は来週どんな写真を発表しますか。

1　古いれっしゃの写真
2　一番気に入っている食べ物をとった写真
3　かんこうちで売られている写真
4　自分が一番好きな写真

정답　4

5ばん

1　玉ねぎ、トマト
2　玉ねぎ、トマト、ビール
3　肉、玉ねぎ、トマト、ワイン
4　ビール、ワイン

① ② ③ ④

음성

スーパーで男の人と女の人が話しています。女の人は何を買いますか。

男：今、会社から電話がきて、今すぐ来てほしいって言われちゃって。悪いけど、この後の買い物を任せてもいい？

女：いいわよ。

男：ありがとう。今日はハンバーグを作ろうと思って、肉は昨日買ったから、玉ねぎと、今日飲むお酒も買ってね。あとサラダ用のトマトも。一応、買い物リストを渡しておくね。

女：うん、わかった。お酒は何を飲む？ビールとワイン、どっちも買おうか。

男：いや、ワインは家にあったからいいよ。

女：わかった。

女の人は何を買いますか。

1 玉ねぎ、トマト
2 玉ねぎ、トマト、ビール
3 肉、玉ねぎ、トマト、ワイン
4 ビール、ワイン

정답 2

6ばん

1　りゅうがくをする
2　英語が勉強できる学校に行く
3　インターネットのじゅぎょうを　もうしこむ
4　海外のえいがをみる

① ② ③ ④

学校で男の学生と女の学生が話しています。男の学生はこのあとまず何をしますか。

男：頑張って勉強してるのに、なかなか英語がうまく話せるようにならないんだよね。鈴木さんはなんでそんなに上手なの？
女：実は小学校までアメリカに住んでたんだ。そうだ、海外に留学してみるなんてどう？でも、お金もかかるしそんな簡単なことじゃないか。
男：うん、留学はしてみたかったんだけどね。
女：あ、インターネットでやる会話授業って知ってる？学校で先生をしている友達が教えてるんだけど、実際に会話して学ぶことができるから、自信がつくと思うよ。
男：へえ、知らなかったよ、便利だね。
女：最初の授業は無料らしいよ、やってみたら？
男：うん、そうするよ。
女：そうだ、海外の映画をみて楽しみながら英語を聞くのもいいと思うよ、よかったら今度うちでみようよ。
男：いいね、そうしよう。

男の学生はこのあとまず何をしますか。

1 りゅうがくをする
2 英語が勉強できる学校に行く
3 インターネットのじゅぎょうを　もうしこむ
4 海外のえいがをみる

정답　3

2 포인트 이해

● 問題2 (例)

問題2では、まず質問を聞いてください。そのあと、問題用紙を見てください。読む時間があります。それから話を聞いて、問題用紙の1から4の中から、最もよいものを一つえらんでください。

1ばん
1 宿題が多くて寝ていないから
2 アルバイトがいそがしいから
3 かれしに会えないから
4 気分が悪いから

정답 | 2

1 어떤 것에 대한 설명·문제가 나온다

대화하고 있는 사람들의 관계와 무엇을 하고 있는지를 이야기한 후에 문제가 나옵니다.

大学で、男の人と女の人が話しています。女の人はどうして元気がないのですか。

2 선택지를 읽는다

선택지를 읽는 시간은 약 20초입니다. 무엇을 중점으로 들어야 하는지 생각하면서 본문을 들어야 합니다.

3　본문·문제가 나온다

본문은 남자와 여자의 대화일 때도 있고 텔레비전·라디오·자동 응답기 등에서 혼자 이야기할 때도 있습니다. 본문이 끝난 다음에 한 번 더 문제를 들려 줍니다.

男：どうしたの？なんか元気がないね。最近、宿題が多くてあまり寝ていないんじゃない？
女：それはいつものことだから慣れたよ。最近アルバイトを始めたって話したと思うんだけど。
男：ああ、パン屋さんの。残ったパンが無料でもらえてうれしいって言ってたよね。
女：でも、店が人気すぎて忙しいから大変なんだよ。もう辞めようかな。
男：ああ、わかった。彼氏に会う時間が少なくなって嫌なんでしょ。
女：それは関係ないよ、毎日連絡してるし。ああ、アルバイトのことを考えてたら気分が悪くなっちゃう。

女の人はどうして元気がないのですか。

4　선택지에서 답을 고른다

선택지에서 답을 고르는 시간은 약 12초입니다. 선택지는 문제지에 제시되어 있습니다.

もんだい
問題2

問題2では、まず質問を聞いてください。そのあと、問題用紙を見てください。読む時間があります。それから話を聞いて、問題用紙の1から4の中から、最もよいものを一つえらんでください。

1ばん

1　けがをしたこと
2　眠れていないこと
3　進学できなかったこと
4　成績が悪くなったこと

음성

高校で女の学生と男の学生が話しています。女の学生はこの男の学生のことでどんなことを心配していますか。

女：上野さん、最近クラブ活動でうまくいってないみたいだね。昨日も練習中に転んだって山内さんから聞いたよ。

男：でもまあ、そんなにひどいけがじゃないから。

女：大丈夫？実はそれが心配だったわけじゃなくてね。

男：うん。

女：山内さんが、上野さんはあまり寝てないって言ってたよ。夜遅くまで起きているの？

男：うん。もうすぐ3年生になるし、進学について考えることが増えてね。

女：そっか。でも学校の勉強にも集中できなくなっちゃうよ。先生や友達に相談したらいろんな意見がもらえていいかも。

男：そうしてみようかな。

女の学生はこの男の学生のことでどんなことを心配していますか。

1　けがをしたこと
2　眠れていないこと
3　進学できなかったこと
4　成績が悪くなったこと

정답　2

2ばん

1 しぜんが多いところ
2 有名な絵がたくさんあるところ
3 たてものが　くふうされているところ
4 ポスターがもらえるところ

① ② ③ ④

음성

女の人と男の人が話しています。女の人は、美術館に行って何がよかったと言っていますか。

女：昨日、東京に新しくできた美術館に行ったんだけど、とても感動したの。
男：あ、自然に囲まれていて落ち着くんだってね。有名な絵はたくさん飾ってあった？
女：みんなが知っているような絵はあまりなくて、場所も大きい道路が近くにあったからそんなに静かではなかったよ。でも建物がすごかったの。一つ一つの作品に集中できるようなデザインになっていてね。
男：へえ、気になるな。
女：毎週日曜日は美術館に飾られている絵のポスターがもらえるみたいよ。
男：それは行くしかないな。

女の人は、美術館に行って何がよかったと言っていますか。

1　しぜんが多いところ
2　有名な絵がたくさんあるところ
3　たてものが　くふうされているところ
4　ポスターがもらえるところ

정답　3

3ばん

1　しゅっちょうのよていが　かわったから
2　社長がひこうきに乗れなかったから
3　部長と話すから
4　しんにゅうしゃいんの　きょういくかいがあるから

① ② ③ ④

음성

留守番電話のメッセージを聞いています。男の人はどうして会議の時間に間に合いませんか。

男：もしもし、鈴木です。明日の朝の会議なんだけど、少し遅れそうで。急に明日の午前に出張先での予定が増えてね、社長が、大事なお客さんだから帰りの飛行機の時間を遅らせてでも行ってくれって。あと、部長と大事な話し合いがあって、夕方にある新入社員の教育会に遅れて参加するって話してたけど、教育会の後にすることになったから、最初から出られることになったよ。悪いんだけど、よろしくね。

男の人はどうして会議の時間に間に合いませんか。

1 しゅっちょうのよていが かわったから
2 社長がひこうきに乗れなかったから
3 部長と話すから
4 しんにゅうしゃいんの きょういくかいがあるから

정답 1

4ばん

1 地図が見られる
2 どこでも本が読める
3 家のかぎになる
4 いろいろなゲームができる

음성

テレビで、ある男の人が携帯電話について話しています。この携帯電話の何が特徴だと言っていますか。

男：皆さん、今人気のこの携帯電話を知っていますか。とても便利だと話題になっているんです。最近の携帯電話は、たくさんのゲームをすることができたり、道がわからなくなってしまったときに地図を見ることができます。それに、どこにいても本が読めるようになりました。この携帯電話はそれだけではなく、家のかぎにもなるんです。こんな携帯電話は、今までにありませんでしたよね。かぎを持つ必要がなくなっていいですね。

この携帯電話の何が特徴だと言っていますか。

1　地図が見られる
2　どこでも本が読める
3　家のかぎになる
4　いろいろなゲームができる

정답　**3**

5ばん

1　めずらしいがっきが　あるところ
2　ねだんが高いところ
3　たくさんギターをおいているところ
4　むりょうのサービスがあるところ

① ② ③ ④

음성

女の人と男の人が、楽器屋について話しています。男の人はこの楽器屋の何が一番好きだと言っていますか。

女：すぐ近くに、楽器屋があるので少し寄ってもいいですか。
男：あ、森楽器屋ですよね。私もよく行くんですよ。
女：そうなんですか！実はずっと行ってみたくて。
男：楽器の種類がたくさんあるので選ぶのには時間がかかりますが、日本ではあまり見ないような楽器もあっておもしろいんですよ。それを見るのが楽しみで、つい仕事帰りに寄っちゃうんです。
女：そうなんですか。値段はどうですか。
男：値段は普通です。でも、人気のある楽器しか置いてないので、どれを買っても間違いないと思いますよ。あと、無料で楽器の掃除をしてくれるサービスもあるんですよ。まあ、掃除は自分でもできると思うんですけど。
女：なるほど。じゃあ今度ゆっくりその店でギターを選ぼうと思います。

男の人はこの楽器屋の何が一番好きだと言っていますか。

1　めずらしいがっきが　あるところ
2　ねだんが高いところ
3　たくさんギターをおいているところ
4　むりょうのサービスがあるところ

정답 1

6ばん

1 部長に しんしょうひんを見せる
2 ちがう しょうひんを考える
3 しょうひんの絵を入れる
4 アンケートのじょうほうを まとめる

① ② ③ ④

女の人と男の人が会社で新しい商品の計画書について話しています。二人はこのあとまず何をしますか。

女：松下くん、この前一緒に考えた新商品の計画書のことなんだけど。
男：うん、もうあとは提出するだけだね。
女：それがね、部長にどんな商品を計画しているか見せてくれって言われて見せたんだけど、今の内容じゃわかりにくいって言われちゃって。
男：何がわかりにくいって？
女：二つアドバイスをもらったんだけど、一つ目は、すごくおもしろい内容なのに、文章の説明だけで絵も何もないから商品の想像ができなくてもったいないって。
男：確かに、絵を入れないといけないね。
女：そうね。二つ目は、今のままだとアンケートの情報がまとまってなくて、この商品がどんな人たちに向けて作られているのかが伝わらないって。松下くん、アンケートの内容、まとめ直さない？
男：そうだな、そうしよう。まとめたら、商品の想像もしやすくなるだろうから、絵はそのあとに考えよう。
女：うん。そうだね。
男：部長に僕からもお礼を言っておくよ。

二人はこのあとまず何をしますか。

1 部長に しんしょうひんを見せる
2 ちがう しょうひんを考える
3 しょうひんの絵を入れる
4 アンケートのじょうほうを まとめる

정답 4

3 개요 이해

● 問題3 (例)

問題3では、問題用紙に何もいんさつされていません。この問題は、ぜんたいとしてどんなないようかを聞く問題です。話の前に質問はありません。まず話を聞いてください。それから、質問とせんたくしを聞いて、1から4の中から、最もよいものを一つえらんでください。

ーメモー

1 어떤 것에 대한 설명이 나온다

어디에서 누가 이야기하고 있는지 등이 나옵니다. 이때 문제는 나오지 않으니 주의해 주세요.

テレビでアナウンサーが話しています。

2 본문이 나온다

본문은 한 사람이 텔레비전이나 라디오에서 이야기하는 상황이나 인터뷰 등의 경우가 많습니다.

女：最近、会社に行かないで家で仕事をするというやり方を、多くの会社が行っています。インターネットを使えば、同じ場所にいなくても簡単に情報を伝えることができる便利な時代になりました。しかし、今回のインタビューで「家に家族がいるので仕事に集中できない」「わからないことがあってもすぐに相談ができない」「人との関わりがなくなり、ストレスがたまる」などの意見があることがわかりました。

3 문제가 나온다

문제가 나옵니다. <u>무엇에 대해 이야기하고 있는지, 이야기하고 있는 사람이 어떻게 생각하고 있는지</u>를 자주 묻습니다.

アナウンサーは何について話していますか。

4 선택지 1~4가 나온다

1 家で仕事をする理由
2 家での働き方
3 家で仕事をすることの問題点
4 家で仕事をするいい点

정답 | 3

5 선택지에서 답을 고른다

선택지에서 정답을 고르는 시간은 약 7초입니다. 선택지는 문제지에 제시되어 있지 않습니다.

もんだい
問題3

問題3では、問題用紙に何もいんさつされていません。この問題は、ぜんたいとしてどんなないようかを聞く問題です。話の前に質問はありません。まず話を聞いてください。それから、質問とせんたくしを聞いて、1から4の中から、最もよいものを一つえらんでください。

―メモ―

1	① ② ③ ④
2	① ② ③ ④
3	① ② ③ ④

1ばん

> 음성

会社で女の人と男の人が話しています。

女：加藤さんって絵を描くことが好きなんだってね。
男：うん。去年から始めてね、休日は絵画教室にも通ってるんだ。
女：それが最近の楽しみなんだね。いいね。
男：プロみたいにはうまく描けないんだけどね。でも、描いていると気分がいいし、仕事に集中できないときも、絵を描くときのことを考えると頑張れるんだ。それに一つの作品を描き終わったときはすごく自信がつくしね。
女：そうなんだ。私もやってみようかな。

男の人は何について話していますか。
1　絵を描き始めた理由
2　絵を描くことの楽しさ
3　絵をうまく描く方法
4　絵に集中できない理由

> 정답　2

2ばん

음성

料理教室で、先生が話しています。

女：この料理は、難しくはありませんが、いくつかのポイントがあります。今から順番に説明します。最初に、肉に塩で味をつけます。10分くらい置いてから、冷たいフライパンに乗せて火をつけます。そうすることで、どの肉にも同じくらい火が通ります。このとき、火は弱くしてくださいね。この通りにすれば、とってもおいしくできあがりますよ。

先生は料理の何について話していますか。
1　料理の難しさ
2　料理で使う調味料
3　料理のおいしさ
4　料理の方法

정답 4

3ばん

テレビで遊園地の係の人が話しています。

女：皆さん、大人になってから遊園地に行く機会が減ってませんか。遊園地には、大人が乗れるような乗り物がない、行くと歩き回って疲れてしまうと考える人も少なくないと思います。しかし、遊園地も見方によっては、子どもたちだけではなく大人も楽しむことができる場所なんですよ。園内にあるおしゃれなレストランやカフェでご飯を食べたり、夜には電気が光ってきれいな景色を見ながら閉園時間までゆっくり過ごすなんてことも。遊園地の新しい発見をしてみてはどうでしょうか。

遊園地の係の人は何について話していますか。
1 遊園地のお客さんがへった理由
2 遊園地が人気の理由
3 遊園地の営業時間
4 遊園地で大人も楽しむ方法

정답　4

4　발화 표현

● 問題4 (例)

問題4では、えを見ながら質問を聞いてください。やじるし（➡）の人は何と言いますか。1から3の中から最もよいものを一つえらんでください。

1　어떤 것에 대한 설명·문제가 나온다

어디에서 무엇을 하고 있는지 등의 설명이 나옵니다. 그다음에 '뭐라고 합니까?'라고 묻습니다.

花を買いたいです。何と言いますか。

2 선택지 1~3이 나온다

선택지는 짧은 회화문에 대한 대답입니다.

1 ええ、一本(いっぽん)だけですか。
2 すみません、一本(いっぽん)ください。
3 そうですね、一本(いっぽん)で十分(じゅうぶん)です。

정답 | 2

3 선택지에서 답을 고른다

선택지에서 정답을 고르는 시간은 약 10초입니다. 선택지는 문제지에 제시되어 있지 않습니다.

포인트

이 문제에서는 그림을 보고 어디에서 누구와 있는지, 무엇을 하고 있는지 등을 확실히 이해하는 것이 중요합니다. 일상생활에서 자주 사용되는 표현이나 경어 문제가 나옵니다. 그 상황에 맞는 올바른 대답을 골라야 합니다.

もんだい
問題4

問題4では、えを見ながら質問を聞いてください。やじるし（➡）の人は何と言いますか。1から3の中から最もよいものを一つえらんでください。

1ばん

| 1 | ① ② ③ |

2ばん

3ばん

2	① ② ③
3	① ② ③

4ばん

1ばん

음성 友達に冷蔵庫を運ぶのを手伝ってほしいです。何と言いますか。

女：1　重かったかな？
　　2　一緒に持ってもらっていい？
　　3　冷蔵庫運んでいくの？

2ばん

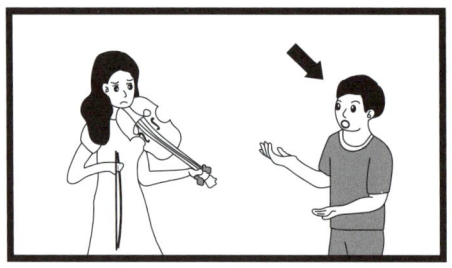

음성 バイオリンがうまく弾けません。娘にアドバイスします。何と言いますか。

男：1　もっと優しく弾いたら？
　　2　うまくなったもんね。
　　3　もうしまっていいよ。

정답　1번 2　2번 1

3ばん

음성
試合後の選手に話しかけます。インタビューできるかまだわかりません。何と言いますか。

女：1　今インタビューしてもよろしいですか。
　　2　今インタビューに答えましょうか。
　　3　今インタビューを伝えますか。

4ばん

음성
友達が料理をおいしそうに食べています。感想を聞きたいです。何と言いますか。

男：1　味はどう？気に入った？
　　2　ラーメンって聞いたよ？
　　3　お腹空いちゃった。

정답　3번 1　4번 1

5　즉시 응답

● 問題5 (例)

問題5では、問題用紙に何もいんさつされていません。まず文を聞いてください。それから、そのへんじを聞いて、1から3の中から、最もよいものを一つえらんでください。

ーメモー

1　짧은 회화문이 나온다

午前中にこの資料まとめといてって言ったじゃん。

2　선택지 1~3이 나온다

선택지는 짧은 회화문에 대한 대답입니다.

1　はい、部長のおかげです。
2　もうまとめてくれたんですね。
3　間に合わなくて、すみません。

정답 | 3

3 선택지에서 답을 고른다

선택지에서 답을 고르는 시간은 약 8초입니다. 선택지는 문제지에 제시되어 있지 않습니다.

이 문제는 푸는 시간이 짧기 때문에 시간을 들여 메모하지 않는 것이 중요합니다. 보기를 듣고 간단하게 ○ × △ 등의 메모를 하면서 듣는 것도 좋을 것입니다.

정답이라고 생각하는 것 ○   확실히 틀리다고 생각하는 것 ×   정답이 될 것 같은 것 △

問題5

問題5では、問題用紙に何もいんさつされていません。まず文を聞いてください。それから、そのへんじを聞いて、1から3の中から、最もよいものを一つえらんでください。

―メモ―

1	① ② ③
2	① ② ③
3	① ② ③
4	① ② ③
5	① ② ③
6	① ② ③
7	① ② ③
8	① ② ③
9	① ② ③

1ばん

女：山田さん、今どこ？もうすぐ着きそう？

男：1　もう着くの？待ってて。
　　2　そろそろ着くよ。
　　3　着くらしいよ。

2ばん

女：あ、ダニエルさん、先週調子が悪くて学校を休んだんだって？

男：1　そうなの？大丈夫かな。
　　2　ええ、悪いことはしてないよ。
　　3　うん、でも普通のかぜだったよ。

3ばん

男：明日の10時に、山田さんの自宅に伺いたいのですが、よろしいでしょうか。

女：1　そちらに行くということですね。
　　2　はい、お待ちしております。
　　3　いいですよ、見てみますね。

| 정답 | 1번 2 | 2번 3 | 3번 2 |

4ばん

> **음성**
>
> 男：ミンさん、無くしてた免許証、結局見つかったの？
>
> 女：1　いいえ、まだです。
> 　　 2　ええ、見つかったんですか。
> 　　 3　はい、免許を取りました。

5ばん

> **음성**
>
> 男：お客様、お預かりする荷物はありますでしょうか。
>
> 女：1　はい、持ちました。
> 　　 2　いえ、預けていません。
> 　　 3　これをお願いします。

6ばん

> **음성**
>
> 女：お客様、美術館で写真を撮るのはご遠慮ください。
>
> 男：1　はい、この写真が気に入りました。
> 　　 2　ぜひ、撮らせてください。
> 　　 3　すみません、気を付けます。

정답　4번 1　5번 3　6번 3

7ばん

음성

女：先生、今お時間よろしいでしょうか。

男：1　結構です。
　　2　構いませんよ。
　　3　ご遠慮ください。

8ばん

음성

女：キムさん、ごあいさつのため、すぐにお目にかかりたいのですが。

男：1　そうですね、明日はいかがですか。
　　2　今日はお会いできてよかったです。
　　3　ぜひ見せてください。

9ばん

음성

男：子どものころ、プールでおぼれちゃったことがあるんだ。

女：1　それはこわかったよね。
　　2　おぼれている子はどこにいるの？
　　3　泳げるんだ、すごいね。

정답　7번 2　8번 1　9번 1

모의
시험

제1회
제2회

맨 마지막 페이지에 정답을 마킹할 수 있는 답안지가 2회분 포함되어 있습니다.

모의 시험
제1회

JLPT N3

Language Knowledge (Vocabulary)　　　もんだいようし

N3

げんごちしき（もじ・ごい）
（30ぷん）

ちゅうい
Notes

1. しけんが はじまるまで、この もんだいようしを あけないで ください。
   Do not open this question booklet until the test begins.

2. この もんだいようしを もって かえる ことは できません。
   Do not take this question booklet with you after the test.

3. じゅけんばんごうと なまえを したの らんに、じゅけんひょうと おなじように かいて ください。
   Write your examinee registration number and name clearly in each box below as written on your test voucher.

4. この もんだいようしは、ぜんぶで 7ページ あります。
   This question booklet has 7 pages.

5. もんだいには かいとうばんごうの 1 、2 、3 …が ついて います。かいとうは、かいとうようしに ある おなじ ばんごうの ところに マークして ください。
   One of the row numbers 1 , 2 , 3 … is given for each question. Mark your answer in the same row of the answer sheet.

じゅけんばんごう Examinee Registration Number	
なまえ Name	

問題1 ＿＿＿のことばの読み方として最もよいものを、1・2・3・4から一つえらびなさい。

1 悲しい音楽が流れている。
 1 さびしい 2 かなしい 3 たのしい 4 うれしい

2 家に絵をかざる。
 1 かみ 2 さら 3 え 4 ふく

3 今日は体の調子がいいです。
 1 ちょうし 2 ちょし 3 ちょうしい 4 ちょしん

4 お気に入りの食器が割れました。
 1 しょうき 2 しょき 3 しょっきい 4 しょっき

5 大きな橋を車で渡る。
 1 さか 2 みち 3 はし 4 うみ

6 太陽がのぼる方向に歩く。
 1 ほこ 2 ほうこう 3 ほこう 4 ほんこん

7 忘れた物を駅まで取りに行く。
 1 わすれた 2 ぬれた 3 たおれた 4 われた

8 今日はいい天気だから昼寝をしよう。
 1 ひるねい 2 ひるねる 3 ひっね 4 ひるね

問題2 ＿＿＿のことばを漢字で書くとき、最もよいものを1・2・3・4から一つえらびなさい。

9 さいごに、社長からお話があります。
　　1　冒後　　　2　更後　　　3　最後　　　4　曹後

10 でんきゅうが切れたので、買いに行くことにした。
　　1　伝求　　　2　電球　　　3　電求　　　4　伝球

11 クラスみんなの名前をおぼえることができない。
　　1　観える　　2　覧える　　3　規える　　4　覚える

12 ぐあいが悪いので、今日は帰らせていただきます。
　　1　具合　　　2　貝会　　　3　具会　　　4　貝合

13 ようきいっぱいに水を入れてください。
　　1　用器　　　2　容機　　　3　容器　　　4　用機

14 夜になると、彼女のことがこいしくなる。
　　1　愛しく　　2　情しく　　3　恋しく　　4　欲しく

問題3（　　　）に入れるのに最もよいものを、1・2・3・4から一つえらびなさい。

15 毎朝、長い髪を（　　　）するのに時間がかかる。
　　1　セット　　　　2　イメージ　　　　3　ゴール　　　　4　チェックアウト

16 来週、父は腕を（　　　）することになりました。
　　1　工事　　　　2　発展　　　　3　手術　　　　4　修理

17 明後日の食事会について、少し（　　　）があります。
　　1　印象　　　　2　相談　　　　3　仮定　　　　4　感謝

18 バスケットボールを始めたばかりなので、（　　　）な練習をたくさんする。
　　1　数学的　　　　2　経済的　　　　3　代表的　　　　4　基礎的

19 テストで（　　　）間違いをして合格できなかった。
　　1　暗い　　　　2　惜しい　　　　3　痛い　　　　4　危ない

20 突然停電したので、会議が（　　　）になりました。
　　1　禁止　　　　2　以外　　　　3　移動　　　　4　中止

21 電子レンジから、温め直した料理を（　　　）。
　　1　取り出す　　　　2　取り消す　　　　3　取り込む　　　　4　取り替える

22 洗濯物がたまっているから、（　　　）から出かけてね。
　　1　飾って　　　　2　掃いて　　　　3　植えて　　　　4　たたんで

23 大雨が降っていたのに、(　　　)晴れて道が乾いた。
　　1　早速　　　　2　今にも　　　　3　突然　　　　4　先に

24 高校時代の野球の(　　　)と一緒に、旅行に行く約束をした。
　　1　個人　　　　2　仲間　　　　3　市民　　　　4　若者

25 久しぶりに運動したので、体が(　　　)する。
　　1　うろうろ　　　2　いらいら　　　3　きらきら　　　4　ふらふら

問題4 _____に意味が最も近いものを、1・2・3・4から一つえらびなさい。

26 大きな会社に<u>就職する</u>。
　　1　たずねる　　　2　変える　　　　3　あこがれる　　4　勤める

27 彼がかく絵は<u>うつくしい</u>。
　　1　かわいい　　　2　はでだ　　　　3　きれいだ　　　4　おもしろい

28 海に向かって<u>叫んだ</u>。
　　1　大きな声を出した　　　　　　2　小さな声を出した
　　3　走った　　　　　　　　　　　4　歩いた

29 村上さんの<u>出身</u>はどこですか。
　　1　住んでいるところ　　　　　　2　生まれたところ
　　3　通っている高校　　　　　　　4　通っていた会社

30 彼女は、チームの中で<u>最も</u>身長が高い。
　　1　相当　　　　　2　結構　　　　　3　まあまあ　　　4　いちばん

問題5 つぎのことばの使い方として最もよいものを、1・2・3・4から一つえらびなさい。

[31] 解決
1. 真夏はたくさん水を飲み、体温を解決することが大切だ。
2. 何か困ったことがあったら、早めに解決するのが一番いい。
3. 泣いている友人を解決する言葉をさがしている。
4. 来年から販売する新しい商品のテーマを、みんなで解決する。

[32] 定員
1. 生活を助けるロボットを発明した彼の講演は、いつも定員を超える人が集まる。
2. 卒業式が終わったあとは、仲の良かった友達定員で写真を撮った。
3. 早く来られたお客様定員で、全ての店で使える衣料品の割引券を配ります。
4. こいのぼりを飾るのは、子どもが定員になるまで健康に成長できることを願うためだ。

[33] 振り込む
1. この貯金箱に、毎日500円ずつお金を振り込んでいる。
2. 配達のお兄さんに、玄関で荷物の代金を振り込む。
3. このカードを使って、月々の電気代を振り込んでください。
4. 子どもたちに振り込むお年玉を入れるための袋を用意する。

[34] 応援
1. 夫は積極的に、生まれたばかりの赤ちゃんの応援をしてくれます。
2. 弟がサッカーの試合に出るので、家族みんなで応援に行く。
3. わたしが小さなときから、両親は料理や洗濯の応援をさせてくれました。
4. けがをした子猫を見つけたので、応援のため連れて帰った。

[35] 次第に

1 遠く離れて暮らしている兄とは次第に電話している。
2 伊藤さんなら、ここの空港から次第に出発しました。
3 袋から出した後は、次第に食べきって下さい。
4 すずしくなり、木の葉の色が次第に変わってきた。

JLPT N3

Language Knowledge (Grammar) • Reading

問題用紙

N3

言語知識(文法)・読解
(げんごちしき)(ぶんぽう)(どっかい)

(70分)

注　意
Notes

1. 試験が始まるまで、この問題用紙を開けないでください。
   Do not open this question booklet until the test begins.

2. この問題用紙を持って帰ることはできません。
   Do not take this question booklet with you after the test.

3. 受験番号と名前を下の欄に、受験票と同じように書いてください。
   Write your examinee registration number and name clearly in each box below as written on your test voucher.

4. この問題用紙は、全部で19ページあります。
   This question booklet has 19 pages.

5. 問題には解答番号の 1 、 2 、 3 … が付いています。
   解答は、解答用紙にある同じ番号のところにマークしてください。
   One of the row numbers 1 , 2 , 3 … is given for each question. Mark your answer in the same row of the answer sheet.

受験番号 Examinee Registration Number

名前 Name

問題1 つぎの文の（　　）に入れるのに最もよいものを、1・2・3・4から一つえらびなさい。

1 この洋服屋は、女性の服だけでなく男性や子どもの服（　　）ある。
　1　にも　　　　2　から　　　　3　まで　　　　4　しか

2 この本は、作家の高校生のときの経験（　　）基づいて書かれています。
　1　に　　　　　2　を　　　　　3　が　　　　　4　まで

3 このお酒はジュースみたいなので、（　　）飲むことができる。
　1　まったく　　2　いくらでも　　3　きちんと　　4　決して

4 加藤先生が出した数学の問題（　　）、答えられる生徒はいなかった。
　1　にとって　　2　に対して　　3　のとおりに　　4　として

5 （家で）
　母「じゃあ、買い物に行ってくる。留守番している（　　）、家にずっといてね。」
　息子「わかった、いってらっしゃい。」
　1　おきに　　　2　ところに　　3　うちに　　　4　間

6 来週の会議の資料は、社長が（　　）はずです。
　1　お越しになる　2　お見えになる　3　ご覧になる　4　お試しになる

7 試験を受けてもう二か月がたつので、そろそろ結果が（　　）。
　1　届きたがる　　　　　　　　　2　届こうとする
　3　届くことにする　　　　　　　4　届くだろう

8 昨日みた映画の物語にとても感動して、（　　　）。
1　泣かずにはいられなかった　　2　泣くばかりではなかった
3　泣ききれなかった　　　　　　4　泣くはずがなかった

9 このマラソン大会は、年齢関係なく（　　　）でも参加することができます。
1　そちら　　　2　どなた　　　3　こちら　　　4　どちら

10 駅に向かっていた（　　　）、友達から今日は会うことができないと連絡が来た。
1　たびに　　　2　うちに　　　3　にあたって　　　4　ところに

11 彼は料理が作れない（　　　）、包丁もうまく使えない。
1　どころか　　　2　反面　　　3　のに対して　　　4　一方

12 （学校で）
田村「松井さんは海外に（　　　）？」
松井「うん、タイに5年間ね。でも、その間はタイ語を勉強していなかったから、話せないんだ。」
1　住むしかないの　　　　　　2　住みなおすの
3　住んだことがあるの　　　　4　住みつつあったの

13 （うちで）
妻「今日、ユウキが傷（　　　）学校から帰ってきたのよ。」
夫「ええ、大丈夫だったのか？」
1　くらいの　　　2　ほどの　　　3　だらけで　　　4　だけで

問題2 つぎの文の　★　に入る最もよいものを、1・2・3・4から一つえらびなさい。

(問題例)

あそこで＿＿＿　★　＿＿＿＿＿＿は村本さんです。

1　ラーメン　　2　食べている　　3　を　　4　人

(解答のしかた)

1. 正しい答えはこうなります。

あそこで＿＿＿　★　＿＿＿＿＿＿は村本さんです。

1　ラーメン　　3　を　　2　食べている　　4　人

2. ★ に入る番号を解答用紙にマークします。

(解答用紙)　例　① ② ● ④

14　＿＿＿＿　＿＿＿＿　★　＿＿＿＿、テストでいい点数が取れた。

1　兄が　　2　おかげで　　3　勉強を　　4　教えてくれた

15　(結婚式場で)

矢野「木村さんの結婚式、素晴らしかったね。」
北野「うん。彼が＿＿＿　★　＿＿＿＿＿＿なんて見たことがないよ。」

1　幸せそうに　　2　あんなに　　3　笑っている　　4　顔

16 わたしの前に座っている ＿＿＿ ＿＿＿ ★ ＿＿＿ 先生に注意された。

1　食べようとして　　　　　　2　授業中に
3　松田さんが　　　　　　　　4　弁当を

17 若葉温泉に ＿＿＿ ＿＿＿ ＿＿＿ ★ が、それでも行ってみたい。

1　行くには　　　　　　　　　2　方法がない
3　山を登るしか　　　　　　　4　らしい

18 公園で ＿＿＿ ＿＿＿ ★ ＿＿＿ 顔をしている。

1　今にも　　2　転んだ　　3　泣きそうな　　4　赤ちゃんが

問題3 つぎの文章を読んで、文章全体の内容を考えて、19 から 23 の中に入る最もよいものを、1・2・3・4から一つえらびなさい。

下の文章は、留学生が書いた作文です。

日本に留学して感じたこと

エミリー・ムーラー

　私は、日本へ留学に来てから一年間、アルバイトをしたことがありませんでした。まだ日本語をうまく話すことができなかったので、働くことは難しいと思い 19 。

　ある日、私がコンビニに入ると、そこで学校の友達が働いていました。その友達とお客さんの会話を聞いていると、友達の日本語が上手になっていることに気が付きました。 20 、私もアルバイトをしたら会話に自信を持つことができるんじゃないかと思い、友達にそのコンビニでアルバイトを募集しているかを聞こうとしましたが、勇気が出ず聞くことができませんでした。しかし、今アルバイトを始めなければ、これからも友達のように会話することは 21 。なので、次の日友達にお願いをして、店長に働くことができるか確認してもらうと、すぐに返事をいただき 22 。

　働き始めて半年が経った今では、お客さんや一緒に働いている人たちと楽しくコミュニケーションが取れるようになりました。 23 経験から、何でもまずはチャレンジすることが大事だということを学びました。

19 1 探すこともしたいです　　　　　　2 探したこともなさそうでした
　　3 探したこともあったのです　　　　4 探すこともしませんでした

20 1 そこで　　　　2 すると　　　　3 ついに　　　　4 だけど

21 1 できずにはいられないと思いました　2 できないだろうと思いました
　　3 できなかったそうです　　　　　　4 できないということです

22 1 働いてくれるようになりました　　2 働いてやることにしました
　　3 働かせてもらえることになりました　4 働かせてあげることにしました

23 1 それくらいの　　2 どれくらいの　　3 あのような　　4 このような

問題4 つぎの（1）から（4）の文章を読んで、質問に答えなさい。答えは、1・2・3・4から最もよいものを一つえらびなさい。

（1）

これは自動車の運転免許を取るための自動車学校のホームページに載せてあるお知らせである。

自動車学校に通っているみなさん

　年末年始の休みについてお知らせします。

　12月30日（木）から1月4日（火）まで、当自動車学校は休みとなります。
　29日（水）の交通ルールの授業は午前中のみ行います。
　また、運転技術の試験は12月25日（土）が最終です。試験の予約は3日前まで受け付けます。予約は必ず受付にある受験者用パソコンで行ってください。前日まではキャンセルも可能ですが、忘れずに事務室へ連絡してください。

　1月5日からはいつもの営業を開始します。

　　　　　　　　　　　　　　　　　　　　　　　　　　　　はやし自動車学校

---

24 年末の休みの前に運転技術の試験を受けたい人は、どうすればよいか。

1　12月29日の午前中に授業を受けたあとで試験の予約をする。
2　試験の3日前までに受付にある受験者用パソコンで予約をする。
3　12月25日までに、受付にある受験者用パソコンで予約をする。
4　試験の前日までに、忘れないように事務室に連絡をする。

(2)

これは社長が社員に書いたメールである。

みなさん、暑い中お疲れ様です。

本日から、夏休みの申請の受付を始めます。申請用紙に氏名と希望日を書いて、事務の佐藤さんに渡してください。締め切りは6月30日（水）です。

夏休みは7月15日（木）〜9月15日（水）の間で、一人二週間まで休むことができますが、仕事に問題がないよう、必ずグループのメンバーと相談して、日にちを決めてください。

日本語の森　社長　村上

---

[25] 社長が社員に伝えていることは何か。

1　会社の夏休みは6月30日（水）であること。
2　休みたい日を決めたら、締め切り日までに事務の人に申請すること。
3　7月15日から9月15日の間で、好きな日にちを選んで休むことができる。
4　休みたい日にちを申請用紙に書いて、6月30日までに社長に渡すこと。

(3)

　ジーンズというズボンは、今から約150年前のアメリカで、働く人のために作られたものだ。当時は、多くの人が「金(きん)」を手に入れるために山で働いていた。しかし、仕事中に服が木の枝に引っ張られて破(やぶ)れたり、石をふんだりして、服がすぐに穴(あな)だらけになっていた。

　それを見た服屋は、もっと厚くて丈夫(じょうぶ)な服を作ろうと考えた。それは簡単に破れず、長時間の仕事でも履(は)くことができる服だ。こうして作られたジーンズの良さはうわさで広まり、すぐに人気になったそうだ。

26 ジーンズが作られることになったのは、どうしてか。
1　服屋が山で仕事をするときに、もっと丈夫(じょうぶ)な服がほしいと感じたから。
2　簡単に破(やぶ)れる服があれば売れるだろうと、服屋が考えたから。
3　もっと丈夫(じょうぶ)な服を作ってほしいと、服屋が人々に言われたから。
4　長い時間働いても破(やぶ)れないような服を作ろうと服屋が考えたから。

(4)

　勉強するときに、教科書を声に出して読む人がいる。目で見るだけのほうが簡単なのに、何のためにそうするのだろうか。

　そう思っていたが、昨日先生が「覚えたいときは、声を出して読む方がいい。目で見るだけでは頭が働かず、覚える力が弱くなってしまうからだ。しかし、声に出して読んだとしても、文章の意味を考えながら読まないと目で見ているのと同じになってしまう。」と教えてくれた。

　それを聞いて私は、小さいときに声に出して読んだ絵本の内容を今でもずっと覚えていることに気がついた。

[27] 文章によると、覚えやすいのは例えばどんな方法か。
　　1　声に出して、全ての内容を読む
　　2　声に出さずに、目だけで読む
　　3　文の意味を考えて、声に出して読む
　　4　何も考えずに、とにかく声に出して読む

問題5 つぎの（1）と（2）の文章を読んで、質問に答えなさい。答えは、1・2・3・4から最もよいものを一つえらびなさい。

（1）

　昨日スーパーに行こうとしたとき、妹から、友達と食べるお菓子を買ってきてほしいと頼まれました。

　その友達は卵を食べるとアレルギーが出てしまうので、卵が使われていない、200円くらいのクッキーでチョコが入っているものがいいそうです。商品の名前は忘れてしまったようなので、特徴をメモして出かけました。

　しかしスーパーでお菓子を探している途中、私は困ってしまいました。チョコの入っているものはあっても、卵の入っていないものがどれなのかがわからなかったのです。結局、店員さんに声をかけて、一緒に探してもらいました。

　店員さんは、箱の裏側に書いてある表を見ながら探してくれましたが、見つけることができませんでした。なのでクッキーの代わりに二人が好きなチョコレートを買って帰ることにしました。今回の買い物で、食品に使われている材料の見方を知ったので、今度スーパーに行ったときは、そのような商品があるかもう一度見てみようと思います。

[28] 妹が頼んだクッキーの特徴は何か。
1 卵が使われているクッキー
2 卵が使われていないクッキーとチョコレート
3 卵が使われているチョコレート入りのクッキー
4 卵が使われていないチョコレート入りのクッキー

[29] 困ってしまいましたとあるが、何に困ったのか。
1 お菓子の名前を思い出せないから。
2 チョコレート入りのお菓子がなかったから。
3 妹が欲しいお菓子がどれかわからなかったから。
4 店員さんに声をかけられたから。

[30] 「私」は今度スーパーに行ったらどのようにするつもりか。
1 アレルギーについてよく調べる。
2 商品の裏側に書いてある材料を探す。
3 卵が入っていない商品があるか見る。
4 どんなお菓子がいいか考えて選ぶ。

(2)

　最近、長い時間一人で家にいる子どもの増加が問題になっている。祖父母とは別で暮らす家庭が増えたことや、両親がどちらも遅くまで仕事をしている家庭が多いことが原因だ。

　それを解決するために、A市では週に3回、「みんなの食堂」を開いている。A市に住む吉田さんが、市民館のキッチンを借りて、友人と一緒に始めた食堂だ。だれでも利用することができて、高校生までの子どもは無料、大人は500円のお金を払うことになっている。

　みんなの食堂が始まるのは、平日の夕方だ。子ども達だけではなく、近所に住む大学生や、仕事帰りの会社員なども集まり、一緒に夕食を食べている。そのほかにも、子どもたちの学校の宿題を手伝ったり、近くのグラウンドでサッカーをしたりもできる。

　みんなの食堂を始めた吉田さんは、「一人で過ごす時間が長いと、だれでもさびしくなる。ご飯を食べて帰るだけでもいいから、もっとたくさんの人にみんなの食堂に来てほしい。そして、にぎやかで楽しい時間を過ごしてほしい。」と話した。

31 それとあるが、何か。
1 祖父母と別で、親子だけで暮らす家庭が多いこと
2 仕事が忙しく、家族と一緒に過ごす時間が少ないこと
3 両親が忙しく、子どもが一人で過ごす時間が多いこと
4 一人で過ごす時間が多い子どもが、悪い行動をすること

32 みんなの食堂についての説明で、合っているものはどれか。
1 高校生までの子どもだけが利用できる。
2 A市に住んでいる人だけが行ける食堂だ。
3 手伝いに来た人は、お金を払わなくてもいい。
4 大人は、決まった料金を払えばいい。

33 みんなの食堂を始めた吉田さんが、思っていることは何か。
1 みんなと夕食を食べて、一人で過ごす時間を減らしてほしい。
2 みんなの食堂をもっと利用して、この活動を広めてほしい。
3 みんなで協力して作った夕食を、食べに来てくれたら嬉しい。
4 たくさんの人とご飯を食べたら、帰ってほしい。

問題6 つぎの文章を読んで、質問に答えなさい。答えは、1・2・3・4から最もよいものを一つえらびなさい。

　家から学校までの道に、いつもたくさんの人が並んでいるケーキ屋がある。そのケーキ屋は、ケーキの種類がたくさんあり、その店から出てくる人はみんな笑顔で幸せそうだった。私は人を笑顔にするケーキ屋にあこがれていた。

　私はケーキを作る技術を身につけるために、休みの日は家で練習をするようになった。①
人を幸せにするケーキを作るにはいろいろな工夫が必要だ。まずはじめは基本のケーキをたくさん作ることにした。クリームの塗り方や焼き方からはじめ、その次に果物の切り方などの技術を勉強した。そして、私が練習のために作ったケーキは、家族に食べてもらった。甘いものが好きな父と妹が協力してくれて、毎回おいしそうに笑顔で食べてくれていた。私は、おいしいと笑顔で食べてくれるのがうれしくて、毎日のようにケーキを焼くようになった。

　ある週末、新しく買った本のレシピを見ながらケーキを作ってみた。とてもきれいにできて、うれしかった。しかし、家族はあまりうれしそうじゃない。どうしたんだろうと思②
って話を聞くと、おいしいけど、定期的に食べると嫌になってしまうと言った。少しの間、見たくもないほどだ。確実に上達しているし、アドバイスできることももう少ないと言われた。

　たしかに、どんなに好きなものでも、与えられ続けたら嫌になってしまうだろう。将来は、おいしいだけでなく、何度も食べたいと思えるケーキを作りたいと思っている。

34 私があこがれるケーキ屋はどのような店か。

1 毎日、お客さんに人気のある数種類のケーキを作る店
2 毎日ケーキを作って、お客さんにたくさん売る店
3 ケーキがすぐに買えて、お客さんを笑顔にするお店
4 ケーキを買ったお客さんが笑顔で幸せになるお店

35 ①練習をするようになったとあるが、何から始めたのか。

1 幸せにするケーキを作る工夫。
2 基本のケーキの作り方の練習。
3 果物のきれいな切り方の練習。
4 家族に協力をお願いすること。

36 ②家族はあまりうれしそうじゃないとあるが、なぜか。

1 ケーキは好きだけど、たくさん食べたせいで嫌になり始めているから。
2 本のレシピを見て作ったケーキには、作り方のアドバイスができないから。
3 毎日食事をするのが大変で、食べることに疲れてしまっているから。
4 ケーキづくりの練習に協力することが面倒になってきているから。

37 「私」は今、どう考えているか。

1 これからは家族の意見を聞きながら、頼まれたものを作ろう。
2 家族は食べなくても、作るのは楽しいからこれからもどんどん作ろう。
3 おいしいだけのケーキではなく、何度も食べたくなるケーキを作ろう。
4 たとえおいしいと言われても、特別な日以外は作らないことにしよう。

問題7 右のページは、果物園のポスターである。これを読んで、下の質問に答えなさい。答えは、1・2・3・4から最もよいものを一つえらびなさい。

38 マリテスさんは小学生の娘と「チャレンジ」に参加し、そのあと果物を買って帰りたいと思っている。マリテスさんの希望に合うものはどれか。

1　「親子ジャムづくりチャレンジ」と「みんなのくだもの市場」
2　「親子ジャムづくりチャレンジ」と「みかん食べ放題」
3　「親子ケーキづくりチャレンジ」と「みんなのくだもの市場」
4　「親子ケーキづくりチャレンジ」と「みかん食べ放題」

39 学生の木下さんは友達3人と一緒に「みかん食べ放題」に参加するつもりだ。木下さんが可能な申し込み方法はどれか。

1　10月30日から11月10日の間にインターネットで申し込む。
2　10月30日から11月10日の間にインターネットで申し込み、入り口で支払う。
3　10月30日から11月8日までに電話で申し込み、銀行で振り込む。
4　10月30日から11月8日までに電話で申し込むか、当日朝8時までに申し込む。

森福市 みんなの果物園　くだもの祭り
2021年11月13日・14日

11月はくだもの祭り！季節の果物を楽しみませんか？

イベント	参加できる人	時間	参加費
みかん食べ放題 （食べ放題＆おみやげ）	どなたでも	08：00～12：00	1000円/3kg
みんなのくだもの市場 （いろいろな季節の果物を特別な価格で販売♪）	どなたでも	12：30～15：00	なし
親子ジャムづくりチャレンジ （季節の果物を使いましょう♪）	おとな　1名 こども　1名 （小学生以下）	11：00～12：00	500円/2人
親子ケーキづくりチャレンジ （季節の果物を使いましょう♪）	おとな　1名 こども　1名 （中学生以上）	12：30～14：00	1000円/2人

※上記は11月13日（土）・14日（日）くだもの祭りだけの特別価格です。

◇入場料：　無料
◇申し込み方法と参加費の支払い
　①インターネット　＜期間＞　10月30日～11月10日まで
　　下のホームページからお申し込みください。
　　料金はクレジットカードか銀行振り込みでお支払いください。
　②電話　＜期間＞　10月30日～11月8日まで
　　森福市　みんなの果物園　くだもの祭り係までお電話ください。
　　料金は銀行振り込みでお支払いください。
　③当日受付
　　当日8時00分まで　森福市　果物園入り口で受け付けております。
　　料金は当日、入り口の受付で、現金でお支払いください。
　　※『ジャム・ケーキチャレンジ』は当日のお申し込みはできません。
▶グループ（3人以上）で参加する場合、当日受付や電話での申し込みはできません。
　人数分の参加費をまとめてお支払いください。
▶質問は、電話、またはメールでお願いいたします。

◇みんなの果物園　くだもの祭り係
　☎090 - ××××-××××（月～土：10時～15時）
　info@morifukumf.××
　http://www.morifuku-minnafruit.××
◇森福市　みんなの果物園　森福市森福319-6（園の地図はホームページにあります。）

JLPT N3

Listening

問題用紙

N3

ちょうかい
聴解

(40分)

注 意
Notes

1. 試験が始まるまで、この問題用紙を開けないでください。
   Do not open this question booklet until the test begins.

2. この問題用紙を持って帰ることはできません。
   Do not take this question booklet with you after the test.

3. 受験番号と名前を下の欄に、受験票と同じように書いてください。
   Write your examinee registration number and name clearly in each box below as written on your test voucher.

4. この問題用紙は、全部で14ページあります。
   This question booklet has 14 pages.

5. この問題用紙にメモをとってもかまいません。
   You may make notes in this question booklet.

受験番号 Examinee Registration Number	
名前 Name	

もんだい
問題1

問題1では、まず質問を聞いてください。それから話を聞いて、問題用紙の1から4の中から、最もよいものを一つえらんでください。

れい

1　先生にもうしこみしょを出す
2　友達と一緒にもうしこみしょを出す
3　もうしこみしょに名前を書いて箱に入れる
4　けいじばんに名前を書く

1ばん

1 ひこうきのチケットを取る
2 お客さまのじょうほうをまとめる
3 しりょうをよういする
4 めいしをちゅうもんする

2ばん

1 月曜日
2 水曜日
3 火曜日
4 金曜日

3ばん

1　パソコンとマイク
2　パソコンとしりょう
3　ノートとマイク
4　ノートとしりょう

4ばん

1　家に帰る
2　つくえをじゅんびする
3　なふだを書く
4　買い物に行く

5ばん

1 花の数をかくにんする
2 イベントのチラシを作る
3 よやくで受けた花をよういする
4 木下さんに仕事をお願いする

6ばん

1 水曜日5日
2 月曜日10日
3 水曜日26日
4 月曜日24日

もんだい
問題2

問題2では、まず質問を聞いてください。そのあと、問題用紙を見てください。読む時間があります。それから話を聞いて、問題用紙の1から4の中から、最もよいものを一つえらんでください。

れい

1 宿題が多くて寝ていないから
2 アルバイトがいそがしいから
3 かれしに会えないから
4 気分が悪いから

1ばん

1 ウイルスがりゅうこうしたため
2 大きな仕事をさせてもらえるため
3 英語の勉強をするため
4 友達のけっこんしきに行くため

2ばん

1 けんこうでいるため
2 体力をつけるため
3 むかしより太ったため
4 休みの日の楽しみを作るため

3ばん

1 わりびきけんをくばったから
2 食べものを外ではんばいしたから
3 安くしたおかしをレジの前においたから
4 子どもが好きなおもちゃをふやしたから

4ばん

1 かんきょうについてのニュースをよく見るから
2 紙で作られたようきが売っているから
3 持ってきたようきに　せんざいを入れられるから
4 着なくなった服であたらしいしょうひんを作ったから

5ばん

1 近所のお客さんが りようしてくれない
2 おとしよりの方にサービスを使ってもらえない
3 休日の はいたつが おくれてしまう
4 バイクで商品を はいたつすることができない

6ばん

1 しゅうりやに そうじきを持って行く
2 そうじきを自分たちで直す
3 ちゅうこの そうじきを見に行く
4 でんきやの あたらしい そうじきを買う

もんだい
問題3

問題3では、問題用紙に何もいんさつされていません。この問題は、ぜんたいとしてどんなないようかを聞く問題です。話の前に質問はありません。まず話を聞いてください。それから、質問とせんたくしを聞いて、1から4の中から、最もよいものを一つえらんでください。

―メモ―

問題4

問題4では、えを見ながら質問を聞いてください。やじるし（➡）の人は何と言いますか。1から3の中から最もよいものを一つえらんでください。

れい

1ばん

2ばん

3ばん

4ばん

問題5

問題5では、問題用紙に何もいんさつされていません。まず文を聞いてください。それから、そのへんじを聞いて、1から3の中から、最もよいものを一つえらんでください。

—メモ—

모의 시험
제2회

Language Knowledge (Vocabulary)

もんだいようし

N3

げんごちしき（もじ・ごい）
（30ぷん）

ちゅうい
Notes

1. しけんが はじまるまで、この もんだいようしを あけないで ください。
   Do not open this question booklet until the test begins.

2. この もんだいようしを もって かえる ことは できません。
   Do not take this question booklet with you after the test.

3. じゅけんばんごうと なまえを したの らんに、じゅけんひょうと おなじように かいて ください。
   Write your examinee registration number and name clearly in each box below as written on your test voucher.

4. この もんだいようしは、ぜんぶで 7ページ あります。
   This question booklet has 7 pages.

5. もんだいには かいとうばんごうの 1 、 2 、 3 … が ついて います。かいとうは、かいとうようしに ある おなじ ばんごうの ところに マークして ください。
   One of the row numbers 1 , 2 , 3 … is given for each question. Mark your answer in the same row of the answer sheet.

じゅけんばんごう Examinee Registration Number

なまえ Name

問題1 ＿＿＿のことばの読み方として最もよいものを、1・2・3・4から一つえらびなさい。

1 ごみを<u>回収</u>します。
 1 かしゅ   2 かいしゅ   3 かしゅう   4 かいしゅう

2 彼が毎日<u>努力</u>していることをみんな知っています。
 1 どりょく   2 どろく   3 どりょうく   4 どうりょく

3 様々な店に行ったが、<u>結局</u>欲しい物は買えなかった。
 1 けきょうく   2 けきょく   3 けっきょく   4 けっきょうく

4 冬の海岸は寒いので、木を<u>燃</u>やして温まった。
 1 ふやして   2 もやして   3 ひやして   4 はやして

5 国の<u>機関</u>に問い合わせる。
 1 きいかん   2 きっかん   3 きかん   4 きか

6 彼は悪い人なのではないかと<u>疑</u>っています。
 1 つまって   2 いやがって   3 おこって   4 うたがって

7 <u>血液</u>の検査をすることになりました。
 1 けつえき   2 けっえき   3 ちえき   4 ちえ

8 わたしは新しい家を<u>建築</u>する予定です。
 1 けちく   2 けんちく   3 けいちく   4 けんち

問題2 ＿＿＿のことばを漢字で書くとき、最もよいものを1・2・3・4から一つえらびなさい。

⑨ サッカーボールは、ごかくけいが12個集まってできている。
　　1　五画型　　　2　五角形　　　3　五角型　　　4　五画形

⑩ ごはんをのこしてはいけません。
　　1　殖して　　　2　殊して　　　3　残して　　　4　殆して

⑪ 彼は、日本語にかんしんを持っている。
　　1　間心　　　　2　間信　　　　3　関信　　　　4　関心

⑫ スポーツクラブをたいかいすることにした。
　　1　追会　　　　2　適会　　　　3　退会　　　　4　述会

⑬ わたしは、小さいときからまずしい生活をしてきた。
　　1　貧しい　　　2　賃しい　　　3　貸しい　　　4　貿しい

⑭ 明日は、大事な会議にしゅっせきする予定です。
　　1　出常　　　　2　出席　　　　3　出希　　　　4　出幕

問題3（　　）に入れるのに最もよいものを、1・2・3・4から一つえらびなさい。

15 今回の旅の（　　）は、おいしいものをたくさん食べることだ。
　　1　頂上　　　　2　意識　　　　3　位置　　　　4　目的

16 ベトナムでは、バイクに乗って移動するのが（　　）だ。
　　1　一般的　　　2　具体的　　　3　活動的　　　4　最終的

17 この文章を読んでから、5つの（　　）に答えてください。
　　1　インフォメーション　　　　2　アナウンス
　　3　クイズ　　　　　　　　　　4　セミナー

18 運動をする前に、（　　）して体を温めよう。
　　1　体操　　　　2　実験　　　　3　行動　　　　4　登場

19 先生と一緒に英語の（　　）の練習をする。
　　1　調節　　　　2　運転　　　　3　感覚　　　　4　発音

20 迷子にならないように、しっかり手を（　　）いてね。
　　1　付けて　　　2　渡して　　　3　握って　　　4　伸ばして

21 将来は、（　　）が豊かな場所に住みたい。
　　1　生活　　　　2　自然　　　　3　景色　　　　4　地球

22 今日の食事会は席を（　　）していませんので、好きな場所にお座りください。
　　1　予定　　　　2　想定　　　　3　指定　　　　4　指導

[23] 妹を迎えに行くことを（　　）忘れて、そのまま帰ってきてしまった。
1　そっと　　　2　ぐっすり　　　3　すっと　　　4　すっかり

[24] 果物（くだもの）は傷（きず）つきやすいので、丁寧（ていねい）に（　　）ください。
1　加（くわ）えて　　2　扱（あつか）って　　3　掛（か）けて　　4　助（たす）けて

[25] 庭（にわ）の花や野菜にたっぷり水を（　　）あげよう。
1　注（そそ）いで　　2　ゆでて　　3　ためて　　4　温（あたた）めて

問題4 _____に意味が最も近いものを、1・2・3・4から一つえらびなさい。

26 車が<u>じゅうたい</u>している。
   1 止まっている　　　　　　　2 走っている
   3 なかなか前に進まない　　　4 どんどん前に進む

27 新しく建てる家を<u>イメージ</u>する。
   1 期待　　　2 想像（そうぞう）　　　3 見学　　　4 建設

28 今の仕事は<u>退屈（たいくつ）</u>だ。
   1 難しい　　　2 忙（いそが）しい　　　3 かんたんだ　　　4 ひまだ

29 待ち合わせの時間に<u>ぴったり</u>に着いた。
   1 当然（とうぜん）　　　2 さっき　　　3 ちょうど　　　4 偶然（ぐうぜん）

30 体の調子が<u>ずいぶん</u>よくなった。
   1 かなり　　　2 少し　　　3 さっそく　　　4 だんだん

問題5　つぎのことばの使い方として最もよいものを、1・2・3・4から一つえらびなさい。

31 姿勢（しせい）

1　気分が悪いときは、楽な姿勢で、ゆっくり休んでください。
2　いらいらするとき、つい姿勢でつめをかんでしまう。
3　大人になっても、みんなが知っているような姿勢を知らないと恥ずかしい思いをする。
4　彼女の姿勢は175cmもあり、モデルみたいでとても素敵だ。

32 混ぜる（まぜる）

1　会社では、名刺を混ぜる機会がたくさんある。
2　温めた牛乳にはちみつを混ぜたものを飲んでから眠る。
3　試験前に授業で習った大事なところをノートに混ぜる。
4　来月、友達の結婚式があるので、それに混ぜて仕事を休む予定だ。

33 得意（とくい）

1　一番得意な成績を残した人だけが、次の大会に進むことができます。
2　オリンピックに出場するのは、得意なことではない。
3　料理が得意なので、毎日食事を用意するのも全く嫌じゃありません。
4　掃除が得意なので、掃除用ロボットが発売されたときはすぐに買いました。

34 我慢（がまん）

1　地震が発生しても我慢できるような学校を建設する。
2　じゃがいもは我慢するので、安いときまとめてたくさん買う。
3　子どものときから体は我慢で、かぜをひくこともほとんどない。
4　彼女は我慢することなく、思ったことをはっきりと相手に伝える。

35 付き合う
 1 言語学習を助け合う友達(ともだち)とは、インターネットで付き合った。
 2 彼とはとても付き合うので、一緒(いっしょ)にいるとなんだか安心する。
 3 とうとう、10年付き合った彼女と結婚することを決意した。
 4 外出先で偶然家族(ぐうぜんかぞく)と付き合って、なんだかうれしくなった。

Language Knowledge (Grammar) • Reading

問題用紙

N3

言語知識（文法）・読解

(70分)

注意
Notes

1. 試験が始まるまで、この問題用紙を開けないでください。
   Do not open this question booklet until the test begins.

2. この問題用紙を持って帰ることはできません。
   Do not take this question booklet with you after the test.

3. 受験番号と名前を下の欄に、受験票と同じように書いてください。
   Write your examinee registration number and name clearly in each box below as written on your test voucher.

4. この問題用紙は、全部で19ページあります。
   This question booklet has 19 pages.

5. 問題には解答番号の 1 、 2 、 3 … が付いています。
   解答は、解答用紙にある同じ番号のところにマークしてください。
   One of the row numbers 1 , 2 , 3 … is given for each question. Mark your answer in the same row of the answer sheet.

受験番号 Examinee Registration Number

名前 Name

問題1　つぎの文の（　　）に入れるのに最もよいものを、1・2・3・4から一つえらびなさい。

1　寝坊した夫は、ご飯（　　）食べずにあわてて家を出て行った。
　1　も　　　　2　で　　　　3　に　　　　4　の

2　この島は、野菜（　　）魚もおいしいことで有名です。
　1　であるにもかかわらず　　　2　ばかりではなく
　3　なせいで　　　　　　　　　4　ほど

3　久しぶりにふるさとに帰ったが、（　　）母の料理はおいしかった。
　1　相変わらず　　2　決して　　3　いつも　　4　そんなに

4　甘いものが好きな（　　）、妹はチョコレートなどのお菓子を全く食べない。
　1　わたしをきっかけに　　　　2　わたしとともに
　3　わたしに対して　　　　　　4　わたしにとって

5　一年（　　）発表される彼の小説は、どれもすぐ売り切れになる。
　1　にあたって　　2　ごとに　　3　の際に　　4　に先立って

6　（学校で）
　生徒「先生、わたし行きたい高校に合格できるのか不安なんです。」
　先生「大丈夫。松井さんはこんなに（　　）、きっと合格できるよ。」
　1　頑張っているはずなのに　　2　頑張るとしても
　3　頑張るだけ　　　　　　　　4　頑張ってるんだから

7　会社から家に帰ると、玄関の鍵が（　　）だった。寝坊して急いで出てしまったからだろう。
　1　開いて以来　　　　　　2　開きつつ
　3　開いたまま　　　　　　4　開くばかり

8　（会社で）
部長「来年発売する新商品の資料は完成したのか。」
課長「すみません。今、作成（　　　）。」
1　申し上げます　　　　　　　　2　しております
3　でございます　　　　　　　　4　申します

9　久しぶりに両親に会えることも楽しみだが、飼っている犬（　　　）会うのが楽しみだ。
1　まで　　　　2　には　　　　3　より　　　　4　にも

10　字が上手に書けるようになるには、毎日書く練習を（　　　）。
1　することはない　　　　　　　2　しきれない
3　するしかない　　　　　　　　4　しようがない

11　今の会社に（　　　）10年たつが、新入社員を見ると10年前の自分を思い出す。
1　入社したかったから　　　　　2　入社しようと思ってから
3　入社してから　　　　　　　　4　入社するから

12　彼の携帯を見てはいけないとわかっていても、つい（　　　）。
1　見てしまう　　　　　　　　　2　見せてしまう
3　見られてしまう　　　　　　　4　見えてしまう

13　生徒「先生、行きたい大学に合格するにはどうすればいいですか。」
先生「合格したいなら、今日から一生懸命（　　　）。」
1　勉強してはいけませんね　　　2　勉強しなければなりませんね
3　勉強するところです　　　　　4　勉強しにくいです

問題2 つぎの文の＿＿★＿＿に入る最もよいものを、1・2・3・4から一つえらびなさい。

（問題例）

　　　私の ＿＿＿＿ ★ ＿＿＿＿ ＿＿＿＿ なることです。

　　　　1　に　　　　2　夢　　　3　有名な歌手　　　4　は

（解答のしかた）

1. 正しい答えはこうなります。

私の ＿＿＿＿＿ ★ ＿＿＿＿＿ ＿＿＿＿ なることです。
2　夢　　4　は　　3　有名な歌手　　1　に

2. ＿★＿に入る番号を解答用紙にマークします。

　　　　　　　　　　　（解答用紙）　| 例 | ① | ② | ③ | ● |

14　試合が終わり ＿＿＿＿ ＿＿＿＿ ★ ＿＿＿＿ をインタビューする。

　　1　優勝した選手に　　　　2　次第
　　3　今の　　　　　　　　　4　気持ち

15　日本では ＿＿＿＿ ★ ＿＿＿＿ ＿＿＿＿ 始める。

　　1　桜が　　　　　　　　　2　終わるとともに
　　3　冬が　　　　　　　　　4　咲き

16 サッカークラブの ＿＿＿ ★ ＿＿＿ ＿＿＿ 参加できていない。

1 試合に　　　　　　　　2 以来
3 足をけがして　　　　　4 練習で

17 竹田「洋服がすごく汚れているね。どうしたの？」
　　パク「雨が降っているから、土の ＿＿＿ ★ ＿＿＿ ＿＿＿ になっちゃったんだ。」

1 すべって転んで　　　　2 上で
3 洋服が　　　　　　　　4 土だらけ

18 （家で）
　　母「夜ご飯できたけど食べる？」
　　娘「さっき ＿＿＿ ＿＿＿ ★ ＿＿＿ もう少し後で食べるね。」

1 食べた　　　　　　　　2 お菓子を
3 夜ご飯は　　　　　　　4 ばかりだから

問題3 つぎの文章を読んで、文章全体の内容を考えて、19 から 23 の中に入る最もよいものを、1・2・3・4から一つえらびなさい。

下の文章は、留学生が書いた作文です。

運動会

ハンナ・コリンズ

　今年の夏、私は初めて運動会というものに参加しました。運動会は、生徒がいくつかのチームに分かれて、他のチームと戦います。一番多く点数をとったチームが優勝します。また、その日のために二か月も前から練習を行います。

　私は、運動会はお祭りのようなものだと思っていたので、練習も楽しみにしていました。しかし、実際に練習が始まると、とても大変でした。私は運動が苦手で、さらに暑いのも苦手です。どうして 19 暑い中、走ったり、並ぶ練習をしたり、大きな声を出したりしなければならないのかわからず、最初は全然楽しくありませんでした。 20 みんなが頑張って練習しているときに自分だけやる気がないのはいけないと思い、頑張ってみることにしました。

　練習している 21 チームのみんなとどんどん仲良くなっていきました。またチームのリーダーたちは、チームをもっと良くするために、わからないことがあったらわかるまで教えてくれたり、できるようになるまで一緒に練習してくれたりしました。そのおかげで、嫌だと思っていた練習にも、楽しく積極的に参加するようになり、「みんなで優勝したい」と思うようになりました。

　結果的に、私たちのチームは 22 。悔しかったのですが、その気持ちよりも、「楽しかった」という気持ちの方が大きかったです。私は、結果よりも「仲間と力を合わせて一生懸命戦った」ということの方がもっと大切であるということに 23 。運動会に参加したことで、授業では学ぶことができないことを学ぶことができたと思います。

| 19 | 1 そんなに | 2 あちらの | 3 こんなに | 4 どちらの |

| 20 | 1 そこで | 2 しかし | 3 すると | 4 だから |

| 21 | 1 うちに | 2 ところ | 3 ばかり | 4 おきに |

| 22 | 1 優勝することができたと思います | 2 優勝するしかありませんでした |
| | 3 優勝することになりました | 4 優勝することができませんでした |

| 23 | 1 気付かされます | 2 気付かれます |
| | 3 気付きました | 4 気付かれました |

問題4 つぎの（1）から（4）の文章を読んで、質問に答えなさい。答えは、1・2・3・4から最もよいものを一つえらびなさい。

（1）

これは大学から学生に届いたメールである。

あて先　：　shinnyusei@mori-college.xx.xx
件　名　：　2021年入学試験の結果について
送信日時：　2021年01月13日　15：00

森大学を受験したみなさん

試験、お疲れ様でした。明日、結果の発表があります。

試験の結果は、学校のホームページで発表しますので必ず確認してください。入学が決まった方には書類をお送りします。入学準備の進め方が書かれている大切な書類です。届き次第、すぐに確認してください。

また、一度にたくさんの人がアクセスすると、ホームページが動かなくなることがあります。その場合は、必ず学生課の方にお電話をお願いします。

森大学　学生課

---

[24] このメールからわかることは何か。
1　ホームページで書類を見ることができる。
2　ホームページが開けない場合は、学校に結果を見に行く必要がある。
3　合格した人には書類が送られてくるので、確認しなければならない。
4　入学のために必要な書類は受験した人全員に送られる。

(2)

　先日、初めてすし屋に行った。

　最初は、食べたいものを自由に注文していたが、注文したすしによって、皿の色が違うことに気づいた。今までいろんな店でご飯を食べたが、食べ物の種類によって皿の色が決まっているのは初めて見た。全部同じ色の方が、簡単にお皿にのせられるのに、なぜ色を分けるのか気になった。

　すると、一緒に行った日本人の友達が、皿の色によってすしの値段が違うことを教えてくれた。たしかに、これは店員もお客さんもどれくらい食べたのかがすぐわかって良いなと思った。

[25] 日本人の友達によると、皿の色が違うのはどうしてか。

1　皿の色によって、食べられる量が決まっているから。
2　皿の色を見れば、すしを簡単にのせられるから。
3　皿の色によって、何を食べるか決めることができるから。
4　皿の色によって値段が違うから。

(3)

　どのようなクラスは、成績が上がりにくいのだろうか。同じ内容を勉強している二つのクラスを半年の間調査した。

　一つ目のクラスは、先生がきびしい顔をして教えていた。一方、二つ目のクラスでは、いつも先生が笑顔で教えていた。結果として、学生の成績は驚くほど違った。きびしい顔をした先生のクラスで学んだ学生は、そうではないクラスの学生に比べ、30％も成績が低かったのだ。

　また、きびしい顔をした先生のクラスで最も成績が低かったのは、教師とコミュニケーションを取る機会が少ない学生だった。

[26] 勉強の効果が出なかった学生は、どのような学生か。
 1　安心できるクラスで学び、先生とのコミュニケーションをよくとった学生
 2　安心できるクラスで学び、先生とのコミュニケーションを取らなかった学生
 3　緊張感のあるクラスで学び、先生とコミュニケーションをよく取った学生
 4　緊張感のあるクラスで学び、先生とコミュニケーションを取らなかった学生

(4)

木村さんが出勤すると、ロッカーに店長からのメッセージがはってあった。

木村さん

　3日前にうちの店で、くつを買ったお客さんから連絡がありました。ハイヒールが、買ってすぐに壊れてしまったそうです。

　14時ごろに来店するそうなので、くつの状態を拝見して、修理してほしいです。修理の方法は、資料にしてまとめたので、午前中に読んでおいてください。

　私は今日、野田さんと一緒にほかの支店に行く用事があります。終わったら、すぐに店に行きますからね。

店長

---

[27] このメモを読んで、木村さんがしなければならないことは何か。
1　店長が来るまでに、修理方法についての資料を読んでおく。
2　午前中に、修理をしてお客さんのために資料を作る。
3　野田さんと一緒に支店に行き、用事を終わらせたあとで出勤する。
4　午前中に修理方法についての資料を読んで、くつの状態を見る。

問題5 つぎの（1）と（2）の文章を読んで、質問に答えなさい。答えは、1・2・3・4から最もよいものを一つえらびなさい。

（1）
　警察官だった父は、65歳で仕事を辞めた後、外出したがらなくなった。とても仕事に熱心だったし、休日でも「出勤しなさい」という命令がいつあるかわからなかったので、趣味もなかった。新しいことにチャレンジすることもなく、母が旅行にさそっても効果はなかった。

　そんな父が変化したきっかけは、うちに子犬が来たことだ。友人の家で産まれた子犬を私がもらったのだ。子犬の世話は父の役割になった。

　私が子どものころ、わが家では「タロ」という名前の犬を飼っていた。家族の中でタロを最もかわいがっていたのは父だ。どんなに忙しくても時間を作ってタロと遊んでいた。父は犬が好きなのだ。でも、タロが死んだとき、仕事のせいですぐに帰って来ることができなかった。父はそのことが忘れられなくて、それ以来犬は飼わなかった。しかし今は環境が違い、時間があるので子犬のそばにずっといることができる。

　（　　　）父はよく笑うようになった。ひまがあれば子犬の写真を私の携帯電話に送ってくる。「小さいのに力があるから、家具をかまないように教えるのが大変だよ。」と楽しそうに話してくれた。

28 <u>外出したがらなくなった</u>とあるが、なぜか。
　1　仕事が忙しく、いつ出勤の命令があるかわからないから。
　2　母と一緒に、旅行に行くのは好きじゃないから。
　3　警察官の仕事が好きで、また戻りたいと思っているから。
　4　時間があっても、特にやりたいことがないから。

29 子犬が来るまで、父はなぜ犬を飼わなかったのか。
　1　タロと遊ぶ時間が少なかったことが悲しかったから。
　2　タロに最後に会えなかったことが忘れられないから。
　3　仕事が忙しいせいで、タロを可愛がれなかったから。
　4　タロよりも仕事のほうがもっと大事だと考えたから。

30 （　　　）に入れるのに最もよいものはどれか。
　1　子犬が来てから
　2　子犬が産まれてから
　3　写真を撮るのが楽しいから
　4　子犬を大切にしてから

(2)
　私が結婚したとき、私と夫が付き合い始めてから結婚するまでに撮った写真を集めて、一つのビデオを作りました。はじめは私たちの記念のために作ったのですが、夫のアイデアでそのビデオを結婚式で流すことにしました。結婚式でビデオを見た両親はとても楽しそうでした。見終わった後に、二人が結婚したときのことを話してくれました。
　大学生の時、おとなしかった父は、毎日派手なワンピースを着て、ダンスをしている母を見て「仲良くなれない女性」だと思ったそうです。
　しかし、知り合ってから二人ともギターを弾くのが好きだということがわかり、どんどん仲良くなったといいます。そして、両親が結婚した時代は若い時に結婚することが普通だったので、大学を卒業する前に結婚を約束したそうです。今は、遅く結婚する人が多いので、それを聞いてとても驚きました。
　父は、「例えあの時代じゃなくても、同じことをしたと思う。お母さんが大好きだったから。」と言って笑いました。

[31] 「私」は結婚式で何をしたか。
1 夫と一緒にビデオを撮った。
2 夫と一緒に作ったビデオを流した。
3 両親と一緒にビデオを撮った。
4 夫と両親が一緒にビデオを作った。

[32] 父は最初、母に対してどのようなイメージを持っていたか。
1 ダンスが好きな、派手な性格の人
2 ダンスが好きな、おとなしい性格の人
3 派手な見た目で、仲良くなるのが難しそうな人
4 派手な見た目で、仲良くなるとおもしろそうな人

[33] あの時代とあるが、どんな時代か。
1 遅く結婚するのが普通だと言われていた時代
2 大学を卒業する前に結婚を約束する時代
3 大学を卒業する前に結婚するのが良かった時代
4 早く結婚するのが一般的だった時代

問題6 つぎの文章を読んで、質問に答えなさい。答えは、1・2・3・4から最もよい
　　　ものを一つえらびなさい。

　昨日、息子に荷物を送るために配達会社に行ったら、係の人が新しいサービスについて説明してくれた。
　今までは、利用者が家にいる時間に配達し、荷物を渡した証明としてはんこを押してもらうか、サインしてもらうのが当たり前だった。もし利用者と会えなかった場合は、会えるまで何度も配達に行っていた。
　ところが、ある日、利用者から配達会社あてに「配達員を待つのは大変だし、時間がもったいないと感じる」という意見が届いたことがあったそうだ。
　今まで、利用者に直接荷物を渡すと、配達会社も利用者も安心できると思っていた。しかし、利用者は、配達員と時間が合わなくて受け取れなかったことに対して、大変さを感じていたようだ。
　社長は「これは良いチャンス」だと思い、「いつでも便」を始めた。いつでも便は、配達員は玄関の前に荷物を置いて帰り、利用者は都合が良い時に荷物を取ることができるというものだ。
　このサービスは、一人暮らしの人や、忙しくて家にいる時間が少ない人に特に喜ばれていることがわかった。また、配達員も残業が減って喜んでいるらしい。それに、昨年に比べて、利用者は20%も増加したそうだ。これは、なかなか良いサービスなのではないかと思う。私はすっかり感心してしまい、さっそくいつでも便を申し込んだ。

34 利用者から届いた意見で、わかったことはどのようなことか。
1 利用者は、はんこを押したりサインをしたりしたくないと考えている。
2 受け取る人に会えるまで何度も配達に行くことで、安心することができる。
3 配達スタッフが来る時間がいつも遅いので、早く来てほしい。
4 利用者と配達会社の考えが違っていた。

35 ①これとあるが、何か。
1 配達サービスを変えることにしたこと
2 配達会社にとっては、スタッフを待つ時間がもったいないと感じること
3 配達会社のスタッフの間で問題になっていたこと
4 利用者が大変さを感じていること

36 いつでも便についての説明で、合っているものはどれか。
1 利用者が直接受け取らなくても、配達員が荷物を置いて帰ることができる。
2 いつでも便にした場合、他のサービスに変更することはできない。
3 荷物を配達してもらうとき、利用者は普通の配達かいつでも便かを選ぶ。
4 いつでも便を使うと、利用者がいつでも荷物を送ることができる。

37 ②なかなか良いサービスとあるが、この文章を書いた人はなぜそのように言っているのか。
1 配達員も利用者も、休む時間が増えたから。
2 利用者にとっては便利だが、会社にとってはむだだから。
3 利用者にとっても会社にとっても良い点があるから。
4 会社はお金をもらえるが、利用者は料金が高くなったから。

問題7 右のページは、文化を学ぶイベントの案内である。これを読んで、下の質問に答えなさい。答えは、1・2・3・4から最もよいものを一つえらびなさい。

38 大学生のアリーチェさんは花村大島に住んでいる。イベントに参加しようと思っているが、4回コースに参加するためには、どのように申し込みをしなければならないか。

1　7月11日までに電話で申し込む。
2　7月11日に着くようにはがきで申し込む。
3　7月17日までに電話で申し込む。
4　7月11日に着くようにパンフレットを送る。

39 会社員のジャックさんは、2回コースに参加しようと思っているが、参加費はいつまでに振り込まなければならないか。

1　7月11日まで
2　7月24日の一週間前
3　8月4日の一週間前
4　8月4日まで

花村大島の文化を学ぼう！

花村大島の昔からある文化を伝えるイベントを行います。
実際にさわる、作る、見るなどの経験をして、花村大島のことをもっと知って下さい。4回コースと2回コースがあります。

[4回コース］定員30名
　　　　　　期間内に開かれるすべてのプログラムに参加できます。
[2回コース］定員20名
　　　　　　8月に開かれる二つのプログラムに参加できます。

島ごはん料理教室	冷たい川で遊ぼう！＆花火まつり
7月24日（土） 島の野菜をたくさん使った「島の料理」を教えます。つくる＆食べるを通して、島の野菜のことを知って下さい。	8月4日（土） ゆっくり流れる川で遊んだあと、プロの花火屋と一緒に小さな花火を作りましょう。この日は年に一度の夏祭りです。
雲上山に登ろう自然教室	100年の歴史をもつ花村着物
8月21日（日） 雲上山の草花を使った作品を作ることができます。また、花村大島を代表する鳥を観察することができます。	9月4日（土） 昔から島で作られてきた着物です。草や花を使って、着物に色をつけているところを見学することができます。

◇参加できる人：　どなたでも参加できます。島外に住んでいる方も歓迎します。
　希望される方にはパンフレットをお送りしますので、ご連絡ください。

◇申し込み方法
※定員になり次第、申し込みを締め切ります。

4回コース：　はがきに、名前・住所・電話番号を書いて、7月11日（日）に着くように送ってください。こちらからパンフレットを送ります。当日の集合場所・持ち物はパンフレットに書いてありますので、必ず確認してください。

2回コース：　申し込み受付期間中に電話で申し込んでください。
申込み受付期間　7月3日（土）〜7月17日（土）

◇参加費・振り込み期限
4回コース：　3,000円／人
2回コース：　1,000円／人
申し込み後、各プログラムがはじまる日の一週間前までに指定の銀行に振り込んでください。小学生以下の子どもは無料で参加できます。

※島外に住んでいる方は、別に船のチケットを買う必要があります。プログラムに参加される方に限り割引があります。詳しい内容はお電話でお答えしております。

花村大島役場
〒100-0033　花村大島花村海神町1-1　☎0400-××-××××（11：00〜15：00）

Listening   問題用紙

N3

ちょうかい
聴解

(40分)

注　意
Notes

1. 試験が始まるまで、この問題用紙を開けないでください。
   Do not open this question booklet until the test begins.

2. この問題用紙を持って帰ることはできません。
   Do not take this question booklet with you after the test.

3. 受験番号と名前を下の欄に、受験票と同じように書いてください。
   Write your examinee registration number and name clearly in each box below as written on your test voucher.

4. この問題用紙は、全部で14ページあります。
   This question booklet has 14 pages.

5. この問題用紙にメモをとってもかまいません。
   You may make notes in this question booklet.

受験番号 Examinee Registration Number	
名前 Name	

もんだい
問題1

問題1では、まず質問を聞いてください。それから話を聞いて、問題用紙の1から4の中から、最もよいものを一つえらんでください。

れい

1 先生にもうしこみしょを出す
2 友達と一緒にもうしこみしょを出す
3 もうしこみしょに名前を書いて箱に入れる
4 けいじばんに名前を書く

1ばん

1 アイ
2 アエ
3 イウ
4 ウエ

2ばん

1 写真を大きくする
2 わりびきけんをつける
3 名前の色をかえる
4 地図をくわえる

3ばん

1 はいたつをする
2 レジをする
3 ピザを作るじゅんばんを考える
4 リストをせいりする

4ばん

1 レッスンのよやくをする
2 入会のもうしこみをする
3 クラスのせつめい会に行く
4 メールを見る

5ばん

1 お店の写真
2 えいぎょう時間
3 ぼしゅうのないよう
4 お店までのアクセス

6ばん

1 本を用意する
2 さいしゅうにんずうを　かくにんする
3 まどにかざりを付ける
4 ほかの人たちに伝える

もんだい
問題2

問題2では、まず質問を聞いてください。そのあと、問題用紙を見てください。読む時間があります。それから話を聞いて、問題用紙の1から4の中から、最もよいものを一つえらんでください。

れい

1 宿題が多くて寝ていないから
2 アルバイトがいそがしいから
3 かれしに会えないから
4 気分が悪いから

1ばん

1　旅行の本を買っていないから
2　お金がたりないから
3　国内で旅行することにしたから
4　友達と遊びたかったから

2ばん

1　食事にさそう
2　いっしょにおさけを飲む
3　毎週土曜日は遊ぶやくそくをする
4　ねんれいが近い社員だけで仕事をする

3ばん

1　くつの大きさ
2　くつのむりょうサービス
3　くつのとくちょう
4　くつのりょうきん

4ばん

1　パクさんにしょうかいしてもらう
2　インターネットでしらべる
3　ぼしゅうのチラシを見る
4　いろいろな店に行く

5ばん

1 日本語学校にしゅうしょくする
2 世界をたびする
3 かいがいで仕事をさがす
4 英語をおしえてもらう

6ばん

1 長く住める家にすること
2 あんぜんに家をたてること
3 ねんれいに　かんけいなく住めるようにすること
4 かべを丸くつくること

問題3

問題3では、問題用紙に何もいんさつされていません。この問題は、ぜんたいとしてどんなないようかを聞く問題です。話の前に質問はありません。まず話を聞いてください。それから、質問とせんたくしを聞いて、1から4の中から、最もよいものを一つえらんでください。

ーメモー

問題4

問題4では、えを見ながら質問を聞いてください。やじるし（➡）の人は何と言いますか。1から3の中から最もよいものを一つえらんでください。

れい

1ばん

2ばん

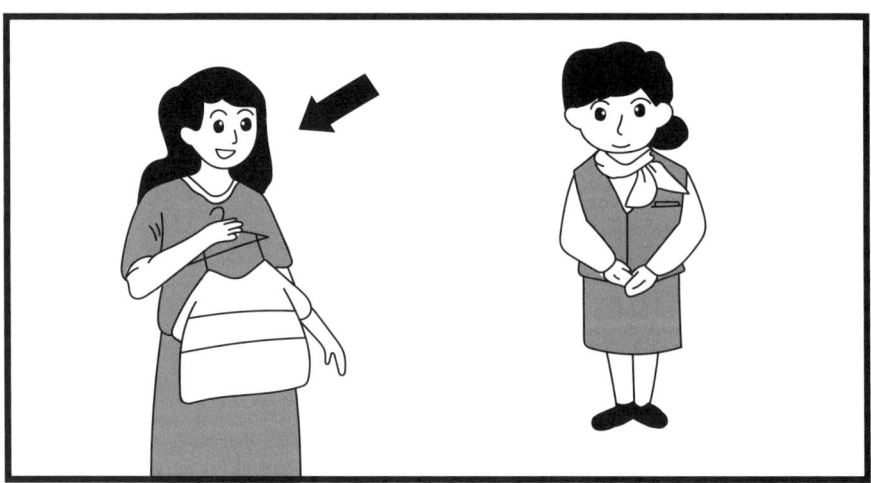

3ばん

4ばん

問題5

問題5では、問題用紙に何もいんさつされていません。まず文を聞いてください。それから、そのへんじを聞いて、1から3の中から、最もよいものを一つえらんでください。

ーメモー

JLPT N3

N3 문법 110 색인

あ

~間 63	~동안, ~하는 사이에	272

い

~以来 08	~이래, ~때부터 계속 똑같다	221

う

伺います 110	찾아뵙겠습니다, 듣겠습니다	318
~うちに 64	~동안에	272

お

お/ご~いただく 104	~해 주시다	315
~おかげ 02	~덕분 (~이 원인으로 좋은 결과가 되었을 때)	218
~おきに 61	~마다, 정해진 숫자/시간에 ~한다	271
お/ご~くださる 103	~해 주시다	315
お/ご~する 101	~하다 (자신의 행동을 상대방에게 공손하게 말할 때)	314
お/ご~になる 102	~하시다 (다른 사람의 행동이나 상황에 대해 공손하게 말할 때)	314
お目にかかります 109	만납니다, 뵙니다	318
お/ご~申し上げる 105	~을 말씀 드리다	316

か/が

~かわりに① 28	~대신에, ~은 좋은 점과 나쁜 점이 있다	242
~かわりに② 89	① ~을 사용하지 않고 다른 것을 사용한다 ② 내가 ~하고 다른 사람에게 다른 것을 하게 한다	301
~がたい 31	~하기 어렵다	243
~がる 48	~하고 싶어하다, ~하게 여기다, ~이라고 느끼는 것 같다 (다른 사람의 모습을 말할 때)	260

き

~きる 92	다 ~하다, 마지막까지 ~하다	306

く

~くらい 34	~정도로, ~과 같은 정도다 (예를 들어 자신의 감정을 이야기할 때)	250
~くらい~はない 40	만큼 ~은 없다, ~이 가장 ~이다	253

こ/ご

~こと 83	~할 것, ~하시오	294
~ことがある 95	① 때때로 ~하다 ② 옛날에 ~한 경험이 있다	308
~ことになっている 78	~하기로 되어 있다, ~하는 것이 정해져 있다 (약속・규칙・제도 등)	291
~ことにする 66	~하기로 하다, ~하기로 결정하다	276
~ことはない 80	~할 필요는 없다	293
~ございます 106	~입니다, ~이 있습니다	316
~ごとに 62	~마다, ~일 때는 항상	271

さ

~際 55	~할 때	267

し

~しかない 73	~할 수밖에 없다, ~이외에 방법이 없다	285
~次第 67	~하자마자, ~하는 즉시, ~하면 바로	277

ず

~ずに 32	~하지 않고	244
~ずにはいられない 39	~하지 않을 수 없다, 아무래도 ~하고 만다	252

せ

~せい 01	~탓 (~이 원인으로 나쁜 결과가 되었을 때)	218

そ

~そう① 50	~으로 보이다, ~이라고 느끼다	261
~そう② 51	이제 곧 ~해 버리다	261
~そう③ 90	~이라고 한다 (본인한테 직접 들은 것을 그대로 다른 사람에게 말할 때)	305

た/だ

たとえ~ても 65	설령 ~이라도, 만약 ~이라도 바뀌지 않는다	276
~たところ 59	막 ~한 참이다, 방금 ~이 끝났다	270
~たびに 60	~할 때마다 항상	270
~ため 04	~때문에 (공지 등 많은 사람에게 전달할 때)	219

~だけ 94	~한 만큼, ~할 수 있는 데까지	307	~なんか① 84	~이라든가	298
~だけでなく 88	~뿐만 아니라, ~외에도 있다	300	~なんか② 98	~등, ~따위, ~은 (대단하지 않다는 느낌을 표현할 때)	309
~だらけ 36	~투성이, ~이 많이 있다 (나쁜 것이나 더러운 것이 많이 붙어 있을 때)	251	なんて~だろう 99	정말 ~이다!	310
~だろう 52	아마 ~일 것이다	262			

つ

つい~てしまう 96	그만 ~하고 만다, ~할 생각은 아닌데 ~한다	308
~つつ 11	~하면서	226
~つつある 13	점점 ~해지다 (조금씩 변화하고 있는 모습을 나타낼 때)	227

て

~ております 107	~하고 있습니다	317
~てからでないと 69	~하고 나서가 아니면, ~이 끝난 다음이 아니면	278
~てしかたがない 43	~해서 견딜 수 없다, 너무 ~하다 (기분을 나타내는 말과 함께 사용하는 표현)	254

と / ど

~という 22	~이라는, ~이라는 이름의 (모르는 것을 설명하거나 가르쳐 줄 때)	236
~ということだ 91	~이라고 한다	305
~とおり 21	~대로, ~과 마찬가지로	235
~とか~とか 86	~이나 ~이나 (예를 들 때)	299
~ところに 56	마침 ~할 때	268
~としたら 68	~이라고 하면, ~이라고 생각하면	277
~として 17	~으로서, ~의 입장에서	233
~とともに 12	~과 함께, ~과 동시에	227
~と申します 108	~이라고 합니다 (이름을 말할 때)	317
~どころか 46	~은커녕, ~은 물론, ~보다 더욱 (비교해서 강조할 때)	256

な

~なおす 76	다시 ~하다, 한 번 더 ~하다	286
~ながら 27	~이지만	241
~なくちゃ 79	~해야 돼, ~하지 않고는 (말할 때 자주 사용하는 표현)	292

に

~にあたって 54	~할 때, ~에 즈음하여	266
~に関して 25	~에 관하여	237
~に比べて 47	~에 비해, ~보다	256
~に先立って 57	~하기 전에	268
~にしたがって 15	~에 따라서, ~하면 점점 …도 바뀐다	228
~に対して① 23	~에게, ~을 상대방으로	236
~に対して② 45	~에 반해, ~과 비교해 생각하면	255
~に違いない 44	~임에 틀림없다, 틀림없이 ~이다, 분명 ~이다	255
~について 24	~에 대하여 (~에 대한 것을 말하거나 생각한다고 말할 때)	237
~にとって 18	~에 있어서, ~의 입장에서 생각하여	234
~には 72	~에는, ~하려면, ~하기 위해서는	284
~に基づいて 19	~에 기초해, ~을 기초로 해서	234
~によって① 09	~에 의해, ~이 이유로	222
~によって② 70	~에 따라, 각각	278
~によって③ 75	~을 이용해, ~하는 방법으로	286

の

~のだから 05	~이니까 (상대방도 알고 있는 것일 때)	220

は / ば

~始める 77	~하기 시작하다, ~하는 것을 시작하다	287
~はず 38	~일 것이다, 분명 ~이다	252
~はずがない 33	~일 리가 없다, 절대로 ~하지 않다 (확실하지는 않지만 그렇게 믿고 있을 때)	244
~はもとより 87	~은 물론	300
~反面 29	~한 반면, ~한 점이 있지만, 반대로…	242
~ばかり① 16	점점 ~해진다 (나빠지거나 좋아지지 않을 때)	229

~ばかり② 58	막 ~한 참이다, 방금 전에 ~했다	269	~わけだ 07	① 그러니까 ~인 거구나 (상대방의 이야기를 듣고 납득했을 때)	221
~ばかりでなく 85	~뿐만 아니라	299		② ~이라는 거구나 (상대방의 이야기를 듣고 내용을 정리해서 말할 때)	
~ば~ほど 14	~하면 ~할수록, ~이라면 더욱…	228			

べ

~べき 81	~해야 한다, ~하는 편이 좋다	293

を

~をきっかけに 06	~을 계기로, ~때부터 …을 시작했다	220
~を中心に 20	~을 중심으로	235

ほ

~ほかない 74	~할 수밖에 없다, ~이외에 방법이 없다	285
~ほど 35	~만큼, ~과 같은 정도다	250
~ほど~はない 42	~만큼 ~은 없다, ~이 가장 ~이다	254

ま

~まで 41	~까지, ~도 (많이 있거나 충분하다는 것을 강조해서 말할 때)	253
~まま 10	~한 채, ~한 대로, 변함 없이	226

み

~みたい 53	① ~으로 보인다 ② ~이라고 생각한다	262

も

~もの 03	~때문에, ~이므로	219

や

~やすい 37	~하기 쉽다, 간단히 ~할 수 있다	251

よ

~ようがない 30	~할 방법이 없다	243
~ようとする 49	~하려고 하다, ~을 시작하기 직전이다	260
~ように① 71	~하도록, ~하기 위해 궁리하다	284
~ように② 82	~하도록	294
~ように③ 100	~하기를, ~이라고 바라다	310

わ

~わけがない 33	~일 리가 없다, 절대로 ~하지 않다 (확실하지는 않지만 그렇게 믿고 있을 때)	244
~わけではない 26	꼭 ~이라고는 할 수 없다	241

모의 시험 제1회

N3
げんごちしき (もじ・ごい)

<ちゅうい notes>
1. くろい えんぴつ (HB、No.2) で かいて ください。
Use a black medium soft (HB or No.2) pencil.
(ペンや ボールペンでは 書かないで ください)
(Do not use any kind of pen)
2. かきなおす ときは、けしゴムで きれいに けして ください。
Erase any unintended marks completely.
3. きたなく したり、おったり しないで ください。
Do not soil or bend this sheet.
4. マークれい Marking Examples.

よい れい Correct Example	わるい れい Incorrect Examples
●	○⊘◐◑〇

なまえ
Name

あなたの なまえを ローマじの かつじたいで かいて ください。   Please print in block letters

	問題 1			
1	①	②	③	④
2	①	②	③	④
3	①	②	③	④
4	①	②	③	④
5	①	②	③	④
6	①	②	③	④
7	①	②	③	④
8	①	②	③	④
	問題 2			
9	①	②	③	④
10	①	②	③	④
11	①	②	③	④
12	①	②	③	④
13	①	②	③	④
14	①	②	③	④

	問題 3			
15	①	②	③	④
16	①	②	③	④
17	①	②	③	④
18	①	②	③	④
19	①	②	③	④
20	①	②	③	④
21	①	②	③	④
22	①	②	③	④
23	①	②	③	④
24	①	②	③	④
25	①	②	③	④
	問題 4			
26	①	②	③	④
27	①	②	③	④
28	①	②	③	④
29	①	②	③	④
30	①	②	③	④

	問題 5			
31	①	②	③	④
32	①	②	③	④
33	①	②	③	④
34	①	②	③	④
35	①	②	③	④

じゅけんばんごうを かいて、そのしたの マークらんに マークして ください。
fill in your examinee registration number in this box, and then mark the circle for each digit of the number.

じゅけんばんごう
(Examinee Registration Number)

せいねんがっぴを かいて ください。
Fill in your date of birth in the box.

せいねんがっぴ (Date of Birth)

ねん Year	つき Month	ひ Day

모의 시험 제1회

N3

げんごちしき (ぶんぽう) ・どっかい

모의 시험 제1회

N3
ちょうかい

모의 시험 제2회

N3

げんごちしき (もじ・ごい)

모의 시험 제2회

N3 げんごちしき(ぶんぽう)・どっかい

なまえ
Name

問題1

1	①	②	③	④
2	①	②	③	④
3	①	②	③	④
4	①	②	③	④
5	①	②	③	④
6	①	②	③	④
7	①	②	③	④
8	①	②	③	④
9	①	②	③	④
10	①	②	③	④
11	①	②	③	④
12	①	②	③	④
13	①	②	③	④

問題2

14	①	②	③	④
15	①	②	③	④
16	①	②	③	④
17	①	②	③	④
18	①	②	③	④

問題3

19	①	②	③	④
20	①	②	③	④
21	①	②	③	④
22	①	②	③	④
23	①	②	③	④

問題4

24	①	②	③	④
25	①	②	③	④
26	①	②	③	④
27	①	②	③	④

問題5

28	①	②	③	④
29	①	②	③	④
30	①	②	③	④
31	①	②	③	④
32	①	②	③	④

問題6

33	①	②	③	④
34	①	②	③	④
35	①	②	③	④
36	①	②	③	④
37	①	②	③	④

問題7

38	①	②	③	④
39	①	②	③	④

모의 시험 제2회

N3
ちょうかい

<ちゅうい notes>
1. くろい えんぴつ(HB、No.2)で かいて ください。
Use a black medium soft (HB or No.2) pencil.
(ペンや ボールペンでは かかないで ください。)
(Do not use any kind of pen.)
2. かきなおす ときは、けしゴムで きれいに けして ください。
Erase any unintended marks completely.
3. きたなく したり、おったり しないで ください。
Do not soil or bend this sheet.
4. マークれい Marking Examples.

よい れい Correct Example	わるい れい Incorrect Examples
●	○ ⊘ ⊖ ⊕ ◐

じゅけんばんごう
(Examinee Registration Number)

じゅけんばんごうをかいて、そのしたのマークらんにマークしてください。
Fill in your examinee registration number in this box, and then mark the circle for each digit of the number.

なまえ Name

あなたのなまえをローマじでかいてください。
Please print in block letters

せいねんがっぴ(Date of Birth)

せいねんがっぴをかいてください。
Fill in your date of birth in the box.

ねん Year	つき Month	ひ Day

問題 1

	①	②	③	④
れい	①	②	●	④
1	①	②	③	④
2	①	②	③	④
3	①	②	③	④
4	①	②	③	④
5	①	②	③	④
6	①	②	③	④

問題 2

	①	②	③	④
れい	●	②	③	④
1	①	②	③	④
2	①	②	③	④
3	①	②	③	④
4	①	②	③	④
5	①	②	③	④
6	①	②	③	④

問題 3

	①	②	③	④
れい	①	②	●	④
1	①	②	③	④
2	①	②	③	④
3	①	②	③	④

問題 4

	①	②	③
れい	①	●	③
1	①	②	③
2	①	②	③
3	①	②	③
4	①	②	③

問題 5

	①	②	③
れい	①	●	③
1	①	②	③
2	①	②	③
3	①	②	③
4	①	②	③
5	①	②	③
6	①	②	③
7	①	②	③
8	①	②	③
9	①	②	③

일본어능력시험 완벽 대비

JLPT N3 단기합격

일본어의숲 지음

정답 및 해석

넥서스 JAPANESE

일본어능력시험 완벽 대비

JLPT
N3
단기합격

일본어의숲 지음

정답 및 해석

목차

1. 언어 지식(문자·어휘), 언어 지식(문법), 독해, 청해
　　연습 문제 해석　　・4

2. 모의 시험 제1회
　　정답표　　　　・28
　　채점표　　　　・29
　　해석　　　　　・30

3. 모의 시험 제2회
　　정답표　　　　・50
　　채점표　　　　・51
　　해석　　　　　・52

언어 지식(문자·어휘)
언어 지식(문법)
독해
청해

연습 문제
해석

언어 지식(문자·어휘) 연습 문제

1. 한자 읽기

1회
본책 154쪽

문제1 _____의 단어의 읽는 법으로 가장 올바른 것을 1·2·3·4 에서 하나 고르세요.

1. 가을이 되자 **잎** 색깔이 변했다.
2. 어젯밤에 **열**이 났다.
3. 정원의 나무에 붉은 **열매**가 열렸습니다.
4. 책장 **모서리**에 머리를 부딪쳤다.
5. 책 **표지**에 이름을 쓴다.
6. 너무 추워서 **손가락**이 차가워졌다.
7. 어머니한테 예쁜 **그릇**을 받았습니다.
8. 달걀과 **밀가루**를 용기에 넣고 잘 저어준다.
9. 연주회 **자리**를 잡는다.
10. 짐을 **상자**에 넣는다.

2회
본책 155쪽

문제1 _____의 단어의 읽는 법으로 가장 올바른 것을 1·2·3·4 에서 하나 고르세요.

1. 작은 벌레들이 **줄**지어 걷고 있다.
2. **캔**을 쓰레기통에 버린다.
3. 제 **책상**에 놔둬 주세요.
4. 겨울에는 추워서 밖에 나가면 **코**가 빨개진다.
5. 용지에 예쁜 **선**을 긋는다.
6. 나는 그림이나 음악 같은 **예술**을 좋아한다.
7. 나와 노다 씨 사이에는 뜨거운 **우정**이 있다.
8. 자전거를 수리하기 위해서는 다양한 **도구**가 필요합니다.
9. 올바른 **방향**을 알아본 다음에 가자.
10. 할머니 집에는 **악기**가 많이 있습니다.

3회
본책 156쪽

문제1 _____의 단어의 읽는 법으로 가장 올바른 것을 1·2·3·4 에서 하나 고르세요.

1. 아까 전화로 10명분의 **주문**을 받았습니다.
2. 일본의 젓가락을 만드는 사람은 고도의 **기술**을 가지고 있다.
3. 고등학교 때는 **야구**를 했었습니다.
4. **사전**을 사용해 조사하다.
5. 의사로부터 병에 대한 **설명**을 듣는다.
6. 대학교 합격 **발표**가 났다.
7. 유도 **초급** 시험에 합격했다.
8. 날씨가 좋으니까 **이불**을 말립시다.
9. **통로**가 좁아서 지나갈 수 없습니다.
10. 진학에 관하여 선생님과 **상담**이 있습니다.

4회
본책 157쪽

문제1 _____의 단어의 읽는 법으로 가장 올바른 것을 1·2·3·4 에서 하나 고르세요.

1. 내년에는 오사카 지점에서 일하기를 **희망**합니다.
2. 남동생은 내년 3월에 대학을 **졸업**할 예정입니다.
3. 계속 먹고 싶었던 카레를 먹을 수 있어서 **만족**했다.
4. 저는 전문 가수로서 10년째 **활동**하고 있습니다.
5. 학생을 **대표**하여 인사를 한다.
6. 선생님은 내 생각을 **부정**했다.
7. 휘발유를 많이 **소비**했다.
8. **예상(상정)**하지 못했던 문제가 발생했다.
9. 치과 **예약**을 한다.
10. 학교에 휴대전화를 가져오는 것을 **금지**합니다.

5회
본책 158쪽

문제1 _____의 단어의 읽는 법으로 가장 올바른 것을 1·2·3·4 에서 하나 고르세요.

1. 이번 사건은 이전 사건과 **관계**가 있는 것으로 보인다.
2. 올해는 홍팀이 **우승**했습니다.
3. 어제 다리를 **수술**했습니다.
4. 중요한 날인데 **실패**하고 말았습니다.
5. 저는 일로 버스를 **운전**하고 있습니다.
6. 책상을 **당겨** 주세요.
7. 이것은 주차장을 **나타내는** 마크입니다.
8. 큰 박스를 **보낸다**.
9. 여동생의 빨간 옷을 **찾는다**.
10. 그녀는 어제부터 **화가 나** 있다.

6회
본책 159쪽

문제1 _____의 단어의 읽는 법으로 가장 올바른 것을 1·2·3·4 에서 하나 고르세요.

1. 녹색 실과 흰색 실을 **엮고** 있습니다.
2. 강한 바람에 나무가 **부러졌다**.
3. 남동생이 여동생의 이불을 **말렸다**.
4. 나카지마 씨가 술에 **취해** 버렸습니다.
5. 친구에게 빌렸던 옷을 **돌려준다**.

6 옆자리로 **옮깁**시다.
7 시험의 내용을 **바꾼다**.
8 까만 새끼 고양이를 **주웠다**.
9 휴대전화를 **고친다**.
10 마쓰이 씨, 이쪽을 **향해** 주세요.

6 **불필요**한 것은 사지 않는다.
7 **안전**한 장소에서 놉시다.
8 혼자 하기에는 **힘든** 일이었습니다.
9 오늘은 쉬는 날이라 **충분**히 잘 수 있었다.
10 이번 회의는 주요 **멤버**들이 한다.

7회
본책 160쪽

문제1 ＿＿＿의 단어의 읽는 법으로 가장 올바른 것을 1·2·3·4 에서 하나 고르세요.

1 수요일에는 **재미있는** TV 프로그램이 있습니다.
2 신칸센은 매우 **빠르다**.
3 그와는 **친한** 친구입니다.
4 **추운** 계절이 되었습니다.
5 대회에 나가는 것은 매우 **어렵다**.
6 우리 오빠는 매우 **자상하다**.
7 자전거를 타다 넘어져서 다리가 **아프다**.
8 어제 산 사전은 매우 **두껍다**.
9 지금 옮기고 있는 짐은 **가볍다**.
10 내일부터 **새로운** 생활이 시작된다.

8회
본책 161쪽

문제1 ＿＿＿의 단어의 읽는 법으로 가장 올바른 것을 1·2·3·4 에서 하나 고르세요.

1 추우니까 **따뜻한** 음료를 마시자.
2 **갖고 싶은** 그림이 없어서 가게를 나왔다.
3 **옳은** 결과가 나왔다.
4 이 산은 저 산보다도 **낮습**니다.
5 여동생이 **귀여워서** 견딜 수가 없다.
6 그녀는 **열심**히 공부하는 학생입니다.
7 **소중**한 반지를 잃어버리고 말았다.
8 집 근처에 편의점이 없어 **불편**하다.
9 어제 시합은 **아쉬운** 결과가 되었다.
10 어머니에게 **간단**한 요리를 배웠습니다.

9회
본책 162쪽

문제1 ＿＿＿의 단어의 읽는 법으로 가장 올바른 것을 1·2·3·4 에서 하나 고르세요.

1 그녀에게 **솔직**한 마음을 전한다.
2 여행에 **필요**한 것을 사러 갑시다.
3 선배에게 **실례**를 범하고 말았다.
4 **싫어하는** 음식은 당근입니다.
5 **자유롭**게 글을 써 봅시다.

2. 표기

1회
본책 164쪽

문제2 ＿＿＿의 단어를 한자로 쓸 때, 가장 올바른 것을 1·2·3·4 에서 하나 고르세요.

1 바다에 작은 **배**가 덩그러니 떠 있다.
2 부끄러워서 **얼굴**이 빨개져 버렸다.
3 환기를 시키기 위해 **창문**을 열었다.
4 무라카미 씨 **옆**에는 사토 씨가 앉아 있다.
5 **달걀**은 굽든 생으로 먹든 맛있다.
6 이번 이벤트에는 **약** 1만 명이 참가한다고 한다.
7 형은 외국**곡**을 자주 듣고 있다.
8 이번 주에는 일의 **양**이 많아서 일찍 퇴근할 수가 없다.
9 기모노 **띠**를 혼자 묶는 것은 매우 어렵다.
10 오랜 시간 달리면 **숨**쉬기가 힘들어진다.

2회
본책 165쪽

문제2 ＿＿＿의 단어를 한자로 쓸 때, 가장 올바른 것을 1·2·3·4 에서 하나 고르세요.

1 평일 아침에는 어떤 전철이든 **만원**이라 자리에 앉을 수 없다.
2 나의 일은 세계의 새로운 사건을 **기사**로 만드는 것이다.
3 계산대 **기계**가 망가지고 말았다.
4 **계단**을 올라간 끝에는 아름다운 경치가 펼쳐져 있었다.
5 일기**예보**에서는 맑음이었는데 비가 내리기 시작했다.
6 **두통**이 계속 나서 약을 먹었습니다.
7 **무역**을 통해 해외의 물건을 손에 넣을 수 있다.
8 스즈키 씨는 모두에게 친절하고 **성격**이 좋다.
9 이 새는 사랑앵무라는 **종류**입니다.
10 **소설**을 읽고 있는 시간을 가장 좋아한다.

3회
본책 166쪽

문제2 ＿＿＿의 단어를 한자로 쓸 때, 가장 올바른 것을 1·2·3·4 에서 하나 고르세요.

1 매달 수도 **사용료**가 비싸지고 만다.
2 목요일은 **정기** 휴일입니다.
3 좋아하는 사람의 **연락처**를 알려 주었다.

- 4 빨간 신호일 때 건너서는 안 됩니다.
- 5 그녀는 트럭 운전사를 하고 있다.
- 6 회사에서 직원에게 돈을 지급하고 있다.
- 7 영양을 의식해 채소를 많이 먹고 있다.
- 8 도쿄에서 오사카까지 차로 이동한다.
- 9 다음 달에 있을 이벤트 준비를 한다.
- 10 길을 횡단할 때는 차를 조심하세요.

- 4 신호를 보고 건너지 않으면 위험해요.
- 5 그에게서 받은 반지를 잃어버렸다.
- 6 슬슬 새 차를 갖고 싶다.
- 7 그녀는 언제나 귀여운 옷을 입고 있다.
- 8 본가의 텃밭에서 캔 당근은 굵고 달다.
- 9 겨울이 되면 저녁 5시에는 해가 지고 어두워진다.
- 10 일본은 8월 초가 가장 기온이 높고 덥다.

4회
본책 167쪽

문제2 _____의 단어를 한자로 쓸 때, 가장 올바른 것을 1·2·3·4에서 하나 고르세요.

- 1 아나운서가 영화 내용을 해설하고 있다.
- 2 음식의 종류를 분류한다.
- 3 저녁 식사에 사용할 재료를 준비한다.
- 4 주말에는 회사 제복을 세탁한다.
- 5 친구들과 만날 장소를 지정한다.
- 6 개는 기쁠 때 빙글빙글 돕니다.
- 7 일본에서는 스무 살부터는 술을 마시는 것이 허용된다.
- 8 글을 전부 지우고 처음부터 다시 썼다.
- 9 저 아기는 금방이라도 넘어질 것 같다.
- 10 나는 그를 좋아한다는 마음을 편지로 전했다.

7회
본책 170쪽

문제2 _____의 단어를 한자로 쓸 때, 가장 올바른 것을 1·2·3·4에서 하나 고르세요.

- 1 여기 레스토랑의 음식은 꽤 맛있었다.
- 2 여러분은 결코 잊지 않을 겁니다.
- 3 새로 발매한 상품이 잇달아 팔려 나간다.
- 4 잃고 나서야 비로소 깨닫는 것이 있다.
- 5 문제의 의미를 전혀 알 수 없었다.
- 6 그런 그가 울다니 상당히 기뻤을 것이다.
- 7 예를 들어 라면이나 초밥을 먹고 싶다.
- 8 그녀를 반드시 행복하게 해 주겠다고 약속했다.
- 9 기름이 많은 음식은 한 번에 먹을 수가 없다.
- 10 분명 여기 슈퍼마켓은 매월 29일이면 고기가 싸질 것이다.

5회
본책 168쪽

문제2 _____의 단어를 한자로 쓸 때, 가장 올바른 것을 1·2·3·4에서 하나 고르세요.

- 1 대학 입학시험에 떨어지고 말았다.
- 2 입원 중인 할머니가 빨리 건강해지길 바란다.
- 3 우리 집은 설을 맞을 준비로 매우 분주하다.
- 4 자신의 나쁜 점을 제대로 고쳐 나가고 싶다.
- 5 책에 나온 모르는 한자의 의미를 조사한다.
- 6 오늘은 날씨가 안 좋아서 집에서 시간을 보내기로 했습니다.
- 7 실패만 하고 있는 자신이 한심하게 느껴진다.
- 8 이번 시험 문제는 매우 쉽다.
- 9 오늘은 따뜻하고 딱 좋은 기온이다.
- 10 바다는 깊어서 땅에 발이 닿지 않아 무섭다.

3. 문맥 구성

1회
본책 172쪽

문제3 ( )에 들어갈 가장 올바른 것을 1·2·3·4에서 하나 고르세요.

- 1 여름 방학 자유 과제에서는 미술관에 간 감상을 써서 제출했다.
- 2 요즘 늦게 귀가하는 아버지는 왠지 피곤하신 모습이다.
- 3 바나나에는 다양한 영양이 있기 때문에 매일 먹으면 좋다고 한다.
- 4 음악을 좋아하는 아버지는 악기에 대한 지식이 있다.
- 5 불평만 하지 말고 조금은 열심히 해 보자.
- 6 이번 시합에서 진 것은 집중력이 떨어진 것이 원인입니다.
- 7 처음 해외에 갔을 때부터 여러 나라의 문화에 흥미를 갖게 되었다.
- 8 오늘은 사정이 안 좋으니까, 다음에 같이 밥 먹으러 갑시다.
- 9 출장지에서 많은 사람들과 명함을 교환했습니다.

6회
본책 169쪽

문제2 _____의 단어를 한자로 쓸 때, 가장 올바른 것을 1·2·3·4에서 하나 고르세요.

- 1 손자의 웃는 얼굴이 매우 사랑스럽다.
- 2 갓 끓인 뜨거운 물에 탄 차는 뜨겁다.
- 3 긴 거리를 달리면 숨쉬기가 힘들어진다.

2회
본책 173쪽

문제3 ( )에 들어갈 가장 올바른 것을 1·2·3·4에서 하나 고르세요.

1 제가 일하는 옷 가게는 4월 10일부터 17일 <u>기간</u>에 세일을 할 예정입니다.
2 시험 점수가 좋았기 때문에 <u>성적</u>이 올라 어머니한테 칭찬 받았다.
3 춤의 <u>기초</u>를 배우러 미국으로 유학 가기로 했다.
4 물과 전기의 과다 사용에 주의하고, <u>환경</u>에 이로운 생활을 합시다.
5 17시까지 모레 강연회의 <u>서류</u>를 작성해야 합니다.
6 할아버지의 어린 <u>시절</u>에는 아이스크림을 10엔에 살 수 있었다고 합니다.
7 나는 영어를 말하는 것보다 읽는 것에 더 <u>자신</u>이 있다.
8 차를 타고 집에서 학교까지의 <u>거리</u>를 확인한다.
9 내가 살고 있는 아파트의 <u>월세</u>는 매달 7만 엔이다.

3회

문제3 ( )에 들어갈 가장 올바른 것을 1·2·3·4에서 하나 고르세요.

1 오늘 시합에서 이겨서 우승하기를 <u>기대</u>하고 있습니다.
2 미래에는 영어를 <u>통역</u>하는 일로 전 세계를 돌고 싶습니다.
3 그는 시험에서 좋은 점수를 받은 것을 모두에게 <u>자랑</u>하고 있다.
4 요즘 살이 쪄서 매일 <u>운동</u>하기 위해 새 신발을 샀다.
5 수학여행으로 유명한 빵 공장을 <u>견학</u>할 예정이다.
6 다나카 씨의 생일 파티를 몰래 <u>계획</u>한다.
7 이번 숙제는 집에서 식물의 성장을 <u>관찰</u>하고 기록하는 것이다.
8 신입 사원을 <u>환영</u>하는 모임이 열려 술을 많이 마셨다.
9 바닷물을 <u>조사</u>했더니 작년보다도 더러워져 있었습니다.

4회

문제3 ( )에 들어갈 가장 올바른 것을 1·2·3·4에서 하나 고르세요.

1 언젠가 일본에 가면 교토와 오사카를 <u>관광</u>하고 싶습니다.
2 일할 사람이 부족해서 아르바이트를 <u>모집</u>하기로 했다.
3 어제 딸아이의 어린이집을 <u>방문</u>했습니다.
4 혼잡을 막기 위해 가게에 들어갈 수 있는 인원을 <u>제한</u>하고 있다.
5 이렇게 많이 팔릴 줄은 <u>예상</u>하지 못했습니다.
6 길을 잃은 사람을 역까지 <u>안내</u>했습니다.
7 야마다 씨는 이번 달에 회사를 그만두고 미국으로 유학을 간다는 <u>소문</u>이다.
8 어제 친구랑 <u>싸워</u> 버려서 기분이 안 좋다.
9 공장에서 <u>가공</u>한 고기를 슈퍼마켓에서 판다.

5회

문제3 ( )에 들어갈 가장 올바른 것을 1·2·3·4에서 하나 고르세요.

1 신발 끈을 단단히 <u>묶고</u> 나서 걸읍시다.
2 친구가 갑자기 큰소리를 내는 바람에 <u>깜짝 놀랐다</u>.
3 계단에서 떨어져서 쓰고 있던 안경이 <u>휘어지고</u> 말았다.
4 바다를 걷다가 큰 조개를 <u>밟아</u> 다쳤습니다.
5 요즘은 아침부터 밤까지 일정이 <u>꽉 차서</u> 바쁘다.
6 우산을 두 개 가지고 있어서 친구에게 큰 것을 <u>빌려주었다</u>.
7 선배가 저녁을 먹자고 했지만, 내일은 일찍 일어나야 해서 <u>거절했다</u>.
8 어제 강한 태풍으로 큰 나무가 <u>쓰러져</u> 버렸다.
9 은행에 가서 이번 달 집세와 전기세를 <u>낸다</u>.

6회

문제3 ( )에 들어갈 가장 올바른 것을 1·2·3·4에서 하나 고르세요.

1 농구 시합에서 져 버린 친구를 <u>위로한다</u>.
2 강물에 <u>빠진</u> 강아지를 구해 병원에 데려갔습니다.
3 조심해서 닫지 않으면 문이 <u>부서질</u> 거예요.
4 모두 피곤해 보였기 때문에 직원 모두에게 3일간의 휴가를 <u>주었습</u>니다.
5 더러워진 책상을 <u>닦아</u> 깨끗이 했다.
6 근처에 있던 파출소에서 역까지 가는 길을 <u>물었다</u>.
7 학교 수업에서 영어를 <u>청취하는</u> 연습을 한다.
8 달력을 보고 오늘 밤의 중요한 일정이 <u>떠올랐다</u>.
9 입학식에서 학생을 대표해 축하의 말을 하는 역할을 <u>맡았습</u>니다.

7회

문제3 ( )에 들어갈 가장 올바른 것을 1·2·3·4에서 하나 고르세요.

1 주말에는 새로 산 로봇을 <u>조립해</u> 아들과 함께 놀 예정입니다.
2 생각보다 응모자가 많아서 내일 <u>마감하</u>기로 했다.
3 7월 여행에 대해서 책이나 인터넷으로 조사하면서 <u>상의한다</u>.
4 지갑과 휴대전화만큼은 항상 <u>가지고 다니</u>려고 하고 있습니다.
5 야마모토 씨는 지난주에 가족과 함께 도쿄로 <u>이사</u>했어요.
6 학교 선생님들이 독감 예방을 <u>당부한다</u>.
7 중국어를 공부하기 위해 회화반을 <u>신청한다</u>.
8 이 자료는 처음부터 <u>다시 작성</u>할 필요가 있습니다.
9 학교에 지각할 것 같았기 때문에 비가 내리는데도 우산을 쓰지 않고 집을 <u>뛰쳐나갔</u>다.

8회
본책 179쪽

문제3 ( )에 들어갈 가장 올바른 것을 1·2·3·4에서 하나 고르세요.

1. 장을 보러 왔는데, 지갑을 깜빡해서 <u>하는 수 없이</u> 집으로 돌아갔다.
2. 고향이 <u>그리워서</u> 오랜만에 중학교 친구에게 전화를 걸었다.
3. 기무라 씨의 피아노 연주는 매우 <u>훌륭했</u>습니다.
4. 레스토랑에 들어서자, 옛날에 자주 듣던 노래가 가게 안에서 흘러나오고 있어서 <u>그리운</u> 기분이 들었다.
5. 태풍이 다가오고 있는 탓에 비도 바람도 <u>심해</u>졌습니다.
6. 이 시간이 되면 방에 햇빛이 들어와 <u>눈부시</u>다.
7. 이곳의 강은 <u>얕아</u>서 어린아이도 안심하고 놀 수 있습니다.
8. 졸업하면 모두를 매일 볼 수 없게 되니까 <u>쓸쓸하</u>다.
9. 오늘은 많이 먹을 예정이라 배 둘레가 <u>헐렁한</u> 바지를 입고 왔습니다.

9회
본책 180쪽

문제3 ( )에 들어갈 가장 올바른 것을 1·2·3·4에서 하나 고르세요.

1. 선배가 만들어 준 자료에 오류가 없는지 <u>꼼꼼히</u> 체크한다.
2. 이 드라마는 재미있다고 들었지만, 실제로는 <u>재미없었</u>다.
3. 과자를 너무 많이 먹은 탓에 얼굴이 <u>둥글둥글해</u>졌다.
4. 언제나 성실한 스즈키 씨는 <u>의외</u>로 술을 아주 좋아하는 모양이다.
5. 이곳은 놀이공원이랑 수족관이 있는 매우 <u>번화한</u> 동네다.
6. 수학은 좋아하지만, <u>복잡한</u> 계산이 조금 서툴다.
7. 편의점은 24시간 열려 있고 무엇이든 팔고 있기 때문에 <u>편리하다</u>.
8. 퇴근 후에 영화를 보러 가려고 했지만, 야근 탓에 <u>무리였</u>다.
9. 선생님의 <u>친절한</u> 설명 덕분에 어려운 문제도 풀 수 있게 되었습니다.

10회
본책 181쪽

문제3 ( )에 들어갈 가장 올바른 것을 1·2·3·4에서 하나 고르세요.

1. 이 사건에 대해 <u>확실한</u> 정보를 알고 싶다.
2. 채소를 많이 먹는 것은 건강에도 다이어트에도 <u>효과적</u>이다.
3. 부끄러워하지 말고 좀 더 <u>적극적</u>으로 서로 의견을 내 봅시다.
4. 일본의 택시 문은 직접 열지 않아도 <u>자동</u>으로 열립니다.
5. 나는 대학에서 식물을 연구했기 때문에 농업에 대해 <u>전문적</u>인 지식이 있다.
6. 내일 모두에게 <u>중요한</u> 소식을 전할 예정이다.
7. 먼 곳에 살고 있는 연인과 1년 만에 <u>드디어</u> 만났다.
8. <u>만약</u> 비가 오면 바다가 아니라 수영장에 갑시다.
9. 2시까지 이 일을 끝낼 수 있을지는 모르겠지만 <u>가능한 한</u> 빨리 끝내겠습니다.

11회
본책 182쪽

문제3 ( )에 들어갈 가장 올바른 것을 1·2·3·4에서 하나 고르세요.

1. 안 된다는 것을 알면서도 <u>그만</u> 과자를 너무 많이 먹고 맙니다.
2. 많이 공부했지만, <u>반드시</u> 시험에 합격한다고는 할 수 없다.
3. 지불할 금액을 <u>딱 맞춰</u> 낼 수 있었다.
4. 깨진 컵은 위험하니까 <u>절대로</u> 만지지 마세요.
5. 아마 그 방법이 맞을 수도 있겠지만 <u>일단</u> 확인합시다.
6. 많이 봤는데, <u>역시</u> 처음 갔던 가게의 옷이 갖고 싶다.
7. 졸업하고 나서 한 번도 만나지 않았던 사토 씨를 <u>우연히</u> 역에서 만났다.
8. 평소에는 술을 마시지 않지만, <u>가끔</u> 마시면 맛있게 느껴진다.
9. 대학생이 되고 나서 <u>한동안</u> 본가에 가지 않았다.

12회
본책 183쪽

문제3 ( )에 들어갈 가장 올바른 것을 1·2·3·4에서 하나 고르세요.

1. 정말로 어떻게 생각하는지 <u>확실하게</u> 말해 주세요.
2. 오늘은 시간이 없으니까, 다음에 <u>천천히</u> 이야기합시다.
3. 아직 책을 읽고 싶지만, 내일도 일찍 일어나야 하고 <u>슬슬</u> 자야지.
4. 사카이 씨는 미국에서 유학했기 때문에 영어를 <u>유창하게</u> 할 수 있습니다.
5. <u>깜빡</u>하고 중요한 자료를 집에 두고 와 버렸다.
6. 이 접시는 소중한 거니까 떨어뜨리지 않게 <u>잘</u> 들고 있어.
7. 더운 날씨에 한 시간이나 산을 걸었더니 목이 <u>말랐</u>다.
8. 아침부터 아무것도 먹지 않아서 배가 <u>고프</u>다.
9. 집에 도착하자마자 일로 인한 피로가 <u>쭉</u> 몰려왔다.

13회
본책 184쪽

문제3 ( )에 들어갈 가장 올바른 것을 1·2·3·4에서 하나 고르세요.

1. 다음 달 열리는 마라톤 대회 <u>코스</u>를 생각한다.
2. 야마시타 씨는 성격이 밝고 <u>커뮤니케이션</u>을 잘합니다.
3. 흥미가 있는 회사의 홈페이지에 <u>접속</u>한다.
4. 사과를 사러 갔더니 점원이 <u>서비스</u>로 하나 더 넣어 주었다.
5. 지금까지 한 번도 해 본 적 없는 축구에 <u>도전</u>한다.
6. 회사에서 비즈니스 <u>매너</u>를 가르친다.
7. 갑자기 일이 생겨서 어쩔 수 없이 내일 일정을 <u>취소</u>했다.

8 자료를 읽고 마지막으로 **사인**을 부탁드립니다.
9 2개월 전에 산 펜의 **잉크**가 벌써 다 떨어지고 말았습니다.

7 3시간이나 시간이 **흘렀다**.
8 이 앱은 영어를 **번역할** 수 있다.
9 새로운 멤버를 **추가한다**.
10 **소리를 지르는** 것은 좋지 않다.

4. 유의 표현

1회
본책 186쪽

문제4 _____에 의미가 가장 가까운 것을 1·2·3·4에서 하나 고르세요.

1 다른 **방법**을 생각해 봅시다.
2 나카모토 씨는 건강하고 밝은 **인상**입니다.
3 이 일은 **공동으로** 작업합시다.
4 무라카미 씨는 **평소에** 치마를 입는다.
5 상품이 **할인 중이다**.
6 **간격**을 벌려 주세요.
7 어느 학교든 **규칙**이 있다.
8 아버지는 목소리에 **특징이 있다**.
9 **상태**가 별로 좋지 않다.
10 생활 **습관**을 검토합시다.

2회
본책 188쪽

문제4 _____에 의미가 가장 가까운 것을 1·2·3·4에서 하나 고르세요.

1 이벤트를 **연기하기**로 했다.
2 새 컴퓨터가 **고장 났다**.
3 형이 자전거를 **수리해** 준다.
4 빌딩을 **건설한다**고 한다.
5 결과를 **보고한다**.
6 앙케트를 **회수한다**.
7 서비스를 **이용한다**.
8 회의를 **진행한다**.
9 50미터 되는 다리를 **왕복한다**.
10 **건조시킨** 먹거리에는 영양가가 있다.

3회
본책 190쪽

문제4 _____에 의미가 가장 가까운 것을 1·2·3·4에서 하나 고르세요.

1 선생님이 갑자기 **입을 다물었다**.
2 아무리 시간이 지나도 친구가 약속 장소에 오지 않아 **지쳐** 버렸다.
3 장난감을 **정리하세요**.
4 볼일을 **마치고** 나서 그쪽으로 가겠습니다.
5 이 일은 간단한 작업이라서 금방 **익숙해질** 것 같습니다.
6 어린 남동생을 **보살핀다**.

4회
본책 192쪽

문제4 _____에 의미가 가장 가까운 것을 1·2·3·4에서 하나 고르세요.

1 매일 **방만한** 생활을 하고 있다.
2 그녀는 고상하고 **얌전한** 사람입니다.
3 아들은 곤충에 대해 **잘 알고 있다**.
4 긴 거리를 달리는 것은 **힘들다**.
5 어머니한테 **진귀한** 물건을 받았다.
6 일본인이라도 **다소** 한자를 틀리는 일은 있다.
7 어제의 싸움은 **조금도** 신경 쓰지 않아.
8 이 만화는 **꽤** 재미있다.
9 이 책은 **거의** 다 읽었다.
10 컸던 상처 입은 자리가 **점점** 나아지기 시작했다.

5회
본책 194쪽

문제4 _____에 의미가 가장 가까운 것을 1·2·3·4에서 하나 고르세요.

1 감기약을 먹고 **푹** 잔다.
2 폐점 전의 가게는 **텅 비어 있다**.
3 남동생은 어머니와 얼굴이 **똑 닮았다**.
4 의견이 **제각각이다**.
5 **살며시** 문을 닫았다.
6 여러 가지 과일을 **믹스한다**.
7 사장실 문을 **노크했습니다**.
8 머리를 **커트했다**.
9 **거실**에서 느긋하게 시간을 보낸다.
10 가게가 **오픈하는** 것은 언제입니까?

5. 용법

1회
본책 198쪽

문제5 다음 단어의 사용법으로 가장 올바른 것을 1·2·3·4에서 하나 고르세요.

1 수단
  2 스스로 회사를 만들기 위한 **수단**은 몇 가지가 있습니다.
2 습관
  3 학교에 지각만 하는 남동생에게 일찍 일어나는 **습관**을 들이도록 주의를 줬다.

3 상태
1 어제부터 아이의 배 상태가 좋지 않아서 너무 걱정이다.

4 비율
4 반대하는 사람의 비율이 많아서 새 빌딩 건설을 중단하게 되었다.

5 결점, 단점
3 이 휴대전화의 단점은 배터리가 빨리 닳는 것이다.

6 같음, 마찬가지
4 여동생과 나는 똑같이 자랐는데도 성격이 전혀 다르다.

7 목표
1 부모님께 새 집을 선물한다는 목표를 위해 저축하고 있다.

8 자원
2 종이는 자원으로서 몇 번이든 이용할 수 있습니다.

9 감각
3 목걸이를 만들 때는 손끝의 감각이 매우 중요하다.

2회
본책 200쪽

문제5 다음 단어의 사용법으로 가장 올바른 것을 1·2·3·4에서 하나 고르세요.

1 검사
3 비행기를 타는 손님이 위험한 물건을 가지고 있지 않은지 짐을 검사한다.

2 유행
4 이것은 10대들 사이에서 유행하고 있는 게임이다.

3 훈련
3 어릴 때 자신을 지키기 위한 훈련으로 유도를 배웠다.

4 선전, 홍보
1 우리 회사의 새로운 서비스가 시작되는 것을 동영상으로 홍보한다.

5 신청
2 비자 신청을 하기 위해 외국인용 도장을 만들었습니다.

6 교환, 교체
3 겨울이 되어 많은 눈이 내리기 전에 타이어를 교체한다.

7 영향
4 좋아하는 가수의 영향을 받아 고등학생 때 처음으로 기타를 샀다.

8 축소
2 내년부터는 회사를 축소해 몇 명의 직원만으로 일하기로 정했다.

9 입력
1 일본에서 산 컴퓨터로 중국어를 입력할 수 있도록 세팅했다.

3회
본책 202쪽

문제5 다음 단어의 사용법으로 가장 올바른 것을 1·2·3·4에서 하나 고르세요.

1 포기하다
4 몇 시간을 찾아도 찾을 수 없고, 이제 포기합시다.

2 의지하다
2 그는 일을 잘하지 못해서 항상 남에게 의지한다.

3 곤란하다
4 몇 번을 다시 만들어도 이미지한 것과 다른 형태가 되어 버려, 곤란하다.

4 거스르다, 거역하다
3 그는 사장의 결정을 거역한 것으로 회사를 그만두게 되었다.

5 흔들다
3 저기서 크게 손을 흔들고 있는 사람이 제 형입니다.

6 맡기다
4 천천히 관광하고 싶어서 짐을 호텔에 맡겼다.

7 고이다, 쌓이다
2 본가의 벽장에는 입을 수 없게 된 옷이 쌓여 있다.

8 향하다
4 초록불이 켜지기를 기다리고 있는데, 큰 차가 이쪽을 향해 와서 놀랐다.

9 잠기다
4 해안에서 해가 바다에 잠겨 가는 것을 보고 싶다.

4회
본책 204쪽

문제5 다음 단어의 사용법으로 가장 올바른 것을 1·2·3·4에서 하나 고르세요.

1 만나기로 하다
1 역 앞에서 만나기로 되어 있었지만, 한 시간을 기다려도 그는 오지 않았다.

2 받다, 수취하다
3 업무 메일은 받는 즉시 답장하고 있다.

3 반복하다
2 아직 잘 이해하지 못해서 다시 한번 설명을 반복해 주시겠습니까?

4 거두어들이다, 받아들이다
4 비가 오기 전에 빨래를 걷어야 한다.

5 안정되다, 침착하다
2 침착하게 독서나 일을 하고 싶을 때는 조용한 카페에 간다.

6 알고 지내다
3 우리는 대학에서 알고 지내, 몇 년 사귄 후에 결혼했습니다.

7 꺼내다, 인출하다
4 월급을 인출할 테니 오늘은 은행에 들렀다가 갈게.

8 추월하다
4 서두르고 있었기 때문에 앞을 달리고 있는 차를 추월했다.

9 취소하다
4 시간을 맞출 수가 없어서 레스토랑 예약을 취소했다.

5회
본책 206쪽

문제5 다음 단어의 사용법으로 가장 올바른 것을 1·2·3·4에서 하나 고르세요.

1. 확실
   3 약속 한 시간 전에는 **확실**하게 목적지에 도착하도록 하세요.
2. 가능
   2 휴일에 출근하는 것도 **가능**하지만, 월급은 평소보다 많이 주세요.
3. 정상
   1 매일 기계가 **정상**적으로 움직이는지 확인하고 나서 일을 시작합니다.
4. 가까움, 친근함
   4 어릴 때부터 계속 개를 키우고 있어서 개는 **가까운** 존재입니다.
5. 급함, 갑작스러움
   1 **갑자**기 출장을 가라고 해서 황급히 여행 가방과 의류를 준비했다.
6. 고상함, 고급스러움
   3 이 레스토랑의 케이크는 **고급스러운** 맛이 난다.
7. 민폐
   2 옆방 사람이 매일 밤 떠들고 있어서 매우 **민폐**다.
8. 불안
   4 딸이 길을 잃었을 때는, 발견될 때까지 **불안**할 수밖에 없었다.
9. 단순
   3 이 일은 **단순**해 보이지만 사실은 복잡하고 어렵다.

6회
본책 208쪽

문제5 다음 단어의 사용법으로 가장 올바른 것을 1·2·3·4에서 하나 고르세요.

1. 모처럼
   2 감기에 걸려 버려서 **모처럼** 불러 준 파티에 참석할 수 없었다.
2. 결국
   3 1년 동안 계속 그를 사랑했지만 **결국** 연인이 되지는 못했다.
3. 곧, 즉시, 바로
   3 무라카미 씨에게 받은 귀여운 꽃, **바로** 제 방에 장식했습니다.
4. 금방이라도, 이제 곧
   1 큰비 때문에 강물이 **금방이라도** 넘칠 것 같아 위험하다.
5. 제대로
   2 일을 하기 위한 방은 항상 **제대로** 정리하고 있습니다.
6. 당연히
   4 잘못을 했다면 **당연히** 상대방에게 사과해야 한다.

7. 분명, 꼭
   1 그는 **분명** 약속을 지켜 줄 것이다.
8. 드디어, 마침내
   3 남동생의 키가 계속 자라서, **마침내** 나보다도 커졌다.
9. 계속, 쭉
   1 **계속** 응원하던 농구 선수를 만날 수 있었다.

언어 지식(문법) 연습 문제

1회
본책 223쪽

문제1 다음 문장의 ( )에 들어갈 가장 올바른 것을 1·2·3·4에서 하나 고르세요.

1. 음악 선생님과의 만남**을 계기로** 피아노를 배우기 시작했습니다.
2. 이렇게 대학에 합격할 수 있었던 것도 매일 응원해 주신 부모님 **덕분이다**.
3. (동아리 활동에서)
   이즈미 "가토 군이 강하게 **민 탓에**, 다쳐서 시합에 나갈 수 없게 되었잖아."
   가토 "일부러 한 건 아니었어. 미안해."
4. (회사에서)
   선배 "요즘 부장님 몸이 안 좋으시대. 괜찮을까."
   후배 "그래서 요즘 회사를 쉬고 계신 **거군요**. 걱정되네요."
5. 사이토 "아직 남았는데 이제 안 먹어?"
   와타나베 "내가 만든 도시락이지만, 너무 매워서 **먹을 수 없는걸**."
6. 내일은 일찍 일어나야 **하니까** 일찍 자렴.
7. 올림픽 경기를 **본 이래로** 그녀의 팬이 되어 응원하게 되었습니다.
8. 유카 선생님을 만난 것**으로 인해** 일본어 공부가 즐거워졌다.
9. 이번 주는 태풍이 오는 예보가 나왔기 **때문에** 이벤트를 연기하도록 하겠습니다.
10. 건강을 위해 운동을 **시작한 것이 계기가 되어** 몸을 움직이는 것을 좋아하게 됐다.

문제2 다음 문장의 ___★___ 에 들어갈 가장 올바른 것을 1·2·3·4에서 하나 고르세요.

1. (백화점에서)
   무라카미 "학생들은 어제부터 봄 방학이래."
   나카모토 "그래서 젊은 사람이 **많은** 거구나. 어느 가게나 붐비는구나 했어."

2 이즈미 "톤 씨는 왜 일본어를 공부하려고 생각했나요?"
   톤   "일본에 여행 간 것이 계기가 되어 일본어를 공부하게 되었어요."
3 덕분에 올해는 회사의 목표 이상의 결과를 낼 수가 있었습니다.
4 어제는 추워서인지 감기에 걸려 버려서 재채기가 멈추지 않는다.
5 (길에서)
   가토 "저기, 거기에 들어가면 안 돼요."
   마쓰이 "그래요? 최근에 이사 온 거라서 몰라서요. 감사합니다."

2회
본책 230쪽

문제1 다음 문장의 (　)에 들어갈 가장 올바른 것을 1·2·3·4 에서 하나 고르세요.

1 학교가 끝남과 동시에 아이들이 밖에서 놀기 시작한다.
2 교과서를 펴면서 수업 동영상을 보고 일본어를 공부한다.
3 여름이 끝난 공원에 자라는 나뭇잎이 붉어지고 있다.
4 업무가 늘어나기만 해서 좀처럼 집에 갈 수가 없습니다.
5 내가 발표할 차례가 다가옴에 따라 긴장해서 땀이 멈추지 않는다.
6 무라카미 "이즈미 씨, 아침부터 계속 기침하는데 괜찮아?"
   이즈미 "실은 어젯밤에 창문을 연 채로 잠들어서, 감기에 걸려 버린 것 같아."
7 (요리 교실에서)
   학생   "선생님, 좋은 고기를 사용해도, 제가 요리하면 항상 딱딱해져요."
   선생님 "어쩌면 너무 많이 구워서일지도 몰라요. 고기는 구우면 구울수록 단단해져 버리거든요."
8 딸이 결혼한다고 들었을 때는 기쁨과 함께 떠나가 버린다는 쓸쓸함을 느꼈습니다.
9 꽃집에서 일하면서 액세서리 가게에서도 일하고 있다.
10 건강하게 살을 빼기 위해서는 운동을 하면서 밥을 잘 먹는 것이 중요합니다.

문제2 다음 문장의 ★ 에 들어갈 가장 올바른 것을 1·2·3·4 에서 하나 고르세요.

11 어른이 된 지금, 학생 때 외운 영어 단어를 잊어가고 있다.
12 감기에 걸렸기 때문에 약을 먹고 쉬고 있었는데 몸 상태는 나빠지기만 한다.
13 (병원에서)
   환자 "나이가 들면서 다리와 허리가 약해져 어려움을 겪고 있어요."
   의사 "그래요? 무리한 운동은 좋지 않지만, 매일 밖을 걸으면서 몸을 움직이는 것을 추천 드려요."
14 동네에서 소문이 날 정도로 예뻤던 친구는 10년이 지난 지금도 여전히 미인이다.
15 집은 새것이면 새것일수록 깨끗하고 좋아요.

3회
본책 238쪽

문제1 다음 문장의 (　)에 들어갈 가장 올바른 것을 1·2·3·4 에서 하나 고르세요.

1 이 드라마는 정말 있었던 이야기를 바탕으로 만들어졌습니다.
2 일본에서는 최근 젊은이들을 중심으로 30년 전 패션이 유행하고 있다.
3 의사로서 병으로 어려움을 겪는 사람을 그대로 둘 수는 없다.
4 모를 때는 설명서대로 조립해 주세요.
5 다카하시 "마에다 씨, 토이푸들이라는 종류의 개, 알아?"
   마에다 "응, 작고 귀엽지."
6 신입 사원인 그는 선배에게 존댓말을 잘 쓰지 못한다.
7 이번 주말에 진행되는 농구 대회에 관한 자세한 사항은 내일 알려드리겠습니다.
8 (학교에서)
   선생님 "이토 씨에게 있어서, 가족이란 무엇입니까?"
   이토   "제 전부입니다. 언제든지 저를 응원해 주기 때문입니다."
9 (회사에서)
   신입 사원 "오늘은 처음으로 회의에 참석하기 때문에 긴장이 됩니다."
   선배   "그렇겠지. 회의에 대해 모르는 것이 있으면 뭐든지 물어봐."
10 (박물관에서)
   마쓰이 "에도시대의 마을은 정말로 이런 느낌이었을까?"
   오자와 "응. 여기 박물관은 에도시대 사진을 바탕으로 만들어졌대."

문제2 다음 문장의 ★ 에 들어갈 가장 올바른 것을 1·2·3·4 에서 하나 고르세요.

11 (인터뷰에서)
   아나운서 "스즈키 씨가 경영하고 있는 이쪽 모리 레스토랑은, 미야자키 외에도 가게가 있지요?"
   스즈키 "네. 규슈를 중심으로 도쿄와 오사카에도 가게를 냈습니다."
12 우리는 프로로서 의식을 높이 가지고 일하고 있다.
13 열리기 어렵다고 했던 도쿄 올림픽은 예정대로 열리게 되었습니다.
14 내가 일본어를 잘하게 된 것은 일본어의 숲이라는 학교에 다녔기 때문이야.

15 수업에서 환경문제에 대해 배우면서 환경에 대한 의식이 **많이 바뀌었다**.

4회
본책 245쪽

문제1 다음 문장의 ( )에 들어갈 가장 올바른 것을 1·2·3·4 에서 하나 고르세요.

1 처음 만드는 요리는 레시피가 없으면 **만들 수 없다**.

2 모든 채소를 싫어하**는 것은 아니지**만, 못 먹는 것이 많아서 그다지 먹지 않습니다.

3 그녀는 자신이 만든 요리가 맛이 없다고 **말하면서도** 전부 먹었습니다.

4 아들 "양배추에는 왜 이렇게 벌레가 붙어 있어?"
   아빠 "그건 맛있어서 그래. 약을 안 쓰고 키운 채소는 맛있는 **대신에** 벌레가 많이 붙어 있지."

5 (텔레비전에서)
   아나운서 "요즘은 휴대전화를 안 보면 가만히 있지 못하는 사람들이 늘고 있는 것 같아요."
   전문가 "네. 휴대전화는 **편리한 반면에** 그것에 의지해 생활하는 사람들이 늘어나 사회 문제가 되고 있습니다."

6 이 곰 인형은 어릴 때 할머니가 사 주신 소중한 것이기 때문에 **버리기 어렵다**.

7 머리를 **말리지 않고** 자 버려서 감기에 걸려 버렸다.

8 밝고 자상한 성격의 그가 남의 돈을 **가져갈 리 없다**.

9 (학교에서)
   야마네 "남동생이 다리를 다쳐서 축구 클럽을 그만두게 됐어."
   다나카 "어? 그렇게 잘했는데. 안타깝다고 밖에 **말할 수가 없네**."

10 학창 시절에 술에 취해 길에서 잠들어 버렸다는 **잊을 수 없는** 추억이 있다.

문제2 다음 문장의 ★ 에 들어갈 가장 올바른 것을 1·2·3·4 에서 하나 고르세요.

11 3년 동안 사귄 여자 친구와는 헤어지고 싶어서 **헤어진** 건 아닙니다.

12 이것은 흰색과 검은색으로 된 색이 없는 사진이면서도 **축제의 떠들썩한** 모습을 상상할 수 있습니다.

13 (과일 가게에서)
   손님 "저, 사과 하나 주세요."
   점원 "감사합니다. 오늘 딴 사과가 다 작아서요. 그래도 **작은** 대신 달고 맛있어요."

14 4월부터 시작되는 고등학교 생활이 기대되는 반면 친구가 생길지 **불안**하다.

15 매일 밤 이를 닦지 않고 **잤더니** 어금니에 충치가 생겨 버렸다.

문제3 다음 문장을 읽고, 문장 전체의 내용을 생각해서 16 부터 20 안에 들어갈 가장 올바른 것을 1·2·3·4에서 하나 고르세요.

다음 문장은 유학생이 쓴 글입니다.

일본어 인사말
궨·티·홍·방

저는 일본에 와서 놀란 적이 있습니다. 그것은 바로 인사입니다. 아침에 학교에 가서 제가 "선생님 곤니치와(안녕하세요)"라고 말하자 선생님은 "궨 씨, 오하요고자이마스(안녕하세요)"라고 인사를 했습니다. 주위를 보니 모두들 선생님께는 "오하요고자이마스", 친구에게는 "오하요(안녕)"라고 인사하고 있다는 것을 깨달았습니다. 16 **하지만**, 베트남에서는 일본과 같은 인사 규칙이 별로 없어서, 그때의 저는 인사법을 몰라서 항상 친구가 "틀렸어."라며 말을 17 **고쳐 줬습니다**.

그러던 어느 날 수업 시간에 일본의 인사말에 대해 배웠습니다. '오하요'라는 인사말은 '이른 시간부터 수고가 많으십니다.'라는 말에서 18 **생겼고**, '곤니치와', '곤방와'에 관해서는 '오늘은 날씨가 좋네요.', '오늘 밤은 기분이 어떻습니까?'라고 뒤에 이어지는 말을 짧게 해서 생긴 것이었습니다.

저는 이 수업을 계기로 인사에 대해 생각이 많이 바뀌었습니다. 일본어 인사는 단순한 인사말이 아니라 상대방을 생각하는 마음의 말이 변해서 지금의 말이 된 것을 알았기 때문입니다. 어쩌면 일본인도 진정한 인사의 의미를 모르고 19 **사용하고 있을지도 모릅니다**. 의미를 알고 인사를 하면 기분이 좋고, 신기하게 인사를 하는 것만으로 상대방과 친해지게 된 것 같은 기분도 듭니다. 20 **이러한** 경험을 통해 일본어의 재미를 알게 되었고, 배우는 말 하나하나에 관심을 갖게 되었습니다.

5회
본책 257쪽

문제1 다음 문장의 ( )에 들어갈 가장 올바른 것을 1·2·3·4 에서 하나 고르세요.

1 그녀는 꽃을 좋아하기 때문에 꽃을 선물하면 **좋아할 거예요**.

2 홋카이도의 가을은 도쿄보다도 기온이 낮아 **떨릴 정도로** 추웠습니다.

3 (학교에서)
   기무라 "오늘 밤 9시부터 하는 TV 프로그램에 옆 반의 가토가 나온대."
   오노 "몰랐어! 그건 **안 볼 수가 없지!**"

4 (레스토랑에서)
   엄마 "밥 먹고 케이크도 먹을래?"
   아들 "아니. **그것까지** 먹으면 못 걷게 돼."

5 (데이트에서)
   여자 "요즘 나한테 자신이 없어서."
   남자 "무슨 소리야. 너**만큼** 아름다운 사람은 없는데."

6 어제 읽은 책이 재미있었기 때문에, 다음을 빨리 읽고 싶어서 견딜 수가 없다.
7 교토의 여름은 매우 더운 데 반해 겨울은 매우 춥기로 유명합니다.
8 (기타 교실에서)
   학생 "선생님은 왜 피아노 말고 기타를 하려고 했어요?"
   선생님 "피아노에 비해 기타는 운반이 편하기 때문이죠."
9 꽃병을 깨뜨린 것을 어머니가 알게 되면 혼날 게 틀림없다.
10 저기 서 있는 여자는 미국에서 유명한 가수임에 틀림없다.

문제2 다음 문장의 ★ 에 들어갈 가장 올바른 것을 1·2·3·4 에서 하나 고르세요.

11 그와 만나서 넘칠 정도의 행복을 받았다.
12 오랜만에 친구들과 축구를 했더니 걷지 못할 정도로 지쳐 버렸다.
13 오랜만에 여동생 집에 갔더니, 냉장고 안이 온통 술로 되어 있었다.
14 여동생은 노래를 부를 수 있는 것은 물론 곡을 만들 수도 있다.
15 언니가 케이크를 먹기 좋은 크기로 잘라 주었다.

6회
본책 263쪽

문제1 다음 문장의 (   )에 들어갈 가장 올바른 것을 1·2·3·4 에서 하나 고르세요.

1 주말에는 아내가 전부터 먹고 싶어 했던 햄버거를 먹으러 갈 예정입니다.
2 오늘은 비가 많이 왔지만, 내일은 날씨가 좋아질 것이다.
3 (회사에서)
   사사키 "피곤한가 봐요. 요즘 일이 바빠요?"
   후루카와 "맞아요. 매일 야근하느라 별로 잠을 못 자요."
4 친구의 말에 따르면 지난주부터 시작된 새 드라마는 매우 재미있다고 한다.
5 추워하는 아들을 두 손으로 감싸 안아 따뜻하게 한다.
6 전철을 타려고 하자 지갑을 잊어버린 것을 깨달았습니다.
7 이 기온이면 오늘 밤은 눈이 올 것이다.
8 태풍으로 인한 강한 바람으로 가게 간판이 쓰러질 것 같다.
9 그녀는 사진과 같은 그림을 그리는 것을 잘하기 때문에 매우 인기가 있다.
10 (교실에서)
   나카모토 "무라카미 씨의 생일 선물, 뭘 줄까?"
   사토   "그러고 보니 요즘 유행하고 있는 이어폰을 갖고 싶어 했어."

문제2 다음 문장의 ★ 에 들어갈 가장 올바른 것을 1·2·3·4 에서 하나 고르세요.

11 이사 온 집 마당에 벚나무가 있어 봄이 되면 예쁘게 필 것이라고 기대하고 있다.
12 일요일에 공원에 가면 이웃 아이들이 즐거운 듯이 놀고 있다.
13 학생 "요즘 유행하는 춤을 열심히 추려고 했는데 잘 안 돼요."
   선생님 "내가 처음부터 차근차근 가르쳐 줄게, 바로 해 보자."
14 그녀의 손은 너무 작아서 마치 어린아이 손 같다.
15 1년에 걸쳐 그린 그림이 앞으로 3일이면 완성될 것 같습니다.

7회
본책 273쪽

문제1 다음 문장의 (   )에 들어갈 가장 올바른 것을 1·2·3·4 에서 하나 고르세요.

1 (전화로)
   신입 사원 "부장님, 확인하고 싶은 것이 있는데 시간 괜찮으신가요?"
   부장님 "알겠어. 역에 막 도착했으니까, 나중에 다시 걸게."
2 (전화로)
   아내 "당신 일본에 잘 도착했어?"
   남편 "응. 지금 막 공항에 도착한 참이야."
3 아버지는 출장을 갈 때마다 가족들에게 선물을 사다 주셨다.
4 유학할 때 필요한 것을 백화점에 사러 갔다.
5 곤란하실 때는 언제든지 직원에게 말씀해 주세요. 바로 안내해 드리겠습니다.
6 자려고 하는 참에 친구에게서 상담 전화가 왔다.
7 중요한 회의에 앞서 다양한 자료를 준비해야 합니다.
8 (집에서)
   아내 "어제 친구한테 케이크를 받았는데, 아직 안 먹었어."
   남편 "소비 기한이 지나기 전에 먹어야지."
9 여름 방학 동안 여러 나라를 여행할 예정입니다.
10 내가 사는 지역은 한 시간 간격으로만 버스가 온다.

문제2 다음 문장의 ★ 에 들어갈 가장 올바른 것을 1·2·3·4 에서 하나 고르세요.

11 폭우 때문에 걸을 때마다 신발에 물이 들어가 버려서 양말까지 젖었다.
12 (영화관에서)
   후배 "영화가 시작하는 시간을 못 맞춰서 죄송해요. 전철이 늦어서요."
   선배 "아니야. 아직 영화는 막 시작한 참이니까 괜찮아."
13 오늘은 일이 좀처럼 끝나지 않아서 지금 막 회사를 나왔습니다.
14 그는 요리를 잘 못했지만, 만들 때마다 실력이 늘고 있다.

15 수술하게 돼서 많은 친구로부터 편지랑 응원의 말을 들었다.

8회
본책 279쪽

문제1 다음 문장의 (　　)에 들어갈 가장 올바른 것을 1·2·3·4에서 하나 고르세요.

1 비록 언젠가 떨어져 있어도 우리는 계속 친구입니다.

2 회의가 언제 끝날지 모르기 때문에 끝나는 대로 다시 연락드리겠습니다.

3 (전화로)
가와시마 "도시에서 자연이 많은 곳으로 이사하니 어때요?"
요네다 　"아주 좋은데, 근처에 전철도 버스도 다니지 않아서 차를 사기로 했어요."

4 내가 가고 싶은 대학은 작문 시험에 합격해야 입학할 수 있어서 열심히 공부하고 있다.

5 (카페에서)
나카가와 "만약에 백만 엔이 있다면, 전 세계를 여행하고 싶어."
히로타 　"나는 가족들과 맛있는 밥을 먹거나 갖고 싶은 것을 사고 싶어."

6 같은 일본이라도 지역에 따라 하는 말이 다르다.

7 (학교에서)
학생 　"내일 시험 잘 볼 수 있을지 불안해요."
선생님 "비록 자신이 없어도 지금까지 한 노력을 믿을 수밖에 없어."

8 다음 달은 결혼기념일이라서 휴가가 나오는 대로 바로 여행 예약을 할 생각입니다.

9 올 연말에는 일이 너무 바빠서 고향에는 돌아가지 않기로 했습니다.

10 오늘이 생일인 가토 씨가 온 다음이 아니면 파티는 시작할 수 없다.

문제2 다음 문장의 ＿＿★＿＿ 에 들어갈 가장 올바른 것을 1·2·3·4에서 하나 고르세요.

11 결혼해서 가족과 산다면 어떤 집에 살고 싶은지 생각한다.

12 장미꽃은 종류에 따라 모양과 향기를 즐길 수 있는 점이 좋네요.

13 가령 배가 고픈데도 건강을 위해 밤중에는 먹지 않기로 했다.

14 (음식점에서)
손님 　"저기요, 4명 들어갈 수 있을까요?"
점원 　"죄송합니다. 지금 자리가 없어서 자리가 나는 대로 안내해 드리겠습니다."

15 일 때문에 피곤해서 요리는 하지 않고 레스토랑에서 밥을 먹기로 했다.

문제3 다음 문장을 읽고, 문장 전체의 내용을 생각해서 16 부터 20 안에 들어갈 가장 올바른 것을 1·2·3·4에서 하나 고르세요.

다음 문장은 유학생이 쓴 글입니다.

유카타
바네사 브라운

저는 일본에 와서 한 번도 기모노나 유카타 16 같은 일본다운 옷을 입어 본 적이 없었습니다. 예뻐서 언젠가는 입어 보고 싶다고 생각했지만, 색깔 종류가 너무 많아서 혼자 선택할 수 없었습니다.

올해 제가 살고 있는 마을에서 여름 축제가 열리게 되었습니다. 17 그래서 저는 일본인 친구를 불러내 함께 가기로 했습니다. 당일에 친구 집까지 마중을 나갔는데, 그 친구가 갑자기 "이거 바네사한테 줄게. 꼭 입어 봐!"라며 연한 녹색에 커다란 노란 꽃이 그려진 유카타를 선물해 주었습니다.

그 유카타는 색깔이 예쁘고 아주 화려해 보였습니다. 친구는 "유카타도 옷이랑 같아서 사람마다 어울리는 색깔이 달라. 바네사는 이 색깔이 꼭 잘 어울릴 거라고 생각했어."라고 기쁜 듯이 18 말해 주었습니다. 저는 감동해서 몇 번이나 감사 인사를 했습니다.

처음 입는 유카타는 허리를 끈으로 묶기 때문에 조금 숨쉬기 힘들기도 하고 다리를 크게 움직일 수 없어서 걷기 힘들기도 하다는 것을 알았습니다. 하지만 여름 축제에서 만난 학교 친구들도 "잘 어울리네!"하고 칭찬해 줘서 기뻤고, 유카타를 입고 간 올해 여름 축제는 지금까지 갔던 19 어떤 축제보다 특별하게 느껴졌습니다. 이번 여름휴가는 여행을 가기도 하고 바다에 가기도 했는데, 여름 축제에서의 경험이 올여름 최고의 20 추억이 되었습니다.

9회
본책 288쪽

문제1 다음 문장의 (　　)에 들어갈 가장 올바른 것을 1·2·3·4에서 하나 고르세요.

1 가토 　"이 시계, 마음에 들어서 몇 년이나 사용했는데, 고장이 났어."
이즈미 "수리하러 가게에 가져갔어?"
가토 　"응. 하지만 오래된 물건이라 수리가 어렵대. 이젠 버릴 수밖에 없나 봐."

2 이 레스토랑은 아이들이 놀 수 있도록 장난감이 놓여 있다.

3 새 상품의 이름은 논의를 통해 정해졌습니다.

4 큰 태풍이 다가오고 있어서, 내일은 회사를 쉴 수밖에 없을 것이다.

5 도쿄에서 규슈로 가려면 비행기를 사용하는 것이 가장 빠릅니다.

6 제대로 된 식사를 함으로써 감기에 잘 걸리지 않게 됩니다.

7 빨래를 해도 옷의 얼룩이 없어지지 않아서 다시 빤다.

8 30년 전부터 이 나라에 살기 시작해서 지금은 이미 인생의 절반을 보냈습니다.

9 곤란해하는 모습이었기 때문에 말을 걸 수밖에 없다고 생각했습니다.

10 외국으로 여행을 가려면 여권이 필요합니다.

문제2 다음 문장의 ★ 에 들어갈 가장 올바른 것을 1·2·3·4 에서 하나 고르세요.

11 선생님이 리포트 글씨가 지저분하다고 해서 처음부터 다시 썼다.

12 유리컵은 깨지기 쉬우니 조심해서 옮기도록 하세요.

13 (회사에서)
신입 사원 "상품 수를 실수로 100개를 더 주문해 버렸어요. 죄송합니다."
부장 "그거 큰일이네. 어쩔 수 없으니 가격을 낮춰 팔 수밖에 없지."

14 네가 아기였을 때는 한번 울기 시작하면 좀처럼 울음을 그치지 않는 아이였어.

15 오늘은 일찍 집에 가고 싶었지만, 선배에게 식사 모임에 초대를 받았기 때문에 갈 수밖에 없다.

10회
본책 295쪽

문제1 다음 문장의 ( )에 들어갈 가장 올바른 것을 1·2·3·4 에서 하나 고르세요.

1 우리 집에서는 매년 설날에 온 가족이 모이기로 되어 있다.

2 (학교에서)
선생님 "내일은 피크닉을 가니까 도시락을 잊지 않도록."
학생 "네!"

3 이즈미 "베트남으로 이사 가는 건 기대되지만, 긴장되네."
민 "걱정할 거 없어. 베트남에 친구가 있는 거잖아? 다들 착하니까 도와줄 거야."

4 (학교에서)
학생 "선생님! 영어 성적이 안 좋아져요. 조언 좀 해 주시겠어요?"
선생님 "그래요. 우선은 매일 5분이라도 좋으니 공부를 해서, 영어에 익숙해져야 해요."

5 다음 주에는 시험이 있어요. 컨디션 관리에는 충분히 신경 쓸 것.

6 사토 "그 아이돌 신곡 들었어? 너무 좋아."
스즈키 "어, 벌써 발매됐어? 빨리 들어야지!"

7 내일은 점심을 먹은 뒤에 모두 함께 산에 오르기로 되어 있습니다.

8 내일까지 회의 자료를 만들어 인쇄해 두도록.

9 몸 상태가 나빠질 때까지 하고 싶지 않은 일을 할 필요는 없어요.

10 하고 싶은 일보다 해야 할 일을 먼저 해야 한다.

문제2 다음 문장의 ★ 에 들어갈 가장 올바른 것을 1·2·3·4 에서 하나 고르세요.

11 사카모토 "그러고 보니 봄 휴가 때는 어디로 여행할지 정해졌어?"
이와이 "응. 시코쿠의 4개 현을 친구와 돌기로 되어 있어."

12 공연장 안에서는 절대 마시거나 먹지 않도록.

13 그녀는 이 일에 익숙하니까 아무것도 걱정할 것 없어요.

14 남동생은 항상 학교에 지각할 것 같으니까, 앞으로 5분은 일찍 일어나야 한다고 생각해.

15 횡단보도는 차가 오지 않는지 확실히 확인한 후 건널 것.

11회
본책 302쪽

문제1 다음 문장의 ( )에 들어갈 가장 올바른 것을 1·2·3·4 에서 하나 고르세요.

1 갑자기 비가 오기 시작해서 우산 대신 가방을 머리에 이고 집까지 갔다.

2 여름 방학에 반 친구들과 함께 놀러 간다면, 놀이공원은 어떨까?

3 음식을 버리는 것은 아까울 뿐만 아니라, 환경에도 나쁜 영향이 있다.

4 이 케이크 가게는 딸기나 사과 같은 과일을 사용한 상품이 유명하다.

5 꽃집에서 일하려면 꽃 종류는 물론이거니와 꽃을 포장하는 방법도 익힐 필요가 있다.

6 (신발 가게에서)
손님 "산에 오르기 위한 신발을 사고 싶은데, 걷기 편한 신발 있나요?"
점원 "이쪽은 어떠세요? 걷기 편할 뿐 아니라 비가 와도 신발 안으로 물이 들어가지 않아요."

7 태국 요리에는 매운 요리뿐만 아니라 시큼한 요리도 있다.

8 다나카 "야마모토 씨는 혼자 살지? 주말에는 대체로 뭘 하고 지내?"
야마모토 "음, 자주 등산 같은 것을 해요."

9 여동생 "엄마 생신 선물 뭐가 좋을까?"
오빠 "운동을 좋아하니까, 운동화나 운동복 같은 것은 어떨까?"

10 제가 일본어 공부를 도울 테니, 그 대신 영어 공부를 도와주시지 않겠습니까?

문제2 다음 문장의 ★ 에 들어갈 가장 올바른 것을 1·2·3·4 에서 하나 고르세요.

11 일하느라 바쁜 부모님 대신 내가 어린 동생들을 돌본다.

12 여동생 "나 어떤 옷이 어울리는 것 같아?"

언니 "이 오렌지색 원피스**가** 잘 어울릴 것 같아!"

13 이 마을은 역사가 있는 건물**뿐만 아니라** 신선한 물고기가 잡히는 것으로도 유명합니다.

14 밥을 짓거나 청소를 **하거**나 뭐라도 좋으니까 집안일을 도와줬으면 좋겠어.

15 이 채소 가게에서는 채소는 물론 칫솔 **등** 생활용품도 팔고 있다.

12회
본책 311쪽

문제1 다음 문장의 (   )에 들어갈 가장 올바른 것을 1·2·3·4 에서 하나 고르세요.

1 공부에 집중하기 위해 만화를 덮었는데 그만 다시 열어 **읽고 만다**.

2 그녀의 의사소통 능력에는 항상 **놀란다**.

3 내년에 유학 갈 때까지 돈을 모을 수 있는 **만큼** 모으려고 생각하고 있습니다.

4 나는 가끔 아무래도 카레라이스가 먹고 싶어질 **때가 있어**.

5 (전화로)
아내 "오늘 밤은 친구랑 술 마시러 갔다 올게."
남편 "알겠어. 데리러 갈 테니까 술자리 끝나면 **연락해 줘**."

6 (관광 버스에서)
운전사 "왼쪽을 보세요. 오늘은 날씨가 좋아서 후지산이 깨끗하게 보입니다."
손님 "와, 정말 아름다운 **경치네**!"

7 댄스 교실에는 오래 다니고 있지만, 저**(정도)**는 아직 춤을 잘 춘다고는 할 수 없습니다.

8 (병원에서)
의사 "약은 매일 드세요?"
환자 "그게 매일 아침 바쁜 탓에 저도 모르게 **먹는 걸 잊어 버려요**."

9 이 곡을 들으면 옛날에 사귀었던 그녀가 **생각난다**.

10 오늘 결혼 파티를 위해 친구들을 **모을 수 있는 만큼** 모았습니다.

문제2 다음 문장의 ★ 에 들어갈 가장 올바른 것을 1·2·3·4 에서 하나 고르세요.

11 가와시마 씨의 집에 비하면, 우리 집**은** 작습니다.

12 '올해도 건강하고 행복한 한 해를 **보내길**.' 하고 바란다.

13 선배 "사토 씨는 몇 시에 오는 거야?"
후배 "비행기가 지연되고 있어서 파티 시간에 늦는다고 **해요**."

14 오빠의 말에 따르면 고등학교 생활은 중학교 때보다 더 **즐겁다고 한다**.

15 폭설 속에 40분이나 **버스를 기다리다** 몸이 꽁꽁 얼어붙고 말았다.

13회
본책 319쪽

문제1 다음 문장의 (   )에 들어갈 가장 올바른 것을 1·2·3·4 에서 하나 고르세요.

1 (회사에서)
부장 "야마모토 씨, 내일 미팅 자료 좀 보여 줄래?"
야마모토 "네, 바로 **드리겠습니다**."

2 사장님께서는 월말에 열리는 회의에 참석**하실** 예정입니다.

3 오늘 제 생일 파티에 **참석해 주셔서** 감사합니다.

4 오늘 저희 결혼식에 와 주셔서 진심으로 감사**드립니다**.

5 (영화관에서)
손님 "이 영화를 보고 싶은데, 자리가 있나요?"
접수 직원 "맨 앞이라면 비어 있는 **자리가 있습니다**."

6 (전화로)
손님 "내일 18시에 5명 예약하고 싶은데요."
점원 "네, 감사합니다. 그럼, 내일 18시에 **기다리고 있겠습니다**."

7 설문에 응답해 **주셔서** 감사합니다.

8 결혼식에서 **뵙기**를 기대하고 있습니다.

9 강연회 후에 여러분께 소감을 **여쭤볼** 테니 준비해 두세요.

10 처음 뵙겠습니다. 일본어의 숲 영업부의 다나카라고 **합니다**.

문제2 다음 문장의 ★ 에 들어갈 가장 적당한 것을 1·2·3·4에 서 하나 고르세요.

11 사장님 스케줄 말인데요, 올해 연말은 특히 바빠서 결정되면 **연락**드리겠습니다.

12 (학교에서)
선생님 "마쓰이, 스피치 대회 우승 축하해."
마쓰이 "감사합니다. **선생님이** 지도해 주신 덕분에 우승할 수 있었습니다."

13 선생님, 3년 동안 여러 가지**를** 가르쳐 주셔서 정말 감사합니다.

14 신입 사원 때부터 **신세를 진** 무라카미 선배님께 감사 말씀을 드립니다.

15 오늘부터 이곳에서 일하게 될 사이토**라고 합니다**. 잘 부탁드립니다.

문제3 다음 문장을 읽고, 문장 전체의 내용을 생각해서 16 부터 20 안에 들어갈 가장 올바른 것을 1·2·3·4에서 하나 고르세요.

다음 문장은 유학생이 쓴 글입니다.

일본의 문

마리아 후세인

제가 일본에 와서 처음으로 살았던 집은 작은 혼자 살기 좋은 집이었습니다. 역에서 조금 멀었습니다만, 집세가 싸고 아직 새 건물이라고 해서 부동산 회사 사람으로부터 그 집을 [16] 소개 받았습니다.

그 집에는 신기한 문이 있었어요. 나무나 철이 아니라 종이 같은 것으로 되어 있어서 밀어도 당겨도 열리지 않기 때문에 관리인에게 전화했습니다. [17] 그러자 관리인은 "그 문은 '후스마(맹장지)'라고 해서 옆으로 움직여서 열었다가 닫았다가 하는 것입니다."라고 가르쳐 주었습니다. 저는 이런 형태의 문을 처음 봐서 매우 놀랐습니다.

어느 날 친구들과 교토에 놀러 갔을 때, 묵은 호텔에 또 이상한 문이 있었습니다. 그것은 조금 닿으면 찢어질 것 같은 얇은 종이와 가느다란 나무로 된 문이었습니다. 신기하다고 생각해서 보고 있는데 친구가 " [18] 이건 '쇼지(장지문)'라고 해서 얇은 종이를 가는 나무에 붙여서 만드는 거야."라고 가르쳐 주었습니다. [19] 또 나무를 같은 크기로 자르거나 찢어지지 않도록 정성스럽게 종이를 붙이는 작업은 간단한 일이 아니라는 것도 알려 주었습니다.

밤이 되어 밖에서 호텔을 보니 장지문이 있는 방의 불빛이 부드럽게 보였습니다. 나무나 철문에는 없는 종이의 따뜻함이 매우 마음에 들었습니다. 그날 밤은 아주 기분 좋게 잘 수 있었습니다.

처음에는 놀랐지만 지금은 옆으로 움직이는 일본의 문이 매우 좋아졌습니다. 언젠가 직접 집을 지을 때는 맹장지나 장지문이 있는 [20] 집으로 만들어 보고 싶다고 생각했습니다.

독해 연습 문제

4. 내용 이해(단문)

본책 339쪽

문제4 다음 (1)부터 (4)의 문장을 읽고 질문에 답하세요. 답은 1·2·3·4에서 가장 올바른 것을 하나 고르세요.

(1)

나는 아무래도 영어가 서투르다. 아무리 공부해도 단어의 뜻이나 발음을 기억하지 못해서 지난주에도 단어 시험에서 안 좋은 점수를 받았다. 반면에 친구인 다나카 씨는 막 배운 단어도 금방 외울 정도로 영어를 잘한다. "어떻게 한 거야?" 하고 질문하니 "외우고 싶은 단어의 예문을 실제로 대화하는 것처럼 읽어 보면 좋을 거야. 글자를 보기만 하면 금세 잊어버리잖아."라고 대답해 주었다. 그의 사고방식이 무척 재미있다고 생각했다.

[1] '나'는 다나카 씨의 무엇이 재미있다고 말하고 있습니까?

1 **영어 단어 외우는 방법**
2 단어 뜻 조사 방법
3 영어로 회화하는 방법
4 단어 시험 치르는 방법

(2)

3개월 전부터 식사하는 횟수를 하루에 한 번씩 하고 있다. '하루에 세 번을 먹지 않으면 몸이 안 좋아진다'는 말을 어렸을 때부터 들었는데, 그건 사람에 따라 다르다고 생각한다.

예전에는 '하루 세 끼 제대로 밥을 먹어야 한다'고 생각했었다. 하지만 하루 종일 앉아서 일하다 보니 별로 배가 고프지 않을 때가 있었기 때문에, 배가 고플 때만 먹어 보기로 했다. 그러자 저절로 체중이 줄고 몸이 가벼워졌다.

한 끼 식사로 하루에 필요한 영양을 섭취하는 것이 필요하고 무리하면 정말 몸 상태가 나빠지므로 주의가 필요하다. 그렇지만 지금은 나의 운동량에 맞는 식사를 하고 있기 때문에 앞으로도 이 생활을 계속하고 싶다.

[1] 식사에 대해 '나'는 어떻게 생각하고 있는가?

1 하루에 세 번 밥을 먹어야 한다고 했지만 귀찮으면 먹지 않아도 된다.
2 하루에 세 번 먹고 싶지만 식사보다 일이 더 중요하다.

3 한 번의 식사로 영양을 섭취하는 것은 어렵기도 하고 건강에 나쁘기 때문에 하루에 세 번 먹는 것이 좋다.
4 식사의 내용에 주의할 필요는 있지만, 하루에 세 번 밥을 먹을 필요는 없다.

(3)
이것은 회사 선배가 정혜 씨에게 보낸 메일이다.

> 정혜 씨
>
> 다음 달 신입 사원 환영회 준비를 정혜 씨에게 부탁합니다.
> 자료와 참가자 명단을 보낼 테니 확인하시고 여러분께 안내 편지를 만들어 주세요. 안내에는 환영회 장소, 시간, 회비에 대해 적어 주시길 바랍니다. 그리고 환영회 장소도 아직 예약이 안 되어 있습니다. 장소는 작년과 같은 호텔이면 되니까 오전 중에 예약해 두시길 바랍니다.
> 안내장 작성에 도움이 필요하면 오늘 저녁까지 연락 부탁드립니다.
>
> 혹시 모르는 것이 있으면 무엇이든 물어보세요.
>
> 야마모토

1 정혜 씨가 이 메일에서 부탁 받은 것은 어느 것인가?
1 신입 사원 환영회 안내장에 환영회 장소 외에 참가자 이름도 적는다.
2 신입 사원 환영회 장소를 예약한 후 참가자에게 보낼 안내장을 만든다.
3 신입 사원 환영회 장소를 예약하면 밤까지 야마모토 씨에게 연락한다.
4 신입 사원 환영회의 자료와 참가자를 야마모토 씨에게 연락해서 묻는다.

(4)
이것은 도서관에 붙어 있는 공지다.

> 이용자 여러분께
>
> 모리 도서관에서는 한 달에 세 번 '영화회'를 합니다.
> 주말에는 영화회 후에 '대화 모임'도 있습니다. 과자를 먹으면서 영화에 대해 이야기를 나눕시다. 일정은 아래와 같습니다.
>
> 11월 13일(토) 13:30~16:30 (모리 도서관 1층 어린이방)
> 11월 21일(일) 15:30~17:30 (모리 도서관 3층 어린이방)
> 11월 29일(월) 10:30~12:30 (모리 도서관 3층 회의실)

또한 모리 도서관 2층 만화방에서는 교류회를 실시하고 있으므로 헷갈리지 않도록 주의하시길 바랍니다.

1 대화 모임에 참가하려면 어디로 가야 합니까?
1 1층 어린이방이나 3층 어린이방
2 3층 회의실
3 1층 어린이방이나 3층 회의실
4 2층 만화방

5. 내용 이해(중문) 본책 348쪽

문제5 다음 (1)과 (2)의 문장을 읽고 질문에 답하세요. 답은 1·2·3·4에서 가장 올바른 것을 하나 고르세요.

(1)
> 저는 전철 여행을 좋아합니다. 관광지에서 사진을 찍거나 쇼핑을 하는 것도 좋아하지만, 그뿐만 아니라 전철을 타면서 경치를 보거나 목적지에 도착하면 무엇을 할지 생각하는 것을 좋아합니다.
> 오늘도 기타(北)역으로 가기 위해 전철을 탔습니다. 하지만 전철이 움직이기 시작한 지 얼마 지나지 않아 저는 ①큰일 났다고 느꼈습니다. 전철은 제가 가려는 방향과 반대 방향으로 달리고 있었던 것입니다. 놀라서 다시 한 번 자세히 살펴보니 기타역으로 가는 전철과 미나미(南)역으로 가는 전철이 같은 시간에 출발했습니다. 지금 돌아가도 기타역으로 가는 전철이 오는 것은 3시간 뒤였습니다.
> 항상 세세한 확인을 잊어버려 목적지에 도착하기까지 시간이 걸려 버립니다. 길을 잘못 들 때마다 ②그런 제 성격을 고치고 싶다고 생각합니다.
> 그렇지만 목적지와는 다른 장소에서도 새로운 발견이 있습니다. 그래서 몇 번이나 길을 잘못 들어도 여행이 싫어지는 일은 없다고 생각합니다.

1 ①큰일 났다고 느꼈습니다라고 했는데, 어떠한 것인가?
1 전철 두 대가 같은 시간에 출발하지 않은 것
2 탄 전철이 목적지와는 반대로 향한 것
3 탄 전철의 출발이 3시간 늦어진 것
4 타고 있는 전철이 얼마 동안 움직이지 않았던 것

2 ②그런 제 성격을 고치고 싶다고 했는데, 그것은 왜인가?
1 목적지에 도착할 때까지 여행을 즐길 수 없기 때문에
2 목적지에 도착하기 전에 피곤해서 즐기지 못하기 때문에
3 세세한 확인을 잊어버려 목적지에 좀처럼 도착할 수 없기 때

문에

4 세세한 확인을 너무 많이 해서 목적지에 예정보다 빨리 도착해 버리기 때문에

3 여행을 하는 것에 대해 '나'는 어떻게 생각하고 있는가?

1 여행을 좋아하게 될 수 있도록 새로운 발견을 하면서 여행할 것이다.
2 또 길을 잘못 들겠지만 앞으로도 즐겁게 여행할 것이다.
3 다음부터는 길을 잘못 들지 않도록 더 조사한 후에 여행할 것이다.
4 지금보다 여행이 더 즐거워지도록 시간에 주의하여 여행할 것이다.

(2)

할머니와 함께 쇼핑하러 갔을 때의 일이다. 가게에 들어가니 고양이 모양의 물건이 많이 장식되어 있었다. 할머니는 그것을 보고 "좋은 가게구나."라고 말했다. 그리고 "고양이 모양의 물건을 놓으면 상품이 잘 팔리게 된단다."하고 가르쳐 주셨다.

예로부터 고양이는 집의 채소나 쌀을 먹는 벌레 등을 잡아주는 좋은 동물이라는 말이 있다. 그래서 고양이를 키우지 않는 집에서도 입구 등에 고양이 모양의 물건을 장식하게 되었다고 한다. 특히 가게를 운영하는 사람은 장사가 성공하기를 바라며 고양이를 장식한다고 한다. 채소 가게를 운영하는 할머니도 집 옷장 위에 고양이를 두고 '우리 채소 가게가 잘되길.'하고 바라고 있다고 한다.

할머니의 이야기를 듣고 나서 고양이를 볼 때마다 나도 고양이로부터 보호받고 있는 것 같은 기분이 든다. 하지만 정말로 그런 효과가 있는지는 알 수 없다. 고양이가 무엇이든지 도와주는 것도 아니니 스스로 노력하는 것도 필요하다고 생각한다.

1 할머니가 좋은 가게구나라고 말했다고 했는데, 어째서인가?

1 점원이 고양이를 기르고 있었기 때문에
2 고양이 모양의 상품이 팔리고 있었기 때문에
3 상품이 많이 팔렸기 때문에
4 고양이 모양의 물건이 장식되어 있었기 때문에

2 할머니가 고양이 장식품을 옷장 위에 두는 것은 왜인가?

1 채소나 쌀을 많이 먹고 싶기 때문에
2 고양이가 많은 벌레를 잡기를 바라기 때문에
3 장사가 잘되기를 바라기 때문에
4 반드시 가게 운영이 성공하기 때문에

3 '나'는 고양이를 장식하는 것에 대해 어떻게 생각하고 있는가?

1 효과는 없지만 마음을 진정시키기 위해 장식하고 싶다.
2 고양이도 노력하고 있으므로 나도 열심히 해야지 하는 기분이 든다.
3 효과가 있는지는 모르겠지만, 보호받고 있는 듯한 기분이 든다.
4 대부분은 고양이가 지켜 주게 되므로 안심이 된다.

6. 내용 이해(장문)   본책 356쪽

문제6 다음 문장을 읽고 질문에 답하세요. 답은 1·2·3·4에서 가장 올바른 것을 하나 고르세요.

2020년부터 전국 초등학교에서 컴퓨터 사용법의 기본을 가르치게 되었다. 그리고 나도 내년 봄부터 4학년에게 컴퓨터 수업을 하게 되었다.

컴퓨터에 대해 공부하는 것은 인터넷 사회를 살아가는 데 필요한 '정보를 조사하는 힘'을 기를 수 있으며, 또한 헷갈리거나 고민될 때 올바른 정보를 찾거나 올바른 쪽을 선택할 수 있게 될 것이다.

'게임을 잘해서'라는 이유로 선생님으로 뽑혔지만 실은 내가 좋아하는 것은 휴대전화 게임이다. 컴퓨터는 잘 사용하지 않고 어떻게 가르쳐야 할지 모르기 때문에 너무 불안하다. 그래서 곧바로 가르치는 방법에 대해 알아보기로 했다.

우선 아이들에게 컴퓨터 사용법을 가르칠 때 중요한 것은 '컴퓨터를 좋아하게 만드는 것'이라고 한다. 이미 컴퓨터 수업을 시작한 학교가 실제로 사용하고 있는 유명 사이트가 두 곳이 있다.

첫 번째는 컴퓨터를 이용해 그림을 그리고, 그 그림을 자유롭게 움직일 수 있는 것이다. 사용법은 간단하지만 좀처럼 자유롭게 움직일 수 없어 애를 먹었다. 두 번째는 게임이나 퀴즈를 풀면서 컴퓨터 사용법을 공부하는 것이다. 수학 내용을 다룬 퀴즈가 대부분이어서 어른인 나도 어려운 수준인 것도 있었다. 어느 쪽이든 수업 전에 선생님이 사용법을 잘 이해해야 할 것 같았다.

컴퓨터 사용에 익숙해지는 것도 물론 필요하지만, 나도 학생 입장이 되어 배우는 경험이 필요하다고 생각했다. 수업이 시작되기 전에 나도 컴퓨터 교실에 다니며 배우는 경험을 해야겠다.

1 이 문장에서는 아이에게 컴퓨터의 사용법을 가르치는 것에는 어떤 효과가 있다고 말하고 있는가?

1 아이들이 게임을 더 즐길 수 있다.
2 인터넷 사회를 조사할 수 있다.
3 미래에 헷갈리거나 고민하지 않게 된다.

4 인터넷 사회에서 필요한 힘을 기를 수 있다.

2 너무 불안하다고 했는데 무엇이 불안한가?
1 휴대전화나 컴퓨터 게임을 가르치는 방법을 모르기 때문에
2 휴대전화나 컴퓨터 게임을 잘 모르기 때문에
3 게임을 잘하면 컴퓨터 사용법을 알려 주는 것이 어렵기 때문에
4 게임은 잘하지만, 컴퓨터는 잘 못하기 때문에

3 사이트에 대해 맞는 것은 어느 것인가?
1 그림을 그리는 사이트는 퀴즈를 풀면 되기 때문에 간단하다.
2 그림을 그리는 사이트는 그림을 움직이는 것이 어렵다.
3 게임으로 공부하는 사이트는 수학 수업에서 사용할 수 있다.
4 게임으로 공부하는 사이트는 사용법이 간단하다.

4 컴퓨터 수업을 하기 전에 '나'는 어떻게 해야 한다고 생각하는가?
1 학생과 함께 컴퓨터 교실에 다닐 필요가 있다.
2 컴퓨터를 좋아하게 되어 사용법에 익숙해질 필요가 있다.
3 학생의 마음을 알 수 있도록 배우는 경험을 할 필요가 있다.
4 컴퓨터 교실에 다녀서 가르치는 방법을 공부할 필요가 있다.

7. 정보 검색
본책 360쪽

문제7 오른쪽 페이지는 철도공원 포스터입니다. 이것을 읽고 다음 질문에 답하세요. 답은 1·2·3·4에서 가장 올바른 것을 하나 고르세요.

1 알리 씨는 8월 4일에 딸을 데리고 몰리군을 타고 싶어 한다. 알리 씨가 해야 할 일은 무엇인가?
1 19:30에 딸과 함께 몰리군 탑승장에 간다.
2 입장료와 놀이기구 요금을 매표소에서 함께 지불한다.
3 먼저 입장료를 지불하고, 몰리군 승차장에서 티켓을 산다.
4 몰리군을 타면 식사를 할 수 없으므로, 먼저 레스토랑에서 식사를 한다.

2 오늘은 토요일이다. 유스라 씨는 13시에 철도공원에 왔다. 가능한 한 많은 이벤트에 참가하고 싶지만, 철도공원이 낮에 열려 있는 이벤트 중에서 지금부터 참가할 수 있는 것은 어느 것인가?
1 A뿐
2 B와 D
3 A와 C와 D
4 A와 D

철도공원 여름 방학만의 특별 이벤트 공지
미니열차 몰리군을 타자!

◇ 일시 : 7월 21일, 7월 28일, 8월 4일, 8월 11일, 8월 18일
  17:30 ~ 21:30 (마지막 입장은 20:00까지)
  ※ 이 일정 이외에는 평소처럼 17시 이후에는 입장할 수 없습니다.

◇ 모리군 출발 시간 ① 17:45 ~ ② 19:30 ~
  승차 시간은 출발 10분 전까지입니다. 늦지 않도록 몰리군 승강장에 집합해 주세요.

◇ 참가 방법 : 낮 시간과 동일한 입장료가 듭니다.
  몰리군을 타려면 티켓이 필요합니다. 입장 시에 정면 입구 매표소에서 입장료와 탑승 요금을 합한 요금을 지불해 주세요.

◇ 레스토랑 : 영업하고 있습니다. 몰리군의 차내에서도 몰리 도시락, 야키소바, 오렌지 주스, 커피, 아이스크림 등을 판매하고 있습니다.

그 밖에도 철도를 더 좋아하게 하기 위한 이벤트를 매주 열고 있습니다.

A 철도 공원 안내
전문 스태프의 이야기를 들으며 버스를 타고 공원 내를 한 바퀴 돕니다.(약 30분). 옛날 철도에 대한 것이나 전철의 역사에 대해 알아봅시다. 매일 3회 ① 10:30 ~ ② 13:00 ~ ③ 15:30 ~

B 역에서 하는 일을 해 보자
실제 제복을 입고 역무원 일을 해 봅시다. 매주 토요일 14:30 ~ 16:00 (예약 필요, 1회 10명까지.)

C 전철 견학
공원 내에 있는 모든 전철의 내부를 견학할 수 있습니다. 평소에는 볼 수 없는 엔진 속도 공개! 매주 일요일 13:30 ~ 15:30

D 교통 규칙 교실
전철에도 교통 규칙이 있습니다. 공원 내에 있는 전철 운전석에 타고 함께 공부해 봅시다. 매주 월요일, 목요일 14:00 ~ 15:00 매주 토요일   13:30 ~ 14:30

참가 요금 : 무료
집합 장소 : A, C, D : 정면 입구   B : 철도 공원 역 입구
신청 : B만 당일 12시까지 예약이 필요합니다. 정면 입구에 있는 매표소에서 예약을 받고 있습니다.

청해 연습 문제

1. 과제 이해

문제1 본책 369쪽

문제1에서는 먼저 질문을 들으세요. 그러고 나서 이야기를 듣고 문제지의 1부터 4 중에서 가장 올바른 것을 하나 고르세요.

1번

레스토랑에서 점장과 여자 점원이 가게를 정리하려고 하고 있습니다. 여자 점원은 이 다음에 먼저 무엇을 합니까?

남 : 이제 곧 저녁 6시가 되네. 슬슬 정리를 시작할까?
여 : 네.
남 : 나는 식재료를 사 올 테니까 테이블을 닦아 둘래? 부엌에 하얀 천이 있으니까, 물에 적신 다음에 닦아 줘.
여 : 알겠습니다. 그리고 사용한 접시는 어떻게 할까요?
남 : 접시는 잘 씻어서 세워 둘까? 접시는 마르는 데 시간이 걸리니까, 테이블을 닦는 것은 그 다음에 해.
여 : 알겠습니다. 마른 접시는 선반에 넣어 두면 되는 거죠?
남 : 응, 그렇게 해. 30분 정도면 돌아올 테니까, 잘 부탁해.

여자 점원은 이 다음에 먼저 무엇을 합니까?

1 식재료를 산다
2 설거지를 한다
3 테이블을 닦는다
4 선반에 접시를 넣어 둔다

2번

공항에서 선생님이 학생에게 이야기하고 있습니다. 학생은 이 다음에 먼저 무엇을 해야 합니까?

남 : 여러분, 이제 비행기에 탑승하겠습니다. 지금부터 티켓을 나눠 줄 테니 담당자에게 보여 준 다음에 짐 검사를 받으세요. 티켓은 절대 잃어버리지 마세요. 그러고 나서 다시 한 번 집합하겠습니다. 그 뒤에 화장실에 갈 시간이 있으니 반드시 볼일을 끝내 주세요. 비행기에서는 화장실을 좀처럼 갈 수 없을 테니까요.

학생은 이 다음에 먼저 무엇을 해야 합니까?

1 담당자에게 티켓을 보여 준다
2 짐 검사를 한다
3 다 같이 집합한다
4 화장실에 간다

3번

집에서 아내와 남편이 아들의 생일 파티에 대해 이야기하고 있습니다. 남편은 이 다음에 먼저 무엇을 합니까?

여 : 오늘 사토루 생일 파티가 있잖아? 그래서 부탁이 있는데.
남 : 응, 뭔데?
여 : 생일 케이크 사러 가 줄래? 역 앞에 있는 케이크 가게의 초콜릿 케이크를 사기로 정했는데, 요리도 만들어야 해서 사러 갈 시간이 없어.
남 : 응, 그래.
여 : 케이크를 사고 나면 할아버지와 할머니를 집까지 차로 모시러 가 줄래? 집까지 걸어오는 건 힘드니까. 아, 그리고 할아버지와 할머니를 차에 태우고 근처 슈퍼마켓에서 과자랑 음료수 좀 사 와.
남 : 알겠어, 그밖에 더 도와줄 일 있어?
여 : 음, 생일 파티를 위해 방을 꾸미고 싶은데, 시간 봐서 내가 할게.

남편은 이 다음에 먼저 무엇을 합니까?

1 케이크 가게에 간다
2 차로 모시러 간다
3 슈퍼마켓에서 장을 본다
4 장식을 한다

4번

수업 시간에 선생님이 이야기하고 있습니다. 학생은 다음 주에 어떤 사진을 발표합니까?

남 : 여러분은 지금까지 어떤 장소에 여행을 간 적이 있나요? 거기서는 유명한 관광지 또는 음식 사진을 찍어왔을 겁니다. 그래서 모두가 여행하면서 찍어 온 사진 중에서 가장 마음에 드는 사진이 무엇인지 알고 싶습니다. 다음 주 수업 전까지 한 장을 골라서 그 사진은 언제쯤 찍었는지, 어디서 찍었는지, 왜 마음에 드는지를 발표해 주었으면 합니다. 예를 들면 여행에서 이용한 열차 사진도 좋습니다.

학생은 다음 주에 어떤 사진을 발표합니까?

1 오래된 열차 사진
2 가장 마음에 든 음식을 찍은 사진
3 관광지에서 팔리고 있는 사진
4 자기가 가장 좋아하는 사진

5번

슈퍼마켓에서 남자와 여자가 이야기하고 있습니다. 여자는 무엇을 삽니까?

남 : 지금 회사에서 전화가 와서 지금 당장 와 달라고 하네. 미안하지만 이 다음 장 보는 것 좀 맡겨도 될까?

여 : 그래.

남 : 고마워. 오늘은 햄버거를 만들려고 해서. 고기는 어제 샀으니까, 양파랑 오늘 마실 술도 사 줘. 그리고 샐러드용 토마토도. 일단 장 봐야 할 목록을 줄게.

여 : 응, 알았어. 술은 뭐 마셔? 맥주랑 와인 둘 다 살까?

남 : 아니, 와인은 집에 있으니까 괜찮아.

여 : 알겠어.

여자는 무엇을 삽니까?

1 양파, 토마토
2 **양파, 토마토, 맥주**
3 고기, 양파, 토마토, 와인
4 맥주, 와인

6번

학교에서 남학생과 여학생이 이야기하고 있습니다. 남학생은 이 다음에 먼저 무엇을 합니까?

남 : 열심히 공부하는데도 좀처럼 영어 말하기가 잘 안돼. 스즈키 씨는 어떻게 그렇게 잘하는 거야?

여 : 실은 초등학교 때까지 미국에서 살았어. 참, 해외로 유학을 해 보는 건 어때? 하지만 돈도 들고 그렇게 간단한 일이 아니긴 하지.

남 : 응, 유학은 가 보고 싶었지.

여 : 아, 인터넷으로 하는 회화 수업이라고 알아? 학교에서 선생님을 하는 친구가 가르치고 있는데, 실제로 대화하고 배울 수 있으니까 자신감이 생길 거야.

남 : 오, 몰랐어. 편리하다.

여 : 첫 수업은 무료라던데, 해 보는 게 어때?

남 : 응, 그렇게 할게.

여 : 맞다, 해외 영화를 보고 즐기면서 영어를 듣는 것도 좋다고 생각해. 괜찮으면 다음에 우리 집에서 보자.

남 : 좋아, 그렇게 하자.

남학생은 이 다음에 먼저 무엇을 합니까?

1 유학을 한다
2 영어를 공부할 수 있는 학교에 간다
3 **인터넷 수업을 신청한다**
4 해외 영화를 본다

2. 포인트 이해

문제2 본책 383쪽

문제2에서는 먼저 질문을 들으세요. 그 다음 문제지를 보세요. 읽는 시간이 있습니다. 그리고 나서 이야기를 듣고 문제지의 1부터 4 중에서 가장 올바른 것을 하나 고르세요.

1번

고등학교에서 여학생과 남학생이 이야기하고 있습니다. 여학생은 이 남학생에 대해 어떤 것을 걱정하고 있습니까?

여 : 우에노 씨, 요즘 동아리 활동이 잘 안 되는 것 같은데. 어제도 연습 중에 넘어졌다고 야마우치 씨한테 들었어.

남 : 하지만 뭐, 그렇게 심하게 다치진 않았으니까.

여 : 괜찮아? 실은 그게 걱정이었던 건 아니고.

남 : 응.

여 : 야마우치 씨가 그러는데 우에노 씨가 잠을 별로 못 잔다고 했어. 밤늦게까지 깨어 있는 거야?

남 : 응. 이제 곧 3학년이 되니까 진학에 대해 생각이 많아져서.

여 : 그렇구나. 그렇지만 학교 공부에도 집중 못 하게 되어 버리잖아. 선생님이나 친구에게 상담하면 여러 의견을 얻을 수 있을지도 몰라.

남 : 그렇게 해 볼까?

여학생은 이 남학생에 대해 어떤 것을 걱정하고 있습니까?

1 다친 것
2 **잠을 자지 못하는 것**
3 진학을 못 한 것
4 성적이 나빠진 것

2번

여자와 남자가 이야기하고 있습니다. 여자는 미술관에 가서 무엇이 좋았다고 합니까?

여 : 어제 도쿄에 새로 생긴 미술관에 갔는데, 굉장히 감동했어.

남 : 아, 자연에 둘러싸여 있어 차분해진다며. 유명한 그림은 많이 걸려 있었어?

여 : 다들 알 만한 그림은 별로 없었고, 장소도 큰 도로가 근처에 있어서 그렇게 조용하지는 않았어. 하지만 건물이 굉장했어. 작품 하나하나에 집중할 수 있도록 디자인되어 있었어.

남 : 아, 궁금하다.

여 : 매주 일요일에는 미술관에 걸려 있는 그림의 포스터를 받을 수 있는 것 같아.

남 : 그럼 갈 수밖에 없겠다.

여자는 미술관에 가서 무엇이 좋았다고 합니까?

1 자연이 많은 점
2 유명한 그림이 많이 있는 점
3 건물이 잘 고안되어 있는 점
4 포스터를 받을 수 있는 점

3번

자동 응답기의 메시지를 듣고 있습니다. 남자는 왜 회의 시간에 못 맞춥니까?

남 : 여보세요, 스즈키입니다. 내일 아침 회의 말인데, 조금 늦을 것 같아서. 갑자기 내일 오전에 출장 일정이 늘어났거든. 사장님이 중요한 손님이라 돌아오는 비행기 시간을 늦춰서라도 가 달라고 하셔. 그리고 부장님과 중요한 논의가 있어서 저녁에 있는 신입 사원 교육회에 늦게 참석한다고 말했는데, 교육회 끝난 후에 하게 돼서 처음부터 갈 수 있게 됐어. 미안하지만, 잘 부탁해.

남자는 왜 회의 시간에 못 맞춥니까?

1 출장 일정이 바뀌었기 때문에
2 사장님이 비행기를 못 탔기 때문에
3 부장님과 이야기하기 때문에
4 신입 사원 교육회가 있기 때문에

4번

텔레비전에서 한 남자가 휴대전화에 대해 이야기하고 있습니다. 이 휴대전화의 특징이 무엇이라고 합니까?

남 : 여러분, 지금 인기 있는 이 휴대전화를 아시나요? 굉장히 편리하다고 화제가 되고 있습니다. 요즘 휴대전화는 게임을 많이 할 수 있기도 하고 길을 잃어버렸을 때 지도를 볼 수 있습니다. 게다가 어디서든 책을 읽을 수 있게 되었습니다. 이 휴대전화는 그뿐만 아니라 집의 열쇠가 되기도 합니다. 이런 휴대전화는 지금까지 없었잖아요. 열쇠를 가지고 다닐 필요가 없어져서 좋네요.

이 휴대전화의 특징이 무엇이라고 합니까?

1 지도를 볼 수 있다
2 어디서든 책을 읽을 수 있다
3 집의 열쇠가 된다
4 여러 게임을 할 수 있다

5번

여자와 남자가 악기점에 대해 이야기하고 있습니다. 남자는 이 악기점의 무엇을 가장 좋아한다고 합니까?

여 : 바로 근처에 악기점이 있는데 잠깐 들러도 될까요?
남 : 아, 모리 악기점이죠. 저도 자주 가요.
여 : 그래요? 실은 계속 가 보고 싶었어요.
남 : 악기 종류가 많아서 고르는 데 시간이 걸리지만, 일본에서는 별로 볼 수 없는 악기도 있어서 재미있어요. 그걸 보는 게 기대돼서 저도 모르게 퇴근길에 들르고 말아요.
여 : 그래요? 가격은 어때요?
남 : 가격은 보통이에요. 하지만 인기 있는 악기밖에 없어서 어떤 걸 사도 틀림없을 것 같아요. 그리고 무료로 악기 청소를 해 주는 서비스도 있어요. 뭐, 청소는 스스로도 할 수 있겠지만요.
여 : 그렇군요. 그럼 이번에 천천히 그 가게에서 기타를 골라야겠어요.

남자는 이 악기점의 무엇을 가장 좋아한다고 합니까?

1 특이한 악기가 있는 점
2 가격이 비싼 점
3 기타가 많이 놓여 있는 점
4 무료 서비스가 있는 점

6번

여자와 남자가 회사에서 새로운 상품의 계획서에 대해서 이야기하고 있습니다. 두 사람은 이 다음에 먼저 무엇을 합니까?

여 : 마쓰시타, 저번에 같이 생각했던 신상품 계획서 말인데.
남 : 응, 이제 제출만 하면 되잖아.
여 : 그게, 부장님이 어떤 상품을 계획하고 있는지 보여 달라고 해서 보여 드렸는데, 지금 내용으로는 이해하기 어렵다고 하셔서.
남 : 뭐가 이해하기 어렵다는 거야?
여 : 두 가지 조언을 들었는데, 첫 번째는 굉장히 재미있는 내용인데 문장 설명만 있고 그림도 아무것도 없으니까, 상품이 상상이 안 돼서 아깝대.
남 : 그러네. 그림을 넣어야겠다.
여 : 그래. 두 번째는 지금 상태로는 설문 조사 정보가 정리되어 있지 않아서 이 상품이 어떤 사람들을 대상으로 만들어졌는지 전달되지 않는다는 거야. 마쓰시타가 설문 조사 내용을 다시 정리해 줄래?
남 : 그래, 그렇게 하자. 정리하면 상품을 상상하기도 쉬워질 테니까 그림은 그다음에 생각하자.

여 : 응, 그래.
남 : 부장님께 나도 고맙다고 말할게.

두 사람은 이 다음에 먼저 무엇을 합니까?

1 부장님께 신상품을 보여 드린다
2 다른 상품을 생각한다
3 상품 그림을 넣는다
4 <u>설문 조사 정보를 정리한다</u>

3. 개요 이해

문제3
본책 397쪽

문제3에서는 문제지에 아무 것도 인쇄되어 있지 않습니다. 이 문제는 전체적으로 어떤 내용인지를 묻는 문제입니다. 이야기 전에 질문은 없습니다. 먼저 이야기를 들으세요. 그리고 나서 질문과 선택지를 듣고 1부터 4 중에서 가장 올바른 것을 하나 고르세요.

1번

회사에서 여자와 남자가 이야기하고 있습니다.
여 : 가토 씨는 그림 그리는 걸 좋아한다며?
남 : 응, 작년부터 시작해서 휴일에는 그림 교실에도 다니고 있어.
여 : 그게 요즘의 즐거움이구나. 좋네.
남 : 프로처럼 잘 그릴 수는 없지만, 그림을 그리면 기분이 좋고, 일에 집중할 수 없을 때도 그림을 그릴 때를 생각하면 힘이 나. 게다가 작품을 하나 다 그렸을 때는 굉장히 자신감이 생기고 말야.
여 : 그렇구나. 나도 한번 해 볼까.

남자는 무엇에 대해 이야기하고 있습니까?

1 그림을 그리기 시작한 이유
2 <u>그림 그리기의 즐거움</u>
3 그림을 잘 그리는 방법
4 그림에 집중하지 못하는 이유

2번

요리 교실에서 선생님이 이야기하고 있습니다.
여 : 이 요리는 어렵지는 않지만요, 몇 가지 포인트가 있어요. 지금부터 순서대로 설명할게요. 처음에 고기에 소금으로 간을 합니다. 10분 정도 두었다가 차가운 프라이팬에 올려 불을 켭니다. 그렇게 함으로써 모든 고기가 똑같이 익게 됩니다. 이때 불은 약하게 해 주세요. 이대로 하면 아주 맛있게 만들 수 있어요.

선생님은 요리의 무엇에 대해 이야기하고 있습니까?

1 요리의 어려움
2 요리에서 사용하는 조미료
3 요리의 맛
4 <u>요리 방법</u>

3번

텔레비전에서 놀이공원 담당자가 이야기하고 있습니다.
여 : 여러분, 어른이 되고 나서 놀이공원에 갈 기회가 줄지 않았나요? 놀이공원에는 어른이 탈 만한 놀이기구가 없다, 가면 돌아다니느라 피곤해진다고 생각하는 사람도 적지 않을 겁니다. 하지만 놀이공원도 어떻게 보면 아이들뿐만 아니라 어른들도 즐길 수 있는 곳입니다. 공원 내에 있는 세련된 레스토랑이나 카페에서 밥을 먹거나 밤에는 불이 켜져 아름다운 경치를 보면서 폐장 시간까지 느긋하게 보내는 것도 가능합니다. 놀이공원의 새로운 발견을 해 보는 것은 어떨까요?

놀이공원 담당자는 무엇에 대해 이야기하고 있습니까?

1 놀이공원의 손님이 줄어든 이유
2 놀이공원이 인기인 이유
3 놀이공원의 영업 시간
4 <u>놀이공원에서 어른도 즐기는 방법</u>

4. 발화 표현

문제4
본책 403쪽

문제4에서는 그림을 보며 질문을 들으세요. 화살표(➡)의 사람은 뭐라고 합니까? 1부터 3 중에서 가장 올바른 것을 하나 고르세요.

1번

친구에게 냉장고 옮기는 것을 도움 받고 싶습니다. 뭐라고 합니까?
여 : 1 무거웠나?
　　 2 <u>같이 들어줄 수 있어?</u>
　　 3 냉장고 옮기는 거야?

2번

바이올린을 잘 못 켭니다. 딸에게 조언을 합니다. 뭐라고 합니까?
남 : 1 <u>좀 더 부드럽게 켜는 게 어때?</u>
　　 2 실력이 늘었구나.
　　 3 이제 넣어 놔도 돼.

3번

시합이 끝나고 선수에게 말을 겁니다. 인터뷰할 수 있는지 아직 모릅니다. 뭐라고 합니까?

여 : 1 지금 인터뷰해도 괜찮으세요?
　　2 지금 인터뷰에 답할까요?
　　3 지금 인터뷰를 전달할까요?

4번

친구가 요리를 맛있게 먹고 있습니다. 감상을 듣고 싶습니다. 뭐라고 합니까?

남 : 1 맛은 어때? 마음에 들어?
　　2 라면이라고 들었어?
　　3 배고파.

5. 즉시응답

문제5　　　　　　　　　　　　　　본책 410쪽

　문제5에서는 문제지에 아무 것도 인쇄되어 있지 않습니다. 먼저 문장을 들으세요. 그리고 나서 그 대답을 듣고 1부터 3 중에서 가장 올바른 것을 하나 고르세요.

1번

여 : 야마다 씨, 지금 어디야? 이제 곧 도착할 것 같아?
남 : 1 벌써 도착해? 기다려 줘.
　　2 슬슬 도착해.
　　3 도착한대.

2번

여 : 아, 다니엘 씨, 지난주에 몸이 안 좋아서 학교를 쉬었다면서?
남 : 1 그래? 괜찮으려나.
　　2 어, 나쁜 짓은 안 했어.
　　3 응, 하지만 그냥 감기였어.

3번

남 : 내일 10시에 야마다 씨 댁에 방문하고 싶은데요, 괜찮으세요?
여 : 1 그쪽으로 가겠다는 말씀이군요.
　　2 네, 기다리고 있을게요.
　　3 좋아요, 한번 볼게요.

4번

남 : 민 씨, 잃어버린 면허증 결국에 찾았어?
여 : 1 아니요, 아직이요.
　　2 와, 찾았어요?
　　3 네, 면허를 땄어요.

5번

남 : 손님, 맡기실 짐은 있으신가요?
여 : 1 네, 들었습니다.
　　2 아니요, 맡기지 않았습니다.
　　3 이걸 부탁할게요.

6번

여 : 손님, 미술관에서 사진을 찍는 것은 삼가 주세요.
남 : 1 네, 이 사진이 마음에 들었습니다.
　　2 꼭 찍게 해 주세요.
　　3 죄송합니다, 조심하겠습니다.

7번

여 : 선생님, 지금 시간 괜찮으세요?
남 : 1 됐습니다.
　　2 괜찮아요.
　　3 삼가 주세요.

8번

여 : 김 씨, 인사차 조만간 뵙고 싶은데요.
남 : 1 그래요, 내일은 어떠세요?
　　2 오늘은 만나 뵙게 돼서 반가웠습니다.
　　3 꼭 보여 주세요.

9번

남 : 어렸을 적에 수영장에 빠진 적이 있어.
여 : 1 그거 무서웠겠다.
　　2 물에 빠진 아이는 어디에 있어?
　　3 수영할 수 있구나, 대단하다.

모의 시험

제1회
정답 및 해석

모의 시험 제1회 정답표

언어 지식(문자·어휘)

문제1	1 ②	2 ③	3 ①	4 ④	5 ③	6 ②	7 ①	8 ④
문제2	9 ③	10 ②	11 ④	12 ①	13 ③	14 ③		
문제3	15 ①	16 ③	17 ②	18 ④	19 ②	20 ④	21 ①	22 ④
	23 ③	24 ②	25 ④					
문제4	26 ④	27 ③	28 ①	29 ②	30 ④			
문제5	31 ②	32 ①	33 ②	34 ②	35 ④			

언어 지식(문법)

문제1	1 ③	2 ①	3 ②	4 ②	5 ④	6 ③	7 ④	8 ①
	9 ②	10 ④	11 ①	12 ②	13 ③			
문제2	14 ④(1342)		15 ①(2134)		16 ④(3241)			
	17 ④(1324)		18 ①(2413)					
문제3	19 ④	20 ①	21 ②	22 ③	23 ④			

독해

문제4	24 ②	25 ②	26 ④	27 ③			
문제5	28 ④	29 ③	30 ③	31 ③	32 ④	33 ①	
문제6	34 ④	35 ②	36 ①	37 ③			
문제7	38 ①	39 ①					

청해

문제1	예 ③	1번 ②	2번 ③	3번 ②	4번 ④	5번 ①	6번 ④	
문제2	예 ②	1번 ②	2번 ④	3번 ②	4번 ③	5번 ③	6번 ③	
문제3	예 ③	1번 ①	2번 ②	3번 ②				
문제4	예 ②	1번 ②	2번 ①	3번 ②	4번 ①			
문제5	예 ③	1번 ①	2번 ①	3번 ②	4번 ②	5번 ③	6번 ②	7번 ②
	8번 ②	9번 ③						

모의 시험

제1회
정답 및 해석

모의 시험 제1회 정답표

언어 지식(문자·어휘)

문제1	1 ②	2 ③	3 ①	4 ④	5 ③	6 ②	7 ①	8 ④
문제2	9 ③	10 ②	11 ④	12 ①	13 ③	14 ③		
문제3	15 ①	16 ③	17 ②	18 ④	19 ②	20 ④	21 ①	22 ④
	23 ③	24 ②	25 ④					
문제4	26 ④	27 ③	28 ①	29 ②	30 ④			
문제5	31 ②	32 ①	33 ③	34 ②	35 ④			

언어 지식(문법)

문제1	1 ③	2 ①	3 ②	4 ②	5 ④	6 ③	7 ④	8 ①
	9 ②	10 ④	11 ①	12 ③	13 ③			
문제2	14 ④(1342)		15 ①(2134)		16 ④(3241)			
	17 ④(1324)		18 ①(2413)					
문제3	19 ④	20 ①	21 ②	22 ③	23 ④			

독해

문제4	24 ②	25 ②	26 ④	27 ③			
문제5	28 ④	29 ③	30 ③	31 ③	32 ④	33 ①	
문제6	34 ④	35 ②	36 ①	37 ③			
문제7	38 ①	39 ①					

청해

문제1	예 ③	1번 ②	2번 ③	3번 ②	4번 ④	5번 ①	6번 ④	
문제2	예 ②	1번 ②	2번 ④	3번 ②	4번 ③	5번 ③	6번 ③	
문제3	예 ③	1번 ①	2번 ②	3번 ②				
문제4	예 ②	1번 ③	2번 ①	3번 ②	4번 ①			
문제5	예 ③	1번 ①	2번 ①	3번 ②	4번 ②	5번 ③	6번 ②	7번 ②
	8번 ②	9번 ③						

모의 시험 제1회 채점표

실제 시험은 상대 평가이기 때문에 본 채점표의 점수와 다를 수 있습니다.

	문제	배점	만점	정답 개수	점수
언어 지식 (문자·어휘)	문제1	1점 x 8문항	8		
	문제2	1점 x 6문항	6		
	문제3	1점 x 11문항	11		
	문제4	1점 x 5문항	5		
	문제5	1점 x 5문항	5		
	합계		35		

예상 점수를 계산하는 방법 : 언어 지식(문자·어휘, 문법) [　　　]점÷35×60=[　　　]점

	문제	배점	만점	정답 개수	점수
언어 지식 (문법)	문제1	1점 x 13문항	13		
	문제2	1점 x 5문항	5		
	문제3	1점 x 5문항	5		
독해	문제4	1점 x 4문항	4		
	문제5	1점 x 6문항	6		
	문제6	1점 x 4문항	4		
	문제7	1점 x 2문항	2		
	합계		39		

예상 점수를 계산하는 방법 : 독해 [　　　]점÷39×60=[　　　]점

	문제	배점	만점	정답 개수	점수
청해	문제1	1점x6문항	6		
	문제2	1점x6문항	6		
	문제3	1점x3문항	3		
	문제4	1점x4문항	4		
	문제5	1점x9문항	9		
	합계		28		

예상 점수를 계산하는 방법 : 청해 [　　　]점÷28×60=[　　　]점

모의 시험 제1회 언어 지식(문자·어휘)

문제1 _____의 단어의 읽는 법으로 가장 올바른 것을 1·2·3·4 에서 하나 고르세요.

1 슬픈 음악이 흐르고 있다.
2 집에 그림을 건다.
3 오늘은 몸 상태가 좋습니다.
4 좋아하는 식기가 깨졌습니다.
5 큰 다리를 차로 건넌다.
6 태양이 뜨는 방향으로 걷는다.
7 잊어버린 물건을 역까지 가지러 간다.
8 오늘은 날씨가 좋으니 낮잠을 자자.

문제2 _____의 단어를 한자로 쓸 때, 가장 올바른 것을 1·2·3·4 에서 하나 고르세요.

9 마지막으로 사장님께서 하실 말씀이 있습니다.
10 전구가 나갔기 때문에 사러 가기로 했다.
11 반 아이들 모두의 이름을 외울 수가 없다.
12 몸 상태가 안 좋아서 오늘은 이만 돌아가겠습니다.
13 용기에 물을 가득 채워 주세요.
14 밤이 되면 그녀가 그리워진다.

문제3 (   )에 들어갈 가장 올바른 것을 1·2·3·4에서 하나 고르세요.

15 매일 아침 긴 머리를 세팅하는 데 시간이 걸린다.
16 다음 주에 아버지는 팔을 수술하게 되었습니다.
17 모레 있을 회식에 대해서 몇 가지 상의할 것이 있습니다.
18 농구를 이제 막 시작했기 때문에 기초적인 연습을 많이 한다.
19 시험에서 아까운 실수를 하여 합격하지 못했다.
20 갑자기 정전이 되었기 때문에 회의가 취소되었습니다.
21 전자레인지에서 다시 데운 요리를 꺼낸다.
22 빨래가 쌓여 있으니까 개고 나서 나가렴.
23 큰비가 내리고 있었는데 갑자기 맑아져 길이 말랐다.
24 고등학교 시절 야구 동료들과 함께 여행을 가기로 약속했다.
25 오랜만에 운동을 하니 몸이 어지럽다.

문제4 _____에 의미가 가장 가까운 것을 1·2·3·4에서 하나 고르세요.

26 큰 회사에 취직하다.
27 그가 그린 그림은 아름답다.
28 바다를 향해 소리쳤다.
29 무라카미 씨의 출신은 어디입니까?
30 그녀는 팀 내에서 가장 키가 크다

문제5 다음 단어의 사용법으로 가장 올바른 것을 1·2·3·4에서 하나 고르세요.

31 해결
  2 뭔가 곤란한 일이 있으면 빨리 해결하는 것이 가장 좋다.
32 정원
  1 생활을 돕는 로봇을 발명한 그의 강연은 언제나 정원을 초과하는 사람들이 모인다.
33 이체하다, 납입하다
  3 이 카드를 사용하여 매월 전기 요금을 납입하십시오.
34 응원
  2 남동생이 축구 시합에 나가기 때문에 가족 모두가 응원하러 간다.
35 차츰, 점점
  4 날씨가 선선해지면서 나뭇잎 색깔이 차츰 변하기 시작했다.

모의 시험 제1회 언어 지식(문법)·독해

문제1 다음 문장의 (   )에 들어갈 가장 올바른 것을 1·2·3·4에서 하나 고르세요.

1 이 옷 가게는 여성 옷뿐만 아니라 남성이나 어린이 옷까지 있다.

2 이 책은 작가의 고등학교 때의 경험을 바탕으로 쓰여 있습니다.

3 이 술은 주스 같아서 얼마든지 마실 수가 있다.

4 가토 선생님이 출제한 수학 문제에 대해 답할 수 있는 학생은 없었다.

5 (집에서)
엄마 "그럼 장 보러 다녀올게. 집 비우는 동안에 계속 집에 있어."
아들 "알겠어요. 다녀오세요."

6 다음 주 회의 자료는 사장님이 보실 겁니다.

7 시험을 치른 지 벌써 두 달이 지났으니 슬슬 결과가 나올 것이다.

8 어제 본 영화 이야기에 매우 감동해서 울지 않을 수 없었다.

9 이 마라톤 대회는 나이에 상관없이 누구든지 참가할 수 있습니다.

10 역으로 향하던 차에 친구로부터 오늘은 만날 수 없다는 연락이 왔다.

11 그는 요리를 못하는 것은 물론이고 식칼도 잘 쓰지 못한다.

12 (학교에서)
다무라 "마쓰이 씨는 해외에 살아본 적 있어?"
마쓰이 "응, 태국에 5년간 있었어. 하지만 그동안에는 태국어를 공부하지 않아서 말은 못 해."

13 (집에서)
아내 "오늘 유키가 상처투성이로 학교에서 돌아왔어."
남편 "아이고, 괜찮은 거야?"

문제2 다음 문장의 ★ 에 들어갈 가장 올바른 것을 1·2·3·4에서 하나 고르세요.

14 형이 공부를 가르쳐 준 덕분에 시험에서 좋은 점수를 받을 수 있었다.

15 (결혼식장에서)
야노 "기무라 씨 결혼식 멋졌어."
기타노 "응. 그가 그렇게 행복한 듯이 웃는 얼굴은 본 적이 없어."

16 내 앞에 앉아 있는 마쓰다 씨가 수업 중에 도시락을 먹으려 해서 선생님에게 주의를 받았다.

17 와카바 온천에 가려면 산을 오르는 수밖에 없는 듯하지만 그래도 가 보고 싶다.

18 공원에서 넘어진 아기가 금방이라도 울 것 같은 얼굴을 하고 있다.

문제3 다음 문장을 읽고, 문장 전체의 내용을 생각해서 19 부터 23 안에 들어갈 가장 올바른 것을 1·2·3·4에서 하나 고르세요.

다음 문장은 유학생이 쓴 글입니다.

일본에서 유학하고 느낀 점

에밀리 뮬러

저는 일본에 유학을 오고자 1년 동안 아르바이트를 한 적이 없었습니다. 아직 일본어를 잘할 수 없었기 때문에 일하기 어렵다고 생각해서 19 찾지도 않았습니다. 어느 날 제가 편의점에 들어갔더니 거기서 학교 친구가 일하고 있었습니다. 그 친구와 손님의 대화를 듣다 보니 친구의 일본어 실력이 늘었다는 것을 알게 되었습니다. 20 그래서 저도 아르바이트를 하면 대화에 자신감을 가질 수 있지 않을까 생각해서, 친구에게 그 편의점에서 아르바이트를 모집하고 있는지 물어보려고 했지만, 용기가 나지 않아 물어보지 못했습니다. 하지만 지금 아르바이트를 시작하지 않으면 앞으로도 친구처럼 대화할 21 수 없을 것 같았습니다. 그래서, 다음날 친구에게 부탁해서 점장님께 일을 할 수 있는지 확인해 보니, 바로 대답을 들어서 22 일을 할 수 있게 되었습니다.

일을 시작한 지 반년이 지난 지금은 손님들이나 함께 일하는 사람들과 즐겁게 의사소통을 할 수 있게 되었습니다. 23 이러한 경험을 통해 무엇이든 먼저 도전하는 것이 중요하다는 것을 배웠습니다.

문제4 다음 (1)부터 (4)의 문장을 읽고 질문에 답하세요. 답은 1·2·3·4에서 가장 올바른 것을 하나 고르세요.

(1)

이것은 자동차 운전면허를 취득하기 위한 자동차 학교 홈페이지에 실린 공지 사항이다.

> 자동차 학교에 다니는 여러분
>
> 연말연시 휴강에 대해 알려 드립니다.
>
> 12월 30일(목)부터 1월 4일(화)까지 본 자동차 학교는 휴강합니다.
>
> 29일(수)의 교통 규칙 수업은 오전 중에만 수업합니다.
>
> 또한 운전 기술 시험은 12월 25일(토)이 마지막입니다. 시험 예약은 3일 전까지 받습니다. 예약은 반드시 접수처에 있는 수험자용 컴퓨터에서 해 주세요. 전날까지는 취소도 가능하지만, 잊지 말고 사무실로 연락해 주시기 바랍니다.

> 1월 5일부터는 정상적인 영업을 시작합니다.
>
> 하야시 자동차 학교

24 연말 휴강 전에 운전 기술 시험을 치르고 싶은 사람은 어떻게 해야 하는가?

1. 12월 29일 오전 중에 수업을 들은 다음에 시험 예약을 한다.
2. 시험 3일 전까지 접수처에 있는 수험자용 컴퓨터에서 예약을 한다.
3. 12월 25일까지 접수처에 있는 수험자용 컴퓨터에서 예약을 한다.
4. 시험 전날까지 잊지 말고 사무실에 연락을 한다.

(2)

다음은 사장이 사원들에게 쓴 메일이다.

> 여러분, 더운 날씨에 고생 많으십니다.
>
> 오늘부터 여름휴가 신청 접수를 시작합니다. 신청 용지에 이름과 희망 날짜를 적어서 사무를 담당하는 사토 씨에게 전달해 주시기 바랍니다. 마감은 6월 30일(수)입니다. 여름휴가는 7월 15일(목)~9월 15일(수) 사이에 한 사람당 2주까지 쉴 수 있지만, 업무에 문제가 없도록 반드시 그룹 멤버와 상의해서 날짜를 정해 주세요.
>
> 일본어의 숲 사장 무라카미

25 사장이 사원들에게 전하고 있는 것은 무엇인가?

1. 회사의 여름휴가는 6월 30일(수)이라는 것
2. 쉬고 싶은 날을 정하면 마감일까지 사무를 담당하는 사람에게 신청할 것.
3. 7월 15일부터 9월 15일 사이에 원하는 날짜를 골라서 쉴 수 있다.
4. 쉬고 싶은 날짜를 신청 용지에 써서 6월 30일까지 사장님에게 전달할 것.

(3)

> 청바지라는 바지는 지금부터 약 150년 전 미국에서 일하는 사람을 위해 만들어진 것이다. 당시에는 많은 사람이 '금'을 얻기 위해 산에서 일했다. 그러나 일하는 중에 옷이 나뭇가지에 걸려 찢어지거나 돌을 밟기도 해서 옷이 금세 구멍투성이가 되었다.
>
> 그것을 본 옷 가게 주인은 더 두껍고 튼튼한 옷을 만들어야겠다고 생각했다. 그것은 쉽게 찢어지지 않고 오랜 시간 작업할 때도 입을 수 있는 옷이다. 이렇게 해서 만들어진 청바지의 장점은 소문으로 퍼져서 금세 인기를 얻었다고 한다.

26 청바지가 만들어지게 된 것은 어째서인가?

1. 옷 가게 주인이 일을 할 때 더 튼튼한 옷이 필요하다고 느꼈기 때문에
2. 쉽게 찢어지는 옷이 있으면 잘 팔릴 것이라고 옷 가게 주인이 생각했기 때문에
3. 더 튼튼한 옷을 만들어 달라고 사람들이 옷 가게 주인에게 말했기 때문에
4. 오랜 시간 일해도 찢어지지 않는 옷을 만들어야겠다고 옷 가게 주인이 생각했기 때문에

(4)

> 공부할 때 교과서를 소리 내서 읽는 사람이 있다. 눈으로만 보는 편이 간단한데 왜 그렇게 하는 걸까?
>
> 그렇게 생각했는데 어제 선생님이 '기억하고 싶을 때는 소리 내어 읽는 편이 좋다. 눈으로 보는 것만으로는 머리가 잘 돌아가지 않아 기억력이 약해지고 말기 때문이다. 하지만 소리 내어 읽더라도 문장의 뜻을 생각하며 읽지 않으면 눈으로 보는 것과 마찬가지가 되어 버린다.'고 알려 주었다.
>
> 그 말을 듣고 나는 어릴 때 소리 내어 읽었던 그림책의 내용을 지금도 쭉 기억하고 있다는 것을 깨달았다.

27 글에 따르면 외우기 좋은 것은 가령 어떤 방법인가?

1. 소리를 내어 모든 내용을 읽는다
2. 소리를 내지 않고 눈으로만 읽는다
3. 문장의 뜻을 생각하며 소리를 내어 읽는다
4. 아무 생각 없이 무조건 소리 내어 읽는다

문제5 다음 (1)과 (2)의 문장을 읽고 질문에 답하세요. 답은 1·2·3·4에서 가장 올바른 것을 하나 고르세요.

(1)

> 어제 슈퍼마켓에 가려고 했을 때, 여동생이 친구와 먹을 과자를 사 와 달라고 부탁했습니다.
>
> 그 친구는 달걀을 먹으면 알레르기가 생겨 버리기 때문에 달걀이 사용되지 않는 200엔 정도의 쿠키로 초콜릿이 들어 있는 것이 좋다고 했습니다. 상품 이름은 잊어버린 것 같아서, 특징을 메모해서 갔습니다.
>
> 하지만 슈퍼마켓에서 과자를 찾는 중에 저는 난처해졌습니다. 초콜릿이 들어 있는 것은 있어도, 달걀이 들어 있지 않은 것이 어느 것인지 알 수 없었기 때문입니다. 결국 점원에게 말을 걸어 같이 찾아 보았습니다.
>
> 점원은 상자 뒷면에 적혀 있는 표를 보면서 찾아 주었지만 찾을 수 없었습니다. 그래서 쿠키 대신에 두 사람이 좋아하는 초콜릿을 사서 돌아가기로 했습니다. 이번에 장을 보면서 식품에 사용되는 재료를 보는 방법을 알게 되었기 때문에,

다음에 슈퍼마켓에 갔을 때는 그런 상품이 있는지 다시 한번 살펴보려고 합니다.

[28] 여동생이 부탁한 쿠키의 특징은 무엇인가?
1 달걀이 사용된 쿠키
2 달걀이 사용되지 않은 쿠키와 초콜릿
3 달걀이 사용된 초콜릿이 들어간 쿠키
4 **달걀이 사용되지 않은 초콜릿이 들어간 쿠키**

[29] 난처해졌습니다라고 했는데, 무엇이 난처한 것인가?
1 과자 이름을 기억하지 못했기 때문에
2 초콜릿이 들어간 쿠키가 없었기 때문에
3 **여동생이 원하는 과자가 어느 것인지 몰랐기 때문에**
4 점원이 말을 걸었기 때문에

[30] '나'는 다음에 슈퍼마켓에 가면 어떻게 할 생각인가?
1 알레르기에 대해 잘 알아본다.
2 상품의 뒷면에 적혀 있는 재료를 찾는다.
3 **달걀이 들어 있지 않은 상품이 있는지 본다.**
4 어떤 과자가 좋은지 생각하고 고른다.

(2)

요즘 오랜 시간 혼자서 집에 있는 아이들의 증가가 문제가 되고 있다. 조부모와 떨어져 사는 가정이 늘었고, 부모가 모두 늦게까지 일하는 가정이 많은 것이 원인이다.

그것을 해결하기 위해 A시에서는 일주일에 세 번 '모두의 식당'을 열고 있다. A시에 사는 요시다 씨가 시민관의 부엌을 빌려서 친구와 함께 시작한 식당이다. 누구나 이용할 수 있으며, 고등학생까지 아이들은 무료, 어른은 500엔의 돈을 내면 된다.

모두의 식당이 시작되는 것은 평일 저녁이다. 아이들뿐만 아니라 근처에 사는 대학생이나 퇴근길의 회사원 등도 모여 함께 저녁을 먹고 있다. 그 외에도 아이들의 학교 숙제를 도와주거나 근처 운동장에서 축구를 할 수도 있다.

모두의 식당을 시작한 요시다 씨는 "혼자 지내는 시간이 길면 누구나 외로워진다. 밥을 먹고 가는 것만으로도 좋으니까 더 많은 사람이 모두의 식당에 왔으면 좋겠다. 그리고 시끌벅적하고 즐거운 시간을 보내길 바란다."고 말했다.

[31] 그것이라고 했는데, 무엇인가?
1 조부모와 따로 부모와 자식만 사는 가정이 많은 것
2 일이 바빠 가족과 함께 지내는 시간이 적은 것
3 **부모님이 바빠 아이가 혼자서 지내는 시간이 많은 것**
4 혼자서 지내는 시간이 많은 아이가 나쁜 행동을 하는 것

[32] 모두의 식당에 대한 설명으로 알맞은 것은 어느 것인가?
1 고등학생까지 아이들만이 이용할 수 있다.
2 A시에 살고 있는 사람들만 갈 수 있는 식당이다.
3 도와주러 온 사람은 돈을 내지 않아도 된다.
4 **어른은 정해진 요금을 내면 된다.**

[33] 모두의 식당을 시작한 요시다 씨가 생각하고 있는 것은 무엇인가?
1 **모두와 저녁을 먹고 혼자 보내는 시간을 줄였으면 좋겠다.**
2 모두의 식당을 더 이용하고 이 활동을 넓혔으면 좋겠다.
3 다 같이 협력해서 만든 저녁을 먹으러 와 주면 기쁘겠다.
4 많은 사람과 밥을 먹고 돌아갔으면 좋겠다.

문제6 다음 문장을 읽고 질문에 답하세요. 답은 1・2・3・4에서 가장 올바른 것을 하나 고르세요

집에서 학교까지 가는 길에 항상 사람들이 줄지어 있는 케이크 가게가 있다. 그 케이크 가게에는 케이크 종류가 많이 있고 그곳에서 나오는 사람들은 모두 웃는 얼굴로 행복해 보였다. 나는 사람을 웃게 만드는 케이크 가게를 동경했다.

나는 케이크를 만드는 기술을 익히기 위해 쉬는 날에는 집에서 케이크를 만드는 ①연습을 하게 되었다. 사람들을 행복하게 하는 케이크를 만드는 데는 여러 가지 방법이 필요했다. 우선 처음에는 기본적인 케이크를 많이 만들기로 했다. 크림을 바르는 법과 굽는 법부터 시작해서 그 다음에 과일을 자르는 법 등의 기술을 공부했다. 그리고 내가 연습을 위해 만든 케이크는 가족에게 먹게 했다. 단것을 좋아하는 아버지와 여동생이 도와주어서, 매번 맛있게 웃으며 먹어 주었다. 나는 맛있다고 웃는 얼굴로 먹어 주는 게 기뻐서 매일같이 케이크를 굽게 되었다.

어느 주말에 새로 산 책의 레시피를 보면서 케이크를 만들어 보았다. 매우 예쁘게 나와서 기뻤다. 하지만 ②가족들은 별로 기뻐하지 않았다. 왜 그럴까 하고 이야기를 들으니 맛있지만 정기적으로 먹으면 싫어진다고 했다. 한동안 보기도 싫을 정도로. 확실히 실력이 향상되었고, 이제 조언할 만한 것도 적다고 했다.

그도 그럴 것이 아무리 좋아하는 것이라도 계속 주어지면 싫어질 것이다. 앞으로는 맛있을 뿐만 아니라 몇 번이고 먹고 싶다는 생각이 드는 케이크를 만들고 싶다.

[34] 내가 꿈꾸는 케이크 가게는 어떤 가게인가?
1 매일 손님에게 인기가 있는 몇 종류의 케이크를 만드는 가게
2 매일 케이크를 만들어 손님에게 많이 파는 가게

3 케이크를 바로 살 수 있고 손님을 웃게 하는 가게
4 케이크를 산 손님이 웃는 얼굴로 행복해지는 가게

[35] ①연습을 하게 되었다고 했는데, 무엇부터 시작했는가?
1 행복하게 하는 케이크를 만드는 방법
2 기본 케이크를 만드는 법 연습
3 과일을 예쁘게 자르는 법 연습
4 가족에게 도움을 부탁하는 것

[36] ②가족들은 별로 기뻐하지 않았다고 했는데, 왜인가?
1 케이크는 좋아하지만, 많이 먹은 탓에 싫어지기 시작했기 때문에
2 책의 레시피를 보고 만든 케이크에는 만드는 방법을 조언해 줄 수 없기 때문에
3 매일 식사를 하는 것이 힘들어서 먹는 것에 지쳤기 때문에
4 케이크 만드는 연습을 도와주는 것이 귀찮아졌기 때문에

[37] '나'는 지금 어떻게 생각하고 있는가?
1 앞으로는 가족의 의견을 들으면서 부탁 받은 것을 만들어야겠다.
2 가족은 먹지 않아도 만드는 것이 즐거우니까 앞으로도 계속 만들어야겠다.
3 맛있기만 한 케이크가 아니라 몇 번이고 먹고 싶어지는 케이크를 만들어야겠다.
4 아무리 맛있다는 말을 들어도, 특별한 날 외에는 만들지 않기로 한다.

문제7 오른쪽 페이지는 과수원 포스터입니다. 이것을 읽고 다음 질문에 답하세요. 답은 1·2·3·4에서 가장 올바른 것을 하나 고르세요.

[38] 마리테스 씨는 초등학생 딸과 '챌린지'에 참가하고, 그 다음에 과일을 사서 돌아가고 싶다고 생각하고 있다. 마리테스 씨가 희망하는 것과 알맞은 것은 어느 것인가?
1 '부모와 아이의 잼 만들기 챌린지'와 '모두의 과일 시장'
2 '부모와 아이의 잼 만들기 챌린지'와 '귤 무제한 먹기'
3 '부모와 아이의 케이크 만들기 챌린지'와 '모두의 과일 시장'
4 '부모와 아이의 케이크 만들기 챌린지'와 '귤 무제한 먹기'

[39] 학생인 기노시타 씨는 친구 3명과 함께 '귤 무제한 먹기'에 참가할 생각이다. 기노시타 씨가 할 수 있는 신청 방법은 어느 것인가?
1 10월 30일부터 11월 10일 사이에 인터넷으로 신청한다.
2 10월 30일부터 11월 10일 사이에 인터넷으로 신청하고 입구에서 지불한다.
3 10월 30일부터 11월 8일까지 전화로 신청하고 은행에서 이체한다.
4 10월 30일부터 11월 8일까지 전화로 신청하거나 당일 아침 8시까지 신청한다.

모리후쿠 시 모두의 과수원 과일 축제
2021년 11월 13일·14일

11월은 과일 축제! 제철 과일을 즐기지 않으시겠습니까?

이벤트	참가할 수 있는 사람	시간	참가비
귤 무제한 먹기 (무제한 먹기&선물)	누구나	08:00 ~ 12:00	1,000엔/3kg
모두의 과일 시장 (여러 제철 과일을 특별한 가격으로 판매♪)	누구나	12:30 ~ 15:00	없음
부모와 아이의 잼 만들기 챌린지 (제철 과일을 사용합니다♪)	어른 1명 아이 1명 (초등학생 이하)	11:00 ~ 12:00	500엔/2명
부모와 아이의 케이크 만들기 챌린지 (제철 과일을 사용합니다♪)	어른 1명 아이 1명 (중학생 이상)	12:30 ~ 14:00	1000엔/2명

※ 위의 내용은 11월 13일(토)·14일(일) 과일 축제만의 특별 가격입니다.

◇ 입장료 : 무료
◇ 신청 방법과 참가비 지불
① 인터넷〈기간〉10월 30일~11월 10일까지
   아래에 나와 있는 홈페이지에서 신청해 주세요. 요금은 신용 카드나 은행 계좌이체로 지불해 주세요.
② 전화〈기간〉10월 30일 ~ 11월 8일까지
   모리후쿠 시 모두의 과수원 과일 축제 담당자에게 전화해 주세요.
   요금은 은행 계좌이체로 지불해 주세요.
③ 당일 접수
   당일 8시 00분까지 모리후쿠 시 과수원 입구에서 접수를 받습니다.
   요금은 당일에 입구 접수처에서 현금으로 지불해 주세요.
   ※ '잼·케이크 챌린지'는 당일 신청이 안 됩니다.

▶ 그룹(3명 이상)으로 참가할 경우는 당일 접수나 전화로 신청할 수 없습니다. 인원수만큼 참가비를 모아서 지불해 주세요.
▶ 문의 사항은 전화 또는 메일로 해 주시기 바랍니다.

◇ 모두의 과수원 과일 축제 담당자
☎090-××××-××××(월 ~ 토 : 10시 ~ 15시)
info@morifukumf.××
http://www.morihuku-minnafruit.××

◇ 모리후쿠 시 모두의 과수원 모리후쿠 시 모리후쿠 319-6 (과수원 지도는 홈페이지에 있습니다.)

모의 시험 제1회 청해

문제1

문제1에서는 먼저 질문을 들으세요. 그러고 나서 이야기를 듣고 문제지의 1부터 4 중에서 가장 올바른 것을 하나 고르세요.

예

> **음성**
>
> 学校で先生が話しています。学生は、英会話の先生と昼食を食べたいとき、どのように申し込みますか。
>
> 男：ええと、英会話の先生と昼食を食べたい人は、必ず朝の10時までに申込書を出してください。
>
> 女：どこに出したらいいですか。
>
> 男：職員室の入り口の前に箱がありますので、そこに入れてください。それから、申込書には必ず名前を書いてくださいね。友達と一緒に参加したい場合は、一人一枚書いて出すようにしてください。
>
> 女：はい。
>
> 男：あと、先生たちのスケジュールは、食堂の前の掲示板に貼ってあります。毎週金曜日に貼り替えるので、そこで確認してくださいね。
>
> 女：毎日申し込んでもいいんですか？
>
> 男：もちろんいいですよ。

学生は、英会話の先生と昼食を食べたいとき、どのように申し込みますか。

1　先生にもうしこみしょを出す
2　友達と一緒にもうしこみしょを出す
3　もうしこみしょに名前を書いて箱に入れる
4　けいじばんに名前を書く

> 학교에서 선생님이 이야기하고 있습니다. 학생은 영어 회화 선생님과 점심 식사를 하고 싶을 때 어떻게 신청합니까?
>
> 남 : 음, 영어 회화 선생님과 점심 식사를 하고 싶은 사람은 반드시 아침 10시까지 신청서를 제출해 주세요.
>
> 여 : 어디에 내면 되나요?
>
> 남 : 직원실 입구 앞에 상자가 있으니까, 거기에 넣어 주세요. 그리고 신청서에는 반드시 이름을 써 주시고요. 친구와 함께 참가하고 싶은 경우에는 한 명당 한 장씩 써서 제출하도록 해 주세요.
>
> 여 : 네.
>
> 남 : 그리고 선생님들 일정은 식당 앞 게시판에 붙여 놓았습니다. 매주 금요일마다 변경되니 확인해 주십시오.
>
> 여 : 매일 신청해도 되나요?
>
> 남 : 물론 됩니다.

학생은 영어 회화 선생님과 점심 식사를 하고 싶을 때 어떻게 신청합니까?

1　선생님께 신청서를 낸다
2　친구와 함께 신청서를 낸다
3　**신청서에 이름을 써서 상자에 넣는다**
4　게시판에 이름을 쓴다

1번

> **음성**
>
> 会社で女の先輩と男の人が話しています。男の人は、出張の日までに何をしますか。
>
> 女：松下さん、急に明後日大阪に出張になったけど、飛行機の予約はしてくれた？
>
> 男：はい、できました。
>
> 女：ありがとう。今回は初めてのお客様だね。
>
> 男：そうですね、緊張します。
>
> 女：しっかり準備すれば心配ないよ。特に、相手の会社のことを詳しく調べておくのが大切だから、まず情報をまとめてみて。商品説明の資料は私が印刷しておくよ。
>
> 男：わかりました。
>
> 女：あと、松下さんの名刺だけど。
>
> 男：すみません、これから注文します。
>
> 女：あ、さっき注文したよ。とりあえず、さっきのやってみてね。

男の人は、出張の日までに何をしますか。

1　ひこうきのチケットを取る
2　お客さまのじょうほうをまとめる
3　しりょうをよういする

4 めいしをちゅうもんする

회사에서 여자 선배와 남자가 이야기하고 있습니다. 남자는 출장 가는 날까지 무엇을 합니까?

여 : 마쓰시타 씨, 갑자기 모레 오사카에 출장 가게 되었는데 비행기 예약은 해 뒀어?

남 : 네, 했습니다.

여 : 고마워. 이번에는 첫 고객이네.

남 : 그러네요, 긴장됩니다.

여 : 잘 준비하면 걱정 없어. 특히 상대 회사에 대해 자세히 조사해 놓는 것이 중요하니까 우선 정보를 정리해 봐. 상품 설명 자료는 내가 인쇄해 둘게.

남 : 알겠습니다.

여 : 그리고, 마쓰시타 씨 명함 말인데.

남 : 죄송합니다. 이제 주문하겠습니다.

여 : 아, 조금 전에 주문했어. 우선 좀 전에 얘기한 거 해 봐.

남자는 출장 가는 날까지 무엇을 합니까?

1 비행기 티켓을 예약한다
2 **손님 정보를 정리한다**
3 자료를 준비한다
4 명함을 주문한다

2번

음성

図書館で男の学生と女の人が話しています。男の学生は本をいつ返しに来ますか。

男：あの、本はいつまで借りることができますか。

女：借りた日から一週間なので、来週の金曜日までです。

男：そうなんですね。再来週の月曜日に試験があるので、それまでこの本を借りることはできませんか。

女：返すのが遅れると、その後の一週間は本を借りられなくなってしまうので、延期の申し込みをすればもう一週間借りることができますよ。

男：じゃあ、そうします。試験の日に返しに来ますね。

女：あ、その日は図書館を工事しているので開いてないんです。

男：そうですか、ではその次の日に来ます。

女：はい、お待ちしています。

男の学生は本をいつ返しに来ますか。

1 月曜日
2 水曜日
3 火曜日
4 金曜日

도서관에서 남학생과 여자가 이야기하고 있습니다. 남학생은 책을 언제 반납하러 옵니까?

남 : 저기, 책은 언제까지 빌릴 수 있나요?

여 : 빌린 날부터 일주일이니까 다음 주 금요일까지예요.

남 : 그렇군요. 다음다음 주 월요일에 시험이 있어서 그러는데 그때까지 이 책을 빌릴 수는 없나요?

여 : 반납이 늦어지면 그다음 일주일 동안은 책을 못 빌리게 되어 버리기 때문에 연기 신청을 하면 한 주 더 빌릴 수 있어요.

남 : 그럼, 그렇게 하겠습니다. 시험 보는 날에 반납하러 올게요.

여 : 아, 그날은 도서관이 공사를 해서 안 열어요.

남 : 그래요? 그럼, 그 다음 날에 오겠습니다.

여 : 네, 기다리겠습니다.

남학생은 책을 언제 반납하러 옵니까?

1 월요일
2 수요일
3 **화요일**
4 금요일

3번

음성

会社で女の先輩と男の人が今週の会議について話しています。男の人は会議に何を持っていかなければなりませんか。

女：お疲れ様。そういえば、言わなくちゃいけないことがあったんだ。今週金曜日の会議のことなんだけど、5階から3階の会議室に変わったから。

男：3階ですか、わかりました。

女：うん。それから、松下さんに会議の記録を残してほしいんだ。

男：記録ですか。ノートに書いてもよろしいでしょうか。

女：前まではノートだったんだけど、聞いてから書くのは大変だから、今回からパソコンで記録しようと思って。
男：わかりました。
女：それと、昨日渡した会議用の資料も忘れないようにね。
男：はい。あっ、マイクは用意しますか？
女：マイクは会議室にあるから大丈夫だよ。
男：わかりました。

男の人は会議に何を持っていかなければなりませんか。

1 パソコンとマイク
2 パソコンとしりょう
3 ノートとマイク
4 ノートとしりょう

회사에서 여자 선배와 남자가 이번 주 회의에 대해 이야기하고 있습니다. 남자는 회의에 무엇을 가지고 가야 합니까?

여 : 수고 많아. 참, 할 말이 있었어. 이번 주 금요일 회의 말인데, 5층에서 3층 회의실로 바뀌었거든.
남 : 3층이요? 알겠습니다.
여 : 응, 그리고 마쓰시타 씨에게 회의 기록을 남겨 줬으면 좋겠어.
남 : 기록이요? 노트에 써도 될까요?
여 : 이전까지는 노트였는데, 듣고 나서 쓰는 것은 힘드니까 이번부터 컴퓨터로 기록했으면 해.
남 : 알겠습니다.
여 : 그리고 어제 준 회의 자료도 잊지 말고.
남 : 네. 아, 마이크 준비할까요?
여 : 마이크는 회의실에 있으니까 괜찮아.
남 : 알겠습니다.

남자는 회의에 무엇을 가지고 가야 합니까?

1 컴퓨터와 마이크
2 **컴퓨터와 자료**
3 노트와 마이크
4 노트와 자료

4번

음성

学校のクラブで、女の人と男の人が話しています。男の人はこのあとまず何をしますか。

女：村上さんお疲れ様。今夜の歓迎会の準備をしていたんだけど、妹が熱を出したから今すぐ帰らなきゃいけなくなったの。やること多いのにごめんね。
男：それは大変ですね。
女：急で悪いんだけど、みんなの分のコップを買い忘れちゃって、私が行けないから、近くのスーパーに買いに行ってほしいんだ。机を並べるのもお願いしたいんだけど、まずは買い物に行ってくれる？
男：大丈夫ですよ。
女：それと、新入生のなふだを作りたいんだけど、やることが落ち着いたらそこにリストがあるから、順番に書いていってくれる？
男：わかりました。

男の人はこのあとまず何をしますか。

1 家に帰る
2 つくえをじゅんびする
3 なふだを書く
4 買い物に行く

학교 동아리에서 여자와 남자가 이야기하고 있습니다. 남자는 이 다음에 먼저 무엇을 합니까?

여 : 무라카미 씨, 수고 많아. 오늘 밤 환영회 준비를 하고 있는데, 여동생이 열이 나서 지금 바로 집에 가 봐야 할 거 같아. 해야 할 일이 많은데 미안해.
남 : 그거 큰일이네요.
여 : 갑작스럽게 미안한데, 모두가 마실 컵을 사는 걸 깜빡해서, 내가 못 가니까 근처 슈퍼마켓에 사러 가 줬으면 좋겠어. 책상을 놓는 것도 부탁하고 싶은데, 우선은 장 보러 가 줄래?
남 : 괜찮아요.
여 : 그리고 신입생 명찰을 만들고 싶은데, 할 일이 다 정리되면 거기에 리스트가 있으니까, 순서대로 써 놔 줄래?
남 : 알겠습니다.

남자는 이 다음에 먼저 무엇을 합니까?

1 집에 돌아간다
2 책상을 준비한다
3 이름표를 쓴다
4 **물건을 사러 간다**

5번

음성

花屋で店長と店員が話しています。店員はこのあとまず何をしますか。

男：泉さん、お店にある全ての花の数を確認してほしいんだけど、今時間ある？
女：今、イベントのチラシを作っています。
男：ああ、ありがとう。でもまだ先のことだから今日はいいよ。
女：わかりました。確認は、すぐには終わらないですよね。この後、お客様から予約で受けていたお花も用意しないといけなくて。
男：そうか。そんなときに申し訳ないんだけど、これも急いでやらないといけなくて、ほかにできる人がいないから泉さんにお願いしたいんだ。お客様からの予約はどんな内容？
女：お花を包んで、メッセージカードを付けてほしいとのことでした。
男：なるほど。それだったら、やったことがある木下さんにお願いしておくから。
女：はい。では、今からやります。

店員はこのあとまず何をしますか。

1 花の数をかくにんする
2 イベントのチラシを作る
3 よやくで受けた花をよういする
4 木下さんに仕事をお願いする

꽃집에서 점장과 점원이 이야기하고 있습니다. 점원은 이 다음에 먼저 무엇을 합니까?

남 : 이즈미 씨, 가게에 있는 모든 꽃의 수량을 확인해 줬으면 하는데, 지금 시간 있어?
여 : 지금 이벤트 전단지를 만들고 있어요.
남 : 아, 고마워. 하지만 아직 멀었으니까, 오늘은 괜찮아.
여 : 알겠습니다. 확인은 금방 끝나지 않겠죠. 이 다음에 손님이 예약하신 꽃도 준비해야 해서요.
남 : 그렇구나. 그럴 때 미안하지만 이것도 서둘러서 해야 해서, 달리 할 수 있는 사람이 없으니까 이즈미 씨에게 부탁하고 싶어. 손님이 하신 예약은 어떤 내용이야?
여 : 꽃을 싸서 메시지 카드를 넣어 달라고 했어요.
남 : 그렇군. 그거라면 해 본 적이 있는 기노시타 씨에게 부탁해 둘 테니까.
여 : 네. 그럼, 지금부터 하겠습니다.

점원은 이 다음에 먼저 무엇을 합니까?

1 **꽃 수량을 확인한다**
2 이벤트 전단지를 만든다
3 예약 받은 꽃을 준비한다
4 기노시타 씨에게 일을 부탁한다

6번

음성

女の人と男の人が話しています。女の人はいつ本を買いますか。

女：すみません、「森クラブ」という名前の雑誌を探しているのですが、なかなか見つけられなくて。
男：申し訳ありません。人気のため、すべて売れてしまったんです。ですが、今週の水曜日と土曜日に新しいのが届きます。今日は3日の月曜日ですので、明後日になりますね。
女：そうなんですか、残念。実は息子が雑誌についているおもちゃが欲しいと言っていたんですよ。
男：あ、そちらは別のものでして、まだ発売してないんですよ。今月の第4月曜日に発売の予定でして、今から3週間後ですね。
女：じゃあ、その日にまた来ます。

女の人はいつ本を買いますか。

1 水曜日5日
2 月曜日10日
3 水曜日26日
4 月曜日24日

여자와 남자가 이야기하고 있습니다. 여자는 언제 책을 삽니까?

여 : 저기요, '모리 클럽'이라는 이름의 잡지를 찾고 있는데요, 좀처럼 찾을 수가 없어서요.

남 : 죄송합니다. 인기가 많아서 다 팔렸어요. 그렇지만 이번 주 수요일과 토요일에 새로 도착합니다. 오늘이 3일 월요일이니까 모레가 되겠네요.

여 : 그런가요? 아쉽네요. 실은 아들이 잡지에 딸려 있는 장난감을 갖고 싶다고 했거든요.

남 : 아, 그건 다른 거라서 아직 발매되지 않았어요. 이번 달 넷째 주 월요일에 발매될 예정이라 지금부터 3주 후네요.

여자 : 그럼, 그날 다시 오겠습니다.

여자는 언제 책을 삽니까?

1 수요일 5일
2 월요일 10일
3 수요일 26일
4 월요일 24일

문제2

문제2에서는 먼저 질문을 들으세요. 그 다음 문제지를 보세요. 읽는 시간이 있습니다. 그러고 나서 이야기를 듣고 문제지의 1부터 4 중에서 가장 올바른 것을 하나 고르세요.

예

음성

大学で、男の人と女の人が話しています。女の人はどうして元気がないのですか。

男：どうしたの？なんか元気がないね。最近、宿題が多くてあまり寝ていないんじゃない？
女：それはいつものことだから慣れたよ。最近アルバイトを始めたって話したと思うんだけど。
男：ああ、パン屋さんの。残ったパンが無料でもらえて嬉しいって言ってたよね。
女：でも店が人気すぎて忙しいから大変なんだよ。もう辞めようかな。
男：ああ、わかった。彼氏に会う時間が少なくなって嫌なんでしょ。
女：それは関係ないよ、毎日連絡してるし。ああ、アルバイトのことを考えてたら気分が悪くなっちゃう。

女の人はどうして元気がないのですか。

1 宿題が多くて寝ていないから
2 アルバイトがいそがしいから
3 かれしに会えないから
4 気分が悪いから

대학에서 남자와 여자가 이야기하고 있습니다. 여자는 왜 기운이 없습니까?

남 : 왜 그래? 뭔가 기운이 없네. 요즘 숙제가 많아서 잠을 많이 못 자는 거 아니야?
여 : 그건 늘 있는 일이니까 익숙해졌어. 최근에 아르바이트를 시작했다고 말했었지?
남 : 아, 빵집 말이지. 남은 빵을 공짜로 받을 수 있어서 좋다고 했잖아.
여 : 근데 가게가 너무 인기가 많아서 바빠서 힘들어. 이제 그만둘까봐.
남 : 아, 알겠다. 남자 친구 만날 시간이 적어져서 싫은 거지?
여 : 그건 상관없어. 매일 연락하고 있고. 아, 아르바이트 생각하니까 기분이 나빠져.

여자는 왜 기운이 없습니까?

1 숙제가 많아 잠을 못 자서
2 아르바이트가 바빠서
3 남자친구를 못 만나서
4 기분이 나빠서

1번

음성

女の人と男の人が話しています。女の人はなぜ、今年留学に行くのをやめましたか。今年です。

女：今年も留学行けなくなったんだよね。
男：確かに、去年から新しいウイルスが流行っているもんね。
女：いや、それが理由じゃなくて、会社で大きな仕事をさせてもらえることになって、その仕事が終わるまでは辞められないみたいで。
男：すごいことだけど、君はそれでもいいの？
女：悩んだけど、その仕事は英語を使うから、留学する前のいい勉強になるかなって。

男:確かに、そうかもね。
女:来月の友達の結婚式にも参加できるしね。

女の人はなぜ、今年留学に行くのをやめましたか。

1 ウイルスがりゅうこうしたため
2 大きな仕事をさせてもらえるため
3 英語の勉強をするため
4 友達のけっこんしきに行くため

여자와 남자가 이야기하고 있습니다. 여자는 왜 올해 유학 가는 것을 그만뒀습니까? 올해입니다.

여: 올해도 유학 못 갔어.
남: 그러게, 작년부터 새로운 바이러스가 유행하고 있으니까.
여: 아니, 그게 이유가 아니라 회사에서 큰 일을 하게 되어서 그 일이 끝날 때까지는 그만두지 못할 것 같아.
남: 굉장한 일인데, 넌 그래도 괜찮아?
여: 고민했는데, 그 일은 영어를 쓰니까 유학 가기 전에 좋은 공부가 되겠구나 싶어.
남: 확실히 그럴지도 모르겠네.
여: 다음 달에 있는 친구 결혼식에도 갈 수 있고.

여자는 왜 올해 유학 가는 것을 그만뒀습니까?

1 바이러스가 유행했기 때문에
2 큰 일을 할 수 있기 때문에
3 영어 공부를 하기 위해
4 친구 결혼식에 가기 위해

2번

음성

うちで夫と妻が話しています。夫は何のために運動を始めましたか。

男:インターネットを見ていると、最近運動をしてる人が増えてるようだね。周りの知り合いも、トレーニングしてる姿を載せているのをよく見るよ。
女:へえ。
男:健康でいたくて始めた人もいるし、会社でのストレスを減らすために始める人も多いみたい。実は、僕はそれを知る前から運動を始めてたんだ。

女:なるほどね。まあ確かに、あなた昔と比べるとすごく太っちゃったし、やせたいって言ってたもんね。
男:そんなことよりも、休日にできる趣味がほしかったんだよ。
女:そうなんだ、それは大事だよね。私もあなたのことを言ってる場合じゃないわ。最近少し動いただけで疲れちゃって。
男:じゃあ、一緒に運動しようよ。そしたら体力がつくかも。

夫は何のために運動を始めましたか。

1 けんこうでいるため
2 体力をつけるため
3 むかしより太ったため
4 休みの日の楽しみを作るため

집에서 남편과 아내가 이야기하고 있습니다. 남편은 무엇을 위해 운동을 시작했습니까?

남: 인터넷을 보니 요즘 운동하는 사람들이 늘고 있는 것 더라. 주변 지인들도 운동하는 모습을 올리는 걸 자주 봐.
여: 아하.
남: 건강하고 싶어서 시작한 사람도 있고, 회사에서 받은 스트레스를 줄이기 위해 시작한 사람도 많은 것 같아. 사실 나는 그걸 알기 전부터 운동을 시작했어.
여: 그렇구나. 뭐 분명, 당신 옛날과 비교하면 살도 많이 쪘고, 살을 빼고 싶다고 했었잖아.
남: 그런 것보다 휴일에 할 수 있는 취미가 갖고 싶었어.
여: 그래, 그거 중요하지. 나도 당신 말할 때가 아니야. 요즘 조금만 움직여도 피곤해져서.
남: 그럼, 같이 운동하자. 그러면 체력이 붙을지도 몰라.

남편은 무엇을 위해 운동을 시작했습니까?

1 건강하기 위해
2 체력을 기르기 위해
3 예전보다 살쪘기 때문에
4 휴일의 즐거움을 만들기 위해

3번

음성

コンビニで男の社員と女の人が、店の成績について話しています。売れた商品の表によると、店の成績がよくなったのはどうしてですか。

男：木下さんが店長になってからお店の成績が良くなったんだって？すごいね。
女：ありがとうございます。初めはお店の前で割引券を配っていたのですが、あまりお客さんが増えませんでした。そこで、夏には冷たい食べ物を、冬には温かい食べ物を外で売るようにしたんです。割引券を配るのはやめて。
男：店内でも売っているものだよね。
女：はい。それから、子どもから見える場所におもちゃを置いて、消費期限が近いお菓子の値段を下げてレジの前に置きました。
男：なるほど、レジの前か。お客さんがよく見るところに置いたのがよかったんだね。それで、一番効果があったのはどれ？さっき、一年間で売れた商品の表が届いてたよね。
女：はい。外で販売したものが大きく変わっていて、たなやレジに置いていたものはそこまで変わりませんでした。
男：そうか。

売れた商品の表によると、店の成績がよくなったのはどうしてですか。

1 わりびきけんをくばったから
2 食べものを外ではんばいしたから
3 安くしたおかしをレジの前においたから
4 子どもが好きなおもちゃをふやしたから

편의점에서 남자 직원과 여자가 가게 실적에 대해 이야기하고 있습니다. 판매된 상품 표에 따르면 가게 실적이 좋아진 것은 어째서입니까?

남 : 기노시타 씨가 점장이 된 후로 가게 실적이 좋아졌다면서? 대단해.
여 : 감사합니다. 처음에는 가게 앞에서 할인권을 나눠 줬는데 손님이 별로 늘지 않았어요. 그래서 여름에는 찬 음식을, 겨울에는 따뜻한 음식을 밖에서 팔도록 했어요. 할인권을 배포하는 것은 그만두고요.
남 : 가게 안에서도 팔고 있는 거지?
여 : 네. 그리고 아이들이 볼 수 있는 곳에 장난감을 놓고 소비 기한이 가까워진 과자 값을 내려 계산대 앞에 놓았습니다.
남 : 그렇구나, 계산대 앞에 두었구나. 손님들이 잘 보는 곳에 둔 게 좋았네. 그래서 가장 효과가 좋았던 건 뭐야? 아까 1년 동안 판매된 상품 표가 도착했잖아.
여 : 네, 밖에서 판 것들이 많이 바뀌었고 선반이나 계산대에 놓아 두었던 것들은 그렇게까지 바뀌지 않았어요.
남 : 그렇구나.

판매된 상품 표에 따르면 가게 실적이 좋아진 것은 어째서입니까?

1 할인권을 배포했기 때문에
2 먹거리를 밖에서 판매했기 때문에
3 가격을 싸게 한 과자를 계산대 앞에 두었기 때문에
4 아이들이 좋아하는 장난감을 늘렸기 때문에

4번

음성

テレビでアナウンサーがあるお店について話しています。このお店が話題になったのはどうしてだと言っていますか。

女：世界中で環境問題を考えることが多くなりました。日本でも、環境についてのニュースをよく見ますよね。そこで、地球に優しいと話題のお店に来てみました。最近、紙で作られた容器の商品が人気ですが、このお店はお客さんが持って来た容器に、直接洗剤を入れるサービスを始めました。新しい容器を買わないことでごみが減るので、積極的に利用するお客さんが増えました。来月からは、着なくなった服を回収して新しい商品を作る予定だそうです。

このお店が話題になったのはどうしてだと言っていますか。

1 かんきょうについてのニュースをよく見るから
2 紙で作られたようきが売っているから
3 持ってきたようきに せんざいを入れられるから
4 着なくなった服であたらしいしょうひんを作ったから

텔레비전에서 아나운서가 한 가게에 대해 이야기하고 있습니다. 이 가게가 화제가 된 것은 어째서라고 하고 있습니까?

여: 전 세계적으로 환경 문제를 생각하는 경우가 많아졌습니다. 일본에서도 환경에 관한 뉴스를 자주 볼 수 있습니다. 그래서 지구에 친환경적이라고 화제인 가게에 와 보았습니다. 요즘 종이로 만든 용기의 상품이 인기인데요, 이 가게는 손님이 가져온 용기에 직접 세제를 넣어 주는 서비스를 시작했습니다. 새 용기를 사지 않음으로써 쓰레기가 줄어들기 때문에, 적극적으로 이용하는 손님이 늘었습니다. 다음 달부터는 입지 않게 된 옷을 수거해 새로운 상품을 만들 예정이라고 합니다.

이 가게가 화제가 된 것은 어째서라고 하고 있습니까?

1 환경에 대한 뉴스를 자주 보기 때문에
2 종이로 만들어진 용기가 팔리고 있기 때문에
3 **가지고 온 용기에 세제를 넣을 수 있기 때문에**
4 안 입게 된 옷으로 새로운 상품을 만들었기 때문에

5번

음성

スーパーで店長と男の店員が話しています。男の店員は店について何が問題だと言っていますか。

女: 新しいサービスを始めてからしばらく経ったけど、お客様の反応はどうかな？

男: そうですね、うちのスーパーは近所の方がよく来るので、商品の配達を利用するお客様がいるか不安でしたが、思っていたより利用者がいますし、特にお年寄りの方が多いですね。

女: そうだね。

男: はい。あと配達の商品をキャンセルするお客様が多いのが心配です。配達係の木下さんから聞いたんですけど、注文が多い休日なんかは配達が遅れてしまうので、届けに行ったときにはもう必要ないから受け取らないというお客様がいるそうです。

女: そうか、もっと早く届けられるように考えないといけないんだけど。今はバイクで配達しているから、運ぶ量を増やすことは難しいかもしれないね。

男の店員は店について何が問題だと言っていますか。

1 近所のお客さんが りようしてくれない
2 おとしよりの方にサービスを使ってもらえない
3 休日の はいたつが おくれてしまう
4 バイクで商品を はいたつすることができない

슈퍼마켓에서 점장과 남자 점원이 이야기하고 있습니다. 남자 점원은 가게에 대해 무엇이 문제라고 하고 있습니까?

여: 새로운 서비스를 시작한 지 꽤 지났는데, 손님들 반응은 어때?

남: 글쎄요. 저희 슈퍼마켓은 근처 분들이 많이 오셔서 상품 배달을 이용하는 고객이 있을지 불안했는데요, 생각보다 이용자가 있고, 특히 어르신들이 많아요.

여: 그렇지.

남: 네, 그리고 배달 상품을 취소하는 고객이 많아서 걱정입니다. 배달 담당인 기노시타 씨한테 들었는데, 주문이 많은 휴일에는 배달이 늦어지기 때문에, 배달하러 갔을 때는 더 이상 필요 없으니까 안 받겠다는 고객이 있다고 해요.

여: 그래? 좀 더 빨리 배달할 수 있도록 생각해야겠는데. 지금은 오토바이로 배달하고 있으니까, 운반량을 늘리는 건 어려울지도 모르겠네.

남자 점원은 가게에 대해 무엇이 문제라고 하고 있습니까?

1 동네 손님이 이용해 주지 않는다
2 어르신들이 서비스를 이용해 주지 않는다
3 **휴일 배달이 늦어진다**
4 오토바이로 상품을 배달할 수가 없다

6번

음성

家で夫と妻が話しています。二人はこのあとまずどうしますか。

男: 昨日壊れた掃除機、修理してもらおうよ。駅の近くに新しく修理店ができたでしょ、すぐに直してくれるから、頼んでる人が多いみたい。

女: そうなんだ。でも、15年前に買ったやつだから直すのが大変そう。それにその店、修理費が高いって聞いたけど。

男: そっか。でも、結婚したときに買った思い出のものだから、直してまた使えたらいいな。そうだ、自分たちで修理してみる？

女：それは難しいんじゃない？どこが壊れてるかもわからないし、簡単に直せないと思う。もう電気屋に新しいの買いに行こうよ。

男：そうだね。じゃあ、今から見に行こう。

女：あ、そういえばその修理店、中古の商品も売ってるはず。ちょっと行ってみない？

男：また古いものを使うの？それなら修理してもらった方がいいんじゃない？

女：高い値段で修理してもまた壊れるかも。それに、中古店にはほとんど使われていない商品も置いてあるのよ。ほぼ新品のものを安く買えるかも。

男：わかったよ、そうしよう。

二人はこのあとまずどうしますか。

1 しゅうりやに　そうじきを持って行く
2 そうじきを自分たちで直す
3 ちゅうこの　そうじきを見に行く
4 でんきやの　あたらしい　そうじきを買う

집에서 남편과 아내가 이야기하고 있습니다. 두 사람은 이 다음에 먼저 어떻게 합니까?

남 : 어제 망가진 청소기, 수리 받자. 역 근처에 새로 수리점이 생겼잖아. 금방 고쳐 주니까 맡기는 사람이 많은 것 같아.

여 : 그렇구나. 하지만 15년 전에 산 거라 고치기 힘들 것 같아. 게다가 그 가게, 수리비가 비싸다고 들었는데.

남 : 그래? 하지만 결혼할 때 산 추억이 있는 물건이니까 고쳐서 다시 쓸 수 있으면 좋겠다. 그래, 우리가 수리해 볼까?

여 : 그건 어렵지 않을까? 어디가 망가졌는지도 모르고, 간단히 고칠 수 없을 것 같아. 이제 전자제품 판매점에 새것 사러 가자.

남 : 그래, 그럼, 지금부터 보러 가자.

여 : 아, 그러고 보니 그 수리점, 중고 상품도 팔고 있을 텐데. 한번 가 볼래?

남 : 또 낡은 걸 쓰는 거야? 그렇다면 수리를 받는 게 낫지 않을까?

여 : 비싼 값으로 수리해도 또 망가질지도 몰라. 게다가 중고 매장에는 거의 안 쓴 상품도 있어. 거의 새 상품을 싸게 살 수 있을지도 몰라.

남 : 알았어, 그렇게 하자.

두 사람은 이 다음에 먼저 어떻게 합니까?

1 수리점에 청소기를 가지고 간다
2 청소기를 직접 고친다
3 중고 청소기를 보러 간다
4 전자제품 판매점에서 새 청소기를 산다

문제3

문제3에서는 문제지에 아무 것도 인쇄되어 있지 않습니다. 이 문제는 전체적으로 어떤 내용인지를 묻는 문제입니다. 이야기 전에 질문은 없습니다. 먼저 이야기를 들으세요. 그리고 나서 질문과 선택지를 듣고 1부터 4 중에서 가장 올바른 것을 하나 고르세요.

예

음성

テレビでアナウンサーが話しています。

女：最近、会社に行かないで家で仕事をするというやり方を、多くの会社が行っています。インターネットを使えば、同じ場所にいなくても簡単に情報を伝えることができる便利な時代になりました。しかし、今回のインタビューで「家に家族がいるので仕事に集中できない」「わからないことがあってもすぐに相談ができない」「人との関わりがなくなり、ストレスがたまる」などの意見があることがわかりました。

アナウンサーは何について話していますか。

1 家で仕事をする理由
2 家での働き方
3 家で仕事をすることの問題点
4 家で仕事をする良い点

텔레비전에서 아나운서가 이야기하고 있습니다.

여 : 요즘 회사에 가지 않고 집에서 일을 하는 방식을 많은 회사가 시행하고 있습니다. 인터넷을 사용하면 같은 장소에 있지 않아도 쉽게 정보를 전달할 수 있는 편리한 시대가 되었습니다. 하지만 이번 인터뷰에서 '집에 가족이 있어서 일에 집중이 안 된다', '모르는 것이 있어도 바로 상의를 할 수 없다', '사람과의 관계가 없어져 스트레스가 쌓인다' 등의 의견이 있는 것으로 나타났습니다.

아나운서는 무엇에 대해 이야기하고 있습니까?

1 집에서 일을 하는 이유

2 집에서 일하는 방식
3 집에서 일하는 것의 문제점
4 집에서 일을 하는 좋은 점

1번

음성

男の人と女の人が話しています。

男：加藤さんはダンスが本当に上手だよね。実は大学でダンス部に入ったんだけど、なかなかうまく踊れなくて。一人で練習しているのがいけないのかな。
女：一人でもいいと思うけど、うまい人と比べながら踊った方がうまくなると思うよ。
男：確かに、そうかも。
女：一人でも、練習のやり方はいくつかあるよ。
男：レッスンに通うとか？
女：それでもいいし、最近はインターネットでお気に入りの先生のクラスを家で受けられるサービスもあるよ。
男：そんなのがあるんだね、知らなかったよ。ぜひやってみたいな。
女：じゃあ、そのサイト教えてあげるよ。あとでメール送るね。

二人は何について話していますか。

1 ダンスの練習方法
2 一人で練習することの楽しさ
3 好きな先生のレッスン内容
4 ダンスが見られるサイト

남자와 여자가 이야기하고 있습니다.

남 : 가토 씨는 춤을 정말 잘 추네. 실은 대학에서 댄스부에 들어갔는데 좀처럼 춤이 늘지 않아서. 혼자 연습하는 게 안 좋은 걸까.
여 : 혼자서 해도 괜찮겠지만, 잘 추는 사람과 비교하면서 추는 편이 좋다고 생각해.
남 : 확실히 그럴지도 모르겠다.
여 : 혼자서도 연습하는 방법은 몇 가지 있어.
남 : 레슨을 다니거나?

여 : 그래도 괜찮고, 요즘은 인터넷에서 마음에 드는 선생님 수업을 집에서 받을 수 있는 서비스도 있어.
남 : 그런 게 있구나, 몰랐어. 꼭 해보고 싶다.
여 : 그럼, 그 사이트 가르쳐줄게. 나중에 문자 보낼게.

두 사람은 무엇에 대해 이야기하고 있습니까?

1 춤 연습 방법
2 혼자서 연습하는 것의 즐거움
3 좋아하는 선생님의 레슨 내용
4 춤을 볼 수 있는 사이트

2번

음성

ラジオで小説家が話しています。

男：私は、普通の会社に勤めながら小説家として本を書いています。しかし全く売れず、しばらく本を書くことをやめて小説家ではなく会社員として働くことを考えたこともありました。こうやって悩んでいるときにいつも読む本があるんですけど、この本を読むと自然と元気が出るんです。私もこの本のように、人に感動を与えることができる小説家になれるよう、これからもっと活動に力入れていきたいと思っています。

小説家が伝えたいことは何ですか。

1 小説家をあきらめるということ
2 小説家をこれからも続けるということ
3 ふつうの会社員になるということ
4 しばらく本を書くことをやめるということ

라디오에서 소설가가 이야기하고 있습니다.

남 : 저는 평범한 회사에 다니면서 소설가로서 책을 쓰고 있습니다. 하지만 전혀 팔리지 않아 한동안 책 쓰는 것을 그만두고 소설가가 아닌 회사원으로 일하는 것을 생각한 적도 있었습니다. 이렇게 고민하고 있을 때 늘 읽는 책이 있는데, 이 책을 읽으면 저절로 힘이 납니다. 저도 이 책처럼 사람들에게 감동을 줄 수 있는 소설가가 될 수 있도록, 앞으로 더욱 활동에 힘을 쏟고 싶습니다.

소설가가 전하고 싶은 것은 무엇입니까?

1 소설가를 포기한다는 것
2 소설가를 앞으로도 계속한다는 것
3 평범한 회사원이 된다는 것
4 당분간 책을 쓰지 않겠다는 것

3번

음성

テレビで男の人が話しています。

男：美しい自然や涼しい風を感じられる場所で、毎日の疲れを忘れてゆっくりしませんか。こちらのカフェは町から少し離れた場所にあり、近くの川で釣りを楽しんだり、釣った魚を桜の木の下で食べたりすることができます。カフェの店員さんに釣った魚の料理の仕方を教えてもらうこともできます。夜は星が見えるテラスでおいしいコーヒーを楽しむのもいい時間を過ごせそうですね。

男の人は何について話していますか。

1 山の自然の美しさ
2 自然を楽しむことができるカフェ
3 魚料理の作り方
4 忘れられないコーヒーの味

텔레비전에서 남자가 이야기하고 있습니다.

남 : 아름다운 자연과 시원한 바람을 느낄 수 있는 장소에서 매일 생긴 피로를 잊고 느긋하게 쉬지 않겠습니까? 이 카페는 마을에서 조금 떨어진 곳에 있어 가까운 강에서 낚시를 즐기거나 낚은 물고기를 벚나무 아래에서 먹을 수 있습니다. 카페의 점원에게 낚시로 잡은 생선을 요리하는 방법을 배울 수도 있습니다. 밤에는 별이 보이는 테라스에서 맛있는 커피를 즐기는 것도 좋은 시간을 보낼 수 있을 것 같네요.

남자는 무엇에 대해 이야기하고 있습니까?

1 산의 자연 속의 아름다움
2 자연을 즐길 수 있는 카페
3 생선 요리 만드는 법
4 잊을 수 없는 커피의 맛

문제4

　문제4에서는 그림을 보며 질문을 들으세요. 화살표(➡)의 사람은 뭐라고 합니까? 1부터 3 중에서 가장 올바른 것을 하나 고르세요.

예

花を買いたいです。何と言いますか。

女：1 ええ、一本だけですか。
　　2 すみません、一本ください。
　　3 そうですね、一本で十分です。

꽃을 사고 싶습니다. 뭐라고 합니까?

여 : 1 네, 한 송이만이요?
　　2 저기요, 한 송이 주세요.
　　3 네, 한 송이면 충분합니다.

1번

後輩が残業でロボットを組み立てています。後輩に何と言いますか。

男：1 一緒に組み立てないの？
　　2 一緒に組み立ててもらえる？
　　3 一緒に組み立てようか。

후배가 야근하며 로봇을 조립하고 있습니다. 후배에게 뭐라고 합니까?

남 : 1 같이 조립 안 할 거야?
　　2 같이 조립해 줄 수 있어?
　　3 같이 조립할까?

2번

料理を用意しました。食べてもらいたいです。何と言いますか。

女：1　どうぞ召し上がってください。
　　2　どうぞ差し上げます。
　　3　お食べになります。

요리를 준비했습니다. 먹어 줬으면 좋겠습니다. 뭐라고 합니까?

여：1　<u>어서 드세요.</u>
　　2　여기 드릴게요.
　　3　드십니다.

3번

壊れた時計を持って時計屋に行きます。修理のお願いをします。何と言いますか。

男：1　すみません、こちらでは直せません。
　　2　すみません、この時計を直してもらってもいいですか。
　　3　すみません、壊れてましたか。

고장 난 시계를 갖고 시계방에 갑니다. 수리를 부탁합니다. 뭐라고 합니까?

남：1　죄송합니다만 여기서는 고칠 수 없습니다.
　　<u>2　저기요, 이 시계 좀 고쳐 주시겠어요?</u>
　　3　죄송합니다만, 고장 났나요?

4번

棚にある花びんが落ちそうです。友達に何と言いますか。

女：1　花びん、落ちちゃうよ。
　　2　花びん、落ちたよ。
　　3　花びん、まだ落ちてないよ。

선반에 있는 꽃병이 떨어질 것 같습니다. 친구에게 뭐라고 합니까?

여：<u>1　꽃병 떨어지겠다.</u>
　　2　꽃병 떨어졌어.
　　3　꽃병 아직 안 떨어졌어.

문제5

문제5에서는 문제지에 아무 것도 인쇄되어 있지 않습니다. 먼저 문장을 들으세요. 그리고 나서 그 대답을 듣고 1부터 3 중에서 가장 올바른 것을 하나 고르세요.

예
女：午前中にこの資料まとめといてって言ったじゃん。

男：1　はい、部長のおかげです。
　　2　もうまとめてくれたんですね。
　　3　間に合わなくて、すみません。

여：오전 중에 이 자료 정리하라고 했잖아.

남：1　네, 부장님 덕분입니다.
　　2　벌써 정리해 주셨군요.
　　<u>3　늦게 해서 죄송합니다.</u>

1번
男：中本さんが引き受けてくれた仕事、大成功したそうですね。

女：1　はい、本当によかったです。
　　2　失敗しないように頑張ります。
　　3　やらせていただけるんですか。

남 : 나카모토 씨가 맡아 준 일, 대성공했다면서요.
여 : **1 네, 정말 잘됐어요.**
　　2 실패하지 않도록 열심히 하겠습니다.
　　3 제가 해도 될까요?

2번
男：部長の確認が取れてからじゃないと、次の仕事ができない?

女：1 うん、大事なことだからね。
　　2 そうなんだ、確認できてたんだ。
　　3 そっか、確認よろしくね。

남 : 부장님 확인을 받지 않으면 다음 일을 할 수 없어?
여 : **1 응, 중요한 일이라서.**
　　2 그렇구나, 확인됐구나.
　　3 그래, 확인 잘 부탁해.

3번
女：こちらの飲み物はサービスです。どうぞお飲みください。

男：1 このサービスはもう終わりました。
　　2 そうなんですか、ありがとうございます。
　　3 飲んではいけませんか。

여 : 이 음료수는 서비스예요. 맛있게 드세요.
남 : 1 이 서비스는 이제 끝났습니다.
　　2 그래요? 고맙습니다.
　　3 마시면 안 됩니까?

4번
女：それでは、今日はお先に失礼します。

男：1 いらっしゃいませ。
　　2 お疲れ様でした。
　　3 こちらでお待ちください。

여 : 그럼, 오늘은 먼저 들어가 보겠습니다.
남 : 1 어서 오세요.
　　2 수고하셨어요.
　　3 이쪽에서 기다려 주세요.

5번
女：えんぴつ貸してもらえない?家に忘れちゃった。

男：1 えんぴつ貸せないの?
　　2 僕は忘れてないけど。
　　3 いいよ、今日ずっと使っていいよ。

여 : 연필 좀 빌려줄래? 집에 두고 왔어.
남 : 1 연필 좀 빌릴 수 없을까?
　　2 나는 깜빡하지 않았지만.
　　3 좋아, 오늘 계속 써도 돼.

6번
女：講演会まで時間があるから、そんなに急いで行くことはないね。

男：1 そうなんですか?大変ですね。
　　2 はい、ゆっくり行きましょう。
　　3 そうですね、走りましょう。

여 : 강연회까지 시간이 있으니까 그렇게 급하게 갈 필요는 없겠네.
남 : 1 그런가요? 큰일이네요.
　　2 네, 천천히 갑시다.
　　3 그래요, 뜁시다.

7번
男：泉さん、泉さんのお子さんは今年おいくつになったんですか。

女：1 子どもたちは、5時頃帰ってきますよ。
　　2 娘は8歳で、息子は3歳になりました。
　　3 今年3人目の子どもが生まれました。

남 : 이즈미 씨, 이즈미 씨 자녀분은 올해 몇 살 됐어요?
여 : 1 아이들은 5시쯤 집에 와요.
　　2 딸은 8살이고 아들은 3살이 됐어요.
　　3 올해 셋째 아이가 태어났어요.

8번
女：明日は朝5時に集合だから、寝坊しないようにね。

男：1 うん、集まりそうだね。
　　2 そうだね、今日は早く寝ないと。
　　3 まだ寝られないの?

여 : 내일은 아침 5시에 집합이니까 늦잠 자지 않도록 해.

남:1 응, 모일 것 같네.
　2 <u>그래, 오늘은 일찍 자야겠다.</u>
　3 아직 안 자?

9번

女：もうすぐ子どもが生まれるから、広い家に引っ越すことに
　　したんだ。

男：1　生まれたの、おめでとう。
　　2　え、そんなことできるの？
　　3　そっか、遠くに行くの？

여：곧 아이가 태어나니까 넓은 집으로 이사하기로 했어.
남：1　태어났어? 축하해.
　　2　어, 그럴 수 있어?
　　3　<u>그렇구나, 멀리 가?</u>

모의 시험

제2회
정답 및 해석

모의 시험 제2회 정답표

언어 지식(문자·어휘)

문제1	1 ④	2 ①	3 ③	4 ②	5 ③	6 ④	7 ①	8 ②
문제2	9 ②	10 ③	11 ④	12 ③	13 ①	14 ②		
문제3	15 ④	16 ①	17 ③	18 ①	19 ④	20 ③	21 ②	22 ③
	23 ④	24 ②	25 ①					
문제4	26 ③	27 ②	28 ④	29 ③	30 ①			
문제5	31 ①	32 ②	33 ③	34 ④	35 ③			

언어 지식(문법)

문제1	1 ①	2 ②	3 ①	4 ③	5 ②	6 ④	7 ③	8 ②
	9 ④	10 ③	11 ③	12 ①	13 ②			
문제2	14 ③(2134)		15 ②(3214)		16 ③(4321)			
	17 ①(2134)		18 ④(2143)					
문제3	19 ③	20 ②	21 ①	22 ④	23 ③			

독해

문제4	24 ③	25 ④	26 ④	27 ①			
문제5	28 ④	29 ②	30 ①	31 ②	32 ③	33 ④	
문제6	34 ④	35 ④	36 ①	37 ①			
문제7	38 ②	39 ③					

청해

문제1	예 ③	1번 ②	2번 ③	3번 ④	4번 ①	5번 ②	6번 ②	
문제2	예 ②	1번 ②	2번 ②	3번 ②	4번 ①	5번 ②	6번 ③	
문제3	예 ③	1번 ①	2번 ④	3번 ④				
문제4	예 ②	1번 ②	2번 ①	3번 ①	4번 ③			
문제5	예 ③	1번 ①	2번 ②	3번 ②	4번 ②	5번 ①	6번 ③	7번 ②
	8번 ③	9번 ②						

모의 시험 제2회 채점표

실제 시험은 상대 평가이기 때문에 본 채점표의 점수와 다를 수 있습니다.

	문제	배점	만점	정답 개수	점수
언어 지식 (문자 · 어휘)	문제1	1점 x 8문항	8		
	문제2	1점 x 6문항	6		
	문제3	1점 x 11문항	11		
	문제4	1점 x 5문항	5		
	문제5	1점 x 5문항	5		
	합계		35		

예상 점수를 계산하는 방법 : 언어 지식(문자 · 어휘, 문법) [   ]점÷35×60=[   ]점

	문제	배점	만점	정답 개수	점수
언어 지식 (문법)	문제1	1점 x 13문항	13		
	문제2	1점 x 5문항	5		
	문제3	1점 x 5문항	5		
독해	문제4	1점 x 4문항	4		
	문제5	1점 x 6문항	6		
	문제6	1점 x 4문항	4		
	문제7	1점 x 2문항	2		
	합계		39		

예상 점수를 계산하는 방법 : 독해 [   ]점÷39×60=[   ]점

	문제	배점	만점	정답 개수	점수
청해	문제1	1점x6문항	6		
	문제2	1점x6문항	6		
	문제3	1점x3문항	3		
	문제4	1점x4문항	4		
	문제5	1점x9문항	9		
	합계		28		

예상 점수를 계산하는 방법 : 청해 [   ]점÷28×60=[   ]점

모의 시험 제2회 언어 지식(문자·어휘)

문제1 _____의 단어의 읽는 법으로 가장 올바른 것을 1·2·3·4에서 하나 고르세요.

1. 쓰레기를 <u>회수</u>합니다.
2. 그가 매일 <u>노력</u>하고 있다는 것을 모두가 알고 있습니다.
3. 여러 가게를 갔지만 <u>결국</u> 원하는 것은 살 수 없었다.
4. 겨울 바닷가는 추웠기 때문에 나무를 <u>태워서</u> 따뜻하게 했다.
5. 국가 <u>기관</u>에 문의한다.
6. 그가 나쁜 사람은 아닌지 <u>의심하고</u> 있습니다.
7. <u>혈액</u> 검사를 하게 되었습니다.
8. 저는 새집을 <u>건축</u>할 예정입니다.

문제2 _____의 단어를 한자로 쓸 때, 가장 올바른 것을 1·2·3·4에서 하나 고르세요.

9. 축구공은 <u>오각형</u>이 12개가 모여 만들어져 있다.
10. 밥을 <u>남겨서</u>는 안 됩니다.
11. 그는 일본어에 <u>관심</u>을 갖고 있다.
12. 스포츠 클럽을 <u>탈퇴</u>하기로 했다.
13. 나는 어릴 때부터 <u>가난한</u> 생활을 해 왔다.
14. 내일은 중요한 회의에 <u>출석</u>할 예정입니다.

문제3 ( )에 들어갈 가장 올바른 것을 1·2·3·4에서 하나 고르세요.

15. 이번 여행의 <u>목적</u>은 맛있는 것을 많이 먹는 것이다.
16. 베트남에서는 오토바이를 타고 이동하는 것이 <u>일반적</u>이다.
17. 이 글을 읽고 나서 5개의 <u>퀴즈</u>에 답하세요.
18. 운동을 하기 전에, <u>체조</u>를 해서 몸을 따뜻하게 하자.
19. 선생님과 함께 영어 <u>발음</u> 연습을 한다.
20. 길을 잃지 않도록 제대로 손을 <u>잡고</u> 있어.
21. 미래에는 <u>자연</u>이 풍부한 곳에서 살고 싶다.
22. 오늘 식사 모임은 좌석을 <u>지정</u>하지 않았으므로, 원하는 곳에 앉아 주세요.
23. 여동생을 데리러 가는 것을 <u>완전히</u> 잊고 그대로 돌아오고 말았다.
24. 과일은 상처가 나기 쉬우므로 조심스럽게 <u>다뤄</u> 주세요.
25. 정원의 꽃이나 채소에 물을 듬뿍 <u>부어</u> 주자.

문제4 _____에 의미가 가장 가까운 것을 1·2·3·4에서 하나 고르세요.

26. 차가 <u>정체</u>되고 있다.
27. 새롭게 지은 집을 <u>이미지</u>하다.
28. 지금 하는 일은 <u>지루하다</u>.
29. 약속 시간에 <u>딱 맞춰</u> 도착했다.
30. 몸 상태가 <u>꽤</u> 좋아졌다.

문제5 다음 단어의 사용법으로 가장 올바른 것을 1·2·3·4에서 하나 고르세요.

31. 자세
   1 속이 안 좋을 때는 편한 <u>자세</u>로 천천히 휴식을 취하세요.
32. 섞다
   2 따뜻한 우유에 꿀을 <u>섞은</u> 것을 마시고 잔다.
33. 자신 있음, 특기임, 잘함
   3 요리를 <u>잘하기</u> 때문에 매일 식사를 준비하는 것도 전혀 싫지 않습니다.
34. 인내, 참음
   4 그녀는 <u>참지</u> 않고 생각한 것을 분명하게 상대에게 전한다.
35. 사귀다, 교제하다
   3 드디어 10년간 <u>사귀었던</u> 여자 친구와 결혼하기로 결심했다.

모의 시험 제2회 언어 지식(문법)·독해

문제1 다음 문장의 (　) 에 들어갈 가장 올바른 것을 1·2·3·4에서 하나 고르세요.

1　늦잠을 잔 남편은 밥**도** 먹지 않고 황급히 집을 나갔다.

2　이 섬은 채소**뿐만 아니라** 생선도 맛있기로 유명합니다.

3　오랜만에 고향에 돌아갔는데 **여전히** 어머니 요리는 맛있었다.

4　단 것을 좋아하는 **나와는 대조적으로** 여동생은 초콜릿 등의 과자를 전혀 먹지 않는다.

5　1년**마다** 발표되는 그의 소설은 모두 금방 매진된다.

6　(학교에서)
학생　"선생님, 저 가고 싶은 고등학교에 합격할 수 있을지 불안해요."
선생님　"괜찮아. 마쓰이는 이렇게 **열심히 하고 있으니까** 분명 합격할 수 있을 거야."

7　회사에서 집으로 돌아오니 현관 열쇠가 **열린 채로** 있었다. 늦잠을 자서 서둘러 나와 버렸기 때문일 것이다.

8　(회사에서)
부장　"내년에 출시할 신상품의 자료는 완성했어?"
과장　"죄송합니다. 지금 작성**하고 있습니다**."

9　오랜만에 부모님을 만날 수 있는 것도 기대되지만 키우는 개**도** 만나는 것이 기대된다.

10　글을 잘 쓰려면 매일 쓰는 연습을 **하는 수 밖에 없다**.

11　지금의 회사에 **입사한 지** 10년이 지났지만 신입 사원을 보면 10년 전 자신의 모습이 떠오른다.

12　그의 휴대전화를 보면 안 된다는 것을 알면서도 무심결에 **봐 버린다**.

13　학생　"선생님, 가고 싶은 대학에 합격하려면 어떻게 해야 합니까?"
선생님　"합격하고 싶다면 오늘부터 열심히 **공부해야죠**."

문제2 다음 문장의 ＿★＿ 에 들어갈 가장 올바른 것을 1·2·3·4에서 하나 고르세요.

14　경기가 끝나는 대로 우승한 선수에게 **지금의** 기분을 인터뷰한다.

15　일본에서는 겨울이 **끝나자마자** 벚꽃이 피기 시작한다.

16　축구 클럽 연습에서 **다리를 다친** 이후로 시합에 참가할 수 없었다.

17　다케다 "옷이 아주 지저분하네. 무슨 일이야?"
박　"비가 와서 땅바닥에서 **미끄러져 굴러서** 옷이 흙투성이가 되어 버렸어."

18　(집에서)
엄마　"저녁 다 됐는데 먹을래?"
딸　"조금 전에 과자를 **막 먹어서** 저녁은 좀 이따가 먹을게."

문제3 다음 문장을 읽고, 문장 전체의 내용을 생각해서 19 부터 23 안에 들어갈 가장 올바른 것을 1·2·3·4에서 하나 고르세요.

다음 문장은 유학생이 쓴 글입니다.

운동회

한나 콜린스

올 여름 저는 처음으로 운동회라는 것에 참가했습니다. 운동회는 학생들이 몇 개의 팀으로 나뉘어 다른 팀과 겨룹니다. 가장 많이 점수를 받은 팀이 우승합니다. 또한 그날을 위해 두 달 전부터 연습을 합니다.

저는 운동회는 축제와 같은 것이라고 생각했기 때문에, 연습도 기대했습니다. 하지만 실제로 연습이 시작되자 무척 힘들었습니다. 저는 운동을 잘 못하고, 게다가 더위에도 약합니다. 왜 19 **이렇게** 더운데 달리기도 하고 줄서기 연습도 하고 큰소리를 내야 하는지 몰라서 처음에는 전혀 즐겁지 않았습니다. 20 **하지만** 모두가 열심히 연습하고 있을 때 나만 의욕이 없으면 안 되겠다고 생각해서 열심히 해 보기로 했습니다.

연습하고 있는 21 **사이**에 팀원들과 점점 더 친해졌습니다. 그리고 팀의 리더들은 팀을 더 좋게 만들기 위해 모르는 것이 있으면 알게 될 때까지 가르쳐 주거나 할 수 있을 때까지 함께 연습해 주었습니다. 그 덕분에 싫다고 생각했던 연습에도 즐겁게 적극적으로 참여하게 되었고, '다 같이 우승하고 싶다'고 생각하게 되었습니다.

결과적으로 우리 팀은 22 **우승하지 못했습니다**. 분했지만, 그 기분보다 '즐거웠다'라는 기분이 더 컸습니다. 저는 결과보다도 '동료와 힘을 합쳐 열심히 싸웠다'는 것이 더 중요하다는 사실을 23 **깨달았습니다**. 운동회에 참가함으로써 수업에서는 배울 수 없는 것을 배울 수 있었다고 생각합니다.

문제4 다음 (1)부터 (4)의 문장을 읽고 질문에 답하세요. 답은 1·2·3·4에서 가장 올바른 것을 하나 고르세요.

(1)

이것은 대학에서 학생에게 보낸 메일이다.

받는 사람: shinnyusei@mori-college.××.××
제　　목: 2021년 입학시험 결과에 대해
전송 날짜: 2021년 01월 13일 15 : 00

모리 대학에 응시하신 여러분

시험 치르느라 수고하셨습니다. 내일 결과 발표가 있습니다.

시험 결과는 학교 홈페이지에서 발표하오니 꼭 확인하시기 바랍니다.

입학이 결정된 분에게는 서류를 발송해 드립니다. 입학 준비 방법이 적혀 있는 중요한 서류입니다. 받는 대로 바로 확인해 주시기 바랍니다.

또한 많은 사람이 한꺼번에 접속하면 홈페이지가 멈춰 버리는 경우가 있습니다. 그럴 경우에는 반드시 학생과 쪽으로 전화 부탁드립니다.

모리 대학 학생과

24 이 이메일에서 알 수 있는 것은 무엇인가?
1 홈페이지에서 서류를 볼 수 있다.
2 홈페이지가 열리지 않을 경우에는 학교에 결과를 보러 갈 필요가 있다.
3 **합격한 사람에게는 서류가 발송되므로 확인해야만 한다.**
4 입학을 위해 필요한 서류는 시험을 치른 모든 사람에게 보내진다.

(2)

어제 처음으로 초밥집에 갔다.

처음에는 먹고 싶은 것을 자유롭게 주문했지만, 주문한 초밥에 따라 접시 색깔이 다르다는 것을 깨달았다. 지금까지 여러 가게에서 밥을 먹어봤지만 음식 종류에 따라 접시 색깔이 정해져 있는 것은 처음 보았다. 다 같은 색으로 하는 편이 간단하게 접시에 올릴 수 있을 텐데 왜 색깔을 나누는지 궁금했다.

그러자 함께 간 일본인 친구가 접시 색깔에 따라 초밥 가격이 다르다는 것을 알려 주었다. 확실히 이것은 점원도 손님도 얼마나 먹었는지를 금방 알 수 있어서 좋겠다는 생각이 들었다.

25 일본인 친구의 말에 따르면 접시의 색깔이 다른 것은 어째서인가?
1 접시 색깔에 따라 먹을 수 있는 양이 정해져 있기 때문에
2 접시 색깔을 보면 초밥을 쉽게 올릴 수 있기 때문에
3 접시 색깔에 따라 무엇을 먹을지 결정할 수 있기 때문에
4 **접시 색깔에 따라 가격이 다르기 때문에**

(3)

어떤 반 성적이 오르기 힘든 것일까? 같은 내용을 공부하고 있는 두 반을 반년 동안 조사했다.

첫 번째 반에서는 선생님이 엄한 얼굴로 가르쳤다. 한편 두 번째 반에서는 선생님이 항상 웃는 얼굴로 가르쳤다. 결과적으로 학생들의 성적은 놀라울 정도로 달랐다. 엄한 얼굴을 한 선생님의 반에서 배운 학생은 그렇지 않은 반 학생에 비해 30%나 성적이 낮았던 것이다.

또한 엄한 얼굴을 한 선생님의 반에서 가장 성적이 낮은 학생은 교사와 의사소통을 할 기회가 적은 학생이었다.

26 공부의 효과를 보지 못한 학생은 어떤 학생인가?
1 안심할 수 있는 반에서 배우고, 선생님과 의사소통을 잘 한 학생
2 안심할 수 있는 반에서 배우고, 선생님과 의사소통을 하지 않은 학생
3 긴장감이 있는 반에서 배우고, 선생님과 의사소통을 잘 한 학생
4 **긴장감이 있는 반에서 배우고, 선생님과 의사소통을 하지 않은 학생**

(4)

기무라 씨가 출근하자 사물함에 점장님의 메시지가 붙어 있었다.

기무라 씨

3일 전에 우리 가게에서 구두를 산 손님한테 연락이 왔어요. 하이힐이 산 지 얼마 되지 않아 망가졌다고 합니다.

14시경에 오신다고 하니, 구두 상태를 보고 수리해 줄 바랍니다. 수리 방법은 자료로 정리했으니 오전 중에 읽어 두세요.

나는 오늘 노다 씨와 함께 다른 지점에 갈 일이 있어요. 끝나는 대로 바로 가게로 갈게요.

점장

27 이 메모를 읽고 기무라 씨가 해야 할 일은 무엇인가?
1 점장이 올 때까지 수리 방법에 대한 자료를 읽어 둔다.
2 오전 중에 수리를 하고 고객을 위해 자료를 만든다.
3 노다 씨와 함께 지점에 가서 용무를 끝낸 후에 출근한다.
4 **오전 중에 수리 방법에 대한 자료를 읽고, 구두 상태를 본다.**

문제5 다음 (1)과 (2)의 문장을 읽고 질문에 답하세요. 답은 1·2·3·4에서 가장 올바른 것을 하나 고르세요.

(1)

　경찰관이었던 아버지는 65세에 일을 그만둔 후 외출을 하고 싶어 하지 않게 되었다. 일에 무척 열심이었고 휴일에도 '출근하라'는 명령이 언제 있을지 몰랐기 때문에 취미도 없었다. 새로운 것에 도전하지도 않았고, 어머니가 여행을 권해도 소용이 없었다.

　그런 아버지가 변화한 계기는 우리 집에 강아지가 온 것이다. 친구 집에서 태어난 강아지를 내가 받은 것이다. 강아지를 돌보는 일은 아버지의 역할이 됐다.

　내가 어렸을 때 우리 집에는 '타로'라는 이름의 개를 키웠었다. 우리 가족 중에서 타로를 가장 예뻐했던 사람은 아버지였다. 아무리 바빠도 시간을 내서 타로와 놀아 주었다. 아버지는 개를 좋아한다. 하지만, 타로가 죽었을 때 일 때문에 바로 집에 들어올 수 없었다. 아버지는 그 일을 잊지 못해서 그 후로 개를 키우지 않았다. 하지만, 지금은 환경이 달라져 시간이 있으니까 강아지 곁에 계속 있을 수 있다.

　(강아지가 온 이후로) 아버지는 자주 웃게 되었다. 틈만 나면 강아지 사진을 내 휴대전화로 보내 온다. "작은데도 힘이 있어서 가구를 물어뜯지 않도록 가르치는 게 힘들어."라고 재미있다는 듯이 말해 주었다.

[28] 외출을 하고 싶어 하지 않게 되었다고 했는데, 왜인가?
1　일이 바빠서 언제 출근 명령이 있을지 모르기 때문에
2　엄마와 함께 여행 가는 것은 좋아하지 않기 때문에
3　경찰관 일을 좋아해서 다시 되돌아가고 싶다고 생각하고 있기 때문에
4　**시간이 있어도 딱히 하고 싶은 일이 없기 때문에**

[29] 강아지가 오기 전까지 아버지는 왜 개를 키우지 않았는가?
1　타로와 놀 시간이 적었던 것이 슬펐기 때문에
2　**타로를 마지막에 만나지 못한 것을 잊을 수 없어서**
3　일이 바쁜 탓에 타로를 예뻐할 수 없었기 때문에
4　타로보다도 일이 더 중요하다고 생각했기 때문에

[30] (　　)에 들어가기에 가장 올바른 것은 어느 것인가?
1　**강아지가 온 이후로**
2　강아지가 태어난 이후로
3　사진 찍는 것이 즐거우니까
4　강아지를 소중히 하고 나서

(2)

　제가 결혼했을 때, 저와 남편이 사귀기 시작하면서부터 결혼할 때까지 찍은 사진을 모아서 비디오 한 편을 만들었습니다. 처음에는 저희의 기념을 위해 만들었는데 남편의 아이디어로 그 비디오를 결혼식에서 틀기로 했습니다. 결혼식에서 비디오를 본 부모님은 매우 즐거워하셨습니다. 다 본 후에 두 분이 결혼했을 때의 이야기를 들려 주셨습니다.

　대학생 때 조용했던 아버지는 매일 화려한 원피스를 입고 춤을 추는 어머니를 보고 '친해질 수 없는 여자'라고 생각했다고 합니다.

　하지만 알고 지낸 다음에 두 사람 모두 기타를 치는 것을 좋아한다는 사실을 알게 되면서 점점 친해졌다고 합니다. 그리고 부모님이 결혼했던 시절에는 젊었을 때 결혼하는 것이 일반적이었기 때문에, 대학을 졸업하기 전에 결혼을 약속했다고 합니다. 지금은 늦게 결혼하는 사람이 많아서 그 말을 듣고 무척 놀랐습니다.

　아버지는 "비록 그 시절이 아니었어도 똑같이 했을 거야. 엄마를 정말 사랑했으니까"라고 말하며 웃으셨습니다.

[31] '나'는 결혼식에서 무엇을 했는가?
1　남편과 함께 비디오를 찍었다.
2　**남편과 함께 만든 비디오를 틀었다.**
3　부모님과 함께 비디오를 찍었다.
4　남편과 부모님이 함께 비디오를 만들었다.

[32] 아버지는 처음에 어머니에 대해 어떤 이미지를 가지고 있었는가?
1　춤을 좋아하는 화려한 성격의 사람
2　춤을 좋아하는 얌전한 성격의 사람
3　**화려한 외모로 친해지기 어려워 보이는 사람**
4　화려한 외모로 친해지면 재미있을 것 같은 사람

[33] 그 시절이라고 했는데, 어떤 시절인가?
1　늦게 결혼하는 것이 보통이라고 일컬어지던 시대
2　대학을 졸업하기 전에 결혼을 약속하는 시대
3　대학을 졸업하기 전에 결혼하는 것이 좋았던 시절
4　**일찍 결혼하는 것이 일반적이었던 시대**

문제6 다음 문장을 읽고 질문에 답하세요. 답은 1·2·3·4에서 가장 올바른 것을 하나 고르세요.

　어제 아들에게 짐을 부치기 위해 배송 업체에 갔더니 담당자가 새로운 서비스에 대해 설명해 주었다.

　지금까지는 이용자가 집에 있는 시간에 배달하고, 물건을 전달했다는 증명으로 도장을 찍어 달라거나 사인을 받는 것이 당연했다. 만약 이용자를 만나지 못한 경우에는 만날 때까지 몇 번이든 배송을 다녔다.

　그런데 어느 날, 이용자로부터 배송 업체 앞으로 '배달원을 기다리는 것이 힘들고 시간이 아깝다고 느낀다'는 의견이

들어온 적이 있었다고 한다.

지금까지는 이용자에게 직접 짐을 전달하면 배송 업체도 이용자도 안심할 수 있다고 여겼다. 하지만 이용자는 배달원과 시간이 맞지 않아 받지 못한 것에 대해 어려움을 느끼고 있었던 것 같다.

사장은 '①이것은 좋은 기회'라고 생각해 '언제든지 배송'을 시작했다. 언제든지 배송은 배달원은 현관 앞에 짐을 두고 돌아가며, 이용자는 상황이 될 때 짐을 수령할 수 있는 것이다.

이 서비스는 혼자 사는 사람이나 바빠서 집에 있는 시간이 적은 사람에게 특히 인기가 있는 것으로 나타났다. 또한 배달원도 야근이 줄어 기뻐하는 것 같다. 게다가 작년에 비해 이용자가 20%나 증가했다고 한다. 이것은 ②꽤 좋은 서비스는 아닐까 하고 생각한다. 나는 완전히 감동해서 바로 언제든지 배송을 신청했다.

[34] 이용자들에게 들어온 의견에서 알게 된 것은 어떠한 것인가?

1 이용자는 도장을 찍거나 사인을 하고 싶지 않다고 생각한다.
2 받는 사람을 만날 때까지 몇 번이고 배달을 가면 안심할 수 있다.
3 배송 직원이 오는 시간이 항상 늦으니 빨리 왔으면 좋겠다.
4 <u>이용자와 배송 업체의 생각이 달랐다.</u>

[35] ①이것이란 무엇인가?

1 배송 서비스를 바꾸기로 한 것
2 배송 업체로서는 직원을 기다리는 시간이 아깝다고 느끼는 것
3 배송 업체의 직원 사이에서 문제가 되고 있던 것
4 <u>이용자가 어려움을 느끼고 있는 것</u>

[36] 언제든지 배송에 대한 설명으로 맞는 것은 어느 것인가?

1 <u>이용자가 직접 수령하지 않아도 배달원이 짐을 놓고 갈 수 있다.</u>
2 언제든지 배송을 한 경우에 다른 서비스로 변경할 수 없다.
3 짐을 배송 받을 때 이용자는 보통 배송인지 언제든지 배송인지를 선택한다.
4 언제든지 배송을 이용하면 이용자가 언제든 짐을 보낼 수 있다.

[37] ②꽤 좋은 서비스라고 했는데, 이 글을 쓴 사람은 왜 그렇게 말하고 있는가?

1 배달원도 이용자도 쉬는 시간이 늘었기 때문에
2 이용자에게는 편리하지만 회사로서는 무용지물이기 때문에
3 <u>이용자에게도 회사에도 좋은 점이 있기 때문에</u>
4 회사는 돈을 받을 수 있지만 이용자는 요금이 비싸졌기 때문에

문제7 오른쪽 페이지는 문화를 배우는 이벤트 안내문입니다. 이것을 읽고 다음 질문에 답하세요. 답은 1·2·3·4에서 가장 올바른 것을 하나 고르세요.

[38] 대학생인 알리체 씨는 하나무라 오시마에 살고 있다. 이벤트에 참가하려고 생각하고 있는데, 4회 코스에 참가하기 위해서는 어떻게 신청해야 하는가?

1 7월 11일까지 전화로 신청한다.
2 <u>7월 11일에 도착하도록 엽서로 신청한다.</u>
3 7월 17일까지 전화로 신청한다.
4 7월 11일에 도착하도록 팸플릿을 보낸다.

[39] 회사원 잭 씨는 2회 코스에 참가하려고 생각하고 있는데, 참가비는 언제까지 이체해야 하는가?

1 7월 11일까지
2 7월 24일보다 일주일 전
3 <u>8월 4일보다 일주일 전</u>
4 8월 4일까지

하나무라 오시마의 문화를 배우자!

하나무라 오시마의 옛날부터 전해지는 문화를 알리는 이벤트를 실시합니다.

실제로 만져 보고 만들고 보는 등의 경험을 해서, 하나무라 오시마에 대해 더 잘 알아 보세요. 4회 코스와 2회 코스가 있습니다.

[4회 코스] 정원 30명
　기간 내에 열리는 모든 프로그램에 참가할 수 있습니다.

[2회 코스] 정원 20명
　8월에 열리는 두 가지 프로그램에 참여할 수 있습니다.

섬 밥 요리 교실	시원한 강에서 놀자! & 불꽃 축제
7월 24일(토)	8월 4일(토)
섬 채소를 많이 이용한 '섬 요리'를 가르쳐 드립니다. 만들기 & 먹기를 통해 섬 채소에 대해 알아 보세요.	천천히 흐르는 강에서 논 다음에 프로 불꽃놀이 전문가와 함께 작은 불꽃을 만듭시다. 이날은 1년에 한 번 있는 여름 축제입니다.
구름 위의 산에 오르는 자연 교실	100년의 역사를 가진 하나무라 기모노
8월 21일(일)	9월 4일(토)
구름 위 산에 있는 풀과 꽃을 사용한 작품을 만들 수 있습니다. 또한 하나무라 오시마를 대표하는 새를 관찰할 수 있습니다.	예로부터 섬에서 만들어 온 기모노입니다. 풀이나 꽃을 사용해, 기모노에 색을 입히고 있는 모습을 견학할 수 있습니다.

◇ 참가할 수 있는 사람: 누구나 참가할 수 있습니다. 섬 밖에 사시는 분도 환영합니다.
희망하시는 분에게는 팸플릿을 보내 드리오니 연락 주시길 바랍니다.

◇ 신청 방법
※ 정원이 되는 대로 신청을 마감합니다.

4회 코스: 엽서에 이름, 주소, 전화번호를 써서 7월 11일(일) 에 도착하도록 보내 주십시오. 저희 쪽에서 팸플 릿을 보냅니다. 당일 집합·장소 소지품은 팸플릿 에 적혀 있으므로 반드시 확인해 주세요.

2회 코스: 신청 접수 기간 중에 전화로 신청해 주세요.

신청 접수 기간 7월 3일(토) ~ 7월 17일(토)

◇ 참가비 및 입금 기한
4회 코스: 3,000엔/인
2회 코스: 1,000엔/인

신청 후 각 프로그램이 시작되기 일주일 전까지 지정된 은 행에 이체해 주세요. 초등학생 이하의 어린이는 무료로 참 가할 수 있습니다.

※ 섬 밖에 사시는 분은 배 티켓을 별도로 구입할 필요가 있 습니다. 프로그램에 참가하시는 분에 한하여 할인이 있습니 다. 자세한 내용은 전화로 답변하고 있습니다.

하나무라 오시마 사무소
〒100-0033 하나무라 오시마 하나무라 와타쓰미초1-1
☎ 0400-××-×××× (11:00~15:00)

모의 시험 제2회 청해

문제1

문제1에서는 먼저 질문을 들으세요. 그러고 나서 이야기를 듣고 문제지의 1부터 4 중에서 가장 올바른 것을 하나 고르세요.

예

음성

学校で先生が話しています。学生は、英会話の先生と昼食を食べたいとき、どのように申し込みますか。

男：ええと、英会話の先生と昼食を食べたい人は、必ず朝の10時までに申込書を出してください。

女：どこに出したらいいですか。

男：職員室の入り口の前に箱がありますので、そこに入れてください。それから、申込書には必ず名前を書いてくださいね。友達と一緒に参加したい場合は、一人一枚書いて出すようにしてください。

女：はい。

男：あと、先生たちのスケジュールは、食堂の前の掲示板に貼ってあります。毎週金曜日に貼り替えるので、そこで確認してくださいね。

女：毎日申し込んでもいいんですか？

男：もちろんいいですよ。

学生は、英会話の先生と昼食を食べたいとき、どのように申し込みますか。

1　先生にもうしこみしょを出す
2　友達と一緒にもうしこみしょを出す
3　もうしこみしょに名前を書いて箱に入れる
4　けいじばんに名前を書く

학교에서 선생님이 이야기하고 있습니다. 학생은 영어 회화 선생님과 점심 식사를 하고 싶을 때 어떻게 신청합니까?

남 : 음. 영어 회화 선생님과 점심 식사를 하고 싶은 사람은 반드시 아침 10시까지 신청서를 제출해 주세요.

여 : 어디에 내면 되나요?

남 : 직원실 입구 앞에 상자가 있으니까, 거기에 넣어 주세요.

그리고 신청서에는 반드시 이름을 써 주시고요. 친구와 함께 참가하고 싶은 경우에는 한 명당 한 장씩 써서 제출하도록 해 주세요.
여 : 네.
남 : 그리고 선생님들 일정은 식당 앞 게시판에 붙여 놓았습니다. 매주 금요일마다 변경되니 확인해 주십시오.
여 : 매일 신청해도 되나요?
남 : 물론 됩니다.

학생은 영어 회화 선생님과 점심 식사를 하고 싶을 때 어떻게 신청합니까?

1 선생님께 신청서를 낸다
2 친구와 함께 신청서를 낸다
3 신청서에 이름을 써서 상자에 넣는다
4 게시판에 이름을 쓴다

女の人はこれから何をしますか。

1 アイ
2 アエ
3 イウ
4 ウエ

1번

음성

会社で男の人と女の人が話しています。女の人はこれから何をしますか。

男 : 中本さん、夕方に会議があるんだけど、準備がまだできてなくて。
女 : 大丈夫ですか？
男 : うーん、会議には間に合うかな。それで、申し訳ないんだけど会議の資料を印刷しておいてもらえる？
女 : はい、わかりました。
男 : あと、そろそろ大阪支店の部長がこっちに着くから、お茶を出してあげてね。
女 : はい、さっき到着されてお茶を出しました。あ、会議室の机の準備はしますか。
男 : ありがとう。それはもう準備してあるよ。そうだ、課長は今日まで出張で会議に参加できるかわからないって言ってたから電話で確認してもらえるかな。
女 : はい。わかりました。

회사에서 남자와 여자가 이야기하고 있습니다. 여자는 앞으로 무엇을 합니까?

남 : 나카모토 씨, 저녁에 회의가 있는데 아직 준비가 안 됐어.
여 : 괜찮으세요?
남 : 음, 회의에는 늦지 않으려나. 그래서 미안한데 회의 자료 좀 인쇄해 놔 줄래?
여 : 네, 알겠습니다.
남 : 그리고 이제 곧 오사카 지점 부장님이 이쪽으로 오실 테니까 차를 내 드려.
여 : 네, 방금 도착하셔서 차를 드렸습니다. 아, 회의실 책상 준비할까요?
남 : 고마워. 그건 이미 준비됐어. 맞다, 과장님은 오늘까지 출장이라서 회의에 참석할 수 있을지 모르겠다고 하셨으니까 전화로 확인해 줄 수 있을까?
여 : 네, 알겠습니다.

여자는 앞으로 무엇을 합니까?

1 아 이
2 아 에
3 이 우
4 우 에

2번

> 음성

パン屋を経営している夫と妻が話しています。夫は広告をどうしますか。

男：新しいパンの広告を作ったから、見てほしいんだ。新しいパンの写真を使ったのはいいんだけど、小さいかな？
女：十分大きいと思うけど。そうね、商品の割引券がついているのもいいわね。これだったら、お客さんが買いに来てくれるかも。でも、商品の名前に使っている色は変えたほうがいいわ。黒じゃなくて、赤なんてどう？
男：えっ、あんまり合わないような気がする。
女：そう？でもここは色を変えて欲しいな。それ以外は大丈夫よ。ここに来るまでの地図も、ちゃんと書かれているし。
男：わかったよ。

夫は広告をどうしますか。

1　写真を大きくする
2　わりびきけんをつける
3　名前の色をかえる
4　地図をくわえる

> 빵집을 운영하고 있는 남편과 아내가 이야기하고 있습니다. 남편은 광고를 어떻게 합니까?
>
> 남 : 새 빵 광고를 만들었는데 봐 줬으면 좋겠어. 새 빵 사진을 사용한 건 좋은데 너무 작은가?
> 여 : 충분히 큰 거 같은데. 그래, 상품 할인권이 붙어 있는 것도 좋겠다. 이거라면 손님들이 사러 올지도 몰라. 하지만 상품 이름에 사용한 색깔은 바꾸는 게 좋겠어. 검은색 말고 빨간색은 어때?
> 남 : 엇, 별로 안 맞는 것 같은 느낌이 들어.
> 여 : 그래? 하지만 여기는 색깔을 바꾸었으면 좋겠는데. 그 외에는 괜찮아. 여기로 찾아오는 길 안내 지도도 잘 적혀 있고.
> 남 : 알았어.

남편은 광고를 어떻게 합니까?

1　사진을 크게 한다
2　할인권을 붙인다
3　<u>이름의 색깔을 바꾼다</u>
4　지도를 추가한다

3번

> 음성

ピザ屋で、男の人と女の人が話しています。女の人はまず何をしますか。

男：加藤さん、申し訳ないのですが、今日この後一時間だけ残業できませんか？夕方の予約がいっぱいで、三人じゃ人が足りないんです。
女：大丈夫ですよ。
男：配達は中本さん、レジはアルバイトの村上さんにやってもらうから、加藤さんにはピザ作りを手伝ってほしいです。
女：わかりました。
男：これが、これから配達する住所と注文なんですけど、順番がばらばらなのでリストをまとめ直してもらえませんか。リストがあると、ピザを作る順番がわかりやすいので。
女：はい、わかりました。

女の人はまず何をしますか。

1　はいたつをする
2　レジをする
3　ピザを作るじゅんばんを考える
4　リストをせいりする

> 피자집에서 남자와 여자가 이야기하고 있습니다. 여자는 먼저 무엇을 합니까?
>
> 남 : 가토 씨, 미안한데 오늘 이제부터 1시간만 잔업할 수 있어요? 저녁 예약이 꽉 차서 3명으로는 부족해서요.
> 여 : 괜찮아요.
> 남 : 배달은 나카모토 씨, 계산은 아르바이트하는 무라카미 씨에게 맡길 테니, 가토 씨는 피자 만드는 것을 도와줬으면 해요.
> 여 : 알겠습니다.
> 남 : 이게 지금부터 배달할 주소와 주문인데요, 순서가 제각각이라 리스트를 다시 정리해 줄 수 있나요? 리스트가 있으면 피자를 만드는 순서를 알기 쉽거든요.
> 여 : 네, 알겠습니다.

여자는 먼저 무엇을 합니까?
1 배달을 한다
2 계산을 한다
3 피자를 만드는 순서를 생각한다
4 리스트를 정리한다

4번

음성

水泳教室で先生が話しています。水泳教室に入りたい人はまず何をしなければなりませんか。

男:では、うちの水泳教室に入るまでの流れについて話したいと思います。入会したい方には、レッスンの参加の予約をしてもらい実際に泳いでもらいます。クラスは初級・中級・上級に分かれていますので、それぞれの先生が泳いでいる様子を見てクラスを決めます。レッスンが終わったあと、みなさんが入るクラスをメールで送りますので確認してください。そのメールに、クラスごとに行う説明会の日時が載っています。申込書はその日に持ってくるようお願いします。

水泳教室に入りたい人はまず何をしなければなりませんか。

1 レッスンのよやくをする
2 入会のもうしこみをする
3 クラスのせつめい会に行く
4 メールを見る

수영 교실에서 선생님이 이야기하고 있습니다. 수영 교실에 들어가고 싶은 사람은 먼저 무엇을 해야 합니까?

남: 그럼, 우리 수영 교실에 들어오기까지의 과정에 대해 이야기하려고 합니다. 가입하고 싶은 분은 레슨 참가 예약을 하시고 실제로 수영을 합니다. 반은 초급·중급·상급으로 나뉘어져 있으므로 각 선생님이 수영하는 모습을 보고 반을 정합니다. 레슨이 끝난 다음에 여러분이 들어갈 수업을 메일로 보내 드리니 확인해 주길 바랍니다. 그 메일에는 반마다 실시하는 설명회 날짜와 시간이 적혀 있습니다. 신청서는 그날 가져오시기 바랍니다.

수영 교실에 들어가고 싶은 사람은 우선 무엇을 해야 합니까?

1 레슨 예약을 한다
2 가입 신청을 한다
3 수업 설명회에 간다
4 메일을 본다

5번

음성

飲食店で、店長と女の人がアルバイト募集の広告について話しています。女の人はこのあとすぐ、広告のどこを直さなければなりませんか。

男:木村さん、新しく作ってくれている広告、見たよ。いい感じだね。
女:本当ですか、ありがとうございます。ただ、お店の写真が古いものなので、明日の開店前に写真を撮って載せ直す予定です。
男:うん、そうだね。営業時間だけど、書いてくれた時間間違ってない？夜は、11時までのはずだよね。
女:はい。3か月後には営業時間が変わると聞いたので、変えておいたんです。
男:ああ、なるほどね。でも3か月後だから、今の時間を書いておいてね。またそのときになったら変えればいいから。あと募集の内容のところ、時給や仕事内容の情報は間違っていないかな。
女:はい、社員の鈴木さんにも見ていただきました。
男:そうか。それとうちのお店、去年場所が変わったけど、お店までのアクセスはきちんと確認してくれたかな。
女:はい。何度も確認をしました。

女の人はこのあとすぐ、広告のどこを直さなければなりませんか。

1 お店の写真
2 えいぎょう時間
3 ぼしゅうのないよう
4 お店までのアクセス

음식점에서 점장과 여자가 아르바이트 모집 광고에 대해 이야기하고 있습니다. 여자는 이 다음에 바로 광고의 어느 곳을 고쳐야 합니까?

남: 기무라 씨, 새로 만들어 준 광고 봤어. 느낌이 좋더라.
여: 정말요? 감사합니다. 다만, 가게 사진이 오래된 것이라 내일 개점 전에 사진을 찍어 다시 올릴 예정이에요.

남 : 응, 그렇구나. 영업 시간 말인데, 적어 놓은 시간 틀리지 않았어? 밤에는 11시까지잖아.
여 : 네, 3개월 후에는 영업 시간이 바뀐다고 해서 바꿔 놨어요.
남 : 아, 그렇구나. 하지만 3개월 뒤니까 지금 시간을 적어 둬. 또 그때 바꾸면 되니까. 그리고 모집 내용을 보면 시급이나 업무 내용에 대한 정보는 틀린 거 없지?
여 : 네, 사원인 스즈키 씨도 봐 주셨어요.
남 : 그래. 그리고 우리 가게, 작년에 장소가 바뀌었는데, 가게까지 찾아오는 길 안내는 제대로 확인했을까?
여 : 네, 몇 번이나 확인했어요.

여자는 곧바로 광고의 어디를 고쳐야 합니까?

1 가게 사진
2 <u>영업 시간</u>
3 모집 내용
4 가게까지 찾아오는 길 안내

도서관에서 여자와 남자가 이야기하고 있습니다. 남자는 이 다음에 먼저 무엇을 합니까?

여 : 내일 책 읽는 모임 말인데, 책상 위에 과자와 책을 준비해 놓아 달라고 부탁했었잖아.
남 : 네, 이제 준비하는 중입니다.
여 : 고마워. 예정보다 인원수가 많으면 사용하는 방을 바꿀까 생각 중이야. 그래서 참가 마감이 이미 끝났으니까, 홈페이지에서 인원수를 확인해 줬으면 해.
남 : 알겠습니다.
여 : 창문 장식은 내가 할게. 방이 바뀔 경우에는 다른 사람들에게도 전달해 줘. 잘 부탁해.
남 : 네, 알겠습니다.

남자는 이 다음에 먼저 무엇을 합니까?

1 책을 준비한다
2 <u>최종 인원수를 확인한다</u>
3 창문에 장식을 단다
4 다른 사람들에게 전달한다

6번

음성

図書館で女の人と男の人が話しています。男の人はこのあとまず何をしますか。

女：明日の本を読む会のことなんだけど、机の上にお菓子と本の用意をしておくようにお願いしていたよね。
男：はい、これから用意するところです。
女：ありがとう。予定より人数が多かったら使う部屋を変えようと思ってるの。それで、参加の締め切りがもう終わってるからホームページで人数の確認をしてほしいんだ。
男：わかりました。
女：窓の飾りは私が付けるね。部屋が変わる場合は、他の人たちにも伝えておいてね。よろしく。
男：はい、わかりました。

男の人はこのあとまず何をしますか。

1 本を用意する
2 さいしゅうにんずうを　かくにんする
3 まどにかざりを付ける
4 ほかの人たちに伝える

문제2

문제2에서는 먼저 질문을 들으세요. 그 다음 문제지를 보세요. 읽는 시간이 있습니다. 그러고 나서 이야기를 듣고 문제지의 1부터 4 중에서 가장 올바른 것을 하나 고르세요.

예

음성

大学で、男の人と女の人が話しています。女の人はどうして元気がないのですか。

男：どうしたの？なんか元気がないね。最近、宿題が多くてあまり寝ていないんじゃない？
女：それはいつものことだから慣れたよ。最近アルバイトを始めたって話したと思うんだけど。
男：ああ、パン屋さんの。残ったパンが無料でもらえて嬉しいって言ってたよね。
女：でも店が人気すぎて忙しいから大変なんだよ。もう辞めようかな。
男：ああ、わかった。彼氏に会う時間が少なくなって嫌なんでしょ。
女：それは関係ないよ、毎日連絡してるし。ああ、アルバイトのことを考えてたら気分が悪くなっちゃう。

女の人はどうして元気がないのですか。

1 宿題が多くて寝ていないから
2 アルバイトがいそがしいから
3 かれしに会えないから
4 気分が悪いから

대학에서 남자와 여자가 이야기하고 있습니다. 여자는 왜 기운이 없습니까?

남 : 왜 그래? 뭔가 기운이 없네. 요즘 숙제가 많아서 잠을 많이 못 자는 거 아니야?

여 : 그건 늘 있는 일이니까 익숙해졌어. 최근에 아르바이트를 시작했다고 말했었지?

남 : 아, 빵집 말이지. 남은 빵을 공짜로 받을 수 있어서 좋다고 했잖아.

여 : 근데 가게가 너무 인기가 많아서 바빠서 힘들어. 이제 그만둘까봐.

남 : 아, 알겠다. 남자 친구 만날 시간이 적어져서 싫은 거지?

여 : 그건 상관없어. 매일 연락하고 있어. 아, 아르바이트 생각하니까 기분이 나빠져.

여자는 왜 기운이 없습니까?

1 숙제가 많아 잠을 못 자서
2 아르바이트가 바빠서
3 남자친구를 못 만나서
4 기분이 나빠서

1번

음성

学校で男の学生と女の学生が話しています。女の学生はどうして海外旅行をしませんか。

男：もうすぐ冬休みだね。そういえば、冬休みに海外旅行をしたいって言ってたけど、どっか行くの？旅行の本を買ってたよね？

女：ああ、それが、バイトを頑張ってたんだけど思うようにお金がたまらなくて。

男：そうだったの？

女：国内だったら安く行けるところもあるし、国内旅行も悪くないなと思ったんだけど。もっとお金をためてから来年海外旅行しようかなと思って、今回はやめたの。

男：そうだったんだ。でも来年は就職活動で忙しいんじゃない？国内でも安く行ける場所、一緒に探そうか？

女：ううん、いいの。今年は、近所の遊園地に行ったり映画に行ったりして一緒に遊ぼうよ。

女の学生はどうして海外旅行をしませんか。

1 旅行の本を買っていないから
2 お金がたりないから
3 国内で旅行することにしたから
4 友達と遊びたかったから

학교에서 남학생과 여학생이 이야기하고 있습니다. 여학생은 왜 해외여행을 하지 않습니까?

남 : 이제 곧 겨울방학이네. 그러고 보니 겨울 방학에 해외여행을 가고 싶다고 했는데, 어디 가? 여행 책 샀었잖아?

여 : 아아, 그게 아르바이트를 열심히 했는데 생각처럼 돈이 안 모여서.

남 : 그랬어?

여 : 국내라면 저렴하게 갈 수 있는 곳도 있고, 국내 여행도 나쁘지 않다고 생각했는데. 돈을 좀 더 모아서 내년에 해외여행을 할까 싶어서 이번에는 그만뒀어.

남 : 그랬구나. 하지만 내년에는 취업 준비로 바쁘지 않을까? 국내에서도 저렴하게 갈 수 있는 곳을 같이 찾아볼까?

여 : 아니, 괜찮아. 올해는 근처 놀이공원에 가거나 영화 보러 가서 같이 놀자.

여학생은 왜 해외여행을 하지 않습니까?

1 여행 책을 사지 않기 때문에
2 돈이 부족하기 때문에
3 국내에서 여행하기로 했기 때문에
4 친구와 놀고 싶었기 때문에

2번

음성

会社で部長と女の人が話しています。女の人はどうやって新入社員と親しくなることができましたか。

男：最近、新入社員の子とよく話しているよね。どうやって親しくなったの？

女：はい。私も最初は、どうすれば新入社員の子と親しくなることができるか悩んでいましたが、それを見ていた先輩が、「一緒にご飯を食べに行ったりお酒を飲みに行ったりすると、自然と親しくなることができるよ。」と教えてくださったんです。

男：そうなんだ。

女：それから一緒にご飯を食べに行こうと誘ってみたのですが、新入社員の子が緊張してしまってあまり話すことができませんでした。なので、お酒を飲みに行こうと誘ったんです。お酒を飲んでいると、だんだん緊張がなくなり趣味の話や仕事の悩みまで聞くことができるようになりました。

男：休みの日にどこか遊びに行くこともあるの？

女：はい。年齢が近い社員を集めて、来週の土曜日に山登りをする計画も立てています。

女の人はどうやって新入社員と親しくなることができましたか。

1 食事にさそう
2 いっしょにおさけを飲む
3 毎週土曜日は遊ぶやくそくをする
4 ねんれいが近い社員だけで仕事をする

회사에서 부장과 여자가 이야기하고 있습니다. 여자는 어떻게 신입 사원과 친해질 수 있었습니까?

남 : 요즘 신입 사원과 자주 얘기하더라. 어떻게 친해졌어?

여 : 네, 저도 처음에는 어떻게 하면 신입 사원과 친해질 수 있을까 고민했는데 그걸 보고 있던 선배님이 '같이 밥을 먹으러 가거나 술 마시러 가면 자연스럽게 친해질 수 있어.'라고 알려 주셨어요.

남 : 그렇구나.

여 : 그리고 나서 같이 밥 먹으러 가자고 해 봤는데 신입 사원이 긴장해서 말을 잘 못했어요. 그래서 술을 마시러 가자고 했어요. 술을 마시다 보니 점점 긴장이 풀려서 취미 이야기나 일 고민까지 들을 수 있게 됐어요.

남 : 쉬는 날에 어디 놀러 가는 일도 있어?

여 : 네, 나이가 비슷한 사원들을 모아 다음 주 토요일에 등산할 계획도 세우고 있어요.

여자는 어떻게 신입 사원과 친해질 수 있었습니까?

1 식사에 초대한다
2 같이 술을 마신다
3 매주 토요일에 놀기로 약속을 한다
4 나이가 비슷한 사원끼리 일을 한다

3번

음성

靴屋で店員と男の人が話しています。男の人は何を確認するために来店しましたか。

女：いらっしゃいませ。何かお探しですか？

男：あの、前に来たときに気になっていた靴をもう一度見に来たんですが。

女：どの靴だったか覚えていますか？

男：えーっと、あの二段目の靴です。

女：こちらですね。

男：はい。この靴は、汚れが落ちやすいように加工がされているんですよね？どのくらいの汚れが取れますか？

女：油などの汚れは落ちにくいですが、砂やどろなどの汚れでしたら水で簡単に落とせますよ。

男：そうなんですね。サッカーをする予定なので、これにします。

女：ありがとうございます。サイズはこれでよろしいですか？

男：はい。大丈夫です。

女：替えの靴ひもはいかがですか？今、靴ひもを一緒に買っていただくと、無料で一回靴のお掃除をさせていただいています。合計金額は少し高くなりますが。

男：では、それもください。

男の人は何を確認するために来店しましたか。

1 くつの大きさ
2 くつのむりょうサービス
3 くつのとくちょう
4 くつのりょうきん

신발 가게에서 점원과 남자가 이야기하고 있습니다. 남자는 무엇을 확인하기 위해 가게에 왔습니까?

여 : 어서 오세요. 찾으시는 물건 있으세요?

남 : 저기, 전에 왔을 때 궁금했던 신발을 다시 보러 왔는데요.

여 : 어떤 신발이었는지 기억하시나요?
남 : 음, 저 두 번째 선반에 있는 신발입니다.
여 : 이거 말씀이시죠?
남 : 네. 이 신발은 얼룩이 쉽게 지워지도록 가공되어 있는 거죠? 어느 정도로 얼룩이 지워지나요?
여 : 기름 등의 얼룩은 지우기 어렵습니다만, 모래나 진흙 같은 얼룩이라면 물로 간단히 지울 수 있습니다.
남 : 그렇군요. 축구를 할 예정이라서 이걸로 하겠습니다.
여 : 감사합니다. 사이즈는 이것으로 괜찮으세요?
남 : 네, 괜찮아요.
여 : 교체 신발끈은 어떠세요? 지금 신발끈을 같이 사시면 무료로 1회 신발 청소를 해 드리고 있어요. 합계 금액은 조금 비싸지지만요.
남 : 그럼, 그것도 주세요.

남자는 무엇을 확인하기 위해 가게에 왔습니까?

1   신발 크기
2   신발 무료 서비스
3   **신발의 특징**
4   신발 가격

4번

음성

学校で男の学生と女の学生が話しています。男の学生はこれからどうやってアルバイトを探すことにしましたか。

男：パクさん、ぼく、夏休みの間だけもう一つアルバイトをしたいと思ってるんだけど、いいアルバイト知らない？あ、でもパクさんはアルバイトしてないんだっけ。
女：うん、そうなの。あ、そういえば私の友達が働いてるお店、働ける人を探してるって言ってたよ。
男：本当？インターネットで調べてみたけど、募集がたくさんあってどこにしようか迷ってて。
女：その友達が働いてる飲食店は、夜から朝まで働ける人を探してるんだって。
男：ああ、夜中のアルバイトなんだ。そういう募集のチラシがこの前家に届いたんだけど、朝と夜が逆の生活になっちゃうんじゃないかと思ってやめたんだ。

女：じゃあ、気になってるお店にいくつか行って決めるなんてどう？
男：確かにそれもいいね。でも、すぐに働きたくて。そうだなあ、今やってるアルバイトはお昼だから夜に働けるのはいいかもしれないね。まだ募集してるか、その友達に聞いてもらえる？
女：うん、いいよ。

男の学生はこれからどうやってアルバイトを探すことにしましたか。

1   パクさんにしょうかいしてもらう
2   インターネットでしらべる
3   ぼしゅうのチラシを見る
4   いろいろな店に行く

학교에서 남학생과 여학생이 이야기하고 있습니다. 남학생은 이제부터 어떻게 아르바이트를 찾기로 했습니까?

남 : 박 씨, 나 여름 방학 동안만 아르바이트를 하나 더 하고 싶은데, 혹시 좋은 아르바이트 알아? 아, 근데 박 씨는 아르바이트 안 하지?
여 : 응, 맞아. 아, 그러고 보니 내 친구가 일하는 가게에서 일할 사람을 찾고 있다고 했어.
남 : 정말? 인터넷으로 알아봤는데, 모집이 많아서 어디로 할까 망설이고 있었어.
여 : 그 친구가 일하는 음식점은 밤부터 아침까지 일할 수 있는 사람을 찾고 있대.
남 : 아, 야간 아르바이트구나. 그런 모집 전단지가 얼마 전에 집에 왔는데, 아침과 밤이 뒤바뀌는 생활이 되지 않을까 해서 그만뒀어.
여 : 그럼, 궁금한 가게 몇 군데 가 보고서 결정하는 게 어때?
남 : 확실히 그것도 좋긴 한데, 당장 일하고 싶어서. 그렇지, 지금 하고 있는 아르바이트는 점심이니까 밤에 일할 수 있는 것이 좋을지도 모르겠어. 아직도 모집하고 있는지 그 친구한테 물어봐 줄래?
여 : 응, 그래.

남학생은 이제부터 어떻게 아르바이트를 찾기로 했습니까?

1   **박 씨에게 소개를 받는다**
2   인터넷에서 알아본다
3   모집 전단지를 본다
4   여러 가게에 간다

5번

음성

会社で男の人と女の人が話しています。女の人は会社を辞めたら、まずどうすると言っていますか。

男：田中さんは今の仕事を辞めたら、日本語学校で働くんだよね。教師の免許を取るために勉強頑張ってたもんね。
女：実は、友達の誘いで就職が決まってたんだけど、もっとやりたいことが見つかったからやめたんだ。
男：え、そうだったの?
女：うん。うちの会社、いろんな国の人が働いてるでしょ。それで、外国で生活するってどんな感じなのか興味を持っちゃって。
男：じゃあ、海外に住むの?
女：再来年まで、世界を自由に旅して実際にいろいろな国の文化をみてみようと思うの。そのあと、自分が住みたいと思った国で仕事を探す予定なんだ。
男：色々な国の人と話すなら英語が話せないといけないね。
女：そうなの。仕事に誘ってくれたその友達は英語もできるから、休日に教えてもらってるんだ。会社を辞めるまでだけどね。
男：そうなんだ、応援してるよ。

女の人は会社を辞めたら、まずどうすると言っていますか。

1 日本語学校にしゅうしょくする
2 世界をたびする
3 かいがいで仕事をさがす
4 英語をおしえてもらう

회사에서 남자와 여자가 이야기하고 있습니다. 여자는 회사를 그만두면 먼저 어떻게 하겠다고 합니까?

남 : 다나카 씨는 지금 하는 일을 그만두면 일본어 학교에서 일하는 거지? 교사 면허를 따려고 열심히 공부했으니까.
여 : 실은 친구의 권유로 취직이 결정됐는데, 좀 더 하고 싶은 일을 찾았기 때문에 그만둔 거야.
남 : 어, 그랬어?
여 : 응. 우리 회사, 여러 나라의 사람들이 일하잖아. 그래서 외국에서 생활하는 게 어떤 느낌인지 흥미가 생겼어.
남 : 그럼, 해외에서 살 거야?
여 : 내후년까지 세계를 자유롭게 여행하면서 여러 나라의 문화를 실제로 보려고 해. 그다음에 내가 살고 싶은 나라에서 일을 찾을 예정이야.
남 : 여러 나라 사람들과 이야기하려면 영어를 할 줄 알아야겠다.
여 : 맞아. 일을 권유해 준 그 친구는 영어도 할 줄 알아서, 휴일에 배우고 있어. 회사를 그만둘 때까지지만.
남 : 그렇구나, 응원할게.

여자는 회사를 그만두면 먼저 어떻게 하겠다고 합니까?

1 일본어 학교에 취직한다
2 세계를 여행한다
3 해외에서 일을 찾는다
4 영어를 배운다

6번

음성

テレビで男の人が建築について話しています。男の人が家を建てるときに一番大切にしていることはなんですか。

男：私は家を建てる仕事をしています。一度買った家には長く住みたい、安全に生活したいと思う方が多いと思います。そのために、年齢に関係なく住める家を作ることをいつも考えています。例えば、かべの角を丸くすることで、お年寄りの方も子どもも転んでけがをすることを防ぐことができますよね。こういった工夫が家を建てるときに必要だと思うんです。

男の人が家を建てるときに一番大切にしていることはなんですか。

1 長く住める家にすること
2 あんぜんに家をたてること
3 ねんれいに　かんけいなく住めるようにすること
4 かべを丸くつくること

텔레비전에서 남자가 건축에 대해 이야기하고 있습니다. 남자가 집을 지을 때 가장 중요하게 생각하는 것은 무엇입니까?

남 : 저는 집을 짓는 일을 하고 있습니다. 한번 산 집에는 오래 살고 싶고 안전하게 생활하고 싶은 분들이 많을 겁니다. 그렇기에 나이에 상관없이 살 수 있는 집을 짓는 것을 항상 생각하고 있습니다. 예를 들어 벽의 모서리를 둥글게 만들면 노인분이나 아이도 넘어져서 다치는 것을 막을 수 있지요. 이러한 발상이 집을 지을 때 필요한 것 같습니다.

남자가 집을 지을 때 가장 중요하게 생각하는 것은 무엇입니까?

1 오래 살 수 있는 집을 만드는 것
2 안전하게 집을 짓는 것
3 <u>나이에 상관없이 살 수 있도록 하는 것</u>
4 벽을 둥글게 만드는 것

문제3
　문제3에서는 문제지에 아무 것도 인쇄되어 있지 않습니다. 이 문제는 전체적으로 어떤 내용인지를 묻는 문제입니다. 이야기 전에 질문은 없습니다. 먼저 이야기를 들으세요. 그러고 나서 질문과 선택지를 듣고 1부터 4 중에서 가장 올바른 것을 하나 고르세요.

예

음성

テレビでアナウンサーが話しています。

女：最近、会社に行かないで家で仕事をするというやり方を、多くの会社が行っています。インターネットを使えば、同じ場所にいなくても簡単に情報を伝えることができる便利な時代になりました。しかし、今回のインタビューで「家に家族がいるので仕事に集中できない」「わからないことがあってもすぐに相談ができない」「人との関わりがなくなり、ストレスがたまる」などの意見があることがわかりました。

アナウンサーは何について話していますか。

1 家で仕事をする理由
2 家での働き方
3 家で仕事をすることの問題点
4 家で仕事をする良い点

텔레비전에서 아나운서가 이야기하고 있습니다.

여 : 요즘 회사에 가지 않고 집에서 일을 하는 방식을 많은 회사가 시행하고 있습니다. 인터넷을 사용하면 같은 장소에 있지 않아도 쉽게 정보를 전달할 수 있는 편리한 시대가 되었습니다. 하지만 이번 인터뷰에서 '집에 가족이 있어서 일에 집중이 안 된다', '모르는 것이 있어도 바로 상의를 할 수 없다', '사람과의 관계가 없어져 스트레스가 쌓인다' 등의 의견이 있는 것으로 나타났습니다.

아나운서는 무엇에 대해 이야기하고 있습니까?

1 집에서 일을 하는 이유
2 집에서 일하는 방식
3 <u>집에서 일하는 것의 문제점</u>
4 집에서 일을 하는 좋은 점

1번

음성

テレビでアナウンサーが話しています。

女：皆さん、映画館でくつを脱いで、足をのばしながらゆっくりできたらいいなと思ったことはありませんか。実はここ、普通の映画館に見えますが、とてもゆっくりすることができるとインターネットで話題になっています。なんと、ソファーやベッドに寝ながら映画を楽しむことができます。今までの映画館では、すぐとなりに人が座っていたり、姿勢を変えたくても変えられなかったりしましたよね。この映画館にはほかにも、飲み物や食べ物の種類が多かったり、席にテーブルがついていたりするんですよ。考えただけでもわくわくしちゃいますね。

アナウンサーは何について話していますか。

1 この映画館の特徴
2 映画館に来た人の感想
3 映画をみるときのルール
4 映画館で映画をみる良さ

텔레비전에서 아나운서가 이야기하고 있습니다.

여 : 여러분, 영화관에서 신발을 벗고, 다리를 쭉 뻗으면서 편하게 있을 수 있으면 좋겠다고 생각한 적은 없나요? 사실 여기는 평범한 영화관처럼 보이지만, 매우 편하게 있을 수 있다고 인터넷에서 화제가 되고 있습니다. 무려

소파나 침대에 누워 영화를 즐길 수 있습니다. 지금까지의 영화관에서는 바로 옆에 사람이 앉아 있고 자세를 바꾸고 싶어도 바꿀 수 없기도 했죠. 이 영화관에는 이 외에도 음료나 음식 종류가 많고 자리에 테이블이 붙어 있기도 합니다. 생각만 해도 설레네요.

아나운서는 무엇에 대해 이야기하고 있습니까?

1 <u>이 영화관의 특징</u>
2 영화관에 온 사람의 감상
3 영화를 볼 때의 규칙
4 영화관에서 영화를 보는 장점

2번

음성

テレビでアナウンサーが歌手にインタビューしています。

男：初めてのCDの発売、おめでとうございます。

女：ありがとうございます。プロの歌手を目指して10年間活動をしてきました。なかなか結果が出ず、自信がなくなって何度も歌手をやめようと思いましたが、苦しくても夢をあきらめませんでした。そしてやっと今回音楽会社から声をかけていただきました。皆さんの応援のおかげです。これからもよろしくお願いします。

歌手が言いたいことは何ですか。

1 早く結果を出したい
2 自信を持つことは大切だ
3 音楽会社を歌で応援したい
4 ファンの方への感謝

텔레비전에서 아나운서가 가수를 인터뷰하고 있습니다.

남 : 첫 CD 발매를 축하드립니다.

여 : 감사합니다. 프로 가수를 목표로 10년간 활동을 해 왔습니다. 좀처럼 결과가 나오지 않아 자신감이 없어져 몇 번이나 가수를 그만두려고 생각했지만, 힘들어도 꿈을 포기하지 않았습니다. 그리고 드디어 이번에 음악 회사에서 연락이 왔습니다. 여러분의 응원 덕분입니다. 앞으로도 잘 부탁드립니다.

가수가 말하고 싶은 것은 무엇입니까?

1 빨리 결과를 내고 싶다
2 자신감을 갖는 것은 중요하다
3 음악 회사를 노래로 응원하고 싶다
4 <u>팬 분들에게 감사</u>

3번

음성

ラジオでパン屋の店長が話しています。

男：5年前に夢だったパン屋を開きましたが、なかなか人気が出ませんでした。そこで、店の周りには保育園や公園が多いことから、子ども達が好きそうな甘いパンを売り始めました。すると午前中にすべて売れてしまうほど人気になったんです。もちろん、大人が好きそうなパンも置いていて、家族で楽しめるパン屋を目指してた。こうして、お客さんに喜んでもらえるように、新しい商品を毎日考えています。

店長はお店の何について話していますか。

1 パン屋を開く方法
2 保育園で販売する理由
3 新しいパンの販売予定
4 お店が人気になった理由

라디오에서 빵집 점장이 이야기하고 있습니다.

남 : 5년 전에 꿈이었던 빵집을 열었는데 좀처럼 인기가 없었습니다. 그래서 가게 주변에 어린이집이나 공원이 많아 아이들이 좋아할 만한 달콤한 빵을 팔기 시작했습니다. 그러자 오전 중에 다 팔릴 정도로 인기가 많아졌어요. 물론 어른들이 좋아할 만한 빵도 놓여 있어 가족이 함께 즐길 수 있는 빵집을 목표로 삼아왔습니다. 이렇게 손님들이 기뻐해 줄 수 있도록 새로운 상품을 매일 고민하고 있습니다.

점장은 가게의 무엇에 대해 이야기하고 있습니까?

1 빵집을 여는 방법
2 어린이집에서 판매하는 이유
3 새로운 빵의 판매 예정
4 <u>가게가 인기를 끈 이유</u>

문제4

문제4에서는 그림을 보며 질문을 들으세요. 화살표(➡)의 사람은 뭐라고 합니까? 1부터 3 중에서 가장 올바른 것을 하나 고르세요.

예

花を買いたいです。何と言いますか。

女：1　ええ、一本だけですか。
　　2　すみません、一本ください。
　　3　そうですね、一本で十分です。

꽃을 사고 싶습니다. 뭐라고 합니까?

여：1　네, 한 송이만이요?
　　2　저기요, 한 송이 주세요.
　　3　네, 한 송이면 충분합니다.

1번

ずっと前からまんがを借りていました。友達に何と言いますか。

男：1　ごめん、これ読んでいい？
　　2　遅くなってごめん、これ返すよ。
　　3　それ貸しちゃったんだよね、ごめん。

오래전부터 만화책을 빌렸었습니다. 친구에게 뭐라고 합니까?

남：1　미안, 이거 읽어도 돼?
　　2　늦어서 미안, 이거 돌려줄게.
　　3　그거 (다른 사람한테) 빌려줬어, 미안.

2번

服屋に来ています。服を試したいです。何と言いますか。

女：1　着てみてもいいですか。
　　2　こちらをお試しください。
　　3　着ていただけませんか。

옷 가게에 와 있습니다. 옷을 입어 보고 싶습니다. 뭐라고 합니까?

여：**1　입어 봐도 될까요?**
　　2　이쪽을 입어 보세요.
　　3　입어 주시겠습니까?

3번

客が買う商品を悩んでいます。客に何と言いますか。

女：1　よろしければ、ご説明いたしましょうか。
　　2　ご説明お願いいたします。
　　3　ただいま、ご説明しております。

손님이 살 상품을 고민하고 있습니다. 손님에게 뭐라고 합니까?

여：**1　괜찮으시다면 제가 설명해 드릴까요?**
　　2　설명 부탁드려요.
　　3　지금 설명하고 있습니다.

4번

宿題が難しくて終わりません。問題をどうやって解くか知りたいです。何と言いますか。

女：1 問題を解いたばかりですが。
　　2 問題をもっと解きたいんです。
　　3 問題の解き方を教えてください。

숙제가 어려워서 못 끝내겠습니다. 문제를 어떻게 푸는지 알고 싶습니다. 뭐라고 말해야 할까요?

여：1 방금 문제를 다 풀었는데요.
　　2 문제를 더 풀고 싶습니다.
　　3 문제 푸는 방법을 가르쳐 주세요.

문제5

문제5에서는 문제지에 아무 것도 인쇄되어 있지 않습니다. 먼저 문장을 들으세요. 그리고 나서 그 대답을 듣고 1부터 3 중에서 가장 올바른 것을 하나 고르세요.

예
女：午前中にこの資料まとめといってって言ったじゃん。

男：1 はい、部長のおかげです。
　　2 もうまとめてくれたんですね。
　　3 間に合わなくて、すみません。

여：오전 중에 이 자료 정리하라고 했잖아.

남：1 네, 부장님 덕분입니다.
　　2 벌써 정리해 주셨군요.
　　3 늦게 해서 죄송합니다.

1번
男：佐藤さんが書いた卒業論文、お読みになりましたか。

女：1 いいえ、まだです。
　　2 私はまだ書いてないんです。
　　3 ご覧になりましたか？よかったですよね。

남：사토 씨가 쓴 졸업 논문, 읽어 보셨나요?

여：**1 아니요, 아직이요.**
　　2 저는 아직 쓰지 않았어요.
　　3 보셨어요? 좋았죠?

2번
男：こちらの商品が無くなり次第、お店を閉めるつもりです。

女：1 実はもう無いんですよ。
　　2 では、それを一つください。
　　3 はい、買えませんでした。

남：이 상품이 없어지는 대로 가게를 닫을 예정입니다.

여：1 실은 이제 없어요.
　　2 그럼, 그거 하나 주세요.
　　3 네, 살 수 없었어요.

3번
男：聞いてよ、5歳も年下の弟に身長を追い越されちゃったんだよ。

女：1 5歳も年下の弟とけんかしたの？
　　2 本当？そんなに大きくなったんだ。
　　3 じゃあ、仕方ないね。

남：들어 봐, 5살이나 어린 남동생에게 키를 추월 당했어.

여：1 5살이나 어린 남동생하고 싸웠어?
　　2 정말? 그렇게 커졌구나.
　　3 그럼, 어쩔 수 없지.

4번
女：加藤さんの代わりに、荷物受け取れる？

男：1 それなら加藤さんからもらいましたよ。
　　2 あ、その荷物はいつ届きますか。
　　3 今日、荷物は送りませんよ。

여：가토 씨 대신에 짐 좀 받아 줄 수 있어?

남：1 그거라면 가토 씨한테 받았어요.
　　2 아, 그 짐은 언제 도착하나요?
　　3 오늘 짐은 못 보내요.

5번

女:店長、あのう、明日の開店準備私にも手伝わせてください。

男:1 助かるよ。
　　2 うん、できそうだね。
　　3 いつも大変だね。

여:점장님, 저 내일 개점 준비 저도 돕게 해 주세요.

남:**1 고마워.**
　　2 응, 할 수 있을 것 같아.
　　3 항상 힘들구나.

6번

女:映画の席を予約しよう。どの席が一番みやすい？

男:1 うん、みやすいね。
　　2 予約でいっぱいなら仕方ないね。
　　3 後ろの席がいいと思うよ。

여:영화 좌석을 예약하자. 어느 자리가 가장 보기 편해?

남:1 응, 보기 좋구나.
　　2 예약이 꽉 찼다면 어쩔 수 없지.
　　3 뒷자리가 좋을 것 같아.

7번

男:来年、引っ越しするんだよね？泉さんから不動産を紹介してもらったら？

女:1 自分たちで運ぶので大丈夫です。
　　2 いいですね、お願いしてみます。
　　3 はい、泉さんは引っ越したんですよ。

남:내년에 이사 가는 거지? 이즈미 씨한테 부동산을 소개 받는 게 어때?

여:1 저희가 옮길 거라 괜찮습니다.
　　2 좋은데요, 부탁해 볼게요.
　　3 네, 이즈미 씨는 이사했어요.

8번

男:今年の文化祭は、食べ物だけでなく服も売ってるらしいよ。

女:1 残念、食べたかったなあ。
　　2 え、服も売ってないの。
　　3 そうなんだ、知らなかったよ。

남:올해 문화제는 음식뿐만 아니라 옷도 파는 것 같아.

여:1 아쉽다, 먹고 싶었는데.
　　2 아, 옷도 안 팔아.
　　3 그렇구나, 몰랐어.

9번

男:森選手はやっぱり強いな。今回の試合も負けるわけがないね。

女:1 うん、負けそうだね。
　　2 そうだね、負けたことがないもんね。
　　3 強いのに。負けちゃったね。

남:모리 선수는 역시 강하군. 이번 시합도 질 리가 없지.

여:1 응, 질 것 같아.
　　2 맞아, 진 적이 없으니까.
　　3 강한데. 져 버렸네.

한 권으로 끝내는
JLPT N3 단기 합격 코스

+ JLPT 최신 기출 경향 완벽 반영
+ 단 한 권으로 JLPT N3 완벽 대비
+ 25일 단기 합격 학습 플랜 제공
+ 실전 모의 시험 2회분 수록
+ 단어 암기용 앱 무료 다운로드 제공
+ MP3 무료 다운로드 제공(www.nexusbook.com)

해커스 공인중개사

공인중개사 1위 해커스
한경비즈니스 2024 한국브랜드만족지수 교육(온·오프라인 공인중개사 학원) 1위

다른 곳에서 불합격해도 해커스에선 합격,
시간 낭비하기 싫으면 해커스!

제 친구는 타사에서 공부를 했는데, 떨어졌어요. 친구가 '내 선택이 잘못됐었나?' 이런 얘기를 하더라고요. 그래서 제가 '그러게 내가 말했잖아, 해커스가 더 좋다고.'라고 얘기했죠. 해커스의 모든 과정을 거치고 합격을 해보니까 알겠어요. **어디 내놔도 손색없는 1등 해커스 스타교수님들과 해커스 커리큘럼으로 합격할 수 있었습니다.**

해커스 합격생 은*주 님

아는 언니가 타학원 OOO에서 공부했는데 1, 2차 다 불합격했고, **해커스를 선택한 저만 합격했습니다.** 타학원은 적중률이 낮아서 불합격했다는데, 어쩜 해커스 교수님이 낸 모의고사에서 뽑아낸 것처럼 시험이 나왔는지, 정말 감사드립니다. 해커스를 선택한 게 제일 잘한 일이에요.

해커스 합격생 임*연 님

타사에서 3년 재수.. 해커스에서 해내다.. ^^

어린 아들을 둘 키우다 보니 학원은 엄두도 못내고, 인강으로만 해야 했는데, 사실 다른 사이트에서 인강 3년을 들었어요. 그리고 올해 해커스로 큰맘 먹고 바꾸고, 두 아들이 6살 7살이 된 올해 말도 안되게 합격했습니다. 진작 갈아 탔으면 하는 생각이 듭니다. 솔직히 그 전에 하던 곳과는 너무 차이가 났습니다. 특히 마지막 요약과 정리는 저처럼 시간을 많이 못 내는 사람들에게는 최고입니다.

해커스 합격생 김*정 님

타사에서 재수하고 해커스에서 합격!

저는 타사에서 공부했던 수험생입니다. 열심히 했지만 작년 시험에서 떨어졌습니다. 실제 시험에서 출제되었던 모든 문제의 난이도와 유형이 그 타사 문제집의 난이도와는 상상할 수 없이 달랐습니다. 저는 교재 수정도 잘 안되고 난잡했던 타사 평생회원반을 버리고 해커스로 옮겨보기로 결심했습니다. 해커스 학원에서 강의와 꾸준한 복습으로 6주, 정확하게는 **올해 3개월 공부해서 2차 합격했습니다.** 이는 모두 해커스 공인중개사 교수님들의 혼신을 다하신 강의의 질이 너무 좋았다고 밖에 평가되지 않습니다. 저의 이번 성공을 많은 분들이 함께 아시고 저처럼 헤매지 마시고 빠르게 공인중개사가 되는 길을 찾으셨으면 좋겠습니다.

해커스 합격생 이*환 님

1588-2332 land.Hackers.com